弄潮

鲍罗廷在中国

NONG CHAO :
BAO LUO TING ZAI
ZHONG GUO

曾成贵／著

中国社会科学出版社

图书在版编目（CIP）数据

弄潮：鲍罗廷在中国 / 曾成贵著. —北京：中国社会科学
出版社，2014.5
ISBN 978-7-5161-4044-4

Ⅰ．①弄… Ⅱ．①曾… Ⅲ．①鲍罗廷（1884～1951）
Ⅳ．①K835.127=5

中国版本图书馆CIP数据核字（2014）第051043号

出 版 人	赵剑英	
责任编辑	王 斌	
责任校对	王桂芳	
责任印制	王 超	

出 版	中国社会科学出版社	
社 址	北京鼓楼西大街甲158号（邮编 100720）	
网 址	http://www.csspw.cn	
	中文域名：中国社科网 010—64070619	
发 行 部	010—84083685	
门 市 部	010—84029450	
经 销	新华书店及其他书店	

印 刷	北京君升印刷有限公司
装 订	廊坊市广阳区广增装订厂
版 次	2014年5月第1版
印 次	2014年5月第1次印刷

开 本	710×1000 1 / 16
印 张	26
插 页	2
字 数	366千字
定 价	58.00元

目录

绪　论

　　20 世纪的中国，"革命"是高唱入云的主旋律。推翻清朝封建专制统治，闹了革命；推翻国民党的一党专政，靠了革命；新民主主义革命结束未久，进行了社会主义革命；中国共产党由革命党变成执政党，毛泽东号召在无产阶级专政下继续革命；实行改革开放以后，邓小平说改革也是一场革命。总之，"革命"始终伴随了这个世纪的中国。因此，研究中国近现代史，不能绕开研究"革命"。

　　可是，长期以来，史学界形成的所谓"革命史范式"，让革命史研究的路子越走越窄。在这种范式下，论者往往以政治家的论断为己见，以历史上的政治结论为定论，乐于再现高层的折冲樽俎，不厌其烦地复述文山会海的故事，芸芸众生的生活和思想难以进入视野。当着"新史学"的浪潮袭来，这个僵化的研究范式不禁受了极大的冲击。而本不景气的史学研究，也让这个范式难以继续。当然，研究范式的改革和更新，并不意味着也不等于就要淡化革命史的研究。恰恰相反，包括革命史的研究在内，应当如著名历史学家章开沅教授所提倡的，实行"原生态"研究，深入历史的"现场"，真实、生动、全面地展现其本来原貌。历史经验的总结和教训的揭示，亦以此为根本基础。①为此，有必要将宏观研究与微观研究结合起来，做好个案研究和比较研究，实现研究的细密化。

　　1923 年至 1927 年间，中国国民党与中国共产党第一次合作开展的国民革命，是 20 世纪前半期中国一系列革命的重要阶段。这场

---

① 参见章开沅《不研究普罗百姓，就不知道历史"原生态"》，《北京日报》，2010 年 8 月 2 日。

革命，国民党得以雪洗辛亥以来历次失败，建立全国政权，而初出茅庐的共产党也因之经受了考验和锻炼。这场革命，不仅是性质完全不同的两个政党在党内合作的条件下所进行，而且联共（布）和共产国际发挥了至关重要的外力作用。因此，这场革命运动的内部、外部关系十分复杂，而它的直接前景也因之变得并不十分明确，在一定的历史条件下，它会走入带着半封建、半殖民地烙印的资本主义前途，也有可能走入各革命阶级联合专政的新民主主义前途。由于联共（布）和共产国际深度介入，且两者的目标和期待虽有一致性，但又不完全相同，有时甚至发生冲突，这就与当时中国革命的前途，产生了十分密切的关系。研究这个阶段的中国革命，必须始终把这个国际因素考虑在内，不能有丝毫的虚化。

联共（布）和共产国际指导中国革命，他们所派遣的代表或顾问，是十分重要的中介，鲍罗廷就是其中影响国共合作和国民革命最重要的人物之一。鲍罗廷（1884—1951），原姓格鲁森贝格，在中国期间化身英国人、银行家，由联共（布）中央政治局派驻中国，先后担任了中国国民党和国民政府的顾问，拥有首席顾问的地位，同时对中国共产党负有重要的指导责任。可以说，他与第一次国共合作的成败、与中国国民革命的兴衰，存在千丝万缕的联系。研究鲍罗廷，分析他在国民革命进程中所发挥的作用，就是一项十分重要的课题。研究这个课题，不仅有助于深入了解联共（布）、共产国际与中国革命的关系，有助于深入了解国共两党与中国革命的关系，有助于深入了解国共两党与联共（布）、共产国际的关系，拂去尘埃，还历史以本来面目，而且有助于我们廓清对中国革命发展进程及其规律性的认识，增强对第一次国共合作必要性、复杂性和中国革命道路曲折性的理解，增强我们坚持走中国道路的自信。

鲍罗廷其人其事很早就成为海内外历史学者研究的对象，并历久不衰。在海外，20世纪70年代末至80年代初，美国L.霍罗布尼奇的《鲍罗廷与中国革命1923—1925》、丹·雅各布斯的《鲍罗廷：斯大林派到中国的人》就在美国先后出版。这两部专著都带有较强的叙事特征，作者依据当时掌握的史料，研究和叙述了鲍罗廷在中国的主要活动。前者研究了到 1925 年为止鲍罗廷在中国的活动和他与中国国民革命的关系，尤其集中于鲍罗廷与孙中山的关系；后者除了叙述鲍罗廷在中国的活动以外，还比较细致地介绍了鲍罗廷来中国以前和返回苏联以后的活动。虽不以鲍罗廷为主角，但以较多篇幅涉及鲍罗廷的，则早在 1938 年就有美国伊罗生《中国革命的悲剧》出版，该书于 1951 年出修订版。在台湾，1963 年蒋永敬利用国民党撤离大陆时带走的史料，集中研究鲍罗廷在武汉的活动，出版《鲍罗廷与武汉政权》（传记文学出版社 1963 年初版，1972 年再版），分析了鲍罗廷在国民政府迁移武汉中的作用，阐述了鲍罗廷在武汉时期的各项政策主张及其实际运作的成效。

改革开放以来，鲍罗廷研究比较早地得到国内学术界的关注。1980 年代，元邦建、向青、杨云若、黄修荣等发表了第一批研究成果。专题资料《鲍罗廷在中国的有关资料》于 1983 年由中国社会科学出版社出版。专门著作则有丁言模所著《鲍罗廷与中国大革命》，宁夏人民出版社 1993 年出版。至于在论述中涉及鲍罗廷的著作和文章之数，实则无法准确统计。

总的来看，前述国外有关鲍罗廷的著作，由于出版较早，在档案资料的使用上存在一定局限，不仅一般看不到苏联保管的具有核心意义的档案，就是台湾保管的档案对外提供也比较有限，而那个阶段中国大陆对外发布的历史档案更是稀少，这就难免使这些著作的准确性受到影响。更不用说，在"冷战"的大背景下，受到意识形态的制约十分突出。台湾出版的著作，在"反共抗俄"的历史背景中完成，虽然他们的著作，具有史料方面的天然优势，但既以国民党蒋介石为正统，就必然难以对鲍罗廷做出客观评价，无法克服选择性记述的弊病。再如伊罗生，他曾是中国国民革命的见证者，后来见过托洛茨基，同情托氏关于中国革命的主张。因此，《中国革命的悲剧》实际上主要以托洛茨基关于中国革命的观点为基调来评人论事，距离客观观察和评论的要求也有一定距离。

国内发表的文章,数量较大,体现了鲍罗廷研究颇受关注的局面。但是,其中通俗作品较多,一些文章重复已有观点。受到研究范式的束缚,从已有政治结论出发做解释性论述,也是不容讳言的现象。1997 年,中共中央党史研究室第一研究部翻译汇编《共产国际、联共(布)与中国革命档案资料丛书》,由于第一次披露的历史档案引入国内,极大地推动了新一波的鲍罗廷研究。一些富有新意的著作陆续问世,姚金果、苏杭、杨云若著《共产国际、联共(布)与中国大革命》(福建人民出版社 2002 年版)、杨奎松著《国民党的"联共"与"反共"》(社会科学文献出版社 2008 年版),虽不专为鲍罗廷而写,但在重构这段历史的实践中,无不较多地考虑了鲍罗廷的因素,是值得重点参考的著作。但是,至今仍然缺乏以全面总结已有研究为基础,充分利用国内外鲍罗廷资料,特别是最新发表的俄罗斯档案以及台湾有关部门馆藏国民党档案,站在新的基点,以新的视角,深入研究鲍罗廷与第一次国共合作和国民革命关系的专题著述。

在有兴趣研究鲍罗廷的作者群体中,笔者也算一分子。从 20 世纪 80 年代中期开始,多方搜集、整理、研究鲍罗廷在中国的资料,陆续发表了《鲍罗廷与第一次国共合作的建立》(1986 年)、《试评鲍罗廷关于中国土地问题的主张》(1988 年)、《北伐战争发动问题新探》(1989 年)、《再谈 1926 年北伐战争发动问题》(2000 年)、《孙中山与鲍罗廷的关系及其对国民革命的影响》(2002 年)以及《中国共产党与国民党中央各省区联席会议》(1986 年)、《布勃诺夫使团中国之行评析》(1987 年)、《也谈孙中山关于国共关系的主张》(1988 年)、《共产国际与上海起义指导方针的形成及其演变》(2002 年)等相关论文,为写作本书打下了初步的基础。

眼下,深入研究鲍罗廷在中国的活动,史料条件已有很大的改善。过去的若干年间,中共中央和中共地方组织 1920 年代的档案已较为系统地公开出版或内部印行,有关共产国际、联共(布)与中国革命关系的档案、特别是 1990 年代新解密的档案陆续译成中文,1920 年代的国民党档案、尤其是会议档案正式出版,加上一批与此相关的资料专辑，这是本研究的重要史料基础。随着海峡两岸学术交流的密切，查阅台湾岛内中国国民党党史馆、"国史馆"等单位的相关档案，已经不是办不到的事情。而且，随着改革开放的深入、思想解放的持续，对历史问题的探讨具备了突破藩篱得出新认识的条件。因此，以全面了解研究现状和总结研究成果为基础，充分利用国内外鲍罗廷资料，特别是最新发表的俄罗斯档案以及台湾有关部门馆藏国民党档案，站在新的起点上，以新的视角，深入研究鲍罗廷与第一次国共合作和国民革命的关系，写出新的著作，乃是完全可以实现的目标。

　　研究鲍罗廷的中国之行，有必要以一个基本认识作为基础。笔者认为，作为联共（布）中央政治局派驻中国的最重要的顾问，鲍罗廷在第一次国共合作和国民革命的历史进程中发挥了至关重要的作用。他的到来和积极工作，使国共合作得以实现，国民革命深入展开，并因此为共产党开展新民主主义革命提供了广阔平台。他帮助改组后的国民党确立了以党治国和以党治军的理念，试图按照民主集中制模式改造国民党，以苏联红军模式建立国民革命军。国民党的改造和国民革命军的建立，为反帝反军阀的国民革命运动的兴起和蓬勃发展，提供了组织力量。鲍罗廷认识到中国历史和现状的特点，认识到开展土地革命的重要性，认识到中国民主政权的确立必须要有基层民主政权为基础。他在中国政治人物之间纵横捭阖，努力贯彻联共（布）中央政治局关于中国革命的指示和意图，故有人说他是"斯大林派到中国的人"。共产国际和联

鲍罗廷

共（布）所提供的革命模式是俄式的，他们依据自己的主观判断规划中国革命的进程和具体路径，与中国实际情况距离多多。面临中国实际的鲍罗廷，不能不从中有所取舍。他的指导并不都是正确的。作为连一句中国话都不会讲的外国人，鲍罗廷毕竟在短期内难以对中国国情做出深刻的了解，更何况莫斯科经常发给他的总是务必照办的指令。实事求是地讲，鲍罗廷的功绩在于他以其积极有效的工作，推进了国民革命的开展，促使革命势力发展到大半个中国，而革命的暂时失败，一方面有联共（布）、共产国际与鲍罗廷指导上的责任，另一方面在客观上也具有不可避免性，非鲍罗廷个人之力可回天。

如何深化鲍罗廷研究，笔者认为应当采用这样的思路，即：把它置于中国革命和世界革命的宏大背景之中，从中国革命的历史进程中找准国民革命的定位，从而找准鲍罗廷发挥其作用的历史坐标，不能脱离这个历史背景和具体进程来评价鲍罗廷的作为；进一步研究复杂、多变的联共（布）、共产国际关于中国革命的战略、策略，在华不同组织和代表所发出的不同声音及其对决策主体所产生的影响，进一步研究他们与国民党的关系，进一步研究苏联政府与北京政府的关系；进一步研究中国共产党与鲍罗廷的关系，中共中央、陈独秀等领导人与鲍罗廷的互动；研究鲍罗廷本人在中国的工作思路、工作方式、工作方法。如此做去，方能建构丰满而真实的鲍罗廷与第一次国共合作和国民革命关系的历史图像。

唯物辩证法应当是我们研究一切历史问题的基本方法。研究鲍罗廷与第一次国共合作和国民革命的关系，当然必须坚持一切从实际出发，秉持实事求是的原则。但是，同一原则之下，研究范式的不同，可能产生不同的结论。研究范式的改革和更新，要从转变治史观念着手。新旧世纪之交以来，章开沅老师倡导参与史学。他认为史学工作者研究史学的态度应当是关心社会，参与历史。所谓关心社会，就是根据社会的发展和现实的需要设计史学研究的内容与方法，并在此基础上积极投身到社会实践之中，融学术研究与社会实践于一体；所谓参与历史，"亦即走进历史，理解历史，把自己重新体验并赋予生命的真正历史奉献给人类"。①他提倡史学工作者独立思考，正确认识历史学的功能，不能把史学变成政治的奴婢。历史的多面相，决定了历史学科的跨学科特质，不能不运用相关学科的知识与方法。

就本项研究的实施而言，要践行参与史学的理念，坚持"原生态"研究，适当融历史学、政治学、社会学和心理学的方法于一体，既有宏大叙事，来龙去脉清晰可见，又有细部刻画，条分缕析深刻入微，还要洞察不同人物在特定时空的独特心境，入情入理而不作那种脸谱式的再现。

实事求是地讲，当前研究鲍罗廷毫不具有拓荒性质。这样，精耕细作就成为必然的和内在的要求。一方面，需要在全面梳理现有研究成果的基础上，找到新的生长点，哪些是过去未曾涉及的，哪些是过去论述不足的，哪些是应当重新评价的，开列出来，逐一处理；另一方面，需要找准新的高度，科学认识国共合作条件下开展的国民革命在 20 世纪中国一系列革命中的历史地位，它应达到的目标与所实际采取的达到目标的思想理论、方式方法之间的矛盾；科学认识联共（布）、共产国际这两个指导中国革命的主体之间在战略、策略上的相同与相异，以及由此产生的中国共产党内不同的政治主张及其对于这场革命的深刻影响；科学认识第一次国共合作及其历史经验。

做好这项研究，以下几个方面应当成为重点：在进一步搜集、整理、研究鲍罗廷在中国的全部历史资料以及已有研究成果的基础上，进一步理清鲍罗廷在中国的全部活动，补足至今仍不明了的活动空白；系统研究不同阶段共产国际、联共（布）中央政治局对鲍罗廷的指示以及鲍罗廷的反应，系统研究共产国际、联共（布）中央政治局、两者的在华组织与代表对中国形势的不同认识并由此形

---

① 章开沅：《参与的史学与史学的参与论纲》，《江汉论坛》2001 年第 1 期。

成的政策、策略分歧及其对鲍罗廷的影响；研究鲍罗廷对于中国国民党和中国共产党的实际控制力、影响力以及三者的互动；正确评价鲍罗廷在中国国民革命中的历史作用，如果能够解决这些难题，鲍罗廷与第一次国共合作和国民革命关系的研究自然就相应得到深化。

本项研究的内容主要有三方面：一是鲍罗廷 1923 年至 1927 年间在中国的全部活动；二是他在华期间与国共两党、与共产国际和联共（布）中央政治局、与共产国际驻华代表和苏联政府驻华顾问之间的关系；三是鲍罗廷与第一次国共合作和国民革命的关系及其经验教训。至于文章样式，可以时经事纬形式，也可以专题排列形式。两种形式，各有优长。专题排列的好处是论题明晰，便于集中分析，但在研究论文比较集中的题目中，论题较易与现有研究成果重复，不易显示其特色。时经事纬形式整体脉络清晰，横向展开亦有较大空间，作者的观点和感悟穿插其间，亦有便于阅读之利。鉴于此，本书采用时经事纬的形式完成书写。

正式开始本书的书写之前，有必要做两点说明：一是关于国民革命。将第一次国共合作期间的革命运动定义为"国民革命"，在国内历史学界，是 1990 年代初出现的事情。此前，"第一次国内革命战争时期"的定义最为通行，间或也用"中国大革命"、"第一次大革命"的提法。"国民革命"字样，首见于《中国同盟会革命方略》。依其旨意，在孙中山思想中，自打 1894 年兴中会成立以来的中国革命，全都算是国民革命。而在《国事遗嘱》中，孙中山更把国民革命的历史上溯到中法战争。其实，在近代中国，比较完全意义上的资产阶级革命，始于辛亥革命，兴中会的成立堪称这个革命的源头。至于兴中会成立以前，包括中法战争在内，上溯到鸦片战争，其时中国各种政治力量的活动，过去虽也曾冠以"革命"之名，终则名实难副。

如果按照《中国同盟会革命方略》的定义，那国民革命也不限于第一次国共合作时期的革命运动，上起辛亥革命，下限则可延至中华人民共和国的成立。但是，在实际上，从来也没有人这样看待。孙中山在广东第三次建立政权之前，他和他的同志们并不热衷使用"国民革命"的说法，宁愿以不同阶段主要的政治事件来命名当时的革命运动，如辛亥革命、护国运动、护法运动或辛亥之役、讨袁之役、护法之役等等。只是到了国民党改组，国共第一次合作的阶段，"国民革命"一说才火爆起来。而在1927年国共合作的革命统一战线分裂以后，共产党揭橥苏维埃革命的旗帜，第三党宣扬平民革命的口号，都将本党领导的革命运动与过去的国民革命相区别。国民党南京政府继续进行北伐，1928年6月，占领京、津以后，对外宣布完成统一。不久，又宣告实施训政，也结束了国民革命。事实固然如此，那为何国共两党第一次合作之前的革命运动也被排在国民革命的内涵之外呢？这就要提到"国民革命"的第二个定义。

1922年9月，陈独秀发表《造国论》，重提"国民革命"。1923年6月，又提出"中国劳动阶级和社会主义者的目前工作，首先要做打倒军阀打倒帝国主义的国民革命"的观点，并指出"殖民地半殖民地的国民革命，其性质其结果不是属于一个国家的革命，乃是世界的革命"。[①]陈独秀赋予国民革命以全新的、完整的意义，即国民革命是反对帝国主义、反对军阀统治的革命；是无产阶级与资产阶级联合开展的革命；是世界革命的组成部分。陈独秀给出的国民革命定义与共产国际关于民族革命（National Revolution）的含义一致，列宁提出落后国家的资产阶级民主运动应改称为"民族革命"，[②]共产国际也指出中国革命就是反对帝国主义者及其在中国的封建代理人的民族革命。国民党改组后，孙中山接受了这个定义，认同国民革命是反对帝国主义反对军阀、造成独立自由国家、拥护民众利益的革命。第一次国共合作实现以后，国民革命思想深入人心，国民革命运动风起云涌。国家政权以国民政府为名，革命军队以国民革命

---

① 《陈独秀著作选》第2卷，任建树 张统模 吴信忠编，上海人民出版社1993年版，第477、479页。
② 《共产国际有关中国革命的文献资料1919—1928》，中国社会科学院近代史研究所翻译室编译，中国社会科学出版社1981年版，第21页。

军相称，大众宣传也有《国民革命歌》。这就无论是理论上，还是事实上；无论形式上，还是内容上，都与之前的状况迥然不同。所以，把国共第一次合作时期的革命运动称之为"国民革命"，并与之前的历次革命运动相区隔，是符合实际的。

事实上，中国资产阶级革命以无产阶级及其政党的参加为界标，分为两个阶段。布哈林将其分别定义为"资产阶级革命"、"资产阶级民主革命"，毛泽东后来划分为"旧民主主义革命"、"新民主主义革命"。按照陈独秀的阐释去理解，国共合作的国民革命，就是布哈林所称之资产阶级民主革命的组成部分，亦即毛泽东后来所称之为新民主主义革命的组成部分。据此，本书所论述的国民革命，以1923年1月国民党发表宣言和党纲，宣布改进党务为正式起点，以1927年7月国共两党的合作在武汉宣告破裂为结束。至于那以后到东北易帜的一段历史，实乃国民革命之余波，限于主题，本书不涉及。

二是关于联共（布）和共产国际。众所周知，联共（布）是"全联盟共产党（布尔什维克）"的简称。1898年3月，俄国社会民主工党成立。1903年7月，在俄国社会民主工党第二次代表大会上，该党分裂为布尔什维克和孟什维克，即列宁领导的多数派和马尔托夫领导的少数派。1918年3月，布尔什维克党第七次代表大会决定把党的名称改为"俄国共产党（布尔什维克）"，简称"俄共（布）"。1922年12月，苏维埃社会主义共和国联盟（简称苏联）成立，1925年2月，俄共（布）第十四次代表大会决定改党名为"全联盟共产党（布尔什维克）"，简称"联共（布）"。本书在一般叙述时，使用"联共（布）"的称谓，而在论及具体事项时，则依当时的名称作相应取舍。

共产国际是世界无产阶级政党的国际组织，创建于1919年3月，总部机构设在苏俄莫斯科。因为之前有马克思参与领导的国际工人协会即后来所称的第一国际（1864年成立）、恩格斯参与领导的初名社会主义国际的第二国际（1889年成立），所以起始也自称第三国际。共产国际是实行高度集中体制的世界共产党组织，其章程规定：凡是加入共产国际的各政党，一律应称为"某某国共产党（共产国际支部）"；共产国际执委会的主要工作，由执委会所在地的该国共产党承担；共产国际发出的指示具有普遍性的约束力，有权开除违反其决议和原则的支部或个人，有权遴选不属于共产国际的同情政党和组织作为仅享有发言权的代表参加共产国际执委会。[①]

联共（布）根据共产国际章程在共产国际中享有特殊地位。从战略和政策目标上说，共产国际与联共（布）有同有异。共产国际的主要目标：在欧洲，是领导无产阶级及其政党开展工人运动，动摇资本主义统治，建立旨在实现社会主义的国际苏维埃共和国；在殖民地半殖民地国家，则是组织无产阶级及其政党发展独立的工人运动，建立反帝国主义的统一战线，促进民族主义运动，使之成为世界无产阶级社会主义革命的同盟。联共（布）与之主要的区别，在于它还要领导和实施苏联国内的社会主义建设。共产国际和联共（布）之间的这种结构关系，决定了联共（布）能够把自己的认识施加到共产国际，左右共产国际的战略意图和工作方向，也能够把本国利益带到共产国际工作中来，使共产国际为苏维埃国家的利益服务，因为它公开宣称要使所谓个别国家利益服从于国际革命的利益，而国际革命的利益又实际体现在苏维埃国家的利益上。

从机构和组成人员方面说，不少共产国际领导人本身就是联共（布）高级领导人，如斯大林、布哈林、托洛茨基、季诺维也夫、李可夫、洛佐夫斯基，等等；联共（布）在共产国际执委会设立了驻共产国际执委会代表团，发挥党团作用；联共（布）还决定共产国际一些机构的成立，如共产国际执委会远东局等。

由于中国革命在东方殖民地半殖民地国家中具有指标意义，并且对苏俄外交产生重要影响，所以，联共（布）对中国革命的关注，历来超过其他国家。它或者通过共产国际，或者直接出面。因此，谈论共产国际与中国革命的关系，实质上主要是联共（布）与中国

---

① 参见中共中央党史研究室第一研究部《共产国际、联共（布）与中国革命文献资料选辑 1917—1925》，北京图书馆出版社 1997 年版，第 149—152 页。

革命的关系。尽管共产国际与联共（布）关于中国革命问题的意见有时也不尽一致，但这种差别往往主要存在于着力点的不同，并不是方向性的区别，所以不起决定作用。当然，我们也不能因此认为共产国际不过白手套而已。当时，各国共产党普遍成立未久、经验不足，国际共产主义运动需要一个组织、协调中心，以组织队伍，引领方向。另一方面，如果没有共产国际，联共（布）对他国共产党的指挥也就失去了合法性。基于共产国际与联共（布）虽为两个独立主体实则内部联系紧密的实际情况，本书为叙述的方便，有时并不把两个主体同时列出。

　　1922年6月，中共二大正式决定加入共产国际，完全接受共产国际二大所通过的加入共产国际的全部条件，成为国际共产党之中国支部。由于共产国际集中统一的领导体制和联共（布）在共产国际中享有特殊地位，就造成了联共（布）和共产国际在中国革命中具有绝对的指导地位，特别是在中国共产党处于成立初期的情况下。这种作用具有两重性：一方面，它有利于把俄国十月革命的经验运用于中国，促进马克思主义尤其是列宁主义在中国的传播和实践，并且从人力、物力、舆论各方面支援了中国革命；另一方面，在这个过程中，也发生了把俄国革命经验教条化、公式化，甚至以中国革命服务于苏俄（苏联）国家利益的错误。至于因关山阻隔、信息不对称所造成的决策滞后、决策失误，则更时有发生。

力促第一次国共合作的实现

　　众所周知，中国共产党与中国国民党首次合作的实现，以 1924 年 1 月中国国民党第一次全国代表大会的召开，国民党改组的完成为其标志。不过，这次合作的发轫，早在 1922 年 9 月就开始了。如果论及合作的动议，其时间不免还要略往前提。但是，国共两党间第一次合作最终得以实现，则是苏联顾问鲍罗廷来华以后直接参与鼎力促成的事情。

众所周知，中国共产党与中国国民党首次合作的实现，以1924 年 1 月中国国民党第一次全国代表大会的召开、国民党改组的完成为其标志。不过，这次合作的发轫，早在 1922 年 9 月就开始了。如果论及合作的动议，其时间不免还要略往前提。但是，国共两党间第一次合作最终得以实现，则是苏联顾问鲍罗廷来华以后直接参与鼎力促成的事情。对于鲍在推进国民党改组中所发挥的作用，褒扬他的人称他是“在中国的至高无上的共产党人”，“改组国民党的工作基本上是鲍罗廷一手操办的”；[①]贬损他的人则轻描淡写地说改组国民党的工作，有些“他似曾参加”，而所参加的部分，“也只是一种技术性工作”。[②]孙中山是握有最后决定权的领导者，他在亲密共事中对鲍罗廷的认识，显然最具说服力。1924 年 2 月 6 日，孙在复赵世炎等留苏学生的信中写道：“本党此次改组，得力于俄国同志鲍尔汀之训导为多。鲍君本其学识与经验，以助本党之进步，成绩已著。”[③]这应算是当事人的公允之论。

一 鲍罗廷来华前国共合作的酝酿与初试

1. 共产国际、苏俄在中国寻找盟友

鲍罗廷于 1923 年 10 月 6 日抵达广州。他是在已经搭建起来的

---

① ［美］赫尔穆特·格鲁伯：《斯大林时代共产国际内幕》，达洋译，中国展望出版社 1989 年版，第 167 页。

② 崔书琴：《孙中山与共产主义》，台北传记文学出版社 1984 年重印本，第 36 页。

③ 《孙中山全集》第 9 卷，中华书局 1986 年版，第 434 页。文中“鲍尔汀”即指鲍罗廷。

1917年左右，鲍罗廷在美国芝加哥，采自〔美〕丹·雅各布斯《鲍罗廷：斯大林派到中国的人》

平台上推进国民党改组，从而实现第一次国共合作的。那么，先前这个平台的设计与实施所形成的结局，就既是他在华工作的起点，也必然相应地规定了他操作运行的轨道。

国共合作适合于辛亥革命以后的中国，改变其社会性质和开展国民革命的需要。不过，它起始就是共产国际民族革命理论与战略的产物。

1920年7、8月间，共产国际二大形成了民族革命理论。其要点是：第一，落后国家和殖民地的民族革命运动具有资产阶级民主革命的性质，它是反对帝国主义、反对封建主义的，共产党应当支持这个革命运动；第二，落后国家和殖民地人口的大多数是农民，共产党应当支持农民运动，建立工人和农民的同盟；第三，共产党可以同落后国家和殖民地的资产阶级结成临时联盟，但要保持在民族革命运动中的独立性，掌握领导权；第四，落后国家和殖民地民族革命运动的前途，是经过一定的发展阶段，最终达到共产主义。①1922年11月，共产国际四大依据这个理论制定可操作的战略和策略，提出了反帝统一战线纲领，规定在殖民地半殖民地国家，当前主要执行两项任务：一是建立代表无产阶级共同利益的共产党的核心；二是全力支持反对帝国主义的民族革命运动，成为这一运动的先锋队，并在民族运动的范围内唤起和加强社会运动。②

① 参见《共产国际有关中国革命的文献资料 1919—1928》，中国社会科学院近代史研究所翻译室编译，中国社会科学出版社 1981 年版，第 19—32 页。

② 参见《共产国际有关中国革命的文献资料 1919—1928》，中国社会科学院近代史研究所翻译室编译，中国社会科学出版社 1981 年版，第 65—76 页。

在东方，中国开展民族民主革命的条件最好，前景广阔。五四运动掀起了全国性的反帝斗争高潮，中国共产党初出茅庐就组织了大规模的工人运动，以孙中山为领袖的国民党坚持反对军阀统治、力图统一国家的斗争，并流露了同情社会主义的倾向。有鉴于此，共产国际及其领导核心——联共（布）尤其关注中国。一方面，帮助中国早期共产主义者建立统一的中国共产党；另一方面，在中国南北同时寻找革命盟友，最后，把合作对象锁定于孙中山。

早在19世纪末20世纪初，列宁就开始关注中国问题。1919年3月，共产国际一大召开。中国旅俄革命者刘绍周、张永奎应苏俄外交部邀请，以中国社会主义工人党小组代表的名义出席大会，受到列宁的亲自接见。[①]同年7月25日，苏俄副外交人民委员加拉罕签署对华宣言，宣布以前俄国政府同中国订立的一切条约全部无效，放弃沙皇政府和俄国资产阶级夺取中国的一切领土和中国境内的租界，将其无偿地永久归还中国，愿意通过谈判同中国政府建立外交关系，缔结友好条约。[②]当着远东地区局势明显改善，苏俄通向中国的道路正式打开，共产国际执委会东方部、苏俄外交人民委员部、远东共和国外交部等单位，都纷纷派出人员到中国活动。

在北方，吴佩孚一度成为其工作重点。1922年6月27日，苏俄驻中国外交使团成员维连斯基应邀到访吴佩孚在洛阳的大本营，同吴进行了被认为是"非常有意思和有益的谈话"。这次访问，是经共产党人长时间做工作才得以联络成功的。在维连斯基看来，吴佩孚是中国政坛的主要人物，他掌握着军队、财政、交通以及内政部，南方多数省份也投靠于他，孙中山的北伐则因其属下陈炯明倒戈而告失败。在这次交谈中，吴佩孚也有信请他转交给苏俄武装力量领导人托洛茨基，信中谈到中俄两国"在远东任务的一致性问题"。维

---

① 参见周文琪、褚良如《特殊而复杂的课题——共产国际、苏联和中国共产党关系编年史》，湖北人民出版社1993年版，第7页。

② 参见《共产国际与中国革命资料选辑1919—1924》，人民出版社1985年版，第27—30页。

连斯基认为这正是中俄签订军事政治协议的出发点。[①]

与吴佩孚接触，维连斯基并不是最早的。据说，苏俄使者探访吴佩孚的活动，在 1921 年末就开始了。1920 年，吴佩孚崛起于中国政坛，在直皖大战胜利后提出召开国民会议的主张。受命于俄共（布）中央西伯利亚局的维经斯基，那时就认为吴佩孚此举得到了学生运动的欢迎，他本人赞成中国学生运动所采取的欢迎吴佩孚的策略。[②]从此，吴佩孚被苏俄和共产国际执委会远东局看成是领导中国工人进行民族革命的最好候选人。

在南方，一名叫做波达波夫的苏俄前军官对粤军领袖陈炯明抱有好感。1920 年春夏间，他到福建漳州访问陈炯明，陈托他转交给列宁的信。陈炯明敬称列宁为导师，表达了对苏俄革命成功的祝贺之忱，对苏俄发表的对华宣言表示感谢，声称：中国人民定会摆脱资本主义的羁绊，建立新中国，并将与新俄国携手并进。陈炯明表示："我更坚信布尔什维主义定将造福于人类。我愿尽全力将布尔什维主义原则传播到全世界。我们的使命是，不仅要改造中国，而且要改造全东亚。"[③]1922 年 3 月，维连斯基在给列宁的信中对陈炯明也详加介绍，称赞陈主政广东，努力建设"模范省"，是解放了的年轻中国最有声望的人物和最著名的活动家之一，按其从政年限、对革命思想的忠诚和组织才干，堪与孙中山相提并论。[④]后来，随着陈炯明与孙中山彻底闹翻以及面向孙中山政策的确立，他们与陈炯明之间的联系才告终止。虽然如此，陈炯明作为一张牌，后来还被偶尔抽到，如鲍罗廷就曾建议孙中山恢复与陈炯明合作，但为孙所拒绝。

孙中山创建中国最早的政党——中国同盟会，领导辛亥革命，

① 参见《联共（布）、共产国际与中国国民革命运动 1920—1925》，中共中央党史研究室第一研究部译，北京图书馆出版社 1997 年版，第 97 页。

② 参见［美］吴应銧《吴佩孚与苏联、中共及孙中山的关系》，唐秀兰译，《国外中共党史中国革命史研究译文集》第 1 集，中共党史出版社 1991 年版，第 181、182 页。

③ 中共中央党史研究室第一研究部：《共产国际、联共（布）与中国革命文献资料选辑 1917—1925》，北京图书馆出版社 1997 年版，第 88 页。

④ 参见《联共（布）、共产国际与中国国民革命运动 1920—1925》，中共中央党史研究室第一研究部译，北京图书馆出版社 1997 年版，第 77—79 页。

建立了亚洲第一个民主共和国，具有广泛的国际影响。辛亥革命以后，他一直没有放弃维护共和制度的努力。因此，孙中山始终是共产国际、苏俄在华使者重点联络、争取的对象。

1920年10月，曾任俄共（布）阿穆尔州委中国部书记的刘江，在上海拜会孙中山。他从孙中山身上得出一个认识：孙本人是著名的社会主义者，中国南方省份正在开展的是社会主义运动，共产主义思想容易在那里传播。①其后，波达波夫同孙中山建立了联系，也认为孙中山在中国各地都有追随者，在人民中享有崇高威望，并称孙中山是中国得到译载苏俄宪法、土地法令、俄法条约等文件的英文小册子的第一人。②

1921年4月，共产国际远东部书记索科洛夫从广州发出报告。他所传递的消息是：孙中山是国民党的首领，这个党的基本目标是进行社会主义革命。索氏走访了上海贫民区，到处见到孙中山的画像。据此，他认为工人们非常热爱和信任孙中山，国民党几乎是唯一的在小商人、小手工业者和工人中间开展工作的充满活力的党。他判断，之所以如此，是因为在中国没有另一个更革命、更具有鲜明阶级性和组织性的力量，这就使得国民党在劳动群众和小资产阶级中比任何其他政党都赢得了更大的同情。索氏见过国民党要人李烈钧，通过与李的谈话，感到国民党和广州政府确定自己的首要任务是在国内消灭封建制度。广州人认识到俄罗斯苏维埃共和国的目标和任务与他们自己的目标和任务很相似，试图同苏维埃建立亲密关系。③据此，索科洛夫向国内建议，尽快同广州政府建立关系，并应将其列为远东政策最迫切的任务。

1922年8月之前，其他看好孙中山和中国南方革命形势的信件，

① 参见中共中央党史研究室第一研究部《共产国际、联共（布）与中国革命文献资料选辑 1917—1925》，北京图书馆出版社 1997 年版，第 44、45 页。

② 参见中共中央党史研究室第一研究部《共产国际、联共（布）与中国革命文献资料选辑 1917—1925》，北京图书馆出版社 1997 年版，第 47、48 页。

③ 参见《联共（布）、共产国际与中国国民革命运动 1920—1925》，中共中央党史研究室第一研究部译，北京图书馆出版社 1997 年版，第 58—64 页。

也不断送达苏俄和共产国际领导者的案头。维连斯基从北京写信给列宁，分析了中国政治现状和军事形势，认为孙中山真有可能当上中华民国元首的话，俄罗斯苏维埃共和国可以考虑作为一支积极的政治力量参与中国的政治生活。共产国际执委会远东局派往中国的利金，分析了香港海员大罢工和南方非基督教运动的形势，认为中国南方是国民党活动的舞台，有广泛的合法条件，有最先进的工人运动。①

1922年8月，俄罗斯苏维埃共和国特命全权代表越飞来华。越飞的使命复杂，有中俄复交谈判、中东铁路管理权属谈判，也有继续在中国寻找盟友的任务。他把苏俄和共产国际在华人员同时在中国南北寻找盟友的努力推到极致。

经过短暂的了解，越飞感到中国这个地方"非常有利"，在这里所感受到的世界政治思潮，要比列宁赋予同样意义的中亚地区强大得多。在中国，存在着"同世界资本主义的斗争具有很大的意义和巨大的成功机会"。②越飞同时联系吴佩孚与孙中山，试图达成两者的合作，进而构成与苏俄合作的伙伴。

在同吴佩孚的首次通信中，越飞不吝美好言辞，对吴大加赞赏，称"我们都怀着特别关注和同情的心情注视着您，您善于将哲学家的深思熟虑和老练果敢的政治家以及天才的军事战略家的智慧集于一身"。③越飞向吴佩孚提出中俄建交谈判和俄军驻防蒙古问题，说解决中俄之间悬而未决的问题对中国有利，错过现在的谈判时机，如果俄日条约的签订先于俄中条约，或许产生不利于中国的影响和事实。他宣称俄国不追求帝国主义目的，只是出于战略考虑，才不得不向蒙古派驻军队，蒙古问题只能通过签订条约解决，他试图阻止吴佩孚向蒙古派驻军队。④

① 参见中共中央党史研究室第一研究部《共产国际、联共（布）与中国革命文献资料选辑 1917—1925》，北京图书馆出版社 1997 年版，第 76、95 页。

② 参见《联共（布）、共产国际与中国国民革命运动 1920—1925》，中共中央党史研究室第一研究部译，北京图书馆出版社 1997 年版，第 112 页。

③《联共（布）、共产国际与中国国民革命运动 1920—1925》，中共中央党史研究室第一研究部译，北京图书馆出版社 1997 年版，第 99 页。

④ 同上书，第 99—102 页。

越飞也用赞美开场的方法，给孙中山写信。他提出几个问题问询孙中山：张作霖的政治面目如何；与张作霖达成反对吴佩孚协议的目的为何；与陈炯明之间的分歧为何；为何不承认北京国会；为何中国政府外交系统在国民党可能同吴佩孚合作的条件下，仍然采取既不符合国民党纲领，也不符合人民实际利益的政策；等等，希望从孙中山那里得到答复。他重复了致吴佩孚信中关于俄中谈判和蒙古问题。①

越飞派出驻中国代表处武官格克尔周旋于吴佩孚和孙中山之间。从格克尔口中，越飞了解到吴的军队秩序和纪律极其严整，操练和训练之好无以复加，吴及其政治顾问都宣称"亲俄"。吴佩孚送给越飞照片，并声明：现时的北京政府很快就会坍台，不值得与之打交道；孙中山是中国的思想领袖，吴佩孚是中国的军事领袖，两人的联合将建立统一的中国；吴佩孚很关心蒙古问题，同意在同俄方的谈判中加以解决。越飞也很快收到孙中山的上海来信。孙中山指出北京政府不过是列强的代理人，中俄两国的正确谅解，有待于把本国切身利益置于列强利益之上的新的中国政府出现；孙中山相信苏俄的诚意，"接受莫斯科无意使这一地区脱离中华民国政治制度的保证"，也同意苏俄军队有条件地暂留蒙古。②

直到 1922 年 11 月，越飞尽情施展外交手腕，周旋于吴佩孚、孙中山与张作霖之间。他的全部工作都是设法利用吴佩孚、张作霖与孙中山之间的矛盾与对抗，他直白地向孙中山、吴佩孚表示，孙吴联合建立中国中央政府，将是最好的联合，也可以指望得到苏俄的全面支持。他建议将来孙吴合作的政府，还应得到张作霖的承认和支持。盘踞东北的奉系军阀张作霖，一直为远东共和国和共产国际驻该处的机构人员所看好。越飞虽然反复游说各方，"但并没有向他们作出任何保证"，体现了长袖善舞的外交权谋。同时，他也深感

① 参见《联共（布）、共产国际与中国国民革命运动 1920—1925》，中共中央党史研究室第一研究部译，北京图书馆出版社 1997 年版，第 104—106 页。

② 参见《联共（布）、共产国际与中国国民革命运动 1920—1925》，中共中央党史研究室第一研究部译，北京图书馆出版社 1997 年版，第 107—112 页。

中国所有个人的联合都在不断变化之中，认识到在广泛的群众性民族运动中寻找支持显得更加重要。①

吴佩孚成为苏俄感兴趣的对象，也是有原因的。当时，他是实际控制中央政府的重要力量。吴佩孚 50 寿诞时，康有为以一副寿联道贺：牧野鹰扬百岁功名才半纪，洛阳虎视八方风雨会中州。这恰当地描述了吴佩孚的过往和目前的地位。段祺瑞政府下台后，直系控制下的北京政府采取了对俄新政策，停止交付对俄庚子赔款，以苏俄外交代表接替沙俄外交代表。吴佩孚本人宣称保护劳工。由李大钊出面组织，共产党人在北方交通领域与吴合作，铁路工人运动出现新局面。

从根本上说，吴佩孚的政治特性不外乎两个方面：其一，他毕竟是北洋军阀，武力统一并把持中央政权乃其基本目标；其二，他是民族主义者，维护国家统一乃其终身夙愿。11 月 20 日，吴佩孚致信越飞，就蒙古问题所表达的意见就体现了他民族主义者的本质。吴指出："蒙古属于中国，中国中央政府本身会尊重蒙古人民的意愿，没有必要节外生枝。中国中央政府不承认所谓的蒙古政府，因此中国政府难以承认蒙古政府与俄国政府所缔结的条约是有效的。"②孙中山重返南方，开府广州。吴佩孚既决心向南发展，就势必与孙发生冲突。对此，孙中山也不讳言。正是主要基于吴佩孚对蒙古的不妥协立场和可能进攻孙中山，而孙在蒙古问题上立场与吴佩孚恰恰不同，越飞最终放弃了孙吴合作方案，转而采取联孙弃吴的新策略。

到 1922 年底，越飞与二度来华的共产国际代表马林就共产国际、苏俄在中国的工作达成重要共识。他们认为：在殖民地半殖民地国家里，因为阶级分化不够，绝对不能单纯进行共产国际的工作，

---

① 参见《联共（布）、共产国际与中国国民革命运动 1920—1925》，中共中央党史研究室第一研究部译，北京图书馆出版社 1997 年版，第 142 页。

② 《联共（布）、共产国际与中国国民革命运动 1920—1925》，中共中央党史研究室第一研究部译，北京图书馆出版社 1997 年版，第 160 页。

必须把它与支持民族解放运动结合起来。但是，如果没有苏俄外交政策的配合，仅仅让共产国际来支持民族解放运动也是不够有力的。因此，为了帮助中国实现统一，必须立即着手把中国最大的、真正的政党——国民党建设成为群众性的政党，苏俄必须答应给国民党以援助，并且不给其他派系以任何援助。[①]

本着这个认识，1923 年 1 月 13 日，越飞正式向俄共（布）、苏俄政府和共产国际领导人建议：当着形势的发展不得不在吴佩孚、孙中山之间做出抉择时，无疑应选择孙中山。[②]而差不多同时，20 天前，俄共（布）中央政治局决定采纳外交人民委员部的建议，全力支持国民党，并要求外交人民委员部和共产国际的代表加强这方面的工作。这项新政策，也恰恰正是越飞所建议的。

在此期间，孙中山也主动加强了同苏俄的联系。他不仅与苏俄使者常相往来，而且同苏俄外交人民委员契切林建立了书信联系，宣称"我非常注意你们的事业，特别是你们苏维埃底组织、你们军队和教育的组织"。[③]

2.国共合作模式的选择

在中共已经正式成立并成为共产国际支部的情势下，共产国际、苏俄确定与孙中山合作，必然连带发生国共合作的问题。两个完全不同性质的政党开展实质性的合作，采取何种形式，不能不大费周章。

从根本上说，国共合作的思路，源自于共产国际二大的精神。实际的行动，从远东各国共产党及民族革命团体第一次大会的筹备就开始了。根据共产国际远东局的指示，中共中央在组织出席这次会议的代表团时就邀请国民党派人参加。1922 年 1 月，大会在莫斯

---

① 参见中共中央党史研究室第一研究部《共产国际、联共（布）与中国革命文献资料选辑 1917—1925》，北京图书馆出版社 1997 年版，第 404—406 页。

② 参见《联共（布）、共产国际与中国国民革命运动 1920—1925》，中共中央党史研究室第一研究部译，北京图书馆出版社 1997 年版，第 196、197 页。

③ 《孙中山全集》第 5 卷，中华书局 1985 年版，第 593 页。

科召开，列宁抱病在克里姆林宫接见了来自中国的共产党代表张国焘、国民党代表张秋白和铁路工人代表邓培。列宁询问张秋白，国民党和共产党是否可以合作。在得到肯定的答复以后，又以同样的问题询问张国焘。张国焘表示，在中国民族民主革命中，国共两党应当密切合作，而且可以合作；在两党合作的进程中可能发生若干困难，不过，这些困难相信是可以克服的。后来，张国焘忆及这段情形时说，他和张秋白都觉得列宁的这番问话，是表示了他希望国共两党能够合作的意向；而他俩也都认为中国现阶段的革命，确应从国共两党合作做起。①

差不多就在这个大会举行期间，参加中共一大后的马林，在桂林三次同孙中山交谈，探讨南方政府承认苏俄和国民党联俄的可能性。虽然我们并不能确定马林这次是否与孙中山已经谈到国共合作问题，但确凿无疑的事实是：1922 年 4 月间，马林离开上海返回莫斯科之前，经过分别同共产党、国民党领导人的多次交谈，他已明确地向陈独秀建议：共产党应放弃排斥国民党的态度，去到国民党中进行政治活动，而党则不需放弃独立。②

马林是根据共产国际二大的精神、他本人在荷属爪哇的经验和对国民党的近距离观察，提出共产党人应去国民党中活动的主张。马林于 1921 年 6 月来到中国，参加中共一大以后，年底，由张太雷陪同，经长沙南下桂林，然后再到广州、汕头等处考察。这次南方之行，强化了他对国民党的认识。马林认为，国民党由知识分子、侨民、士兵、工人这四部分人所组成，起领导作用的是知识分子。他们中的一部分人在国外接触了社会主义，自认为是社会主义者，孙中山甚至也自认为是布尔什维克，在这个党中可以发现各式各样具有社会主义倾向的人。国民党的三民主义纲领，主要性质是民族主义的，其民生主义还被解释为社会主义。国民党的纲领和成员构

---

① 参见张国焘《我的回忆》第 1 册，现代史料编刊社 1980 年版，第 198—200 页。

② 参见《联共（布）、共产国际与中国国民革命运动 1920—1925》，中共中央党史研究室第一研究部译，北京图书馆出版社 1997 年版，第 239 页。

成，有利于开展共产主义宣传，并且国民党领导人也允许在其党内进行这种宣传，使得社会主义者加入国民党成为可能。①

共产党人到国民党中活动，这就是以后定义为"党内合作"的办法。马林的建议当即为陈独秀所拒绝。本来，陈独秀对参加中共一大的尼柯尔斯基根据共产国际远东局的指示参加党中央会议就不表同意，认为这是保持监护关系。②现在，马林提议共产党人参加国民党，更让他感到匪夷所思。4月6日，陈独秀给维经斯基写信，陈述了六条反对的理由。其主要内容是：国共两党的革命宗旨及其所依据的基础不同；国民党的内外政策与共产党的共产主义主张不同；广东以外的人民群众视国民党为争权夺利的政党，共产党一旦加入其间，就会在社会上尤其是青年中丧失信仰以致永无发展机会；广东的国民党实力派陈炯明反对孙中山，共产党人加入国民党会招致陈派敌视，不能在广东活动；孙中山派向来绝对不能容纳新成员的意见并假以权柄；各地党内同志均不赞成加入国民党。③

笼统地说陈独秀反对国共合作，是武断和片面的。陈独秀反对马林所建议的"党内合作"，但并未关闭同国民党合作的一切通道。远东各国共产党及民族革命团体第一次大会后，列宁关于民族革命的理论和共产国际关于共产党在资产阶级民主革命中同民主派合作的主张，即开始在中共党内逐步进入实践层面。中共中央相应做出了在一些场合应与国民党合作的决定。由于一时还没有得到贯彻执行，远东局派来中国工作的全权代表利金，对中共在国民革命运动中的印象很不满意，认为中共脱离了民族运动，把自己局限在孤立的小组中，不大从事实际革命工作，满足于像在温室里栽培共产主义。他建议中共将中央工作机构迁往广州，以吸引国民党影响之下

---

① 参见《联共（布）、共产国际与中国国民革命运动 1920—1925》，中共中央党史研究室第一研究部译，北京图书馆出版社 1997 年版，第 234—238 页。

② 参见《马林在中国的有关资料》，人民出版社 1980 年版，第 13 页。

③ 参见中共中央党史研究室第一研究部《共产国际、联共（布）与中国革命文献资料选辑 1917—1925》，北京图书馆出版社 1997 年版，第 222 页。

的劳动群众，争取成为民族革命运动的领袖。①

从这期间的中共中央文告中，我们也可以看到，共产党正在寻求与国民党合作的适当办法。6月15日，中共中央第一次发表对时局的主张，肯定国民党在中国现存政党中"比较是革命的民主派，比较是真的民主派"，提出邀请包括国民党在内的革命党派团体召开联席会议，"共同建立一个民主主义的联合战线"，以便完成消灭军阀，建设民主政治的任务。②稍后，中共二大做出建立"民主的联合战线"的决议。6月30日，陈独秀致信维经斯基，谈到与国民党建立统一战线之事，写道："我们很希望孙文派之国民党能觉悟改造，能和我们携手。"同时，他感到"希望也很少"。③

之所以感到并不乐观，当然还是因为尚未找到国共双方都能接受的门径。4月底5月初，青年共产国际代表达林，在广州召开的共产党会议上也提出了与孙中山和国民党结成反帝统一战线问题。达林回忆说：在同孙中山的会见中，已经谈到了共产党作为政党加入国民党，并以保持政治和组织上的独立性为条件。达林说这次共产党会议展开了热烈讨论，最后在附有很多保留意见的前提下，以大多数赞成通过了统一战线的策略，促成了共产党的策略转变。④

达林的建议孙中山同意与否，达林本人没有说明。不过，在陈独秀的记忆中，达林的建议遭到了孙中山的"严词拒绝"，孙"只许中共及青年团分子加入国民党，服从国民党，而不承认党外联合。"⑤陈独秀说孙中山反对达林党外联合的主张，达林说他建议共产党整体加入国民党，并未提及党外联合。尽管两种回忆互相抵牾，国共

---

① 参见《联共（布）、共产国际与中国国民革命运动1920—1925》，中共中央党史研究室第一研究部译，北京图书馆出版社1997年版，第87、88页。

② 参见中央档案馆《中共中央文件选集》第1册，中共中央党校出版社1986年版，第19—26页。

③ 中共中央党史研究室第一研究部：《共产国际、联共（布）与中国革命文献资料选辑1917—1925》，北京图书馆出版社1997年版，第304页。

④ 参见［苏］C.A.达林《中国回忆录1921—1927》，侯均初等译，中国社会科学出版社1981年版，第90、91页。

⑤ 中共中央党史研究室第一研究部：《共产国际、联共（布）与中国革命文献资料选辑1917—1925》，北京图书馆出版社1997年版，第340页。

合作遇到障碍却是事实。

当此僵持停滞之际，马林就国共合作采取党内合作方式的建议，得到共产国际的首肯。

7月18日，已任共产国际东方部远东处处长的维经斯基，签发共产国际给中共中央的命令：立即将驻地迁往广州，并与马林密切配合进行党的一切工作。这个命令用打字机打印在马林的丝衬衣上。同时，共产国际执委会书记库西宁、赤色职工国际领导人布兰得勒联合签发给马林的任命：马林代表共产国际和赤色职工国际在中国同中共中央联系，并代表两者同中国南方国民革命运动领导人合作。由共产国际执委会主席团成员拉狄克主持起草，共产国际执委会下达给马林的指令，要求其全部活动应以共产国际二大关于民族和殖民地问题决议的精神为基础，中国共产党在与国民党合作的过程中，应加强本党的思想训练和组织建设，加强组织劳动群众，开展反帝国主义宣传。共产国际执委会也预计到有朝一日会同国民党分裂，但明确提出在分裂之前，共产党人应该支持国民党。[①]

8月12日，马林返回上海。8月28日至30日，中共中央在杭州西湖召开扩大会议。据马林向共产国际的报告：中央扩大会议讨论了来自莫斯科的指示，"主要问题是以个人身份加入国民党组织，这个问题没有遇到激烈的反对"。又称："我们的中央表示赞成以个人身份加入国民党组织。反对意见只是来自我们广州的地方组织，该组织支持陈炯明对孙逸仙的政策。"又称："在我们党内，关于加入孙逸仙党的决定几乎没有遭到任何反对而被通过。"[②]从马林的这番表述中可以看出：一是西湖会议正式做出了共产党人以个人身份加入国民党的决定，二是与会者中对党内合作方式仍存不同意见。

不久前，陈炯明在广州的反叛给了孙中山沉重打击。处在艰难

---

① 参见中共中央党史研究室第一研究部《共产国际、联共（布）与中国革命文献资料选辑1917—1925》，北京图书馆出版社1997年版，第322—325页。

② 同上书，第179、180页。

困顿中，孙中山不得不深入思考如何切实争取国际援助，不得不深入思考如何切实改变国民党的现状。可以得到来自苏俄的精神同情和物质援助，于他是求之不得的。所以，当国共党内合作的方案提到面前，孙中山接受了。这个方案的实行，对外有利于联合苏俄，取得援助，脱离孤立；对内有利于吸纳新鲜力量，促进新陈代谢，改变国民党的老旧面貌。

西湖会议一结束，陈独秀、李大钊就以个人身份加入了国民党。9月4日，孙中山约集在沪国民党员干部53人座谈改进党务意见。9月6日，他指定委员，筹商起草改进党务计划等各种文件，陈独秀被指定为委员之一。李大钊面见孙中山，双方大谈振兴国民党以振兴中国的问题。谭平山、瞿秋白、毛泽东、蔡和森、俞秀松等，也在不久以后以个人身份先后加入了国民党。

应该说，国共合作以共产党员个人身份加入国民党的方式进行，这个模式以西湖会议的召开及其后陈独秀、李大钊加入国民党为标志，得到了确认。但问题并没有完全解决。因为即便在共产国际执委会内部，在共产党以哪种方式、什么姿态同国民党合作，党的工作重心放在何处的问题上，仍然存在不同意见，中共内部也存在统一思想的问题。国共合作推而广之，就更谈不上了。

11月间，在共产国际第四次代表大会上，中共代表刘仁静汇报了与国民党建立反帝统一战线的成果，明确表示中共与国民党合作要达到两个目的："第一，我们希望通过我们在国民党内许多有组织的工人中进行宣传，把他们争取到我们这边来；第二，我们只有把自己的力量同小资产阶级和无产阶级的力量结合起来，才能打击帝国主义。"他阐述了国共合作的必要性，指出："如果我们不加入国民党，我们就会孤立，我们所宣传的共产主义就会是一种虽然伟大崇高，却不能为群众接受的思想。"同时，刘也坦承加入国民党只是手段，并称有信心能够分化国民党。[①]

---

① 《共产国际有关中国革命的文献资料1919—1928》，中国社会科学院近代史研究所翻译室编译，中国社会科学出版社1981年版，第62、63页。

鉴于马林二度来华促进国共合作取得新进展，越飞正式建议俄共（布）弃吴联孙并全面支持国民党。1923 年 1 月 6 日，布哈林主持召开共产国际执委会议专题研究中国国共合作问题。马林在会上做了报告，再次强调当前中国革命的全部问题，只在于如何调整同民族主义政党的关系，要求批准由布哈林起草的以共产党人留在国民党内为主旨的提纲。维经斯基则在会上提出不应该解散国民革命战线，应加强工会组织。他的发言也得到与会者的重视。布哈林强调：共产党人是否留在国民党内，这是一个基本的组织问题。他赞成留下，并断言任何人都不会对这种必要性提出异议。中国的主要任务是民族革命，方针政策的确定，应以此为着眼点。[1]这次会议决定由马林和维经斯基以布哈林提纲为基础，提出中国共产党与国民党关系的决议草案。

1 月 12 日，共产国际执委会通过了《关于中国共产党与国民党的关系问题的决议》，确定了国共合作的基本原则。这个决议，开门见山就肯定国民党是"中国唯一重大的民族革命集团"；指出由于独立的工人运动不强大，当前的中心任务又是开展民族革命，而这个革命同样关系到工人阶级的利益，因此，共产党有必要与国民党合作；两党合作的具体方式，根据目前的条件，共产党员"留在国民党内是适宜的"；这种方式的合作，应保持中共原有的组织和严格集中的领导机构，开展工人运动，为建立群众性的共产党提供基础；在对外关系上，要反对国民党同帝国主义列强及其代理人之间的任何勾搭，同时促进国民党与苏俄的联合。该决议最后强调："只要国民党在客观上实行正确的政策，中国共产党就应当在民族革命战线的一切运动中支持它。但是，中国共产党绝对不能与它合并，也绝对不能在这些运动中卷起自己原来的旗帜。"[2]

---

① 参见《联共（布）、共产国际与中国国民革命运动 1920—1925》，中共中央党史研究室第一研究部译，北京图书馆出版社 1997 年版，第 188—192 页。

② 《共产国际有关中国革命的文献资料 1919—1928》，中国社会科学院近代史研究所翻译室编译，中国社会科学出版社 1981 年版，第 76、77 页。

　　与此同时，越飞南下上海，与孙中山直接会谈，并就双方所关切的问题达成共识。1月26日，签署了《孙文越飞联合宣言》。其第一条约定：

　　　　孙逸仙博士以为共产组织，甚至苏维埃制度，事实均不能引用于中国。因中国并无使此项共产制度或苏维埃制度可以成功之情况也。此项见解，越飞君完全同感。且以为中国最要最急之问题，乃在民国的统一之成功，与完全国家的独立之获得。关于此项大事业，越飞君并确告孙博士，中国当得俄国国民最挚热之同情，且可以俄国援助为依赖也。[①]

　　就孙中山而言，这个约定旨在奠定中俄合作的政治基础，意味着他作为中国政府的代表得到了苏俄的承认。孙中山曾经目睹西方资本主义的弊害，设想在中国举政治革命和社会革命毕其功于一役，建设三民主义社会，不主张在中国搞共产主义。在同达林等人的谈话中，已经明确表示不同意与共产党对等合作，对组织合作和制度移植抱有强烈戒心。越飞的正面答复，一定程度上消解了孙中山的疑虑。越飞作这番表态，既出于对中国形势的认知，也与急于完成找到盟友的任务有关。他对孙中山的主张"完全同感"，或许不过是外交辞令，但这种说法毕竟与共产国际二大的原则相悖，为中共后来的工作埋下隐患。孙中山同来自苏俄的各色人物交谈，反复阐述在中国西北地区建立根据地的计划，指望得到苏俄的支持，越飞满足了这方面的要求。

　　6月12日至20日，中共三大在广州召开。大会的主题是贯彻共产国际执委会1923年1月决议，落实国共合作和开展国民革命的问题。会议讨论了陈独秀代表第二届中央委员会向大会做的报告，马林就共产国际决议的讲话以及陈独秀根据共产国际决议精神起草

---

① 中共中央党史研究室第一研究部：《共产国际、联共（布）与中国革命文献资料选辑1917—1925》，北京图书馆出版社1997年版，第409页。

的关于国民运动与国民党问题的决议草案。

　　虽然西湖会议对共产党员以个人身份加入国民党已有决定，仍有代表在中共三大上持有异议。如林育南说，资产阶级不可能是革命的因素，无产阶级必须领导；不加入国民党我们也能帮助做国民运动。蔡和森指责陈独秀把工人置于国民党旗帜之下，认为建立独立的工人政党并非破坏国民运动，而是促进国民运动。张国焘更直击马林，强调发展共产党的唯一途径是独立行动，而非在国民党内行动，至少应在北方打出共产主义或劳动组合书记部的旗帜，独立开展工会工作。他说："也许我们是错误的，但我们宁可保持左，左的错误比右的错误容易改正。"①

　　支持在国民党中开展工作的代表，也纷纷表达了意见。如瞿秋白说，我们的职责是领导无产阶级推动国民党，使其摆脱资产阶级的妥协政策；国民党的发展，并不意味着牺牲共产党。相反，共产党也得到了自身发展的机会。邓中夏说，没有人反对我们与国民党合作，但我们不是为国民党工作，以后我们应改变合作的政策。毛泽东说，小资产阶级控制了国民党，农民和小商人是国民党的好成份，我们不应该害怕加入国民党。李大钊说，过去和将来国民运动的领导因素都是无产阶级，因此不要害怕参加国民运动，应该站在这个运动的前列。②

　　经过一番讨论，大会以多数票同意通过了《关于国民运动及国民党问题的议决案》。该决议指出：开展国民革命运动是当前革命的中心工作，根据共产国际的决议，共产党与国民党合作，共产党员加入国民党，但保持、扩大自己的组织。决议对共产党在国民党中的活动、开展国民革命、发展工人运动等项工作一一做出了规定。③

　　自从参加共产国际四大以后，陈独秀对于与国民党合作的态度

---

　　①　中共中央党史研究室第一研究部：《共产国际、联共（布）与中国革命文献资料选辑 1917—1925》，北京图书馆出版社 1997 年版，第 476 页。

　　②　参见中共中央党史研究室第一研究部《共产国际、联共（布）与中国革命文献资料选辑 1917—1925》，北京图书馆出版社 1997 年版，第 468—476 页。

　　③　参见中央档案馆《中共中央文件选集》第 1 册，中共中央党校出版社 1986 年版，第 115、116 页。

大为转变，由疑虑变得释怀，由消极转为积极。或许与马林有关，中共三大闭幕以后，陈独秀给共产国际执委会东方部主任萨发罗夫去信，阐述对国共合作的看法，争取后者对中共的支持。陈独秀指出：中国发展程度很低，懂得什么是共产主义、什么是共产党的人为数极少。共产党建立革命力量，只能在国民革命的旗帜下进行。如果在共产主义的旗帜下，只能使工人离开，站到敌人一边。共产党参加国民革命，将以非常严肃、强有力的团体的面目出现，不能允许国民革命运动与帝国主义敌人妥协并向右转。当前，国民党固然不是很好的党，但这个党有多年历史，有许多革命人士，只有它是革命的政党。因此，应该扩大和改组国民党，将群众吸收到国民党里来，以领导国民革命运动。如果不这样做，就不能开展国民革命运动，而国民革命也就不能迅速实现。①

给萨发罗夫的信是内部表达，报刊文章则是公开宣示。陈独秀发表了一系列文章，最具代表性的有《资产阶级的革命与革命的资产阶级》和《中国国民革命与社会各阶级》。前者劝导国民党"统率革命的资产阶级，联合革命的无产阶级，实现资产阶级的民主革命"，后者阐述了开展国民革命的必然性和工人、农民参加国民革命的必要性。②

至于被马林所看好的瞿秋白，中共三大结束后，也在给共产国际主席季诺维也夫的信中，表明了自己的主张。他写道："我们，马克思主义者，对中国革命的资产阶级性质深信不疑，但是，如果我们能在民族运动中组成强有力的劳动群众的左翼，保持党的独立性，我们就不用害怕会在'资产阶级民主中溶化'。因为无产阶级自然是唯一彻底的革命力量，只有它才能将革命进行到底。"③

在国共合作尚处于国民党决心接纳和共产党决心进入的阶段，

① 参见《联共（布）、共产国际与中国国民革命运动1920—1925》，中共中央党史研究室第一研究部译，北京图书馆出版社1997年版，第262页。

② 参见《陈独秀著作选》第2卷，上海人民出版社1993年版，第446—452页；第557—568页。

③ 《瞿秋白文集》政治理论编第2卷，人民出版社1988年版，第123页。

陈独秀、瞿秋白等的文章都是重要的理论和舆论准备。然而，刚刚萌芽的国共合作，并没有像马林原先所预期的那样，使共产党人在国民党内得以顺利引导该党执行国民革命的政策。

7月间，中共中央第二次发表对于时局的主张。其时，北方政局变化，段祺瑞政府下台，直系曹锟、吴佩孚控制中央政权。中共中央认为拥护黎元洪、段祺瑞，国会南迁与制宪，团结西南联省自治，借助列强等等方法，都不是反对直系军阀的正当方法，应由负有国民革命使命的国民党，出面号召全国的商会、工会、农会、学生会及其他职业团体，推举代表，在适当地点召开国民会议。认为只有国民会议，才能代表国民；只有国民会议产生的新政府，才是统一全国的人民政府。此刻，国民党如果还看不到民众的势力，仍然主张什么裁兵会议、和平统一，是得不出好结果的。那样，"我们主人翁的国民断不能更袖手旁观"。①陈独秀、李大钊、蔡和森、谭平山和毛泽东联名给孙中山写信，阐述了与第二次对时局主张相同的观点，建议孙中山加强国民党的建设，要求他转到上海领导召集国民会议的工作。②这期间，共产党人在《向导》周报等报刊上也发表了多篇批评国民党现行政策的文章。

孙中山和国民党对共产党人的批评表现出强烈的反弹。上海的国民党人抱怨《向导》周报对国民党的批评太苛刻，认为是在试图推动国民党改组并采取另外的工作方法；广州的国民党人抱怨陈独秀的宣传只考虑共产党，干的是同国民党决裂的事。孙中山得悉共产党的批评也很不高兴。7月18日，他同马林谈话说："像陈独秀那样在他的周报上批评国民党的事再也不许发生。如果他的批评里有支持一个比国民党更好的第三个党的语气，我一定开除他。如果我能自由地把共产党人开除出国民党，我就可以不接受财政援助。"③

---

① 参见中央档案馆《中共中央文件选集》第1册，中共中央党校出版社1982年版，第130—133页。

② 参见中共中央党史研究室第一研究部《共产国际、联共（布）与中国革命文献资料选辑1917—1925》，北京图书馆出版社1997版，第496页。

③ 中共中央党史研究室第一研究部：《共产国际、联共（布）与中国革命文献资料选辑1917—1925》，北京图书馆出版社1997年版，第423页。

孙中山的这番表态说明，他之同意以党内合作的方式与共产党合作，到底是有条件的。这种状况说明，共产党鉴于广州实际处在地方军阀的掌控之中，设想孙中山放弃这块地方而专心从事革命宣传，通过引导和组织舆论，取得国民革命领导地位，这番努力，遇到了不小的阻力。其实，这种设想，本身也是不切实际的。

针对孙中山同马林的谈话以及国民党内的反弹，中共中央及时讨论了与国民党的关系问题。与会者一来不希望同国民党决裂，二来为了发展国民革命，仍然肯定了对国民党在政治上的无所作为及其错误行动有加以批评的必要，决定按照西湖会议以来党的路线继续工作下去，但须注意方法，批评国民党时尽量避免使用激烈词句。同时，加强国民党的宣传，在华北、华中地区建立国民俱乐部，促成国民党召开全国代表大会。①会后，中共中央机关迁回上海。陈独秀和中共中央其他成员以及马林，先后离开了广州。行前，马林留书廖仲恺，坦率指出国民党的缺陷，例如：从不召开代表大会或代表会议，政治宣传工作薄弱，与封建军阀为伍等等，认为当务之急是改变国民党的方向，着手党的改组。②

显然，共产党人虽以个人身份加入国民党，但国共合作的运行机制仍未形成；1923 年 1 月，国民党发表了改进宣言和新党纲，但全新的组织架构并未确立，面向群众的工作也未展开。尽管国共两党合作之初暴露的矛盾表明"共产国际想要根本改变国民党固有特征的希望本身就具有空想性"，③但是，即便如此，实现国民党的改组仍然是当时必须完成的任务。

此刻，国民党改组正有待新的外部力量继续加以推进。鲍罗廷

---

① 中共中央党史研究室第一研究部：《共产国际、联共（布）与中国革命文献资料选辑 1917—1925》，北京图书馆出版社 1997 年版，第 425 页。

② 参见中共中央党史研究室第一研究部《共产国际、联共（布）与中国革命文献资料选辑 1917—1925》，北京图书馆出版社 1997 年版，第 428—432 页。

③ ［俄］玛玛耶娃：《共产国际与国民党——20 世纪 20 年代关于共产国际与国民党相互关系的某些观点》，孙艳玲译，《"共产国际、联共（布）与中国革命"国际学术研讨会论文集》，黄修荣主编，中共党史出版社 2006 年版，第 90 页。

正是在这样的情势之下，奉命来到广州。

二　国民党改组的强力推进

1.鲍罗廷初识孙中山与国民党

1923 年 3 月 8 日，俄共（布）中央政治局召开会议，就中国问题做出七项决定，内容包括：最好在中国西部以完整的军事建立的形式建立革命军队的基础；给予孙中山约 200 万墨西哥元资助；必须经孙中山同意后向他派去政治和军事顾问小组。斯大林签署了这份文件。[①]

为了便于落实上述事项，7月 31 日，斯大林向俄共（布）中央政治局建议，任命鲍罗廷为孙中山的政治顾问，并对鲍罗廷的工作性质、工作范围和方法做出如下规定：

（1）任命鲍罗廷同志为孙逸仙的政治顾问，建议他星期四与加拉汉同志一起赴任。

（2）责成鲍罗廷同志在与孙逸仙的工作中遵循中国民族解放运动的利益，决不要迷恋于在中国培植共产主

鲍罗廷与妻子法妮娅，采自［美］丹·雅各布斯《鲍罗廷：斯大林派到中国的人》

[①]　参见中共中央党史研究室第一研究部《共产国际、联共（布）与中国革命文献资料选辑 1917—1925》，北京图书馆出版社 1997 年版，第 226 页。

义的目的。

（3）责成鲍罗廷同志与苏联驻北京的全权代表协调自己的工作，并通过后者同莫斯科进行书信往来。

（4）责成鲍罗廷同志定期向莫斯科送交工作报告（尽可能每月一次）。①

鲍罗廷衔命起身，8月间，经满洲里入境到达哈尔滨，后经长春、沈阳，到达北京。9月23日，加拉罕修书孙中山，为之介绍鲍罗廷。加拉罕写道：

亲爱的孙博士：

莫斯科长期以来一直强烈地感受到我们的政府在广州缺少一个常驻的、负责的代表。随着鲍罗廷的被任命，我们已经朝着这个方向迈出了重要的一步。鲍罗廷同志是在俄国革命运动中工作很多年的我们党的一位老党员。请您不仅把鲍罗廷同志看做是政府的代表，而且也把他看做是我个人的代表，您可以像同我谈话一样，坦率地同他交谈。您可以相信他所说的一切，就像我亲自告诉您的一样。他熟悉整个形势，而且在他动身去南方之前，我们进行了一次长谈。他将向您转达我的想法、愿望和感受。希望鲍罗廷同志到达广州之后，将会更快地推动形势的发展，将会使形势发展大大地超过到目前为止所能达到的速度，这一速度是我所深感遗憾的，衷心祝愿您的事业成功，我向您致以友好的问候。

您的

加拉罕（签字）②

---

① 《联共（布）、共产国际与中国国民革命运动 1920—1925》，中共中央党史研究室第一研究部译，北京图书馆出版社 1997 年版，第 265、266 页。文中"加拉汉"即加拉罕。

② ［美］艾伦·惠廷：《苏联对华政策 1917—1924》，向青译，《党史研究资料》第 5 集，四川人民出版社 1985 年版，第 67、68 页。

1953 年 1 月，罗易给人写信，称鲍罗廷是经加拉罕举荐而获准到中国工作的，起初并未得到莫斯科的官方任命。直到 1924 年鲍与孙中山有了密切关系并对国民党发生影响之后，情况才得到改变。①罗易曾经与鲍罗廷关系密切，作为亲历者，他的这种说法得到研究者重视，并被广为采用。但是，鲍罗廷来华，是否取决于加拉罕的举荐，并无确证，因鲍的人脉关系不只加拉罕一处；至于是否起始就获取官方任命，上述史料正好否定了罗易的说法。

　　为什么会是鲍罗廷被遴选出来担当此任呢？这显然与他的个人特质密切相关。归纳鲍罗廷传记作家的研究和鲍罗廷同伴的回忆，我们知道鲍罗廷至少具有以下几个方面的有利条件：②

　　一是具有献身事业的坚定信仰。鲍罗廷出身于沙俄前威帖布斯克省一个穷苦的犹太家庭，年幼时随父迁居拉脱维亚的里加。16 岁时，他就参加了犹太社会民主主义总同盟（简称"崩得"），从事推翻沙皇统治的活动，成为一名革命党人。1903 年，参加俄国社会民主工党，为布尔什维克，在里加活动。1905 年，代表里加社会民主工党出席在芬兰塔墨尔福斯举行的布尔什维克代表会议。1906 年，参加在斯德哥尔摩召开的俄国社会民主工党第四次代表大会，后到英国从事革命活动。1907 年，转赴美国，先后在波士顿、芝加哥等地活动，开办夜校，出版刊物，并参加美国社会党。1919 年 3 月，出席共产国际第一次代表大会。以后，又出席共产国际二大、三大，还参加了共产国际的其他一些会议。共产国际成立以后，鲍罗廷先后奉派到美国、墨西哥、西班牙、荷兰、德国、英国等国家从事为时久暂不一的各种活动。他曾因从事革命活动而被捕，亦屡因秘密活动暴露不得不辗转于欧美。长期职业革命生涯的颠沛流离和艰苦

----

　　①　转引自李云汉《从容共到清党》，台北"中国学术著作奖助委员会"1973 年影印，第 170 页。

　　②　参见《鲍罗廷在中国的有关资料》，中国社会科学出版社 1983 年版；[苏] 亚·伊·切列潘诺夫《中国国民革命军的北伐》，曾宪权等译，中国社会科学出版社 1981 年版；[美] L. 霍罗布尼奇（Lydia Holubnychy）《鲍罗廷与中国革命 1923—1925》（*Micheal Borodin and the Chinese Revelution*，1923—1925），哥伦比亚大学东亚研究所 1979 年版，蒋永敬对该书做了介绍和评论，见《中国现代史论集》第 10 辑，联经出版事业公司 1982 年；[美] 丹·雅各布斯（Dan N. Jacobs）《鲍罗廷：斯大林派到中国的人》（*Borodin——Stalin's Man in China*），哈佛大学出版社出版，殷罡译，世界知识出版社 1989 年版。

曲折，丝毫没有动摇他对革命事业的坚定信仰。

二是具有海外工作的丰富历练。1906年末，鲍罗廷就开始了海外政治生涯。在伦敦，他开始使用鲍罗廷这个名字。在美国，他半工半读。出席共产国际成立大会以后，他到墨西哥从事反美活动，帮助墨西哥社会党改为共产党，此为俄国共产党以外的在其他国家建立的第一个共产党。他对英国的工人运动极有影响，被共产国际视为英国事务专家。由于长期活动于欧美，因而对英、美政情有比较多的了解，也练就了在陌生环境下独立开展工作的过人本领。鲍罗廷每到一地，都注意了解当地政治、经济情况，熟悉其风土人情，尽快融入当地民间社会。他长于组织和宣传，尤其长于言辞，擅于辩论，能根据不同听众的心理，引导听众思想。鲍罗廷自共产国际成立就参与其事务，对共产国际的革命战略和运行机制也比较熟悉。虽然关于中国的知识储备少得可怜，但对惯于海外工作的他而言，陌生的中国只不过是变换了新的场地而已。

三是具有高层信赖的人脉关系。鲍罗廷虽不是联共（布）和共产国际派往中国的最早使者，却是最重要的使者之一。他在中国期间，与维经斯基、季山嘉、罗易等重要人物意见屡屡相左，这些人无不要求联共（布）中央调回鲍罗廷，但联共（布）领导人不为所动，充分显示了高层对他的完全信赖。有国外学者以"斯大林派到中国的人"来定位鲍罗廷在中国期间的地位和作为。这种信赖不是一日之功。当列宁和托洛茨基流亡瑞士期间，鲍罗廷就与他们相识。1918年，列宁委托鲍罗廷把他的《给美国工人的信》送到美国发表。在芬兰塔墨尔福斯举行的布尔什维克大会上，鲍罗廷不仅代表里加委员会出席，而且成为以列宁为主席的三人主席团成员之一。就在这次会议上，他结识了斯大林。在共产国际的几次大会上，鲍罗廷都为列宁做翻译，著名的《民族和殖民地问题提纲初稿》即由他译成英文。《共产主义运动中的'左派'幼稚病》亦由他译成英文，亦说由他组织人力完成翻译。在墨西哥期间，鲍罗廷认识了印度人罗易，促成墨西哥社会党改为共产党。鲍罗廷还与苏俄外交系统契切林、加拉罕等高官交往很深，特别是加拉罕，双方视为密友。

此外，鲍罗廷操一口流利英语，这也是他与孙中山，与宋庆龄、孙科、宋子文以及孙中山身边其他懂得英语的人，进行直接交流的便利条件。

1923年9月29日，鲍罗廷从上海启程南下。这是一次充满风险的航程。鲍罗廷乘坐一艘小轮，船上载有两百只绵羊。途中遇上台风，如果不是船长在台湾沿海找到了避风之处，说不定他也逃不掉那死得一只不剩的绵羊的命运。10月6日，鲍罗廷到达广州。

弃船登岸，稍事停留，当日就被安排接见。作为苏联政府的正式代表，鲍罗廷得到孙中山的高度重视可想而知。鲍罗廷在札记中写道：孙中山非常热情地接待了他，让他坐在自己身边，并默默地打量了几秒钟的时间。转达了莫斯科方面和苏联驻华全权代表加拉罕的问候之后，鲍罗廷向孙中山扼要阐述了来到广州的目的，询问了有关中国局势尤其是广东局势的问题。孙中山也向鲍罗廷询问了苏联的情况，尤其是军事和工业方面的问题，还谈到在华中和蒙古建立根据地的可能性，希望对方能从远东海参崴给广东政府提供军事和经济援助。[1]

据有关著作引述，鲍罗廷面见孙中山时表示："我来到这里是服务于中国国民革命的。你的目的是打击外国帝国主义，这也是我们的目的。关于共产主义，中国还不能讨论它，因为条件还不适合。""我们的政策是促进国民革命，我们已经指示中国共产党集中力量于此，而不是共产主义。""由于国民党的民生主义是反对资本主义的，所以，国民党的最终目的与第三国际的最终目的不相冲突。至于所采取的方法，必须详细考虑那些适合中国国情的方法。"[2]联系前引斯大林的指示、加拉罕的书信以及孙中山同越飞签署的宣言，可以认为

---

① 《联共（布）、共产国际与中国国民革命运动1920—1925》，中共中央党史研究室第一研究部译，北京图书馆出版社1997年版，第364、365页。

② ［美］L.霍罗布尼奇：《鲍罗廷与中国革命1923—1925》，中译文转引自《孙中山年谱长编》下册，陈锡祺主编，中华书局1991年版，第1700页。

所引述的这些内容是可信的。

以这种认知为出发点，鲍罗廷直奔主题，主动融入。来华之前，他的中国知识之贫乏，不难想见。如他自己坦承，简直可以说"对中国一无所知"。[①]因此，在起初的一段时间中，除了密切保持同孙中山的私人联系以外，鲍罗廷十分注意加强同国共两党重要人物的接触，高频率地出席公众活动，多方了解政情民意。根据有关报道和资料，单在 10 月这一个月，鲍罗廷就活动满满。9 日，出席孙中山举行的招待会，同共产党人谭平山、阮啸仙、瞿秋白等座谈。15 日，陪同孙中山出席在广州第一公园举办的国民党恳亲大会，发表演说。当晚，出席广东省省长廖仲恺举行的欢迎宴会。16 日，同新闻记者谈话，出席大本营外交部部长伍朝枢举行的宴会。18 日，同新闻记者谈话。21 日，陪同孙中山、宋庆龄和大本营官员出外巡视虎门炮台。

通过一段时间的初步了解和观察，鲍罗廷深感国民党的改组已经刻不容缓。他在札记中写道："现在它既没有纲领，也没有章程，没有任何组织机构。"[②]虽然这个说法难免言过其实，但鲍罗廷所观察到的现象则是赫然存在的。

鲍罗廷认为，国民党偶尔发布由孙中山签署的诸如三民主义等一般性题目的宣言，根本不涉及当前的事件，不对它们做出解释，也不利用这些事件来发展和巩固党。这些宣言作为趣闻被刊登在几家报纸上，国民党自身则沉睡一年又一年。这种状况导致一部分人为其私利利用"国民党"这个旗号，另一部分人则对党失去信心。广州算是国民党的大本营，重新登记的党员不过 3000 人，也只有估计人数的十分之一。党务工作的实际状况是，党同党员没有任何联系，没有在党员中散发书刊，没有举行会议，没有说明党在各个战线上的斗争目标，特别是当前同陈炯明的斗争目标。南方最优秀

---

① 《联共（布）、共产国际与中国国民革命运动 1926—1927》（上），中共中央党史研究室第一研究部译，北京图书馆出版社 1998 年版，第 97 页。

② 《联共（布）、共产国际与中国国民革命运动 1920—1925》，中共中央党史研究室第一研究部译，北京图书馆出版社 1997 年版，第 370 页。

的国民党人对群众组织失去信心以后，全力投入了军事工作。不幸的是，他们也变得像军阀一样，人民群众根本不了解他们究竟为何打仗，不了解为什么国民党的孙中山要和同属国民党的陈炯明打仗。战争破坏了商业和生产环境，滥征捐税导致误解和仇视，农民不愿为军队提供粮食，国民党政权并没有得到广大民众的理解和支持，其基础极其脆弱。共产党人参加了大本营宣传委员会的工作，用的是个人名义，而且除了这有限的几个人外，国共两党之间并不存在任何实际关系。共产党人也意识到在参加国民党之前，就应当改组它、重建它，并多方争取孙中山本人的同意，但没有结果。中共三大关于推进国共合作的决议，到目前还是一纸空文。①

至于孙中山本人，鲍罗廷认为同样存在着小资产阶级的动摇性和理论与实践相脱离的毛病。孙中山当前工作的着重点，完全放在击退陈炯明的进攻，保住广州这块根据地。其精力主要用于同军事将领谈话，争取他们的支持，并未顾及党、军队与民众的关系。他希望自己的追随者绝对无条件地服从他，也感到并没有足够的合格的追随者，一起去实现他的理想。在他身边，既有真诚的追随者，也不乏投机钻营之徒。对于国民党改组，孙中山和国民党其他领导人"还没有认识，还没有达到理解有组织的国民党的重要性和必要性的高度"。②

鲍罗廷到达广州之前，就理解到国民党对于当前中国革命的重要性。还在北京和上海时，他就从同国共两党有关人员的交谈中知道，"如果国民党不领导中国国民革命运动，这个运动就不会是什么现实的东西"。经过初到广州后的了解，又切身体会到目前的国民党的确担负不起领导责任。但是，虽然如此，"在目前和很长时间内他们还是能够领导中国国民革命运动的唯一代表，对此不应有任何怀

---

① 参见《联共（布）、共产国际与中国国民革命运动 1920—1925》，中共中央党史研究室第一研究部译，北京图书馆出版社 1997 年版，第 367—370 页。

② 《联共（布）、共产国际与中国国民革命运动 1920—1925》，中共中央党史研究室第一研究部译，北京图书馆出版社 1997 年版，第 370、371 页。

疑"。①这一点，鲍罗廷又是坚定的。

基于此，鲍罗廷三管齐下：做好孙中山的工作；做好宣传舆论工作；做好共产党人的工作。把思想和意志凝聚到推进国民党改组，建设国民革命领导力量方面来。

鲍罗廷反复向孙中山介绍十月革命以来苏联的革命和建设情形，阐述苏联对三民主义的理解，这样的谈话一周间总要进行几次。他指出：孙中山所主张的三个主义，有两项即民族主义和民权主义已在苏联实现，而民生主义一项，在苏联是社会主义，也已创造出了有可能使之实现的政治和经济条件。而这些成就的取得，全赖于苏联共产党、红军的组织和训练。他许诺，如能假以六个月的时间，可以将广州市变成国民党最巩固的地盘。不独广州如此，一两年间，还可将革命精神普遍于全国，使革命大功告成。②

在公众场合，鲍罗廷高调赞扬孙中山的功绩和地位。在 10 月 15 日举行的中国国民党恳亲大会上，他继孙中山发表演说，赞许中国人民热心爱国和国民党致力于革命的不懈努力，称国民党自己的领袖——孙中山博士，他能够统一中国并在人民的支持下，把国家从外国帝国主义者和中国军阀的奴役下解放出来。③陪同孙中山出席这次演讲会的，还有宋庆龄、廖仲恺、孙科、邓泽如等十数人。10 月 18 日，鲍罗廷同觉悟社记者谈话，讲到中国政治时，明确地寄希望于国民党领导国民革命取得完全成功，他说：

> 该党现尚未自觉其自己之力量，及未组织完备，以完成其历史的任务，但吾人深信其不久即能自觉，必能组织完备。盖吾人一想该党有如是伟大之领袖，如孙中山先生其人便知之也。

① 《联共（布）、共产国际与中国国民革命运动 1920—1925》，中共中央党史研究室第一研究部译，北京图书馆出版社 1997 年版，第 369、371 页。

② 参见［苏］亚·伊·切列潘诺夫《中国国民革命军的北伐》，中国社会科学院近代史研究所翻译室译，中国社会科学出版社 1981 年版，第 35 页。

③ 《大元帅到恳亲会训励民党》，《广州民国日报》，1923 年 10 月 16 日。鲍罗廷以"李宁"之名，被介绍与会者。

孙先生之经验，将能供给彼党之所缺乏，其所缺乏者何，军事精神，及国民的组织者二是也。[1]

对于孙中山，鲍罗廷所采取的策略是，坚定孙中山思想上"最左倾"的东西，不放过一切机会来强调孙中山以往所采取的自相矛盾而又行之无效的斗争方式的失败，同时向他描绘今后改而采取新的方式和新的方针将会带来的希望。[2]

利用各种公开或是私下的场合，鲍罗廷不懈地阐述建立一个组织良好的团结的民族解放政党的思想。他把广州的宴会，当成讲坛，就人们感兴趣的问题频繁地发表长篇讲话，关于俄国革命的历史、俄国革命胜利的原因、俄国的军队、红军的政治工作，关于帝国主义国家、殖民地半殖民地国家，关于中国革命、中国党和军队等等，几乎什么都谈。[3]他在同觉悟社记者的谈话中，指出中国比较西方自以为开化的国家，不仅并非次等民族，而且更有理想，因为它正在为争取国家的独立而奋斗。讲到中国工人运动的前景，他表示工人运动与人民群众为国家的统一、自由、独立而奋斗的斗争相结合，是最紧要的条件，其最终目的的达到，有赖于中国脱离半殖民地状况[4]鲍罗廷把目光投向民众，特别勉励青年投身国民党改组和国民革命事业。他在广东工联等团体举行的俄国革命六周年纪念会上指出："俄国革命成功，全靠劳工阶级。"现在，中国的独立与自由，同样要靠人民。"中国人民必须为他们自己的独立自由而努力，国民党尤其是国民党的青年男女更要负这重大的责任。"[5]

鲍罗廷这样做，目的无非是通过新与旧、中与外的比较，向人们传达俄国革命的经验和理念，争取国民党内和社会大众对改组国

---

[1] 《鲍罗廷在中国的有关资料》，中国社会科学出版社1983年版，第2页。

[2] 参见［苏］卡尔图诺娃《加伦在中国1924—1927》，中国社会科学出版社1983年版，第30页。

[3] 参见《联共（布）、共产国际与中国国民革命运动1920—1925》，中共中央党史研究室第一研究部译，北京图书馆出版社1997年版，第372页。

[4] 参见《鲍罗廷在中国的有关资料》，中国社会科学出版社1983年版，第1—3页。

[5] 参见《鲍罗廷在中国的有关资料》，中国社会科学出版社1983年版，第5、6页。

民党和开展国民革命的支持。他以自己的方式，收到了预期的效果。一方面，他与孙中山的私人关系迅速密切。不出两个月时间，就达到可以同孙中山十分坦率地谈论国民党各种事务的境地。10月18日，孙中山委任鲍罗廷为国民党组织教练员。同月25日，又转聘鲍为中国国民党临时中央执行委员会顾问。孙中山对于建设什么样的党，怎样去建设它，悉心倾听鲍罗廷的见解和建议，

孙中山为鲍罗廷亲笔书写的委任状

把他作为"好朋友"绍介于众，称赞鲍"办党极有经验"，要求"各同志牺牲自己的成见，诚意去学他的方法"①；另一方面，孙中山坚定了"以俄为师"的革命转变，公开表示"此后欲以党治国，应效法俄人"，"吾党此次改组，乃以苏俄为模范"。②孙中山并致电正在苏联莫斯科访问的蒋介石，赞赏"友邦政府及政党，派代表鲍罗廷到粤援助之热心与诚意"。③当然，促成孙中山转变因素甚多，有对西方国家的失望，他领导辛亥革命，开眼看西方，但基本没有从西方国家那里得到实质性的帮助，倒从西方社会看出资本主义不少弊病；有与越飞发表联合宣言达成的谅解，一定程度上消解了对在中国实行苏维埃制度的疑虑；有他本人对俄国革命经验的体会和认识，认为俄国革命与三民主义"实在暗相符合"，并非那种望而生畏的"过激党"；当然，也离不开鲍罗廷贴近身边的反复进言。

2. 国民党改组的实际进展

在广州共产党人眼中，由于鲍罗廷的抵达，"国民党改组之事遂实际进行"。④事实正是如此。

① 参见《孙中山全集》第8卷，中华书局1986年版，第438页。

② 参见《孙中山全集》第8卷，中华书局1986年版，第268、501页。

③ 中国第二历史档案馆：《蒋介石年谱初稿》，档案出版社1992年版，第137页。

④ 中央档案馆：《中共中央文件选集》第1册，中共中央党校出版社1982年版，第143页。

为了全面推进国民党改组，鲍罗廷向孙中山提出具体建议，曾任国民革命军第一军顾问的切列潘诺夫在其回忆录中归纳为五点：

　　一、在国民党改组前修改党纲，并在人民群众中广泛宣传党纲，力求取得必需按照党纲改组党的一致意见。

　　二、制定国民党党章。

　　三、在广州和在第二中心上海组织党的坚强团结的核心，然后在全国建立国民党的地方组织。

　　四、尽可能快地召开即便只有南方四省代表参加的党的全国代表大会，以便讨论和通过党纲党章，选举新的执行委员会。

　　为了在广州进行党的改组工作，派出最优秀的最积极的国民党员，这些人应当在城市的各个地区建立党的分部。应当由这些分部派出代表参加全国代表大会。

　　五、在召集全国代表大会时，必须使每一个代表懂得，他今后要做的事情是什么，怎样按照新的方式建立基层组织。

　　鲍罗廷的建议被采纳了。[①]

　　虽然从鲍罗廷1923年12月10日以前的札记以及国民党临时中央执行委员会的会议记录中，并未找到上述建议的相应出处。但是，国民党第一次全国代表大会的筹备，的确是以这些内容为目标而行动的。鲍罗廷对于国民党改组的推进，主要体现在以下几个方面：

　　第一，参加全面负责国民党改组的临时中央机构的活动。

鲍罗廷（左）陪同孙中山出巡

---

　　① ［苏］亚·伊·切列潘诺夫：《中国国民革命军的北伐》，中国社会科学院近代史研究所翻译室译，中国社会科学出版社1981年版，第36、37页。

　　10月10日，国民党广东支部发起召开中国国民党恳亲大会，历时一周。孙中山特地为这次活动题词："革命尚未成功，同志仍须努力。"鲍罗廷陪同孙中山莅会，并发表演说。11日，孙中山致电上海国民党本部，指示后者调整机构和人员，准备实施党的改组。19日，孙中山委派廖仲恺、汪精卫、张继、戴季陶、李大钊为国民党改组委员，负责办理改组事宜。24日，委派胡汉民、林森、廖仲恺、邓泽如、杨庶堪、陈树人、孙科、吴铁城、谭平山为国民党临时中央执行委员，汪精卫、李大钊、谢英伯、古应芬、许崇清为候补中央执行委员，负责全面改组国民党的工作。[①]以此为标志，国民党的组织中心正式由上海转移到广州。12月16日，廖仲恺前往上海，与先前确定的国民党临时中央执委会上海执行部成员胡汉民、汪精卫、张继、叶楚伧、戴季陶一起，开展党务改组，负责筹划全国代表大会各省代表的选举，重新组建上海地区的各级国民党组织。李大钊在北京负责当地的党务改组工作。

　　10月28日，国民党临时中央执行委员会开始议事。先后共开会28次，议决重要事项400余件，为第一次全国代表大会的召开做了充分的准备。作为顾问，鲍罗廷虽然只出席了前期的六次会议，但都是决定重要事项的会议。第一次会议，决定召集全国代表大会有关事项，研究决定了第一次全国代表大会关于名称、代表的产生与名额分配、会期、会址等问题，研究决定了临时中央执行委员会的组织、上海执行部组织、广州分部组织、改组宣言起草、会议经费以及会务周刊编辑出版等议题。第七次会议（11月19日），听取廖仲恺关于改组经过的报告。第八次会议（11月22日），鲍罗廷提出报章报道国民党改组，"纪事多属误传，亟宜纠正"，会议决定由谭平山、陈树人、谢英伯组成秘书处，每周发放通稿，统一宣传改组事宜。鲍罗廷建议第2期《国民党》周刊"宜多著论说"，并开列了七个要点："中国纠纷舍国民党无由解决"；"振兴国货为国民党

<hr />

　　① 《改组特别会议》，《国民党》周刊第1期。罗家伦主编《革命文献》第8辑之《中国国民党第一次全国代表大会之筹备工作》所列国民党临时中央执行委员、候补中央执行委员名单稍有不同。上海国民党本部于国民党临时中央执行委员会成立后改称执行部，人员有所调整。

政策之一";"此次战胜陈炯明之原因";"欧洲现状与中国之关系";"广州市十二区分部进行情形由各区自行报告藉资后进参考";"党纲及党章之解释";"专载列强欺压中国事实及外人在中国横行情形并加以批评"。①第九次会议（11月24日），研究广州市各级国民党党部设置细则。第十次会议（11月26日），研究设立国民军军官学校问题，决定蒋介石任校长，廖仲恺任政治部主任，并以廖为执行委员，即行着手筹备。第十一次会议（11月27日），研究第一次全国代表大会议事日程，确定孙中山作中国之现状及国民党改组之必要的报告、临时中央执行委员会会务报告、党纲报告、党章报告、党略报告、各省区党务报告以及选举等重要事项。此外，第二十五次会议（1924年1月12日）鲍罗廷虽未出席，但会议讨论通过了他的提议：全国代表大会开会期间，准许国内外新闻记者到会旁听，准许外交人士到会参观，特设通讯处以保持对外联络。国民党第一次全国代表大会审议临时中央执行委员会报告，对其工作给予高度肯定。会议主席林森特别指出："今日有此成绩者，实以得俄人鲍君之力为多。"②

临时中央执行委员会委员是孙中山指定的，这个机制自然决定了他本人可以作为当然成员参加委员会的工作。起初，孙中山并没有出席会议，他的精力仍然集中在反击陈炯明的进攻上。11月中旬，广州保卫战取得胜利，战局稳定下来。鲍罗廷建议孙中山亲自主持临时中央执行委员会的会议。11月19日，孙中山首度出席并主持了第七次会议，以后，又陆续出席并主持了11次会议，一些重大事项由他主持决定下来。受孙中山委托，廖仲恺、孙科、邓泽如分别主持了部分会议。

第二，全程参与拟定体现改组精神的国民党宣言、党纲和党章草案。

鲍罗廷受孙中山委托，直接参加了这些文件的起草。11月29日，

① 《十一月二十二日临时中央执行委员会第八次会议》，《中国国民党临时中央执行委员会会议记录》，台北中国国民党党史馆，会议0.1/4。

② 中国第二历史档案馆：《中国国民党第一、第二次全国代表大会会议史料》（上），江苏古籍出版社1986年版，第19页。

孙中山批示邓泽如等的上书,称:党纲、党章草案"为我请鲍罗廷所起,我加审定,原为英文,廖仲恺译之为汉文"。①此刻的党纲、党章草案,虽由《国民党》周刊对外发表,供国民党改组期间宣传和讨论所用,并初步规范地方党部的改组,但非定稿。大会文件的起草工作,还在持续。《向导》周报同期全文发表了这三份文件,以供中共党内讨论,并使出席国民党全国代表大会的中共党员代表统一思想。

《中国国民党党章草案》分"党员"、"党部组织"、"最高党部"、"审查委员会"、"省党部"、"县党部"、"区党部"、"分部"、"纪律"、"经费"、"国民党党团"11章共66条。②这个草案规定了党员入党的条件和手续,党员必须隶属于党的一个组织;规定了国民党以区分部为其基本组织,以上依次分别是全区、全县、全省、全国这样自下而上,构成下级隶属于上级的组织系统以及相应的权力机关;在全国代表大会的职权中,规定选举本党总理、中央执行委员及候补执行委员、审查委员;规定了在秘密、公开、半公开的非党团体中组织国民党党团,以便发挥政治影响和指挥作用。这个草案的显著特色,就是引进联共(布)的体制,建立民主集中制的金字塔型政党结构。孙中山说:"从前何以不从事于有组织、有系统、有纪律的奋斗?因为未有模范,未有先例之故。"③而鲍罗廷所要实现的,《党章》草案所要规范的,正是要解决"有组织、有系统、有纪律的奋斗"的问题。

《中国国民党党纲草案》据称系由廖仲恺执笔。④这个草案,一般性地重复孙中山三民主义、五权宪法主张,其理论的深度和任务的确定甚至不及1923年元旦发表的宣言和党纲,加拉罕直接评论它"没有生气"。⑤后来提交给全体代表讨论的,是由鲍罗廷主导重新拟定的

---

① 《孙中山全集》第8卷,中华书局1986年版,第458页。邓泽如编《中国国民党二十年史迹》收录的孙中山同一批示中"鲍罗廷"为"鲍君",当属原貌。史料中,鲍罗廷的名字也写成"鲍罗庭"、"鲍尔汀"、"鲍尔丁"。

② 参见《中国国民党章程草案》,《向导》周报第50期,1923年12月29日。

③ 《孙中山全集》第8卷,中华书局1986年版,第436页。

④ 参见中央档案馆《中共中央文件选集》第1册,中共中央党校出版社1982年版,第144页。

⑤ 《联共(布)、共产国际与中国国民革命运动1920—1925》,中共中央党史研究室第一研究部译,北京图书馆出版社1997年版,第403页。

宣言草案。

在过去的斗争中，三民主义发挥了思想启蒙和方向引领作用，其本身也随着革命实践和理论创新而发展。在"以俄为师"的新形势下，三民主义势必更需要与时俱进。10月18日，正在莫斯科访问的蒋介石，通过维经斯基向共产国际执委会递交了关于中国国民运动和国民党的报告，强调"'三民主义'是国民党纲领中的指导原则"。①11月26日，共产国际执委会召开会议，执委会主席季诺维也夫针对蒋介石的报告，指出三民主义应当更具体、更明确，强调三民主义应当怎么样、应当不怎么样。会前，共产国际执委会主席团关于中国民族解放运动和国民党问题的决议草案已经出炉。会后，吸收季诺维也夫的意见，再经过布哈林、科拉罗夫、维经斯基等人修改，该决议于11月28日正式通过，并由共产国际执委会总书记科拉罗夫签发。共产国际要求国民党据此重新解释三民主义，以"表明国民党是一个符合时代精神的民族政党"。该决议指出：

"民族主义，就是国民党依靠国内广大的农民、工人、知识分子和工商业者各阶层，为反对世界帝国主义及其走卒、争取中国独立而斗争。对于上述每一个阶层来说，民族主义的含意是，既要消灭外国帝国主义的压迫，也要消灭本国军阀制度的压迫。""对于中国广大人民群众来说，在民族主义口号下进行斗争的全部含意是，既要摆脱帝国主义的压迫，也要不致遭受本国资产阶级的压迫。"民族主义的另一方面应当是，"中国民族运动同受中国帝国主义压迫的各少数民族的革命运动进行合作。""国民党应公开提出国内各民族自决的原则，以便在反对外国帝国主义、本国封建主义和军阀制度的中国革命取得胜利以后，这个原则能体现在由以前的中华帝国各民族组成的自由的中华联邦共和国上。"②

---

① 《联共（布）、共产国际与中国国民革命运动 1920—1925》，中共中央党史研究室第一研究部译，北京图书馆出版社 1997 年版，第 301 页。

② 《共产国际有关中国革命的文献资料 1919—1928》，中国社会科学院近代史研究所翻译室编译，中国社会科学出版社 1981 年版，第 81、82 页。

民权主义，"不能当作一般'天赋人权'看待，必须看作是当前中国实行的一条革命原则。""只有那些真正拥护反帝斗争纲领的分子和组织才能广泛享有这些权利和自由，而决不使那些在中国帮助外国帝国主义者或其走狗（中国军阀）的分子和组织享有这些自由。"①

"民生主义，如果解释为把外国工厂、企业、银行、铁路和水路交通收归国有，那它才会对群众具有革命化的意义"，国有化原则也适用于中国的民族工业。"民生主义也不能解释为国家实行土地国有化。必须向缺乏土地的广大农民群众说明，应当把土地直接分给在这块土地上耕种的劳动者，消灭不从事耕作的大土地占有者和许多中小土地占有者的制度"。②

加拉罕收到这份决议后，不以为然。他批评在莫斯科起草决议而又不了解广东情况的人，并"没有说出任何新的东西和任何可以作为我们中国政策依据的东西"。③我们不知加拉罕需要什么，但是，不能说这个决议没有任何新东西。比如，它强调民族主义必须凸显反帝国主义、反封建军阀，国内各民族一律平等的精神；强调民权主义不能徒然再现资产阶级的原则，只有坚持反帝反封建的组织和个人才能享有这种权利；民生主义要考虑到解决广大农民的土地问题。这些精神与中国国民革命的客观要求总体上是一致的。对于正在通过改组而成为中国国民革命领导力量的国民党，对于通过党内合作的方式确立与共产党的合作关系而言，这个决议当然有其指导意义。④

通过北京加拉罕和莫斯科维经斯基两个途径，共产国际执委会主席团关于中国民族解放运动和国民党问题的决议先后传达到鲍罗

① 《共产国际有关中国革命的文献资料1919—1928》，中国社会科学院近代史研究所翻译室编译，中国社会科学出版社1981年版，第82页。

② 同上书，第82、83页。

③ 《联共（布）、共产国际与中国国民革命运动1920—1925》，中共中央党史研究室第一研究部译，北京图书馆出版社1997年版，第393页。

④ 参见拙文《三民主义：孙中山的理论创造与共产国际的解释》，《江西师范大学学报》2005年第4期。

廷的手中。这时候，他人在上海。鲍罗廷认为，迄今为止，他在中国所进行的全部工作，看来都符合共产国际决议的精神。眼下，孙中山的政治表态和改组进展，正好有条件促使孙中山和国民党坚持这个决议。

根据鲍罗廷留下的资料，宣言草案的起草工作可以大致复原如下：12月1日，鲍罗廷到达上海。在召开了中共中央局会议以后，决定建议国民党在即将举行的全国代表大会上提出一个完整的行动纲领，至少应在这次会议上明确解释国民党的三民主义。会后，鲍罗廷提出了将宣言、党纲、政纲几种不同体裁的文件初稿合而为一宣言草案。廖仲恺、张秋白、汪精卫、胡汉民参加了整整一个晚上的讨论。该草案由瞿秋白译成中文，汪精卫加工修改，瞿译回俄文。回到广州，鲍罗廷、胡汉民、廖仲恺、汪精卫又组成起草委员会，继续进行宣言案的起草，仍由瞿秋白担任翻译。

不用说，共产国际决议的精神，特别是解释三民主义的原则，鲍罗廷都尽力贯彻其中。

如前所述，共产国际决议正确地阐述了中国国民革命的基本原则，但也存在脱离中国国情和超越中国革命发展阶段的不正确意见。例如，它把反对本国资本主义作为民族主义的内在要求，按照苏俄模式强调少数民族的自决权，并把它与外蒙古独立连在一起；忽视民权建设作为一项基本要素在落后国家政治发展中的历史意义；在民生方面，不恰当地强调国有化，等等。季诺维也夫虽然区别了三民主义与共产主义的不同性质，但他强调民族主义的实行应当使中国避免以资本主义的统治取代外国帝国主义的统治。[①]这些观点，在起草委员会中并不容易被接受。

在推进国民党改组过程中，鲍罗廷越是深入，越是感受到国民党所存在的负面因素和消极作用。他丝毫没有将国民党理想化，相反，认为国民党缺乏足够的民族主义色彩，缺乏彻底的反帝精神，

---

① 参见拙文《三民主义：孙中山的理论创造与共产国际的解释》，《江西师范大学学报》2005年第4期。

第一章　力促第一次国共合作的实现

工人和农民在国民革命运动中根本没有起过任何作用；国民党以为只要在"先进民主"国家立法、行政、司法分立的三权宪法中，加上考试和监察就行了；民生主义实质是小资产阶级的改良，国民党甚至害怕谈论对外国人巨额私有财产的国有化。显然，鲍罗廷是以布尔什维克的标准来度量国民党。而他越是感受这些，就越试图把它拉到共产国际确定的轨道上来。这就必不可免地要发生观念碰撞，需要长时间讨论，特别是要与汪精卫等人反复交换意见。鲍罗廷终归认识到，强求国民党人的认识完全达到共产国际要求的水平是不现实的。当然，其时的他，也并不可能认识到共产国际决议本身存在着这样那样的脱离中国国情的部分。因此，有所妥协是必然的。在鲍看来，宣言草案的最后文本，仍然还属于"一个对于中国国民革命运动来说大体上可以接受的基础性文件"。①

鲍罗廷为国民党改组起草有关文件的工作，遭到国民党内反对国共合作的人士的干扰。11月29日，邓泽如、林直勉等11人上书孙中山，宣称此次国民党改组之"组织法及党章党纲等草案，实多出自俄人鲍罗廷之指挥"，"此表面文章，尚有大害"。②并对苏俄政府支持孙中山、共产党人加入国民党、国民党党章草案拟施行党内选举等等，加以指责和攻击。孙中山当即有针对性地做了批示，明白地肯定了联俄的必要、党内选举的必要，也表示了共产党人加入国民党必须服从国民党的思想。

第三，洞察孙中山的矛盾性格不断把他推向左转。

鲍罗廷认为，在孙中山身上，"充满了对中国国民革命运动最有害的矛盾"，"反映了国民党——从共产主义者到新加坡商人的斑斓色彩。孙是个共产主义者，是国民党左派，是国民党中派，又是国民党右派。有时他的言辞极端革命，比我们共产党人还革命；有时

---

① 《联共（布）、共产国际与中国国民革命运动 1920—1925》，中共中央党史研究室第一研究部译，北京图书馆出版社 1997 年版，第 464 页。

② 罗加伦主编：《革命文献》第 9 辑，台北中国国民党中央委员会党史史料编纂委员会 1955 年版，第 1271 页。

他又忘记了所有革命辞藻成了小资产阶级的庸人。"①这个现象,是中国社会矛盾的折射,也说明国民党本来就是复杂的,简单地把它归属于某一个方面并不符合实际。然而,孙中山的这种矛盾性格和他对振兴中国的不懈追求结合起来,恰好使他成为中国国民革命的不二领袖。鲍罗廷表示:"我不能设想国民党的改组可以没有孙。需要利用他的左倾,利用他的威信,利用他建党的愿望,以便号召国内现有的真正革命分子投入实际生活。"②

推动孙中山左转,鲍罗廷采取了谨慎行事的态度,力所能及地、有分寸地进行。他不间断而适时地向孙中山提出建议:以确切阐明的纲领和党章来着手改组国民党;改组广东政府现有的军队,为此应成立军官学校,培养政工干部;为吸引群众支持国民党,首先在广东本地进行一定的改革,改革劳动立法,调整土地关系,改善小资产阶级状况;等等。在广州可能陷落之际,鲍罗廷向孙中山提出到莫斯科政治避难的建议,并鼓励他只要有一丝希望就要坚持下去。国民党临时中执委及时召集各区党部联席会议,组织义勇队,帮助前线作战;组织慰劳队,慰劳军队并宣传党义。11月18日,广州保卫战转危为安,显示了鲍罗廷为保卫广州所贡献的对策的正确性。值此,"孙中山同鲍罗廷的关系成熟了,鲍罗廷也开始在中国建立权威"。③孙中山感受到国民党改组所产生的新气象,乐意接受鲍罗廷向他提出的积极参加党务工作的建议。此后,召开国民党全国代表大会的筹备工作基本按照鲍罗廷的方案施行,速度明显加快。

11月25日,《中国国民党改组宣言》发表,坦承以往"组织未备、训练未周",而此次改组,"关于党纲章程之草定,务求主义详明,政策切实,而符民众之渴望";在组织训练方面,"则务求上下递通,

---

① 《联共(布)、共产国际与中国国民革命运动1920—1925》,中共中央党史研究室第一研究部译,北京图书馆出版社1997年版,第433页。

② 同上书,第434页。

③ [美]丹·雅各布斯:《鲍罗廷:斯大林派到中国的人》,殷罡译,世界知识出版社出版1989年版,第121页。

有指臂之用；分子淘汰，去恶留良"；并剀切表示："吾党奋斗之成功，将系乎此。"①同日，国民党广州各区分部成立，孙中山在大本营面对国民党员发表演说，阐述改组国民党的必要性、紧迫性，强调这次就要学习苏俄，实现根本转变，"以团体的奋斗，不专尚个人的奋斗；要靠党员的成功，不专靠军队的成功"。②

第四，发挥共产党人在国民党改组中的中坚作用。

改组国民党，实现国共两党的合作，重建国民革命的领导力量，这既然是共产国际中国革命战略的实施，自然就是共产党的主要工作之一。鲍罗廷初到中国，就同北京、上海的共产党人共商促进国民党改组大计。一到广州，就召集在粤中共中央委员、青年团中央委员以及共产党和青年团两中央局驻粤委员，一起研究讨论推动国民党改组的办法，统一思想和行动。

12月间，鲍罗廷因推动国民党改组事宜到上海，他一到就同瞿秋白谈话，向他详细了解上海政治现状和本地国民党改组的进展，以及率孙逸仙博士代表团赴苏考察归来的蒋介石及其成员沈定一、王登云等的情况。1924年1月上旬，回到广州以后，又马上找到谭平山，了解最近广州的政治动向和改组国民党工作的情况。他本人对截至目前与共产党人的关系和促进国民党改组的进展感到满意，并充满信心。1月4日，在给维经斯基的信中，鲍罗廷写道："由于国民党进行改组共产党异常活跃，我本人现在什么也没有做，事先未同党中央商量，我们工作得很和谐。眼下什么 troubles 也没有。理论争论让位于实际工作。希望是有的。"③

1月1日，中共中央和青年团中央举行联席会议，鲍罗廷在会上说："现在我们的任务就是国民党的工作面向群众，面向人民，使

---

① 《孙中山全集》第8卷，中华书局1986年版，第430页。
② 同上书，第439页。
③ 《联共（布）、共产国际与中国国民革命运动1920—1925》，中共中央党史研究室第一研究部译，北京图书馆出版社1997年版，第396、397页。

国民党把国民革命运动真正建立在群众工作的基础上。"① 他直截了当地指出上海的党组织和国民党缺乏密切联系，是不应该的。对此，陈独秀有所澄清。中共三大以后一段时间，虽然在促进国民党改组方面无所进展，不过，三届一中全会做出促进国民党改组的决定，出台了开展国民运动的具体方案。这次联席会议，采纳鲍罗廷的建议，强调"关于宣言问题，全体共产党员代表应当捍卫它的所有条款。在组织问题上，不应用章程来束缚代表。在各省，必须选举左派作为出席代表大会的代表。"②

共产党人在改组国民党中发挥作用，不仅表现在具体工作的促进，更重要的是表现在重大事项决策中统一其思想和行动，从而发挥整体力量。国民党第一次全国代表大会召开前夕，共产党员代表党团会议的召开，即为显著例证。

1月18日，鲍罗廷向共产党员代表党团会议做报告，介绍即将举行的国民党全国代表大会的各项筹备情况。他强调"国民党作为一个政党，是中国国民革命运动的体现，它应该执掌政权"。为此，有必要使国民党成为"一个战斗的党"。他指出：国民党总的说来存在左派和右派两个阵营，必须警惕右派，同右派作斗争；要善于发现并划分出中间阶层；要壮大左派，作为孙中山所依赖的基础。同时，他又指出，同右派斗争应有限度，"要进行最终我们能够取得胜利的斗争"，"不致发生女人把婴儿和洗澡水一起泼出去的那种事情"③。鲍罗廷介绍了大会宣言草案的起草过程和主要内容，说明了对三民主义的重新解释，特别阐述了他与起草委员会其他成员的四点分歧，他着重讲了两点：关于少数民族自决权，鲍罗廷坚持认为国民党不可能现在就同国内少数民族建立组织联系实行合作；关于土地问题，鲍罗廷坚持由国家建立由大土地所有者的土地以及那些所有者不耕

① 《联共（布）、共产国际与中国国民革命运动1920—1925》，中共中央党史研究室第一研究部译，北京图书馆出版社1997年版，第441页。
② 同上书，第443页。
③ 同上书，第460、461页。

第一章　力促第一次国共合作的实现

种的土地组成的土地储备，反对所谓土地赎买的宣传。他希望党团会议能就这些问题达成共识。①不过，鲍罗廷的这两个坚持，倒是照搬了列宁的理论和俄国经验，脱离中国实际，也超越了国民党的性质。

讨论中，李大钊表示，为了促成国民党顺利改组，宣言草案所规定的行动纲领已经足够了，关于民族自决权的修改和土地储备问题都可以不必坚持。谭平山同意李大钊关于土地储备的观点，但对民族自决权问题表示还要考虑。毛泽东认为需要对少数民族问题做出更明确的表述，国民党究竟赋予少数民族哪些权力，不要把少数民族置于他们属于中国这样老的概念之中，与苏联有共同战线的少数民族地方应当获得自决权，而西藏这样的地方则不行，因为它会成为英国人手中的工具。关于土地储备问题，他认为国民党影响有限，既不能吸引农民，又招致其他人的反对，而且中国社会的分化也还没有达到能够进行这种斗争的程度。②这些发言显示，不管出于何种考虑，共产党人还都坚持了自己的见解。

至此，在鲍罗廷的强力推进之下，国民党改组进入冲刺的最后阶段。

三 第一次国共合作的实现

1. 重新解释三民主义

1924 年 1 月 20 日至 30 日，中国国民党第一次全国代表大会在广州广东高等师范学校礼堂举行。会议的主要任务是发布宣言，制

---

① 参见《联共（布）、共产国际与中国国民革命运动 1920—1925》，中共中央党史研究室第一研究部译，北京图书馆出版社 1997 年版，第 466、467 页。

② 参见《联共（布）、共产国际与中国国民革命运动 1920—1925》，中共中央党史研究室第一研究部译，北京图书馆出版社 1997 年版，第 468—471 页。

订党章，选举中央领导机构。

大会代表的产生，按照临时中央执委会确定的办法，国内各省区各六个名额，各该地党员推选三名，孙中山指派三名；海外有国民党支部的地方，由当地推选代表一名。中共中央根据形势，要求党内各区于每省至少当选一名代表，其人"必须政治头脑明晰且有口才"，以便于会中"纠正国民党旧的错误观念"。①大会期间，代表出席会议最多时有172人。孙中山本人和临时中央执委会委员，均不在代表名额之内，还有个别代表因事请假未到会。这样，总计大会代表当在180人以上。孙中山指派胡汉民、汪精卫、林森、谢持、李大钊组成大会主席团，主持日常会务。

1月20日下午，孙中山向大会报告国民党改组问题。他回顾国民党历史，比较中俄革命，指出国民党的失败，乃因缺少俄国革命党那样的好方法。"此次改组，就是从今天起重新做过。"他向大会提出《中国国民党第一次全国代表大会宣言》草案，说：

> 这个宣言，系此次大会之精神生命。此宣言发表后，应大家同负责任。诸君系本党各省代表，宣言通过后，须要负责回省报告、宣传此宣言，将国民党之精神、主义、政纲完全发表，并应使之实现。此宣言，今后即可管束吾人之一切举动，故须详细审慎研究。大家通过后，不能随意改变，都应遵守，完全达到目的，才算大功告成。②

孙中山指定胡汉民、戴季陶、茅祖权、李大钊、恩克巴图、叶楚伧、王恒、黄季陆、于树德担任宣言草案审查委员。这个名单说明，他之一度离席斟酌，的确在人员的政治色彩、区域分布上颇费心思。

《宣言》的核心是对三民主义做出重新解释。此次改组，鲍罗廷

---

① 中央档案馆：《中共中央文件选集》第1册，中共中央党校出版社1982年版，第166页。

② 中国第二历史档案馆：《中国国民党第一、第二次全国代表大会会议史料》（上），江苏古籍出版社1986年版，第10、11页。

的身影非同寻常地流露四处，无所不在地发挥影响力；共产国际专门为国民党改组做出了决议；共产党人不仅被吸纳入党，还在中央和各地党务中发挥作用。这些前所未有的动向，势必招致国民党内保守力量的不满和排斥。对此，鲍罗廷早有所料。他在起草过程中，对一些主张不再固守，就是为了既坚持原则，又不影响得到通过。

1月21日下午，在戴季陶、胡汉民分别报告了《宣言》草案审查结果以后，孙中山专门就民生主义问题发表讲话。他指出：民生主义关系到党的基础。近来，党内因主义而生误会，因误会而生怀疑，因怀疑而生暗潮，将来恐生分裂，不得不加以剖解。他解释说，俄国既为各国所承认，就利害而言，本党与它联合，将来必能得中俄互助之益。就是非而言，本党既服从民生主义，则所谓社会主义、共产主义和集产主义均包括其中。他认为，共产主义之实行，并非创自俄国，太平天国即已实行；而今日俄国的政策，已非纯粹共产主义。因此，"共产主义与民生主义毫无冲突，不过范围有大小耳。"①

孙中山专门就此发表讲话，一是借此消弭异见者的疑虑，二是巩固本党的理论基础。所谓共产主义与民生主义毫无冲突，既有他对共产主义的片面理解，也暗含权宜之计。他不愿意这一理论上的分歧，影响国民党联俄的事业。

可是，当《宣言》草案即将交付表决之际，1月23日，孙中山还是打了退堂鼓。他派人找到鲍罗廷，要求取消大会《宣言》，代之以他本人为全国政府起草的纲领。

代表大会筹备期间，因为在收回粤海关关余的交涉中，孙中山的大本营被英国外交使团视为地方性政府，孙勃然大怒，决定立即通过国民党代表大会宣布成立全国政府。还在一个月以前，孙中山就曾有这个打算。那时，鲍罗廷就意识到这样做将会变更召开代表大会的宗旨，断送代表大会的前途。于是，他决定在宣言起草委员会中斡旋，让其他委员了解当前不宣布成立全国政府，只同意提出

① 中国第二历史档案馆：《中国国民党第一、第二次全国代表大会会议史料》（上），江苏古籍出版社1986年版，第23页。

党为实现全国政府而进行宣传的必要性。结果，出席委员都表示同意。鲍罗廷提出应为这项议题安排合适的报告人，胡汉民建议由瞿秋白或谭平山承担，并认为不仅现在宣布成立正式政府的条件尚未成熟，就是提出成立政府的口号也不适合当前情势，因为作为口号它早就被提出并无新意。鲍罗廷不认同胡汉民的看法，认为现在与过去情况大不一样，国民党改组了，每个党的机构都为实现这个口号进行鼓动，它就会不再只是一句空话。廖仲恺也认为宣传工具虽有一定作用，但是现实政策得不到人民的信任，提出新口号比不提出效果还要坏。胡汉民反复强调代表大会上只能讲成立全国政府的必要性，付诸实践的条件并不具备，党自身没有准备好。他建议鲍罗廷向孙中山做出具体说明。这次会后，廖仲恺、汪精卫未能成功说服孙中山，转而要求鲍罗廷再向孙中山施加影响。代表大会召开前夕，鲍罗廷与孙中山进行了长时间的谈话，促成孙中山收回成命，同意只限于由代表大会表示赞成有必要成立全国政府。[①]1月20日下午，孙中山在向大会提出了《宣言》草案后，接着提出《组织国民政府之必要》案，并由大会主席宣读了说明文。孙中山指出：本次大会实负有两项使命：一是改组政党，二是建设国家。关于建设国家，当前有两大问题亟需研究决定：一是立即将大元帅府变为国民党政府；二是表决《建国大纲》，宣传于全国人民，由人民要求政府实现。此两大问题，本次大会择定其一，皆无不可。[②]会上，该案以《组织国民政府之必要》得到通过。

现在，孙中山还是改变了发表《宣言》的主意。导致这一改变，一方面，还是由于孙中山继续受到"老同志"的包围，这些人在会场内外多方奔走，竭力以通过《宣言》的灾难性后果来恐吓他；另一方面，与他同美国大使舒尔曼谈话，受到后者影响也有关系。

---

① 参见《联共（布）、共产国际与中国国民革命运动 1920—1925》，中共中央党史研究室第一研究部译，北京图书馆出版社 1997 年版，第 480—487 页。

② 参见中国第二历史档案馆《中国国民党第一、第二次全国代表大会会议史料》（上），江苏古籍出版社 1986 年，第 14 页。

鲍罗廷意识到这是一个危急时刻。他对孙中山是否最好取消《宣言》的征询，果断地做出了否定回答。交谈中，鲍罗廷使用各种各样的论据，反复阐明《宣言》第一次比较明确地阐明了党的迫切任务和党如何理解自己的主义，它和孙中山的全国政府纲领不能混为一谈。鲍劝告孙中山，应当从对美国、英国或日本得到某种援助的幻想和等待中摆脱出来，现在已经到了对充满幻想和失败的过去做出总结，并走上新的道路的时候。他富于鼓动性地说：

> 您面临一种选择：是同帝国主义营垒中的 2.5 亿人前进，还是同遭受帝国主义压迫的 12.5 亿人前进。您应该作出决定，您是做以被压迫的中国及其它被压迫国家为一方和以帝国主义世界为另一方之间的妥协者，还是当争取被压迫国家权利的冠军。[1]

鲍罗廷并且向孙中山表示，在争取民族独立的斗争中，以苏联为代表的革命力量将支持他。这是一次成功的危机公关。孙中山不同寻常地频繁点头并做出其他赞同的表示，谈话结束后，孙握住鲍罗廷的手一同走下楼来，进入大会会场。

鲍罗廷不得不阻止孙中山宣布成立全国政府，除了国民党现时的条件以外，还与加拉罕代表苏联政府正在谋求与中国北京政府建立外交关系有关。如果孙中山断然宣布在广州组建全国政府，则苏联谋求与北京政府实现中苏国家关系的正常化肯定会被搁置。显然，这对于苏联政府尽快改善其外交环境是不利的。

孙中山主持了对《宣言》的讨论和表决。胡汉民、戴季陶报告了第二次审查结果。在大会审议阶段，廖仲恺率先发言。他认为，《宣言》全文及政纲，大致表现十分清晰，具有三个特点：一是具有鲜明的革命性质，二是毫不假借，完全依照主义而实行，三是成为国

---

① 《联共（布）、共产国际与中国国民革命运动 1920—1925》，中共中央党史研究室第一研究部译，北京图书馆出版社 1997 年版，第 475 页。

民党前进的定点。他表示："此宣言不但代表本党大会诸君的意思，并且代表全国人民的要求，嗣后无论如何，必须以此宣言为奋斗进行之标准，努力前进，冀贯彻本党主义，完全达到目的。"[①] 经过审议，孙中山第一个投票赞成，全体代表一致通过了《宣言》。

1923 年元旦，孙中山发表《中国国民党宣言》和《中国国民党党纲》，已经对三民主义做过一次阐释，其中指出："民族主义：以本国现有民族构成大中华民族，实现民族的国家"，"内以促进全国民族之进化，外以谋世界民族之平等"，"力图改正条约，恢复我国国际上自由平等之地位"；"民权主义：谋直接民权之实现与完成男女平等之全民政治"；"民生主义：防止劳资阶级之不平，求社会经济之调节，以全民之资力，开发全民之富源"。[②] 国民党一大《宣言》对三民主义的重新解释，使其面貌进一步发生重大改变。关于民族主义，主张"一则中国民族自求解放；二则中国境内各民族一律平等"；"民族解放之斗争，对于多数之民众，其目标不外反帝国主义而已"，"承认中国以内各民族之自决权，于反对帝国主义及军阀之革命获得胜利以后，当组织自由统一的（各民族自由联合的）中华民国"；关于民权主义，主张"于间接民权之外，复行直接民权"，它"与所谓'天赋人权'者殊科，而唯求所以适合于现在中国革命之需要"，"凡真正反对帝国主义之个人团体，均得享有一切自由及权利，而凡卖国罔民以效忠于帝国主义及军阀者，无论其为团体或个人，皆不得享有此种自由及权利"；关于民生主义，主张"其最要之原则不外二者：一曰平均地权；二曰节制资本"，"当使私有资本制度不能操纵国民生计，国家亦为缺乏田地沦为佃户的农民给以土地，资其耕作"。[③]《宣言》不再笼而统之地谈论一般民众，而是旗帜鲜明地指出国民党目前所从事的反帝反军阀的斗争，根本目的就是

① 中国第二历史档案馆：《中国国民党第一、第二次全国代表大会会议史料》（上），江苏古籍出版社 1986 年版，第 34 页。

② 参见《孙中山全集》第 7 卷，中华书局 1985 年版，第 1—5 页。

③ 中国第二历史档案馆：《中国国民党第一、第二次全国代表大会会议史料》（上），江苏古籍出版社 1986 年版，第 85—88 页。

为实现工人、农民的解放，是为工人、农民而奋斗。

这次大会以后，加拉罕致信契切林说：

> 我寄给您的党的宣言、纲领和章程很有意思，它是由三部分组成的。第一部分是对以前工作的批评和对中国相互争斗的军阀集团的批评；第二部分是最重要的，这是以最概括的形式提出的国民党的原则即民族主义、民权主义和民生主义。关于民族主义一条非常有意思，那里民族主义是按照共产国际的声明的精神解释的，而且还发挥了关于民族斗争的两个方面的思想，即一方面是同压制中国民族独立的帝国主义的斗争，另一方面是通过赋予中国境内各民族以自决权的办法实现各民族的解放，而这一条还发挥了去年11月28日共产国际执委会有关决议的部分。民权主义也以共产国际的同一决议为自己的根据。至于民生主义，它也是以共产国际的决议为依据，但是根据本地的情况加以改头换面，以便使它能够为党的右派所接受。[①]

《宣言》通过以后，孙中山随即发表讲话，他说："现在本党大会宣言已经表决，这是本党成立以来破天荒的举动。""此时我们通过宣言，就是从新担负革命的责任，就是计划彻底的革命。终要把军阀来推倒，把受压迫的人民完全来解放。""要反抗帝国侵略主义，将世界受帝国主义所压迫的人民来联络一致，共同动作，互相扶助，将全世界受压迫的人民都来解放。""我们有此宣言，决不能又蹈从前之覆辙，做到中间又来妥协。"[②]在大会闭幕式上，孙中山再次告诫各位代表：大会宣言的第二段，解释了三民主义，"这一段在宣言中尤其重要，因为我们所主张的三民主义，是永远不变的，要大家自

---

① 《联共（布）、共产国际与中国国民革命运动 1920—1925》，中共中央党史研究室第一研究部译，北京图书馆出版社 1997 年版，第 412 页。

② 《孙中山全集》第 9 卷，中华书局 1986 年版，第 125、126 页。

始至终去实行。"①

会间，鲍罗廷收到加拉罕来信，信中就军队问题、外交政策和国内政策提出若干补充意见。1月27日，鲍罗廷特地面见孙中山，建议孙在审订《宣言》的最后文本时注意其中存在的问题。鲍罗廷说：人们对《宣言》的第二部分和第三部分之间的区别不大清楚，一些人认为第三部分只是对第二部分的具体化，"这是一个极大的错误，如果允许这个错误存在，这会导致将来产生更大的误解。"他指出：《宣言》的第二部分实际上只是对三民主义的解释，"这些主义应该成为尚未制订的而且在这次即第一次代表大会上也未必能制订的纲领的基础"；第三部分只是国民党当前的具体行动纲领，而党还应当根据重新解释的三民主义的原则，制定出全面的纲领。②

孙中山全部接受了修改意见，立即批示给审查委员会。可是，戴季陶除了有关军队的修正案以外，并没有将所有修正案一并向大会提出。鲍罗廷得悉，跑遍广州寻找其他委员，最后，找到了廖仲恺，对审查委员会出尔反尔的做法表示了不满。后来，孙中山主持大会，终于对相关内容做了修改。

2. 制定《中国国民党总章》

1月22日，中国国民党第一次全国代表大会召开全体会议审议党章草案。孙科作《总章》草案说明，强调《总章》草案较之旧章有三点不同：一是党的重心放在下级党部，党的权力相应地集中在代表大会；二是设立纪律专章；三是规定设立党团。当值主席林森指定谢持、何世桢、谭平山、丁惟汾、廖仲恺、茅祖权、孙科、朱霁青、李大钊、萧佛成、汪精卫、张知本、戴季陶、居正、于右任、毛泽东、石瑛、邓泽如、谢英伯为审查委员。

---

① 参见中国第二历史档案馆：《中国国民党第一、第二次全国代表大会会议史料》（上），江苏古籍出版社1986年版，第75页。

② 《联共（布）、共产国际与中国国民革命运动1920—1925》，中共中央党史研究室第一研究部译，北京图书馆出版社1997年版，第476、477页。

《总章》关涉党的组织架构、权力分配，特别是与国共合作直接相关，因而会上会下的交锋最为激烈。

1月22日，当讨论审查草案期间代表的意见如何表达时，江伟藩就表示章程"关系重大，似应稍稍征求大家意见"。①1月28日上午，胡汉民主持大会审议《总章》草案，戴季陶向大会报告审查结果。审议中，方瑞麟首先发言，要求在章程中明文规定"本党党员不得加入他党"。②显然，这是反对共产党员以个人身份参加国民党实行国共合作。

鲍罗廷也预料到会有一番较量。据切列潘诺夫忆述，1月25日，共产党员党团商议对策，鲍罗廷建议"当着孙中山的面"阐明共产党员在国民党内工作的问题。③所以，共产党人有备而来。李大钊当即要求发言，辩驳方瑞麟的观点。他发言的大意是：

> 本人原为第三国际共产党员，此次携诸同志加入本党，是为服从本党主义，遵守本党党章，参加国民革命事业，绝对不是想把国民党化为共产党，乃是以个人的第三国际共产党员资格加入国民革命事业，并望诸前辈同志指导一切。④

李还在现场发放了书面声明，阐明了国民革命的历史地位，造就国民党成为国民革命党的必要性；阐明了共产党人加入国民党是本着接受国民党的纲领，而非强国民党接受共产党的纲领；阐明了共产党人既以个人身份参加国民党，就不能把共产党的组织纳入国民党，其个人也不能脱离共产党组织；阐明了共产党人加入国民党

---

① 中国第二历史档案馆：《中国国民党第一、第二次全国代表大会会议史料》（上），江苏古籍出版社1986年版，第25页。

② 同上书，第51页。

③ 参见［苏］亚·伊·切列潘诺夫《中国国民革命军的北伐》，中国社会科学院近代史研究所翻译室译，中国社会科学出版社1981年版，第81页。

④ 中国第二历史档案馆：《中国国民党第一、第二次全国代表大会会议史料》（上），江苏古籍出版社1986年版，第51、52页。

既不为其个人私利，也不为团体取巧。李大钊恰到好处地运用了孙中山的威望，在声明书中特别指出："本党总理孙先生亦曾允许我们仍跨第三国际在中国的组织，所以我们来参加本党而兼跨固有的党籍，是光明正大的行为，不是阴谋鬼祟的举动。"①

由李大钊具名发言是有足够份量的。他是孙中山亲自接纳、最早以个人身份加入国民党的共产党人之一，孙中山指定他为临时中央执委会委员、大会主席团成员，他还是章程草案审议委员。

但是，李大钊的发言没有打住反对者的攻势，唇枪舌战火力不减。接着，江伟麟直言反对李大钊跨党主张，强调不能跨党，应在民权主义旗帜下做工夫。叶楚伧则反对方瑞麟的提议，认为凡加入本党者，只要能行本党主义，能遵守本党党章即可。李永声也表示反对，认为应当定一个革命的章程，不要定出被革命的章程，现在的章程草案最合目前环境，与共产党之主义也差不多。汪精卫以审查委员会主席资格发言，他说：吴稚晖、李石曾、张继过去都是无政府党，现在已被承认是国民党员，如何对共产党员又不允许？党章定有纪律条文，违反党义照章制裁即可。他表示这既是他个人的主张，也是审查委员会的意思。李希莲提议修正方瑞麟建议条文，改为"党员非经总理许可不得加入他党"。黄季陆对方瑞麟的建议表示相对赞成，也主张对党员跨党做适当的规定。廖仲恺明确反对方瑞麟的建议。他说：吾人第一要问：我们的党是什么党？是不是国民党？第二要问：我们的党是否有主义？是否要革命？如对于我们的主义能服膺，革命能彻底，则一切不生问题。共产党人以个人资格加入国民党，是国民党的一个新生命。胡汉民接着发言，认为讨论的焦点在于害怕违反本党党义，违反党德、党章，这种顾虑在纪律上加以规定即可。现在纪律已定专章，不必再在章程上明文规定何种取缔条文。毛泽东提议付表决。接替胡汉民担任主席的林森，即以"党员不得加入他党不必用明文规定于章程，惟申明纪律可也"付表决，

① 《李大钊文集》下，人民出版社 1984 年版，第 705 页。

结果以大多数赞成予以通过。①

下午，大会仍由胡汉民主持，以到会代表大多数赞成，通过了章程审查委员会两次审查报告修正案和《总章》草案原案。

通过《中国国民党总章》的过程中，鲍罗廷和与会共产党人坚定立场，讲究方法，争取到与会代表的多数支持。廖仲恺、汪精卫、胡汉民等在审查委员会和全体大会上明确表态，也起了十分重要的促进作用。

《中国国民党总章》在审议阶段增写了无题小序，增设"特别地方党部组织"、"总理"和"任期"三章，原案审查委员会变更为监察委员会，其组织和职权并入"最高党部"。经过增删调整，全文为13章86条。

鉴于孙中山的特殊地位，"总理"一章为他规定了特殊权利：国民党党员须服从孙中山的指导，孙中山为国民党全国代表大会主席、中央执行委员会主席，孙中山对于全国代表大会的决议有交复议之权，对于中央执行委员会的决议有最后决定权。这在原则上既不同于无产阶级政党，也在实际上有别于欧美一般资产阶级政党，体现了中国集权文化传统领袖威权重于组织的特色。

总的说来，《中国国民党总章》除开"总理"一章外，基本是俄共党章的移植。它为国民党设计了由基层到中央的层迭式金字塔结构，贯穿民主集中制原则，以党纪的执行做保证。这有利于从制度上保证国民党在改组后，以新的组织架构和新的运行机制开展活动，提高组织力和执行力。对共产党来说，共产党人凭借它得以参加国民党，实现共产党以党内合作的方式与国民党合作，推进国民革命。

但是，这些刚性约束条文对共产党人同样发生效力，成为国民党内保守势力制约共产党人的武器，这大概是始料所未及的。张国焘在其回忆录中说，他主张国民党党章应尽量扩大民主，民主集中制原则和严格的纪律约束未必适用于国民党，对共产党人也无异于

---

① 参见中国第二历史档案馆《中国国民党第一、第二次全国代表大会会议史料》（上），江苏古籍出版社1986年版，第51—54页。

自我束缚。他称鲍罗廷对他的这种主张，有点左右为难，轻描淡写地说："你这种主张很有道理。但有人总觉得一个国民革命的政党，应该是一个组织严密的党，才能负担起它的历史使命。"①对共产党人而言，这的确是难以摆脱的尴尬，它是与改组国民党的宗旨和党内合作的模式相伴相生的。

3. 国民党的新生

1月30日上午，孙中山主持大会，压轴议程为选举。

大会以每10名代表，用连记法推选中央委员候选人24人，孙中山另外提名4名，依得票数产生全部候选人，从中选举中央执行委员24人，他们是：胡汉民、汪精卫、张静江、廖仲恺、李烈钧、居正、戴季陶、林森、柏文蔚、丁惟汾、石瑛、邹鲁、谭延闿、覃振、谭平山、石青阳、熊克武、李大钊、恩克巴图、王法勤、于右任、杨希闵、叶楚伧、于树德；候补中央执行委员17人，他们是：邵元冲、邓家彦、沈定一、林祖涵、茅祖权、李宗黄、白云梯、张知本、彭素民、毛泽东、傅汝霖、于方舟、张苇村、瞿秋白、张秋白、韩麟符、张国焘；中央监察委员五人，他们是：邓泽如、吴稚晖、李石曾、张继、谢持；候补中央监察委员五人，他们是：蔡元培、许崇智、刘震寰、樊钟秀、杨庶堪。国民党新的中央领导机构由此产生。

中国国民党第一次全国代表大会的召开及其各项议程的完成，宣告了国民党的新生。孙中山在大会开幕日的演讲中借用古语，"以前种种譬如昨日死，以后种种譬如今日生"，高调揭示了这次大会对于国民党的历史转折意义。在大会闭幕演讲中，他强调这次大会的作用和意义在于三个"重新"："重新来研究国家的现状，重新来解释三民主义，重新来改组国民党的全体。"②通过重新研究国家的现状，确认了辛亥革命以后，军阀专横，列强侵蚀，变本加厉，中国局势江河日下，深陷半殖民地的泥犁地狱。政坛上所谓立宪派、联省自

---

① 张国焘：《我的回忆》第1册，现代史料编刊社1980年版，第317页。
② 《孙中山全集》第9卷，中华书局1986年版，第101、179页。

治派、和平会议派、商人政府派的主张，均不足以真正解决中国问题。当前中国的唯一出路，全在于完成国民革命。为实现国民革命使命，国民党在大会《宣言》中重新制定了革命政纲，规定了国民革命的基本任务，确立了新的内外政策。通过重新解释三民主义，接受共产国际的指导（尽管并未直接建立组织关系），发展了国民党的理论基础，规定这次重新解释之"真释"的权威地位，为改组后的国民党宣传群众、组织群众，提供了思想武器。通过重新改组国民党，建立全新的组织架构、运行机制和基本原则，用选举的办法产生中央领导机构，建立了新的领导核心。国民党面向农民、工人工作的开展，拓宽了国民党的组织基础和社会基础。

中国国民党第一次全国代表大会的召开及其各项议程的完成，标志着第一次国共合作的实现。

国民党改组的全面完成，由于共产党人的加入，从形态上演变成各革命阶级的联盟，强化了本已具有的民族民主政党色彩。在阶级属性上，占主导地位的还是资产阶级性质。

这场变革首先是有利于国民党的，其党务向工人、农民、青年、妇女等界别发展，增强了活力，"使国民党有能力再争取国家权力"。[1]其次，也符合共产国际和联共（布）把这个党改造成中国国民革命领导核心的期待。至于中国共产党，不仅有20多名代表参加大会，而且有李大钊、谭平山、于树德当选为国民党中央执行委员，林祖涵、毛泽东、于方舟、瞿秋白、韩麟符、张国焘、沈定一当选为候补中央执行委员。因国民党改组的完成而使国共合作战略落实，有利于解决共产党在当时历史条件下，参加并领导资产阶级民主革命的途径和形式问题，有效拓展其活动舞台。[2]

国民党第一次全国代表大会闭幕不久，维经斯基在苏联《布尔什维克》杂志上发表文章，用"新三民主义"来定义重新解释后的

---

① ［美］陈福霖：《孙中山与中国国民党改组的起源》，《中国现代史论集》第10辑，台北联经出版事业公司1982年版，第83页。

② 参见拙文《孙中山与鲍罗廷的关系及其对国民革命的影响》，《湖北大学学报》2002年第3期。

三民主义。①自那以后，孙中山三民主义就有"新"、"旧"之分。特别是经过毛泽东论述，三民主义的"新"、"旧"之分不仅固化，且更流行。1940年，毛泽东论述新民主主义理论时，把经过国民党一大重新解释的三民主义称为"新三民主义"，并指出此前的三民主义是"旧三民主义"。毛泽东不仅意在指明三民主义的发展性质，而且更重要的是揭示"新三民主义"与"三大政策"的相关性，强调只有坚持"三大政策"才是坚持"新三民主义"。我们从学术上观察，三民主义提出以后，的确有一些概念、观点一脉相承，前后相通，但也有不少概念、观点变化殊多，特别是接受了共产国际的解释以后，其内容得到更新、丰富，强化了激进和革命的色彩，国民党的工作重点和活动方式因之发生重大改变。无论是否承认三民主义存在"新"、"旧"分殊，三民主义随着时代的前行而不断发展，则是不争的事实。如今，只要承认三民主义是不断发展的，继续从学术上争拗其"新"与"旧"的定性，就没有什么必要了。②

维经斯基强调三民主义的"新"，主要着眼于它接受了共产国际对三民主义的解释。毛泽东强调三民主义的"新"，主要着眼于它与"三大政策"的联系。"三大政策"的有与无，"三大政策"的定义为何，也是长期以来争论不休的问题。1927年7月15日，顾孟余在武汉国民党中央决定"分共"的会议上说，找遍孙中山的论述和国民党的文件，找不出"三大政策"，它原本就"是共产党的越俎代庖"。③顾的说辞不中听，但反映的却是历史事实。顾孟余说他是从鲍罗廷之处听到"三大政策"的。鲍罗廷运用这个概念，但不是首倡者。④

的确，"三大政策"这个概念是共产党人提炼出来的。不过，它

---

① 参见《维经斯基在中国的有关资料》，中国社会科学出版社1982年版，第30页。

② 参阅拙文《后孙中山时代中共对三民主义之论评》，《第六届孙中山与现代中国学术讨论会论文集》，台北国父纪念馆，2003；《三民主义：孙中山的理论创造与共产国际的解释》，《江西师范大学学报》2005年第4期。

③ 武汉国民党中央常务委员会扩大会议第20次速记录，1927年7月15日。转引自蒋永敬《鲍罗廷与武汉政权》，台北传记文学出版社1972年版，第82页。

④ 吴明刚认为鲍罗廷最早概括了"三大政策"的概念，见《"共产国际、联共（布）与中国革命"国际学术研讨会论文集》，黄修荣主编，中共党史出版社2006年版，第62页。

只是对国民党改组完成后既成事实的概括和归纳，并非向壁虚构。

1982 年，王学启就具体考察了"三大政策"的来龙去脉，指出：国民党二大回顾前次大会的各项成绩，着重指出了孙中山规定的五条"根本方策"，其中主要是"三大政策"方面的内容。如邓中夏在欢迎国民党二大代表的讲话中，就有"对外之联俄政策，对内之工农政策，和共产党合作政策"的归纳。1926 年 3 月以后，在同西山会议派的斗争中，共产党开始提出联俄、联共"两大革命政策"。1926 年底，正式提出和使用"三大革命政策"这个更完整、更准确的概念。①1988 年，日本学者狭间直树厘清了"三大政策"概念的形成与黄埔军校的关系。②2000 年，杨天石在学界现有研究的基础上，进而系统性地阐述了"三大政策"概念的形成及提出的过程，认为"三大政策"概念的熔铸、提炼过程长达一年有余，发端于对戴季陶主义和西山会议派的批判。其文指出：1925 年 10 月 7 日，沈雁冰发表《苏俄十月革命纪念日》，文中即论及"容许中国共产党党员以个人资格加入本党"、"与苏维埃俄罗斯携手"、"扶助农工"这些后来作为"三大政策"的全部内容。1926 年 3 月，施存统发表《中山先生的三大革命政策》，空前明确地提出"中山先生的三大革命政策：团结工农势力，联合苏俄，容纳共产派"。同年 9 月 13 日，陈独秀在答张静江等人公开信中，概括孙中山的革命政策是"拥护农工利益联俄联共"。同年 10 月，黄埔军校黄埔同学会的机关刊物《黄埔潮》第 11 期同时刊登了提倡"三大政策"的三篇文章。同年 12 月，中共中央特别会议将"联俄联共辅[扶]助农工"写入决议。③更确切地说，陈独秀完整使用"联俄、联共、扶助工农三大政策"概念，是在 1926 年 11 月 4 日至 5 日召开的中央政治局会议上。④

否定"三大政策"存在的人，多半冲着"联共"而来。孙中山

---

① 王学启：《三大政策概念的首次提出》，《党史研究资料》1982 年第 7 期。

② ［日］狭间直树：《"三大政策"与黄埔军校》，《历史研究》1988 年第 2 期。

③ 杨天石：《关于孙中山"三大政策"概念的形成及提出》，《近代史研究》2000 年第 1 期。

④ 中央档案馆：《中共中央文件选集》第 2 册，中共中央党校出版社 1983 年版，第 282 页。

与改组后的国民党,究竟如何定义同共产党的关系? "联共"与"容共"的概括哪个更能反映历史原貌? 孙中山以"联俄"说明国民党与苏联的关系,的确没有以类似的概念定义与共产党的关系。当时的国民党文献,论及与共产党的关系,一般使用"容纳"二字。"容共"之说,或出于此,也是提炼、加工的结果。1943 年 12 月,王若飞在延安所做的一次报告中,以"容共"来表述这时期国共之间的党内合作。① 或许他是中共党内明白使用"容共"概念的第一人。至于最早将孙中山吸收共产党人加入国民党的政策定义为"联共"的共产党人,现在看来,大概是瞿秋白。1925 年 2 月,他发表《孙中山与中国革命运动》一文,明确指出孙中山执行了"联共联俄政策"。②

关于"联共"和"容共"的意义,有的说两者并无实质的不同,都是从国民党的角度对当时国共关系的一种符合实际的表述;也有的认为前者比后者能更广泛更确切地概括孙中山联合共产党的思想主张,能更全面更深刻地反映国共两党合作共事的关系。③

其实,"容共"与"联共"两个概念存在重大差别。④孙中山本着"大国民党主义",以共产党人服从国民党为前提,吸收共产党人个人加入国民党,两党之间的合作不存在平等关系。"容共"说既确切概括了国民党改组以后的国共关系,也真实反映了这一阶段孙中山的思想实际。"联共"说显然包含了国民党与共产党党际合作的意义。1927 年 4 月,汪精卫在上海与陈独秀发表的联合宣言中有"联共政策"字样,迫于压力,一到武汉就在报章发表题词,借以将"联共"更改为"容共"。如果两种说法真是没有实质的不同,那汪精卫特地发表题词刻意区别不是画蛇添足吗!

"容共"所体现的党内合作方式,其局限性很明显。共产党如

① 参见王若飞《关于大革命时期的中国共产党》,《中共党史革命史论集》,中共中央党校出版社 1982 年版,第 113 页。
② 《瞿秋白文集》政治理论编第 3 卷,人民出版社 1988 年版,第 90 页。
③ 参见黄彦《关于国民党"一大"宣言的几个问题》,《中国社会科学》1987 年第 4 期;周兴樑《论孙中山"联共"思想》,《中共党史研究》1993 年第 4 期。
④ 参见拙文《也谈孙中山关于国共关系的主张》,《社会科学战线》1988 年第 2 期。

果缺乏坚强有力的领导，对跨党的共产党人缺乏约束力，加入国民党的共产党人被溶化在国民党中，决不是什么危言耸听的事情。据1925年4月22日维经斯基给加拉罕的信，斯大林在同维经斯基的一次长谈中表示，在他的印象中，"共产党人已溶化在国民党内"，他对此"表示遗憾"，"认为也许在中国现在的这种处境是历史的必然"。当然，从总体而言，共产党人实际上并未被国民党所溶化。维经斯基介绍了中国共产党在国民党中活动的情况，斯大林"感到很惊讶"。[①]至于孙中山是否在"容共"的同时，还掺杂着"防共"的思想在内，[②]我们认为，孙确非从"防共"的角度吸纳共产党人加入国民党。只是在改组过程中及实现合作后，国民党内的防范心理加强，防范措施逐步明确，倒也有事例说明。这实际是"容"而后"防"，并非为"防"而"容"。

在改组后的国民党中，布尔什维克的印记不仅鲜明地留在文献和组织上，革命导师列宁的声威迅速扩散，也是突出的表现。

国民党第一次全国代表大会期间，惊悉列宁逝世，1月25日上午，孙中山紧急动议改变议程，提议以代表大会名义，致电加拉罕转苏俄党和政府，对列宁逝世表示哀悼。大会并为此休会三日，广州市内各大政府建筑降半旗。2月24日，国民党在广州举行列宁追悼大会。孙中山主祭，他亲笔书写"列宁同志千古"、"国友人师"祭幛，称颂列宁："唯君特立，万夫之雄"；"建此新国，跻我大同"；"所冀与君，同轨并辙"，"亘古如生，永怀贤哲"。[③]

在代表大会上，鲍罗廷应邀介绍了列宁的生平和功绩，他特别强调列宁与被压迫民族的关系。鲍罗廷说："列宁是东方被压迫民族的一个良友。""列宁人虽死去，而列宁的主义仍在世界。所以，列宁死后，关于解放东方被压迫民族的国民党的责任加重一点，国民

---

① 参见《联共（布）、共产国际与中国国民革命运动1920—1925》，中共中央党史研究室第一研究部译，北京图书馆出版社1997年版，第607页。

② 参见姚金果《"容共"与"防共"：孙中山对共产党的真实态度》，《湖北行政学院学报》2005年第3期。

③ 《追悼列宁详情》，《广州民国日报》，1924年2月25日。

鲍罗廷（右五）陪同孙中山出席追悼列宁大会，采自中国史学会《中国国民党一大六十周年纪念论文集》

党首领的责任亦加重一点，列宁虽死，列宁的主义万岁！"[1]在追悼大会上，鲍罗廷致答词，说："广州为三民主义的策源地，中国革命事业之成功，都在广州同志之奋斗，因此广州同志追悼列宁先生，是比其他地方更慨痛的。""列宁先生不但是中国最好的朋友，且是世界上被压迫民族的好朋友"，"诸君须天天在此奋斗出去做工夫襄助国民党，帮助你们总理，把中国统一，如不替汝们领袖努力，而徒知口说，今天是不配来追悼的。"[2]

　　孙中山的革命历程中，不乏与外国顾问相伴。鲍罗廷受联共（布）派遣，又与共产国际保持联系，与孙中山之间，绝非单纯的私人关系。顾问生涯固然少不了往来于幕府，策划于密室，鲍罗廷则更愿意抛头露面。虽然从总的来讲他遵守了斯大林所要求的"遵循中国民族解放运动的利益"的原则，但其具体的作为仍不免使国民党内

　　① 中国第二历史档案馆：《中国国民党第一、第二次全国代表大会会议史料》（上），江苏古籍出版社1986年版，第49页。
　　② 《追悼列宁详情》，《广州民国日报》，1924年2月25日。

的保守势力和外部世界明显感到广州出现"'布尔什维克化'进程"。加拉罕致力于与北京政府建立国家关系,非常担心鲍罗廷在南方的活动因输出革命而影响到苏联外交,一度要求鲍罗廷"最大限度地"表现出他"所固有的隐蔽性"。①不过,鲍不仅没有因加拉罕的建议改而隐姓埋名,而作为新生国民党的助产婆更是人所共知。在他心目中,帮助国民党改组是光明正大的,其所作所为无不只是"正在努力使国民党真正成为国民革命运动的领袖","使它真正成为一个有组织的党"。他对于自己参与和推动国民党完成改组,倍感自豪,盛赞国民党一大"开辟了中国国民革命运动的新纪元"。②

① 参见《联共(布)、共产国际与中国国民革命运动 1920—1925》,中共中央党史研究室第一研究部译,北京图书馆出版社 1997 年版,第 388 页。

② 《联共(布)、共产国际与中国国民革命运动 1920—1925》,北京图书馆出版社 1997 年版,第419、460、461 页。

第二章

合作之初对国共磨擦的平复

　　第一次国共合作实现，立即揭开国民革命的新篇章。对于鲍罗廷而言，国民革命的蓬勃兴起，为他进一步发挥顾问作用拓展了舞台。鲍罗廷深知国民党的复杂性，一开始就有加强左派，警惕右派进而战胜右派的思想准备。革命统一战线内部的结构性矛盾，伴随着国民革命的发展逐步激化。共产国际和联共（布）指导中国革命的歧异，也在中共党内产生影响。鲍罗廷从维护国共合作大局出发，快速平复了合作之初的国共磨擦。

第一次国共合作实现，立即揭开国民革命的新篇章。对于鲍罗廷而言，国民革命的蓬勃兴起，为他进一步发挥顾问作用拓展了舞台。鲍罗廷深知国民党的复杂性，一开始就有加强左派，警惕右派进而战胜右派的思想准备。革命统一战线内部的结构性矛盾，伴随着国民革命的发展逐步激化。共产国际和联共（布）指导中国革命的歧异，也在中共党内产生影响。鲍罗廷从维护国共合作大局出发，快速平复了合作之初的国共磨擦。

一 国民革命的新局面

1. 国民党改组后的党务发展

鲍罗廷先是被孙中山任命为国民党组织教练员，后转聘为国民党临时中央执行委员会顾问。国民党中央执行委员会正式成立后，他并未及时得到新的任命。不过，他这个教练员的身份并未改变，继续做着国民党顾问的工作。

改组以后的国民党党务，依据新制定的党章来发展。1924 年 1 月 31 日，国民党召开改组后的第一次中央执行委员、中央监察委员暨候补执行委员、候补监察委员全体会议。在孙中山主持下，会议决定国民党设中央执行委员会于广州，分设执行部于上海、北京、汉口、四川和哈尔滨。全体中央执监委员和候补中央执监委员，分配于国民党中央及各执行部。廖仲恺、戴季陶、谭平山被推选为中央执行委员会常务委员，负责处理日常党务。中央党部内设秘书处、

组织部、宣传部、工人部、农民部、青年部、妇女部。稍后，增设调查部、军事部、海外部。正式成立的上海、北京、汉口执行部，内设机构不尽相同，但都有组织部、宣传部、工人部、农民部。这些新部门的设立，使国民党的组织结构大大区别于过去的样态，对于加强自身建设，密切同群众的联系，发挥着极为重要的作用。

在国民党上层组织系统中，共产党人占据较强的实力地位。除开当选中央执行委员三名、候补中央执行委员七名以外，谭平山担任国民党中央执行委员会常务委员、组织部部长，林祖涵（伯渠）担任农民部部长，杨匏安担任组织部秘书，冯菊坡担任工人部秘书，彭湃担任农民部秘书。在上海执行部，毛泽东担任组织部秘书，恽代英担任宣传部秘书，邵力子担任工人农民部秘书。在北京执行部，李大钊担任组织部部长，于树德担任学生部部长，褚松雪担任妇女部部长。在汉口执行部，林祖涵担任常务委员、组织部部长，刘伯垂（芬）担任工人农民部部长，李能郅（立三）、许白昊担任组织部干事，项德隆（英）、杨德甫担任工人农民部干事，林育南担任青年部干事，夏之栩担任妇女部干事。

国民党中央党部组织部由谭平山主持，对坚持国民党新党章、落实国共合作比较有利。中央党部组织部负责执行国民党中央关于组织工作的决议，实施对重要党务人员的选拔和管理，考察执行部和省党部的组织工作。①2月6日，国民党中央执行委员会召开第三次会议，批准组织部的提议，向地方派遣各省临时执行委员会筹备员，分赴各地建立国民党省级组织。所派定的筹备员也有部分是共产党员，其中，于方舟到直隶，韩麟符到热河，夏曦到湖南，刘伯垂到湖北，张曙时到江苏，沈定一到浙江，赵干（醒农）到江西。

国民党组织由中央向地方延伸，如何既积极又稳妥？2月9日，毛泽东在国民党中央执行委员会第四次会议上，一连提出四项提案。其一，重要市、县党部及区党部宜有经费补助。他认为，市、县党

①　参见《十三年二月二十日中央执行委员会第五次会议》，《一届中执会第1—131次会议纪录》，台北中国国民党党史馆，会议1.3/19。

部及区党部是指挥党员行动最为扼要的机关，它们如果没有力量，必至全党失掉力量。所以，应选择有工人、农民、学生、商人等群众运动实际工作的地方，补助该地党部经费。其二，本年内各省党部宜兼所在地之市党部，中央及各地执行部宜兼所在地之特别区党部。他认为，工作逐步开展，人才经费有限，省党部兼理所在地之市党部有利于集中人力财力开展工作，至于中央及各地执行部兼理所在地之特别区党部，不仅节约人力财力，还有办出样板示范全党的意义。其三，中央执行委员会及各地执行部之组织，应注意实际上的需要。他主张应以全力发展下级党部，不宜将有限人才尽聚于高级党部，需要一部才设一部，需用一人才用一人。其四，本年内地方组织的设立，应当分别轻重缓急。他主张集中大部分力量，开展上海、北京、广州、汉口、哈尔滨等至多八九处地方的党务，以免分散精力，得不到预期的结果。①

毛泽东的建议，其核心在于重心下移，扎根基层，大力发展基层党务，大力发展推动工、农、学、商群众运动的党务。这样，新生的国民党才会有行动的力量。会议议决：第一项交预算委员会审查；第三、第四项交中央执行委员会参考；至于第二项则依据党章现有规定，认为不能成立。其实，毛泽东的此项建议倒是颇具实践价值，如历时短暂的汉口执行部和稍后的湖北省党部，兼理汉口特别市党部一段时间，效果就很好。在北洋军阀统治区，国民党不能完全公开或完全不能公开，减少组织层级不无必要。

国民党改组期间，共产党人与国民党内赞成、支持改组的积极力量密切合作，收获了组织建设的初步成果。中共三届一次全会把开展国民运动作为本党"目前全部工作"，并以扩大国民党组织及矫正其政治观念为首要。在扩大国民党组织方面，决定凡国民党有组织的地方，如广东、上海、四川、山东等处，"同志们一并加入"；无组织的地方，最重要的如哈尔滨、奉天、北京、天津、南京、安

---

① 参见《十三年二月九日中央党部第四次会议》，《一届中执会第1—131次会议纪录》，台北中国国民党党史馆，会议1.3/19。

徽、湖北、湖南、浙江、福建等处，"同志们为之创设"。在工作方式上，决定共产党人在国民党中组成"一秘密组"，一切政治言论与行动，均须受本党指挥；"预［须］努力站在国民党中心地位，但事实上不可能时，断不宜强行之"。① 国民党第一次全国代表大会召开前夕，中共中央又发出第 13 号通告，重申有国民党组织的地方，共产党人应立时全体加入；没有组织的地方，应将党内党外可入国民党之人数及何人可以负责等情，报告中央局，以便与国民党接洽。

2 月底，中共中央召开三届二次全会，研究本党同志在国民党中的各项工作以及方式、方法。会议认为，国民党改组如期实现，"这实在是中国革命前途的幸福"。今后，在国民党中，共产党人"均应按期到会"，"均应努力工作"；要在国民党中"能尽所职"，引导国民党员都能尽职，使它"真变成一个有组织能行动的党，我们加入国民党之目的才算达到"。② 这个主张，与鲍罗廷的想法一致，或许它本来就是鲍罗廷主张的转化。之所以如此推论，是基于维经斯基的言论。维经斯基考察北京地区的国民党工作以后，认为共产党人集中全力于建立国民党组织，其原因，"看来，鲍同志向他们作过这样的'解释'：建立国民党组织，并且是群众性的，而且非建不可，这是共产党人的主要任务。"③

两个月以后，中共中央召开三届三次会议。据各区委、地委报告，截至 5 月中旬，在上海，国民党执行部内组织部、宣传部、工农部、青年妇女部都有共产党员在内工作，有的担任重要职务。闸北、南市区党部由共产党员主持。淞沪铁路党务则由青年团员主持。区分部方面，闸北各区及南市之大同、职业二区，公共租界之上海大学、中华书局，法租界之《新建设》杂志社，有的由共产党员组织，有的有共产党员活动其间。在湖南，共产党员全数加入国民党，加入国民党的青年团员已达八成。整个湖南的国民党组织，"事实上系新

---

① 中央档案馆：《中共中央文件选集》第 1 册，中共中央党校出版社 1982 年版，第 146、147 页。
② 同上书，第 181—183 页。
③ 《联共（布）、共产国际与中国国民革命运动 1920—1925》，北京图书馆出版社 1997 年，第 493 页。

造"。在北京，由于受到当地国民党保守势力的阻碍，执行部最近才得以宣告成立。在直隶，国民党临时省党部已成立，共产党人出面主持。在山东，临时省党部及济南、青岛两个临时市党部已经成立。①

其他地方国民党组织的建设，也在次第展开。3月，成立浙江临时省党部；4月，成立湖北临时省党部，着手筹建江西、福建临时省党部；5月，成立江苏临时省党部；此外，四川、安徽、热河等省的国民党组织也正在筹建中。

国民党组织正式进入军队。3月5日，国民党中央执委会第11次会议通过《中国国民党军队党团组织通则》，规定军队党团组织由国民党中央执委会推派各军最高机关负责人组织；军队党团受本党总理及所在地最高党部指挥并经中央执委会核准；军队党团干部设置最高为总司令部最低为营，营以下不设干部；军队党团最高干部得直接指挥其下级干部以至于分组；军队党团受上级干部指挥；军队党团得直接征收党员。②《通则》将使军队在国民党的领导下而不是单纯地在军事将领的指挥下组织起来。

7月11日，国民党中央成立政治委员会。这是设在中央执行委员会之下、常务委员会之外，以研究和决定政治问题为主的机构。鲍罗廷在国民党中的顾问事务转换到这个新平台。10月22日，政治委员会第十次会议决定："本会为唯一讨论政治之机关，至于实行则一方面由于政府，一方面由于中央执行委员会，其讨论结果对于本会会员有拘束效力。"③

国民党党章规定，在全国代表大会闭会期间，中央执行委员会为最高决策机构，每两星期至少开会一次。中央执行委员会互选常务委员三人，组织秘书处，处理日常党务。国民党一大闭会后，中央执行委员被分配到各地，每两星期开一次全会难以做到，能召开

---

① 参见中央档案馆《中共中央文件选集》第1册，中共中央党校出版社1982年版，第204—219页。
② 参见《十三年三月五日中央执行委员会第十一次会议》，《一届中执会第1—131次会议纪录》，台北中国国民党党史馆，会议1.3/19。
③ 《政治委员会第一次会议》，1924年7月11日，《中央政治委员会第1—100次会议纪录》，台北中国国民党党史馆，会议00.1/27.1。

的只是在广州的执行委员会议，至于常委则更只是办事班子。政治委员会之设，就补正了这个缺位。

第一次会议的出席者有孙中山、胡汉民、汪精卫、廖仲恺和伍朝枢，以鲍罗廷为顾问，伍朝枢为秘书。谭平山亦被指定为委员，他以事务繁忙不愿就任，经鲍罗廷提议，改以瞿秋白接充。从第二次会议起，邵元冲出席。有论著称戴季陶亦为委员，但未能见诸会议记录。以后，因研究特定问题需要，临时增加个别人员的情况偶有发生。从上述名单看，政治委员会成员并不限于国民党中央执行委员，但主要是孙中山所信任的人，共产党也有代表在内，至于改组国民党中唱反调的则一个都未吸收。

俄文档案中，鲍罗廷将国民党政治委员会称为"政治局"。这时候的它，其法理地位当然不可与联共（布）中央政治局等量齐观，但其实际运作和功能有后者的影子，确是事实。我们有理由相信，政治委员会的设立出自鲍罗廷的建议，这样设置有利于他继续直接影响孙中山，并利用孙中山的威信推动国民党的工作。由于是讨论政治的唯一机关，其研究结果交由国民党中央执行委员会或政府执行，它就不是有的史著所称，只备孙中山咨询那么简单了。

2. 黄埔军校的创办

如果说，党务发展是从组织上解决建设革命党的问题，那么，黄埔军校的创办则是着眼于培养骨干进而解决建设革命军的问题。孙中山的革命生涯，起始就与军事结缘，但始终没有建起服膺三民主义的军队。他在联俄的过程中，决定以俄为师，创建新的武装力量。对此，鲍罗廷给予了积极的支持。

早在1923年11月中旬，当着广州保卫战军情紧急之际，鲍罗廷就向孙中山提议组织义勇队，以党员为骨干，配合滇桂联军作战。11月16日，共青团广州地委发出通告，号召广州团员踊跃参加义勇队。通告宣称：国民党经已发起组织义勇队，以其党员为基础，并征求国民革命支持者加入。广州各工会全体加入的很多，学生加入的也不少，显示出国民党员对于革命的热忱与勇敢，以及广大民众对他们的同情与支持。共青团员作为努力革命的青年，既以个人身份加入了国民党，更应全体加入义勇队，以表示对于革命的勇气和对于统一战线的真诚。[①]据阮啸仙称，鲍罗廷此举，既有组织力量支持滇桂联军保卫广州的目的，也有借此训练党员的用意。实际上，这也是军队与民众相结合的萌芽。

　　义勇队的组建到底只是权宜之计。战局稳定下来，11 月 26 日，国民党临时中央执委会第十次会议决定开办国民军军官学校，为创建革命军队奠定干部基础。12 月 24 日，该会第 20 次会议决定"请俄人某君"为国民军军官学校起草细则。[②]不用说，"俄人某君"，指的就是鲍罗廷。

　　现存《国民军军官学校条例》系英文本，大约完稿于 1924 年的 2、3 月间。这个《条例》由"总则"、"学员"、"职位及其职责"、"财务"以及"附则"组成，共 30 条。"总则"明确了军校的体制、任务、学制、教学内容以及对政治教育的要求。它规定以大元帅为校长；军校的主要任务是培训步兵下级军官，使之成为具有良好政治训练的革命军人，学习期限为六个月；学员应从 18 岁至 25 岁具有中学或相当学历的青年、有文化的现役士兵和下级军官中选拔，国民党人或国民党的支持者可优先录取，所有申请人必须经过专门委员会的审查；军事教育分为教授和训练两个部分，重心在于野战训练，所有毕业生应能胜任向士兵宣传国民党的思想理论、中国的政治形势。"学员"明确了学员的权利、义务、纪律、待遇。"职位及其职责"规定了校内部门设置，军校设副校长、政治部、教练部、教授部、管理部、军需部、军医部，明确了各部门首脑和各级各类教学、教务人员的岗位职责。文件中，政治部被排列在各职能部门之首，政治部主任负责指挥、管理全校的政治生活，包括学员和教职员的政治教

---

① 参见中央档案馆，广东省档案馆《广东革命历史文件汇集》（1921—1926 年），内部印行，第 200 页。
② 参见《十二月二十四日临时中央执行委员会第二十次会议》，《中国国民党临时中央执行委员会会议记录》，台北中国国民党党史馆，会议 0.1/4。

育、政治教员的训练，并应与校内国民党团保持密切联系，指导国民党团的工作。"财务"规定了经费收支管理的内容和程序。"附则"规定本《条例》经大元帅批准即生效，本《条例》以外的其他规定，经副校长审查或提出，并经大元帅批准方可生效。副校长发出的所有指示，须经政治部主任副署。①

显然，上述《条例》引进了苏联红军的制度资源，确立了以党领军的模式。政治部的设立，政治教育的实施，学员政治素质的规定，以及政治部主任与学校行政负责人的制衡，把国民军军官军校与当时国内其他军事教育机构鲜明地区别开来。军官学校正式开学以后，内部规章制度逐步完善，筹办阶段提出的这个《条例》的基本精神和主要规定都得到了保留。

国民党决定开设军官学校时，就确定蒋介石担任校长。不久，为了增强党建军校的权威，决定由孙中山亲自担任校长，增设副校长一职，由蒋介石出任。后来，孙中山还是任命蒋介石为正式定名为陆军军官学校的校长，他本人则以国民党总理的身份担任该校总理。

蒋介石从苏联考察归来，没有当即到广州向孙中山复命，担起筹建军校事务，而是滞留老家奉化。鲍罗廷通过廖仲恺，三番五次同蒋介石联系。12月下旬，廖向蒋连发数信。20日，廖致信蒋："鲍君有事与商，学校急待开办"；22日，再致信蒋："鲍先生事尤关重要，彼每见弟等，必问兄来未"；26日，与胡汉民、汪精卫联名致信蒋："鲍先生日盼兄至有如望岁"，"军官学校由兄负完全责任办理，一切条件不得兄提议，无从进行。"所谓军校由蒋"负完全责任办理"，当指此前国民党临时中央决定孙中山亲自担任军校校长。12月28日，廖仲恺要求蒋最迟于来年元月4日与汪精卫、鲍罗廷同赴广州，并称"万不能再延，否则事近儿戏，党务改组后而可乘此惰气乎"。②

---

① C. Martin Wilber and Julie Lien-ying How. *Missionaries of Revolution: Soviet Advisers and Nationalist China* 1920—1927, Document 4. Harvard University Press 1989, p.p.491—495. 该《条例》完稿时间，是原编者判定的。

② 中国第二历史档案馆：《蒋介石年谱初稿》，档案出版社 1992 年版，第 144、145 页。

1924 年 1 月 16 日，蒋介石回到广州。24 日，孙中山任命蒋为国民军军官学校筹备委员长。然而，2 月 21 日，蒋介石向孙中山和国民党中央递上辞呈，挂冠而去。孙中山极力挽留，批示国民党中央执委会转蒋介石："该委员长务须任劳任怨，勉为其难，从艰苦中去奋斗，百折不回，以贯彻革命党牺牲之主张。所请辞职，碍难照准。"同时，致函上海执行部转蒋介石加以温情劝勉，称："军官学校以兄担任，故遂开办，现在筹备既着手进行，经费亦有着落，军官及学生远方来者，逾数百人，多为慕兄主持校务，不应使热诚倾向者失望而去。"①廖仲恺、胡汉民、汪精卫、戴季陶等亦轮番函电相劝，更有邓演达奉孙中山之命直接到奉化相迎。直到 4 月 21 日，蒋介石才返回广州。26 日，到军校新址黄埔，入校视事。5 月 3 日，孙中山特任蒋介石为陆军军官学校校长，兼粤军总司令部参谋长。军校选址黄埔岛，故习称黄埔军校。

国民党中央决定创办军校伊始，就指定廖仲恺负责筹备事务。蒋介石辞职后，孙中山命他代理军校筹备委员长。1924 年 5 月 9 日，孙中山特派廖仲恺为中国国民党驻陆军军官学校党代表。廖仲恺既是国民党改组的坚定支持者，也是创办军校的重要领导人。叶剑英谈到创建黄埔军校往事的时候，就说："真正懂得中山先生建军思想的是廖仲恺先生，而不是蒋介石。"因为廖仲恺明确表示："应该了解，办黄埔是党要办的，而且一定要办成。"②虽然困难重重，但在廖仲恺的运筹之下，军校各项筹备工作仍然有条不紊地进行。

1924 年 2 月 1 日，王柏龄、李济深、沈应时、林振雄、俞飞鹏、宋荣昌、张家瑞被任命为军校筹备委员。2 月 6 日，正式在广州南堤二号设立筹备处。筹备处内设教授、教练、管理、军需、军医五部，王柏龄、李济深（邓演达代）、林振雄、俞飞鹏、宋荣昌任临时主任。2 月 10 日，分配各省区招考名额，拟定招收学生 324 名。3 月 1 日，

① 中国第二历史档案馆：《蒋介石年谱初稿》，档案出版社 1992 年版，第 159 页。
② 《叶剑英元帅谈孙中山先生的建军思想和大无畏精神》，见《黄埔军校史料（1924—1927）》，广东人民出版社 1982 年版，第 32 页。

孙中山任命蒋介石为军校入学试验委员会委员长，王柏龄、邓演达、彭素民、严重、钱大钧、胡树森、张家瑞、宋荣昌、简作桢为委员。3月27日，在广东高等师范学校举行入学考试，各地投考学生1200余人。4月28日，发布考试结果，正取350人，备取100余人。黄埔军校第一期学员，一般记载为500人。其实，开学以后，人数有较多扩充。近年，研究者根据未刊《黄埔军校第一期研究总成》内的表格化名单，认定第一期学员应为706人。①

黄埔军校先开张教学，再办开学仪式。6月16日，举行典礼。孙中山亲自出席，发表讲话。在这个长篇演讲中，孙中山把国民党举办军校的宗旨讲得一清二楚。他比较了中俄两国革命的成败得失，指出俄国革命六年间得到成功，就是有了革命军做革命党的后援，继续去奋斗；而中国革命，"只有革命党的奋斗，没有革命军的奋斗；所以一般官僚军阀便把持民国，我们的革命便不能完全成功"。因此，黄埔军校的开办，"就是要从今天起，把革命的事业重新来创造，要用这个学校内的学生做根本，成立革命军"。什么样的军队是革命军呢？孙中山指出，革命军应当是以革命先烈为模范，与革命党共奋斗的军队；是经过革命训练，明了革命主义的军队。他勉励全体学员砥砺革命意志，担当救国救民责任，做成仁取义的革命党人、革命军人。孙中山对黄埔军校寄予厚望，宣布"要用这五百人做基础，造成我理想上的革命军。有了这种理想上的革命军，我们的革命便可以大告成功，中国便可以挽救，四万万人便不至灭亡。"②

胡汉民在大会上宣读了孙中山为黄埔军校题写的训词：

> 三民主义，吾党所宗，以建民国，以进大同。
>
> 咨尔多士，为民前锋，夙夜匪懈，主义是从。
>
> 矢勤矢勇，必信必忠，一心一德，贯彻始终。③

---

① 参见陈予欢《初露锋芒——黄埔军校第一期生研究》，中山大学出版社2007年版，第3页。

② 参见《孙中山全集》第10卷，中华书局1986年版，第290—300页。

③ 《孙中山全集》第10卷，中华书局1986年版，第300页。

黄埔军校举行开学典礼的时候，鲍罗廷并不在广州。6月24日，他由廖仲恺陪同，视察黄埔军校并发表了演说。鲍罗廷像孙中山在开学典礼的演讲一样，起始就讲解俄国革命的经验，然后比较中国革命的实践。比较以后得出的结论，便是改组国民党，建设新军校，由革命青年担当中国革命的重任。鲍罗廷对学员们说：

> 我们作革命运动的人，最要紧的是勇公好善，不要枉法徇私。果然这个人不是我们的同志，就是他不和我们打仗，也于我们有害。要晓得思想不同，就是仇敌，仇敌我们就该正式驱除他，不可和他妥协。必定要这样，才可以达到真实的团结，而免得将来内部分裂的危险。其次就是要肯牺牲，只要能做的事，便尽力去作。再次就是要以大多数人民的利益为标准，当时时保全人民的权利。看着国内那一党，确是保护大多数人民的利权的，我们就加入那一党，就为那一党尽力。①

同日，奉苏联政府所派，担任中国南方革命政府军事总顾问的巴甫洛夫，向学员讲解了俄国革命及红军经过的情形。廖仲恺在讲话中也特别强调，学员入学，不应为了做官，不应为了拿指挥刀。"若专为做官而来当本校的学生，便大违本校开设之旨了。"②

早在国民党临时中央执委会决定筹办军校之初，鲍罗廷就提议由廖仲恺担任军校政治部主任。筹办期间，廖仲恺推荐戴季陶出任此职。黄埔军校举办开学典礼当月，戴季陶就辞去了政治部主任职务。稍后，邵元冲短暂接任。孙中山特任汪精卫、胡汉民、邵元冲为黄埔军校政治教官，胡讲授《三民主义》，汪讲授《中国国民党史》、邵讲授《政治经济》。初期的政治教育，教官多为兼职，全无规范的

---

① 《鲍罗廷在中国的有关资料》，中国社会科学出版社1983年版，第19页。
② 廖仲恺：《革命党应有的精神之伸义》，见《黄埔军校史料1924—1927》，广东人民出版社1982年版，第216页。

鲍罗廷（前排右二）陪同孙中山出席追悼苏联军事顾问巴甫罗夫大会，采自陈旭麓、郝盛潮主编《孙中山集外集》

课程讲授，主要以开会讲演来完成。除所聘人员讲演以外，蒋介石作为校长，每周都有讲话，所讲多有政治内容。廖仲恺作为国民党驻校党代表，也经常到校发表讲话，宣传三民主义，弘扬革命理念。

　　苏联顾问积极参加了黄埔军校的建设。4月16日，应孙中山的要求，鲍罗廷和加拉罕向莫斯科发出电报，要求向广州派出50名军事工作人员，并要具有丰富的作战经验、能使孙中山敬服的同志率领这个顾问团。[①] 5月，苏联军事顾问团团长巴甫洛夫到达广州。波里亚克、切列潘诺夫、格尔曼、捷列沙托夫等作为顾问，先后进入黄埔军校参与教学。苏联政府为黄埔军校提供开办经费和第一批新式武器。

　　黄埔军校创建甫告完成，孙中山和国民党中央紧接着就启动对广东现有军队的整训，鲍罗廷参与这些工作的准备和实施。7月30日，政治委员会研究决定，成立各军政治训练委员会训练所；8月6

---

　　① 参见［苏］M. C. 贾比才等著《中国革命与苏联顾问 1920—1935》，张静译，中国社会科学出版社 1981 年版，第 27 页。

日，议决设立统一陆军训练处，统一训练管理黄埔学校、滇军干部学校、陆军部讲武堂、西江海陆军讲武堂、警卫军讲武堂、警卫军学兵营以及航空局。孙中山亲自担任主席，蒋介石为委员之一，鲍罗廷亦在列。8 月 13 日，改变此项计划，决定由蒋介石负责军事训练，汪精卫负责政治训练，鲍罗廷担任两项训练的顾问，并起草新设立的供给部组织条例。[①]后来，因形势变化，这些工作并未一一实施，但从中可见鲍罗廷在决策过程中的重要参与。

3. 工农群众运动的开辟

完成改组以前的国民党，并不以某个阶级，更不以劳动群众为基础。改组之后，发生重大改变。

国民党一大《宣言》肯定了工人、农民在国民革命中的地位和作用，指出广大的工农群众，"因其所处之地位，与所感之痛苦，类皆相同，其要求解放之情，至为迫切，则其反抗帝国主义之意，亦必至为强烈。故国民革命之运动，必恃全国农夫、工人之参加，然后可以决胜，盖无可疑者。"它确定国民党在这方面的任务就是："一方面当对于农夫、工人之运动，以全力助其开展，辅助其经济组织，使日趋于发达，以期增进国民革命运动之实力；一方面又当对于农夫、工人要求参加国民党，相与为不断之努力，以促进国民革命运动之进行。"[②]

孙中山在公众集会上对发展工农运动给予支持。1924 年 5 月 1 日，他在广州工人庆祝五一国际劳动节大会上讲话，指出：工人是国民的一分子，担负着国家的大责任，"要抬高工人的地位，便先要抬高国家的地位"；抬高国家的地位，就是要打破帝国主义对中国的政治、经济的束缚。因此，"中国工人不只是反对资本家，要求减时

---

① 参见《政治委员会第五次会议》，1924 年 8 月 13 日，《中央政治委员会第 1—100 次会议纪录》，台北中国国民党党史馆，会议 00.1/27.1。

② 中国第二历史档案馆：《中国国民党第一、第二次全国代表大会会议史料》（上），江苏古籍出版社 1986 年版，第 87、88 页。

间、加工价，完全吃饭问题，最大的还是政治问题。"①9月间，他在同外国记者谈话时，讲到中国反对帝国主义的斗争时说："在这场运动中，产业工人阶级应当发挥领导作用。"②8月21日，孙中山出席农民运动讲习所第一届学员毕业典礼，对毕业学员说：学员回乡联络农民，"这是我们国民党做农民运动所办的第一件事"，"革命政府，是想要做成一个人民为主体的国家。农民是我们中国人民之中的最大多数，如果农民不参加革命，就是我们革命没有基础。国民党这次改组，要加入农民运动，就是要用农民来做基础。"③

国民党中央设立了工人部、农民部。规定工人部的职责是：调查各地工人政治经济状况，制定并宣传社会立法案，指导工人政治经济斗争，加强对各地工人团体的联络、指导，培养工人领袖为国民党党员之"中坚人物"，召集全国工会代表大会促进国民党与工人之间"互相了解"。农民部的职责是：调查各地农民状况、土地状况，制定农民运动计划，开展农民运动宣传。④

8月13日，国民党中央第49次会议通过了《工会条例》。这个条例由汪精卫、廖仲恺、邵元冲、戴季陶、刘芦隐参加起草，根据国民党改组后的形势和任务，贯穿了指导、规范、发展工人运动的思想，"即首在确认劳工团体之地位，次在允许劳工团体以较大之权利及自由，三在打破其妨碍劳工运动组织及进行中之障碍，使劳工团体得渐有自由之发展"。《条例》规定工会为法人，与雇主团体立于对等地位；工会的首要职责是主张并维护会员的利益；工会有罢工权、言论出版自由权、仲裁权、参与规定工作时间、改良工作状况和工厂卫生权；北京政府所颁布的《暂行新刑律》《治安警察条例》关于限制聚众集会等条文不适用于本《条例》。⑤这样，从法规上保障

---

① 《孙中山全集》第10卷，中华书局1986年，第149、150页。

② 《孙中山全集》第11卷，中华书局1986年，第40页。

③ 《孙中山全集》第10卷，中华书局1986年，第554、555页。

④ 参见《十三年二月二十日中央执行委员会第七次会议》，《一届中执会第1—131次会议纪录》，台北中国国民党党史馆，会议1.3/19。

⑤ 中国第二历史档案馆：《中华民国史档案资料汇编》第4辑（上），江苏古籍出版社1986年版，第105页。

了工人结社、集会、言论、罢工，开展政治斗争、经济斗争的自由。

3月19日，国民党中央讨论通过了农民部提出的《制定农民运动计划案》，基于"先要有最精密的团体组织然后才有农民的运动"，"三民主义之实现，非有大联合的强健的团体组织扫除一切的障碍不为功"的认识，决定由国民党各县区党部、区分部分别设立农民联合会、农民协会，开展农民中组织工作，并在成立农民协会的地方设立农民夜校、农民冬期学校、农民演讲团，从事对农民的各种宣传。[①]

国共合作后的工人运动就是在这种背景中复兴起来的。在广州，经过对各工会组织骨干的联合，成立了广州工人代表会，实现广州地区各工会开始由职业组织向产业组织的转变，由组织涣散向统一联合的转变。工人代表会一经成立，就领导沙面罢工并取得胜利。接着，组织工团军，参加了平定广州商团叛乱。在上海，共产党人通过开展平民教育、建立工友俱乐部等方式，深入到沪东、沪西地区产业工人之中，发展工厂小组，声援、参加丝厂女工罢工，领导南洋烟厂工人举行罢工。在北京，1924年2月，秘密召开了全国铁路工人第一次代表大会，成立了全国铁路总工会，实现了对全国铁路工人运动的统一领导。在东北、华北、华中、华东地区，工人运动均有不同程度的发展。

7月11日，政治委员会决定成立农务调查委员会，委员有古应芬、甘乃光和彭湃，鲍罗廷被聘为顾问。[②]此前不几天，7月3日，国民党中央农民部主办的农民运动讲习所在广州开办，农民部秘书、共产党人彭湃为主任。第一届农讲所招收学员38名，他们中"以'五四'运动奋斗的经验而觉悟到要'入民间去'之分子为多，次则为农民已接受本党政纲而做农民运动于前者，次则工人曾参加工会组织运动者"。[③]毕业学员33人，有24人被委任为国民党中央农民部特派员，

① 参见《十三年三月十九日中央执行委员会第十五次会议》，《一届中执会第1—131次会议纪录》，台北中国国民党党史馆，会议1.3/19。

② 参见《政治委员会第一次会议》，1924年7月11日，《中央政治委员会第1—100次会议纪录》，台北中国国民党党史馆，会议00.1/27.1。

③ 《第一次国内革命战争时期的农民运动资料》，人民出版社1983年版，第80页。

分赴广东各县指导农民运动。8月21日，农讲所第一届学员毕业，第二届学员开学。鲍罗廷陪同孙中山出席农讲所大会。第二届农讲所以罗绮园为主任，招收学员225人，毕业学员142人。以后，在广州又接连举办了四届。农民运动人才的培养，从广东一省扩展到全国。特派员回到乡村，建立农民组织，从减租入手开展活动，逐步打开农民运动局面。

4. 中苏复交谈判的成功

孙中山确立联俄方略，希图得到苏俄方面的军事、财政支援以及治党理政建军经验的参考，在外交上，也试图与苏俄建立正式的政府间关系。1923年9月17日，孙中山复加拉罕信，指出加拉罕同沦为列强仆从的北京政府谈判将非常困难，相反，如果到广州来谈判倒是适合时宜的。他写道："资本主义列强将试图通过北京和利用北京使苏维埃俄国遭受一次新的外交失败。但是，请您时刻注意，我已经准备并且现在就可能粉碎任何使您和您的政府蒙受侮辱的企图。"[①]这封信由鲍罗廷代为转送。加拉罕要求鲍罗廷以相当委婉的方式向孙中山说明，到广州谈判"'为时尚早'"。[②]

鲍罗廷明白，孙中山的邀请是诚恳的，但不具备实际意义，具备国际法效力的国家条约，目前还只能同尚得到国际承认的北京政府签署。中苏之间存在一系列悬而未决的实际问题，同北京政府谈判解决，要比同孙中山谈判更为有利。因为众所周知的对孙中山政府的支持，势必对北京政府构成压力；而先于北京同南方政府谈判，也并不可能得到比北京政府提供的东西更多，因为那将"意味着孙逸仙出卖了中国"。[③]

不出孙中山所料，加拉罕同北京政府代表王正廷之间的谈判，

---

① 《孙中山全集》第8卷，中华书局1986年版，第219页。
② 参见《联共（布）、共产国际与中国国民革命运动1920—1925》，北京图书馆出版社1997年版，第295页。
③ 参见《联共（布）、共产国际与中国国民革命运动1920—1925》，北京图书馆出版社1997年版，第416页。

从 9 月间一开始就遇到了阻碍。加拉罕提出北京政府先承认苏联，然后双方再就两国之间的具体问题展开谈判。王正廷则主张直接召开会议，预先讨论所有争议问题，即先开议再承认。谈判未开始就陷入僵局，直到 1924 年 2 月，双方才恢复接触。此时，英国、意大利先后正式承认苏联并建立了外交关系。这样一来，北京政府因承认苏联而可能受到外交使团的压力，大为减轻。2 月 21 日，中苏双方代表恢复接触，就谈判程序达成协议，同意先行商定谈判大纲，再行承认，然后商议细目。王正廷与加拉罕经过多次谈判，终于 3 月 14 日拟定《中俄解决悬案大纲协定》、《暂行管理中东铁路协定》、声明书七种和公函两件等文件草案并签字。

3 月 8 日，鲍罗廷应加拉罕电召，经香港转赴北京，参加中苏谈判。

就在谈判即将告成之际，又生波折。3 月 13 日，法国公使借口中苏协定草案关于中东铁路管理权限的变更使其权益受到损害，向北京政府外交部发函威胁。随即，日、美公使也不约而同向北京政府提出"警告"。迫于帝国主义压力，北京政府改变态度，不承认已经签字的各项中苏协定草案。这种情形之下，鲍罗廷致电孙中山，说明中苏谈判遭受挫折的情形，解析中苏协定草案的内容，要求孙中山和国民党对此予以重视。鲍罗廷在电文中说：

> 北京内阁所否定之协定，是为何等内容？即包含中国国民党之外交政策，取消前俄与中国所立侵夺中国主权之各种条约，取消租界及领事裁判权，承认中国在蒙古之主权。准定中国同有监管中东铁路之权，至中国有财力能赎回时，则完全归为中国所有，并退回庚子赔款，移作教育之用，主张新条约为将来双方保绝对平等。此种协定，如得诸其他帝国，则中国人须牺牲几许血，若干财方能得之，中国国民党亦须大费经营，方能取得此协定所列之权利。此种协定，北京内阁否决之，必不因此协定不利于中国也明甚。然则此种协定，果为伊谁之利而否决之乎？此协定系本诸中国国民党（一月二十三日）在广州大

会所决定之外交政策，而为中国民族主义之一大胜利也。革命进行中之俄国，已与邻邦之争自由者互相携手，中国得此，可谋脱离半殖民地之第一步。①

鲍向孙中山恳切呼吁："先生之民族主义，恐为此种不利于国之行为所阻碍，此为重要之事，尚希贵民党加之意焉。"②

这时，孙中山对北京政府承认苏联在一定程度上也有乐观其成的心理准备。2、3月间，他多次就北京政府承认苏联问题向报界谈话，表示苏联政府既为英、意两国所承认，列强皆有继起承认之势，则中国政府承认苏联没有什么不可的；至于北京政府是否承认苏联，是苏联政府同北京政府间的外交关系问题，对南方政府不生影响；目前苏联政府与南方政府间关系十分友好，南方政府事实上已无条件承认苏联，无须以专门正式承认的办法恢复关系。接到鲍罗廷来电，4月1日，孙中山电复鲍罗廷，大意是"北廷本不能代表中国，须待合于民意之政府成立后，中俄方能提挈进行"。③

帝国主义的干涉和北京政府否认协定草案，激起中国社会舆论的强烈不满。3月21日，北京教育会等九团体发表抗议宣言，指出"外力干涉"是"造成今日中俄交涉间严重情形"的原因，呼吁全国同胞、各地团体，"速起运动，用其势力，以（一）反抗帝国主义对于中国外交之压迫；（二）督促政府立即无条件承认苏俄！"④3月28日，北京40余校代表聚会北京大学，决定于次日下午游行，并欲赴外交部部长顾维钧宅示威要求承认苏联。与此同时，广州、上海、长沙、武汉、芜湖、保定、哈尔滨等地各团体也纷纷通电，要求政府速签中苏协定。

5月下旬，中苏双方代表重开谈判。31日，顾维钧、加拉罕分

① 《鲍罗廷电告中俄交涉》，《广州民国日报》1924年4月1日。
② 同上。
③ 《大元帅电复苏俄代表》，《民国日报》1924年4月3日。
④ 《中俄交涉破裂后各团体态度》，《晨报》1924年3月22日。

别代表本国政府正式签署了《中俄解决悬案大纲协定》、《中俄暂行管理中东铁路协定》等文件。协定规定：两缔约国政府同意将中国政府与前俄帝国政府订立之一切公约、条约、协定、议定书及合同等项，概行废止，另本平等相互公平之原则，重订条约、协定；凡前帝俄政府与第三者所订之一切条约、协定等项有碍中国主权及利益者，概为无效；苏联政府抛弃前帝俄政府在中国境内任何地方根据各种公约、条约、协定所取得之一切租界等之特权和特许；苏联政府抛弃俄国庚子赔款；苏联政府取消治外法权及领事裁判权；苏联政府承认外蒙古为完全中华民国之一部分；中东铁路系商业性质，所有关系中国国家及地方主权的各项事务，概由中国政府办理。协定规定两国恢复外交关系。[①]

与加拉罕第一次对华宣言的允诺相较，这次签订的中苏协定有所后退，一定程度上暴露了苏联大国沙文主义的本质。不用说放弃帝俄政府从清王朝手中掠走的大片领土，就是中东铁路也不准备无偿归还。但是，这毕竟是鸦片战争以来中国与外国签订的第一个平等条约，它作为第一个否定帝国主义强加给中国的不平等条约而缔结的条约，给中国人民的反帝斗争以巨大鼓舞。因此，中苏协定的签订，立即鼓动各界掀起反帝国主义和废除不平等条约运动的热潮。

废除不平等条约运动的开展，以反帝国主义运动周为主要载体，国共两党都十分关注。北京反帝国主义大联盟成立之初，国民党中央执委会就去信表示肯定和支持，赞扬"诸君于军阀与帝国主义相勾结之压迫环境中，有此决心抵抗之大同盟，不独令为虎作伥之徒，丧其魂魄，其足令磨牙吮血者，知吾国尚有人在，临风逖听，欣慕何似，所望努力不懈，以求奋斗之成功"。[②]中共中央第三次发表对于时局的主张，强调"目前解救中国的唯一道路，只有人民组织起来，在国民革命的旗帜之下，推翻直系，解除一切军阀的武装，尤其要

---

① 参见程道德等编《中华民国外交史资料选编1919—1931》，北京大学出版社1985年版，第198—207页。

② 参见《瞿秋白文集》政治理论篇第2卷，人民出版社1988年版，第634页。

在根本上推翻外国帝国主义在中国一切既得的权利与势力。"①《向导》周报亦载文指出："废约运动，即是民族独立运动"，"国际间不平等之条约不废除，各被压迫的民族无独立之可言！中国受到列强逼迫欺骗所订成之一切不平等的条约不解除，中国永无解放的希望。"②

二 结构性矛盾的表面化

1. 共产国际的不同声音

中国共产党以党内合作的方式同国民党合作，是共产国际确定下来的。然而，对于党内合作模式的选择和共产党在国共合作中应有的姿态和原则，共产国际内的声音又经常出现不一致的情况。这种不一致的后果，往往会在中国实践中反映出来，并给鲍罗廷以直接影响。

共产国际东方部比较注重共产党在国共合作中的独立性。在1922年1月举行的远东各国共产党及民族革命团体第一次大会上，东方部主任萨发罗夫就指出：共产党和资产阶级民主派合作，"决不会有若何激烈的冲突"，但"中国的劳动运动，中国的劳动者必须踏稳他们自己的脚步，不可和任何民主党或资产阶级分子混合"。③他对国共合作不会有任何激烈冲突的观点，看似盲目乐观，实则对国共合作并不特别重视，其重点在于发展中国工人运动。

同年11月开幕的共产国际四大，提出殖民地和半殖民地国家的共产党和工人党面临"双重的任务"，既要最彻底地解决资产阶级民主革命的任务，实现国家政治上的独立，又要组织工农群众，为实

---

① 中央档案馆：《中共中央文件选集》第1册，中共中央党校出版社1982年版，第231页。
② 为人：《废约运动》，《向导》周报第76期，1924年7月30日。
③ 中共中央党史研究室第一研究部：《共产国际、联共（布）与中国革命文献资料选辑1917—1925》，北京图书馆出版社1997年版，第283、284页。

现他们的特殊利益而斗争。为此，必须建立反帝统一战线。在反帝统一战线中，工人运动应该争取成为一个独立的革命因素，"只有承认它的这种独立的作用，并保持它在政治上的完全自主，才有可能而且有必要同资产阶级民主派达成暂时的妥协"。①

维经斯基对共产党与国民党合作持"有限合作"主张。1923年3月8日，他给萨发罗夫写信，指出国民党在目前还没有成为全国性的政党，也没有改变依赖与北洋军阀结盟和某些帝国主义国家援助的办法以谋求军事上的成功。因此，中共不能无条件地支持孙中山。②3月27日，又致电萨发罗夫，建议他指示马林不要无条件支持国民党，而要向孙中山提出条件：第一，不要把主要精力放在与督军建立军事联盟，而要放在建立全国性的政党上；第二，支持工人和学生运动；第三，断绝同张作霖、段祺瑞的联系。③

维经斯基来信、报告和电报的基本精神和建议，得到萨发罗夫的赞同。4月4日，萨发罗夫代表东方部就1923年第一季度工作向共产国际执委会主席团做报告，写到中国时指出：中国工人运动的革命高潮正在迅速高涨和发展，1922年以来的一系列罢工，尤其是京汉铁路工人罢工，表明中国无产阶级处于最高发展阶段，显示了中国无产阶级的觉悟性和组织性的迅速提高，工会运动也具有鲜明的阶级形式。共产党在一年前还只不过是知识分子的宣传团体，现在已与工人群众建立了紧密而牢固的联系。与此同时，国民党并非居于领导地位的民族资产阶级的政党，孙中山没有独立的武装力量，他与北洋军阀结盟，使自己在中国各界自由派人士眼中威信扫地。孙中山与军阀结盟的结果，对于实现中国的民族统一来说，是更加令人怀疑的。该报告提出：鉴于这些情况，就产生了关于把共产党

---

① 中共中央党史研究室第一研究部：《共产国际、联共（布）与中国革命文献资料选辑 1917—1925》，北京图书馆出版社 1997 年，第 362、363 页。

② 参见《联共（布）、共产国际与中国国民革命运动 1920—1925》，北京图书馆出版社 1997 年，第 227—229 页。

③ 参见《联共（布）、共产国际与中国国民革命运动 1920—1925》，北京图书馆出版社 1997 年，第 233—236、238 页。

限制在国民党范围内是否适宜的问题。今后，必须坚持采取由共产党领导的独立自主的工人运动的方针。萨发罗夫表示这是他们所形成的总的原则性结论，要求共产国际执委会主席团尽快实行与修改原则性结论有关的组织措施，包括撤销对马林的委任。当得悉俄共（布）中央政治局已经采纳越飞的建议，通过了同孙中山建立合作关系的决议，萨发罗夫同时给俄共（布）中央政治局去信，阐述了相同的观点，质疑与国民党的合作，并请求政治局重新审查所做的决定①。

萨发罗夫、维经斯基的主张，有与共产国际四大精神相符的一面。5月25日，维经斯基提出由共产国际执委会东方部新任主任拉狄克和他本人联合署名，以东方部名义下达给该部出席中共三大代表的指示草案。此时，维经斯基已任东方部副主任。按此前决定，出席中共三大的代表就是马林和维经斯基两人。该草案除了要求出席者严格遵循共产国际四大和共产国际执委会于四大以后所通过的关于中国问题的决议和决定以外，另做出九条指示。布哈林做了修改，增写了六条，删除维经斯基草案的前两条，保留后七条，调整了条文顺序，并将受文者升格为中国共产党代表大会。这些修改得到共产国际执委会主席季诺维也夫的完全同意。

布哈林增补的条款突出强调了农民问题和土地革命的意义，要求中国共产党力求实现工农联盟，推动国民党支持土地革命，并将革命领导权掌握在其手中。维经斯基草案第一条规定中共的基本任务是扩大革命运动的基地和建立群众性的共产党，第二条判明中国工人运动的意义既是促成阶级形成和阶级分化的因素，同时也是反对外国帝国主义的民族革命运动的重大因素，被删除，但部分内容揉进布哈林增补的条款。布哈林给维经斯基留一便条，让后者"别搞鬼，当心！"然而，就维经斯基所关注的重点而言，布哈林的修改变动并不大。原文第一条关于建立群众性共产党的主张，写进布哈林增补的第五条；原文第九条共产党应寻求相应方式把国民党和

---

① 参见《联共（布）、共产国际与中国国民革命运动1920—1925》，北京图书馆出版社1997年，第239—241、248页。

革命学生运动吸引到反帝运动中来，列为第十三条得到全部保留。①

较之 1923 年 1 月给中共的指示，给中共三大的指示着重点的确有所不同。前者重在建立国共合作，称国民党是"中国唯一重大的民族革命集团"，认定工人阶级"尚未完全形成为独立的社会力量"②；后者则重在加强共产党的独立性，宣称"毫无疑问，领导权应当归于工人阶级的政党"，并对国民党提出了种种要求③。我们不能认为对中共三大的指示，意在替代 1923 年 1 月指示，两次指示实为一体，只是先后强调的重点各有侧重。在构建反帝统一战线上，给三大的指示要求中共"应当尽力找到适当的形式"，但并未否定党内合作方案，即可证明。况且，党内合作方案实际上是经过了共产国际四大批准的。

东方部在中国的工作人员斯列帕克也认为，因为国共合作，共产党被套在孙中山的马车上。然而，中共党内对此又生争拗，只是表面执行决议。究其原因，是党被作为服务苏联外交人民委员部的组织了。他提出："必须结束这种状况。让党还是一个党，全面开展自己的工作吧"，"即使国民党目前确实是所有党派中最优秀的，更接近于国民革命运动，但也决不意味着我们应当做它的尾巴，同它一起经受种种冒险、病痛、阴谋、欺诈等等。让伙计们协调自己的行动，互相帮助，仅此而已。"④

尽管给中共三大的指示 7 月中旬才传来中国，马林从道路传闻中还是感到了共产国际内部关于国共合作的种种分歧。5 月 31 日，他写信给布哈林，报告中共三大的筹备情况，其中说到：

> 张国焘同志由莫斯科返回，我从他那里得知，在共产国际

---

① 参见《联共（布）、共产国际与中国国民革命运动 1920—1925》，北京图书馆出版社 1997 年版，第 251—255 页。

② 《共产国际有关中国革命的文献资料 1919—1928》，中国社会科学院近代史研究所翻译室编译，中国社会科学出版社 1981 年版，第 77 页。

③ 参见《联共（布）、共产国际与中国国民革命运动 1920—1925》，北京图书馆出版社 1997 年版，第 255 页。

④ 《联共（布）、共产国际与中国国民革命运动 1920—1925》，北京图书馆出版社 1997 年版，第 267 页。

执行委员会中，对我们的人同国民党联系这件事，还是进行了严厉的批评。对于 1 月份通过的提纲，他们在那里仍然那样解释，我简直不明白究竟怎么样才能认真对待同国民党的关系。就在同时，政治局决定给国民党的支持，要比共产国际执行委员会的工作所能给予的支持大许多倍。在共产国际执行委员会中，他们谈到中国问题上有左派（维经斯基、萨发罗夫、拉狄克）；中派（您）；还有右派（越飞和我）。他们认为我们这里的人在南方应该在国民党里工作，可是在北方对这个党却毫无办法，因为它在北方没有影响。我不知道从国外归来的中国人告诉我的细节是否正确。可是至少我明白，在共产国际执行委员会的东方部里，他们仍然幻想要在中国成立一个群众性的党，我们的党。①

面向孙中山和国共合作与苏联在东方的利益有着重大的契合，苏联外交人民委员部的主张得到斯大林支持，如前所述，鲍罗廷被派往中国担任孙中山的政治顾问之际，莫斯科就指示他在与孙中山的工作中，应当遵循中国民族解放运动的利益，而决不要迷恋于在中国培植共产主义的目的。

共产国际机构或个人在某一时间节点上发出的不同声音，随着时间的推移发生变化。如不看好国共合作的斯列帕克，在国民党改组之后竟完全改变态度，称赞国民党改组是完成了"一项巨大的工作"，"如果国民党始终这样走下去，在不远的将来他就能成为中国国民革命的政党，在共产党内，在要不要同国民党一道工作以及怎样工作的问题上，应该说，现在不会再有任何分歧意见，现在共产党人会同国民党一道工作，并且能在那里领导这项工作"。②

其实，国共合作的道路，不可能如斯列帕克所预言的那样笔直

---

① 中共中央党史研究室第一研究部：《共产国际、联共（布）与中国革命文献资料选辑 1917—1925》，北京图书馆出版社 1997 年版，第 458、459 页。

② 《联共（布）、共产国际与中国国民革命运动 1920—1925》，北京图书馆出版社 1997 年版，第 408 页。

平坦。共产国际的不同声音传导到中国，给国共合作产生不同的工作着重点，加上国民党本身的复杂性和共产党的经验不足，表现在实践上的忽左忽右，必然刺激革命统一战线的结构性矛盾日趋表面化。

2. 国共两党的政见差异

由于发展国民革命的需要，共产党人以个人身份加入国民党，共产党以党内合作的方式实现与国民党的合作，党本身则独立于国民党而存在。两党的阶级基础、思想体系、宗旨纲领本不相同，虽在当前革命阶段，两党的主张和利益存在重大交合，但不可能完全消除政见差异。

在中苏订立协定、恢复邦交问题上，国民党内就有人认为，本党虽然应该宣传承认苏联，但这种承认应该出自民众和南方政府，而非出自北京政府。张继在国民党中央执委会上宣称："苏联与中国北方签订了协定，这就是一种不光彩的行为，因为他同时又与革命政府签订条约并保持密切的友好关系。"谭平山当场表示了不同意见，指出："张继同志现在所谈的是一个被误解了的外交举动。""国民党反对中苏协议没有任何好处，为什么呢？因为国民党正在为全体人民的利益而斗争，而协议具有同样的目的。""我们应该明白，一个放弃在中国的一切权力并废除损害中国主权的条约的国家，是对我们最友好的国家。在中苏协议中我们可以看到，苏联放弃了所有不平等条约，因此我们和我们的党应该认为苏联是对我们最好的国家。而张继同志不把苏联看作这样的国家，甚至毫无根据地攻击它，这是与我们党的原则背道而驰的。"①谭的反驳不无必要，而张继心存芥蒂则并未消除。

共产党的政治宣传，从 1923 年起就集中在打倒帝国主义和国内军阀。而在反帝问题上，国民党内明显存在两种力量。国共合作以

---

① 《联共（布）、共产国际与中国国民革命运动 1920—1925》，北京图书馆出版社 1997 年版，第499、500 页。

后，共产党感到处理与国民党的关系，孙中山及其他国民党重要人物，尚有意与之联络；其余大部分不主张反抗帝国主义的分子，则极力明里暗里排挤共产党人。于是，共产党以对待帝国主义的态度为分野，把国民党分为左倾和右倾，将不主张反抗帝国主义的分子定为右倾。为强固国民党内左倾影响，消除右倾势力，共产党采取相应对策：一是向左倾分子宣传，坚固其左倾观念不至动摇；二是向国民党中的工人、学生分子宣传，使之左化；三是努力介绍革命分子加入国民党，以增加左派的势力；四是加强社会上的反帝国主义宣传，以迫令国民党全体左倾。中共中央更将此第四条定为"根本政策"。①

为加强宣传力度，鲍罗廷向瞿秋白提出，必须尽快在上海出版新报纸，成为新的舆论中心，以便把国民党左派的力量团结和凝聚起来。他设想在广州组建新闻社，直接为上海的报纸提供稿源。②

政见的差异在理论传播上也反映出来。国民党第一次全国代表大会期间，孙中山就在广州设坛开讲三民主义，前后持续达七个月之久。在《民族主义》演讲中，孙中山阐明了坚持民族主义的必要性，指出鉴于古今民族生存的道理，"要救中国，想中国永久存在，必要提倡民族主义。""民族主义这个东西，是国家图发达和种族图生存的宝贝。"他把民族主义的提倡，与近代以来中国的国际地位和当前形势联系起来，指出西方列强以政治力、经济力压迫中国，使中国不只沦为列强的半殖民地，更是"次殖民地"。第一次世界大战，美国总统威尔逊鼓吹"民族自决"，但是，弱小民族不仅不能自决，相反所受的压迫比以前更加厉害。只有在这场大战中发生的俄国革命，才是"人类中的大希望"。他提出改变中国的现状，必须恢复中国的民族主义和民族地位，使全国四万万人团结起来，"结成国族团体"，

---

① 中央档案馆：《中共中央政治报告选辑 1922—1926》，中共中央党校出版社 1981 年版，第 26 页。

② 参见《联共（布）、共产国际与中国国民革命运动 1920—1925》，北京图书馆出版社 1997 年版，第 509、511 页。

并联合世界被压迫民族，"共同用公理去打破强权"。①

在《民权主义》的演讲中，孙中山阐明了民权主义的定义，指出"民权就是人民的政治力量"，"管理众人的事便是政治"，"人民管理政事，便叫做民权"。他追溯人类社会民权演进历程，阐述了民权与自由、平等的内在关系。指出"中国人的民权思想都是由欧美传进来的"，中国实行革命，改良政治，都是仿效欧美。但是，欧美代议政体的好处，中国一点都没有学到。"所以中国今日要实行民权，改革政治，便不能完全仿效欧美"。他阐述了"权能分立"的理论，人民享有政权，即"权"；政府握有"治权"，即"能"。人民直接行使选举权、罢免权、创制权、复决权；政府受人民委托，行使司法权、立法权、行政权、考试权、监察权。"有了这九个权，彼此保持平衡，民权问题才算是真解决，政治才算是有轨道。"②

在《民生主义》演讲中，孙中山阐明了民生主义与社会主义、共产主义的关系，指出"民生就是社会一切活动中的原动力"。解决民生问题，一是节制资本，但同时又要发达资本，制造国家资本，振兴实业；二是平均地权，政府照地价收税和照地价收买，最终达到"耕者有其田"。他强调民生主义与资本主义存在着根本的区别，即"资本主义是以赚钱为目的，民生主义是以养民为目的"。实行民生主义，要解决生产的问题，还要注重分配的公平，切实解决人民群众的衣、食、住、行。③

从这个长篇演讲中，可以看出：在民族主义方面，孙中山主张对外反对帝国主义，建设现代民族国家；对内扶持弱小民族，使之能自决自治，这与共产国际的解释颇为一致。但在中国民族主义来源方面，孙中山认为既继承中国传统的也吸收外国的，还有自己所独创的。在民权主义方面，共产国际力图割断它与西方资产阶级民主的历史联系，而孙中山不讳言他的思想对近代西方政治文明成果

---

① 参见《孙中山全集》第 9 卷，中华书局 1986 年版，第 183—253 页。
② 参见《孙中山全集》第 9 卷，中华书局 1986 年版，第 254—355 页。
③ 参见《孙中山全集》第 9 卷，中华书局 1986 年版，第 355—427 页。

的吸取，并重在继续阐明其权能分立思想和五权宪法的制度设计。在民生主义方面，孙中山在平均地权、节制资本的既往主张的基础上，进一步阐述了发展国家资本、实行"耕者有其田"的思想，但在土地来源上，不同意共产国际"剥夺"地主的办法。孙中山一再强调民生主义与共产主义的一致性，其目的不是弘扬共产主义，而是坚持民生主义。可见，孙中山虽然认同共产国际对三民主义的解释，同时也有不少保留和按照自身理论逻辑的发挥。①

鲍罗廷原本对三民主义并不那么看好，认为民族主义"非常模糊地认为，为了实现中国的独立，必须同帝国主义进行斗争"，"民权主义原则取自美国人"，民生主义"实质就是小资产阶级的改良"。②他说服孙中山接受共产国际对三民主义的解释，制定国民党第一次全国代表大会宣言，下了不少功夫。对于孙中山认同共产国际对三民主义的解释而又有所保留，大约也有想法。邹鲁回忆说："总理继续演讲民生主义，鲍罗廷也在座听讲。在第一讲里，总理有许多批评马克斯主义的地方"，"讲完后，总理到校长室休息，鲍罗廷也跟了来。我听到鲍罗廷对总理提出了许多询问的话。总理——予以解答。其中有许多问题，总理不辞烦琐，曾有多次的解释，但是鲍罗廷犹觉怏怏。大约谈了半小时以后，他才离开。"③

基于《中国国民党第一次全国代表大会宣言》的重要性，共产党以此"为国民党精神之所寄托"，决定举全党之力，形成宣传攻势。中共中央指出："我们的同志，应站在国民党立脚点上，根据此宣言书，努力向国民党党内党外宣传。我们要使国民党真成为国民主义的党；不可听其为数党员仍如以前忽视旧有的党纲一样，使宣言书又成为一种具文，党的活动及中国的政治上不生关系。"④

---

① 参阅拙文《三民主义：孙中山的理论创造与共产国际的解释》，《江西师范大学学报》，2005 年第 4 期。

② 《联共（布）、共产国际与中国国民革命运动 1920—1925》，北京图书馆出版社 1997 年版，第 499、425 页。

③ 邹鲁：《回顾录》，岳麓书社 2000 年版，第 127 页。

④ 中央档案馆：《中共中央文件选集》第 1 册，中共中央党校出版社 1982 年版，第 183 页。

1924 年春夏，陈独秀先后发表《国民党之模范的改造》、《国民党左右派之真意义》、《国民党与劳动运动》；瞿秋白先后发表《中国革命史之新篇》、《国民党与下等社会》、《自民族主义至国际主义》；蔡和森先后发表《国民党大会宣言与国民》、《义和团与国民革命》；恽代英先后发表《评国民党政纲》、《何谓国民革命？》、《造党》、《中国革命的基本势力》、《中国民族独立问题》、《中国革命与世界革命》等文章。显然，这些文章从激进的方向，阐述国民党的革命性质、国民党改组的积极意义、重新解释的三民主义，阐述国民党、国民革命与人民大众的相互关系以及中国革命与世界革命的相互关系，超出保守势力的"期待"，又被一些人指之为广州正在"赤化"的例证。

国民党改组后，列宁的影响极大地扩张。瞿秋白致函廖仲恺和谭平山，建议由国民党中央组织人力编辑出版《列宁全集》。他认为国民党的宣传事业，"以前做得很少，而且理论上的研究既不普遍又不深入"，改组后情形虽有改变，但仍不如人意。他说："我的意思，关于主义之阐明，西欧学说中最足以做参考的莫如列宁。"①但是，他的这个建议被国民党中央宣传部部长戴季陶搁置，戴的修正案在国民党中央得到通过。这也是政见差异的反映。

3. 扩张国民党的矛盾冲突

美国学者格鲁伯评论国共合作后的两党组织，做出两个反问："既然共产党和国民党的组织结构都是金字塔式的，从上到下执行纪律，国民党怎能把个别的共产党员看作是可以信赖的党员呢？而共产党的干部和基层党员在国民党纲领和政策的束缚下又怎能像共产党员那样活动呢？"②他的答案不言自明。

这个问题的确存在。共产党实现自己的领导权，从来就是政治

---

① 《十三年四月十四日中央执行委员会第二十一次会议》，《一届中执会第1—131 次会议纪录》，台北中国国民党党史馆，会议 1.3/19。

② ［美］赫尔穆特·格鲁伯：《斯大林时代共产国际内幕》，达洋译，中国展望出版社 1989 年版，第 170 页。

领导、组织领导和思想领导三位一体的，政治领导保障路线，组织领导提供人事，思想领导高扬旗帜。对于与国民党合作开展国民革命，中共三届一次全会做出这样的规定：其一，国民革命运动是共产党当前的全部工作，推进国民革命，当以扩大国民党之组织及矫正其政治观念为首要。国民党有组织的地方，共产党人一并加入，无组织的地方，为之创设。其二，在处理与国民党的关系方面，共产党员在国民党中应成立秘密组，政治上的言论行动受本党指挥；努力站在国民党中心地位，但事实上不可能时不宜强行。①

这个决定固然秘而不宣，但将其贯彻落实，就必须在组织建设上，积极开展创设、壮大国民党组织的工作；在对外宣传上，加强宣传重新解释后的三民主义，突出反对帝国主义的内容；在活动方式上，采用党团形式，努力站到国民党的中心地位。这样，就不可避免地要外化表现出来，并与国民党的保守势力产生矛盾。②

国民党改组后出现的党内磨擦，俄文档案保存有以下一段概括性记载：

自1924年1月国民党代表大会以来，反共分子开始聚集在国民党元老，如：邓泽如、冯自由、刘成禺、蔡元培等人的周围，准备进行反对共产党人的斗争。他们进行了几次群众大会并煽动侨居国外和殖民地的国民党员的"过激情绪"，让他们起来反对共产党人。但是孙逸仙召集中央委员会会议，训斥了他们，孙逸仙的严厉斥责暂时制止了他们的行为。

以后，他们隐蔽在全国各地，要同自己的人串联在一起，如北京的石瑛，汉口的刘成禺、覃理鸣和詹大悲，上海的谢持、茅祖权、叶楚伦和张继，广东的邓泽如、冯自由、蔡元培、孙科、方瑞麟、吴铁城、熊克武和马超俊。他们联合在以孙科为首的集团中，准备向共产党人发动总攻击。他们派出自己追随者和

---

① 中央档案馆：《中共中央文件选集》第1册，中共中央党校出版社1982年版，第146、147页。
② 参见拙文《中国国民党汉口执行部解析》，《民国档案》2009年第4期。

亲信跟踪共产党人，搜集反对他们的材料。[①]

如果从个案来看，国民党北京执行部的难产，当可窥见扩张国民党中种种矛盾之一斑。4月17日，汪精卫致函戴季陶、廖仲恺，详述了个中情形，信中写道：

> 北京学生团体，约有四种：（一）社会主义青年团；（二）民权社；（三）民治主义促进会；（四）少年建国团。此四团体今皆合而为国民党，以从前发生渊源之不同，派别之各异，骤然并合，当然不能免进行之参差，此尚可用调解工夫，不发生绝大困难。所最困难者，则为北京执行部组织之不成。其不成之原因如左：北京执行部中央执行委员为李守常、石瑛、王法勤、丁惟汾、于树德；候补执行委员为韩麟符、于方舟、张国焘、傅汝霖；除丁、石、傅三人外，皆社会主义青年团人物。石蘅青（瑛）因此发生顾虑：（一）北京为各省人才所聚，大学尤为北京社会运动之中坚，今委员中北大教授惟李守常石蘅青二人，意欲多延北大教授入党，以收荟萃人才之效。但北大教授既入党，当属以党事，于此不能不想及位置问题。（二）已与社会青年团人不相习，颇虑议事时居于绝对少数地位，发言无效。因此二端，在上海时，商之守常，多留部长位置，以位置入党之北大教授，并添设副部长，于会议时有表决权，以位置入党之北大教授资格较浅者。守常于多延北大教授入党，充分赞成，于添设副部长及副部长有表决权，持异议。而青年团人对蘅青所提议，尤不能无怀疑：（一）北大教授除守常外，无一人是青年团人，彼此极不相习，骤然共事，能否合作无间，是一疑问；（二）候补执行委员不能掌部务，等于无所事事，部务皆在新入党之北大

---

① 《联共（布）、共产国际与中国国民革命运动1920—1925》，北京图书馆出版社1997年版，第497、498页。覃理鸣（覃振）、詹大悲和熊克武的姓名是根据《联共（布）、共产国际与中国国民革命运动1926—1927》下册所附《勘误表》改正的。

第二章 合作之初对国共磨擦的平复

107

教员之手，尤不能放心。以此之故，彼此互相争执，至于不能成立执行部。①

张国焘的回忆则给人提供北京执行部和国民党工作一派祥和的印象。他说：各地国民党内部发生磨擦，只有北京例外，组织平静而顺利地发展，国民党员之间意见上并无显著的分歧。之所以如此，也许是李大钊和他所持的态度发生了作用。②他的说法与档案所反映出的情况竟然完全不同，显然有自我抬高的因素在作怪。

汉口执行部的矛盾是另一种形式。国民党中央执行委员覃振、候补中央执行委员张知本被分派到汉口执行部。覃、张二人并未到汉就职。覃振滞留上海。张知本人在汉口，身子不在执行部。个中原因，李云汉认为是张知本"深悉共产党的阴谋，羞与为伍"③。张于当年4月17日就向国民党中央提请辞去汉口执行部职务，虽经后者慰留，又于5月8日、5月22日两度提请辞职。而第三次提请辞职时，汉口执行部已遭破坏。之所以坚持不合作，张认为："汉口执行部中有左派人参加，与国民党一派人士同床异梦，内讧不已，焉能有所作为。"④这话虽是后来说的，但真实反映了他当时的思想实际。

张所说的左派人主要就是林祖涵。林本任国民党中央农民部部长，到汉口后自行提请调办汉口执行部党务，得到国民党中央批准。正是由他主持，汉口执行部顺利成立，共产党人在其中担任了一系列重要职务。5月13日，湖北军阀当局派出武装军警和便衣，突袭汉口吉庆街德润里23号国民党湖北省临时省党部机关以及与临时省党部一起办公的中共汉口地委机关，波及国民党汉口执行部。林祖涵被迫离汉返粤。不久，覃振以"无力撑持"为由辞去汉口执行部职务。张知本则更以"始基既误，补救维艰"，建议国民党中央执行

---

① 参见李云汉《从容共到清党》，台北"中国学术著作奖助委员会"1973年影印，第277、278页。

② 参见张国焘《我的回忆》第1册，现代史料编刊社1980年版，第324、325页。

③ 参见李云汉《从容共到清党》，台北"中国学术著作奖助委员会"1973年影印，第283页。

④ 《张知本先生访问纪录》，台北"中央研究院"近代史研究所1996年版，第58页。

委员会撤销汉口执行部。覃、张均不赞成汉口执行部继续存在，也就排斥了林祖涵重新主持汉口执行部党务的合法性和可能性。①

共产党人和青年团员加入国民党后发生磨擦现象，其实自各地选举国民党一大代表及这次代表大会召开就开始了。2月16日，刘成禹、冯自由、徐清和、谢英伯四人被指控在国民党一大期间有组织小集团的活动，送交国民党中央裁决处理。孙中山听取了他们的辩解，权作了息。不过，批评比较严厉。孙中山说："姑念汝等效忠本党已久，对本总理尚能服从；否则，定将汝等打靶。此案交中央执行委员会裁判，裁判结果，最低限度亦须将汝等革除党籍。"目前可以见到这段批评的同题异文，内容则有较大出入，称："反对中国共产党即是反对共产主义，反对共产主义即是反对本党民生主义，便即是破坏纪律，照党章应当革除党籍及枪毙。"②孙中山视党内磨擦和对共产党人的攻讦为"暗潮"，以致书全党同志的形式公开表明态度，认为"彼此既志同道合，则团体以内无新旧分子之别。在党言党，唯有视能否为本党、为主义负责奋斗而定优劣"。他并以最高领袖的身份裁示："本总理受之在前，党人即不应议之于后。"③

孙中山不是和稀泥，心中把握着明确的底线，这可从2月间同某日本客人的谈话中透露出来。孙说："国民党系我创立之民国唯一之政党，而共产党派则为赞成俄国列宁等主义之学者有志一派。国民党员固有加入该派者，然国民党始终为国民党，共产派则为共产派，而为其独特之活动而已，不能必言其互相提携也。"④孙中山把国民党置于至高地位，看不出有与共产党平等合作的愿望。他承认国民党内存在不同派别：反对与共产派相接近的是国民党稳健派，共产派充当了国民党的急先锋，系"欲打破民国之现状，断行第之大改造者"，他本人及汪精卫、胡汉民等可称为综合派。党内产生急进

---

① 参阅拙文《中国国民党汉口执行部解析》，《民国档案》2009年第4期。
② 陈旭麓、郝盛潮主编：《孙中山集外集》，上海人民出版社1990年版，第309、310页。
③ 《孙中山全集》第9卷，中华书局1986年版，第542页。
④ 同上书，第536页。

派与稳健派之分，乃不得已之举。他说：

> 是皆为国民党而努力，时虽有意见之冲突、反目、抗争之状态，而各人胸中毫无私见，依然奉大国民党主义。虽止包容民国三分之一，最近将来，定可支配大局无疑矣。此际因共产派而至国民于分裂，可断言其必无疑矣。若共产党而有纷乱我党之阴谋，则只有断然绝其提携，而一扫之于民国以外而已。①

孙中山不愿党内因猜疑、反对共产派的暗潮四起，而使刚刚完成改组的国民党陷入分崩离析，这将于大局有害而无益。但如果出现共产党"纷乱"国民党的"阴谋"，那就另当别论。

鲍罗廷看到了这个形势，认为孙中山的态度是正面的。孙的态度反映了他需要在国民革命中同共产党人合作，在孙看来，国民党反对派之反对共产派，只是不懂得共产主义与三民主义之间并无区别而已。鲍罗廷提出这样的策略：

> 不要加深这些意见分歧，不要扩大这些意见分歧，我们没有足够的力量同右派进行真正的斗争。总的来说，我们是在这样的意义上支持孙的，即应当设法对这些右派进行彻底改造和重新教育，使其中尽可能多的人明白在国民革命运动中同共产党人进行合作是可能的，等等。至少我们的方针是不加深这些意见分歧，不扩大这些意见分歧，相反要寻求在一定时期实行合作的方式。②

中共中央对国民党改组后因共产党的参加而产生磨擦也有所准备，曾指示党内尽力避免在国民党内发生不必要的冲突，"应采种种

---

① 《孙中山全集》第9卷，中华书局1986年版，第536页。
② 《联共（布）、共产国际与中国国民革命运动1926—1927》（上），中共中央党史研究室第一研究部译，北京图书馆出版社1998年版，第100页。

策略化右为左，不可取狭隘态度躯〔驱〕左为右"。①

4月下旬，共产国际执委会东方部派维经斯基再到中国。此前，共产国际执委会主席团东方委员会作出决定，指示中共召开中央扩大会议，讨论落实国民党一大宣言、纲领和把普通党员争取到左翼一边的措施以及加强工会工作等问题。维经斯基考察了北京国民党工作，认为共产党把太多的时间花在建立国民党组织上了，他从同张国焘的谈话中，感到加强北方铁路工人和矿工中的工作，已是刻不容缓的任务。

5月10日至15日，中共中央在上海召开了扩大会议，维经斯基出席。会间，在关于国民党问题上产生激烈争论，一部分人对党实际上被溶化在国民党中表示反对，甚至有人主张与国民党决裂，另一些人则持相反意见，要求让国民党加入共产国际。②

会议通过的决议，对党在国民党中工作的原则和策略有所调整，决定：第一，确认所谓国民党左右派之争，本质是共产党人与国民党右派之争，国民党左派包括孙中山派和共产派，且共产派是国民党左派的基本队伍，因此，调和左右派的政策是错误的。第二，国民党成分复杂，不能同等代表各阶级的利益，故不能有严格的集中主义及明显的组织形式，因此，决不能先求国民党数量上的扩大，不能把帮助国民党组织的扩大作为本党在国民党内唯一主要的工作，宣传要更重于组织。第三，组织中部、北部地区产业工人赞助国民党，但要反对国民党右派思想在工人中的影响，今后凡在可能的范围内不必帮助国民党在组织上渗入产业无产阶级，应介绍党员到国民党工人部工作，以便影响到阶级斗争的发展而筑成统一的工人战线。③会议得出三个成果：一是"越发感觉在国民党工作的重要，便越发感觉认识国民党及巩固我们党的重要"；二是认识到劳动运动尤其是

---

① 中央档案馆：《中共中央文件选集》第1册，中共中央党校出版社1982年版，第182页。

② 参见《联共（布）、共产国际与中国国民革命运动1920—1925》，中共中央党史研究室第一研究部译，北京图书馆出版社1997年版，第496页。

③ 中央档案馆：《中共中央文件选集》第1册，中共中央党校出版社1982年版，第186—191页。

近代产业工人运动，是共产党的根本工作；三是认识到青年运动也是党的重要工作之一。[①]

维经斯基指导中共中央制定的国民党策略具有进攻性质，亦即促使国民党内共产党派别合法化，鲍罗廷主张在国民党中与右派的意见分歧不扩大、不加深，所持的相对保守策略与前者有所不同。

三 "弹劾共产党案"的消歇

1. 鲍罗廷受诘问

鲍罗廷北上三个月，6月22日，由廖仲恺迎接从香港返归广州。次日，先到省长公署看望廖仲恺，再到大本营谒见孙中山。24日，考察黄埔军校并发表演说。同日，在寓所会见胡汉民、汪精卫，了解正在发酵的党内纠纷详情。

不久前，《中国社会主义青年团第二次大会决议案及宣言》（1923年8月25日）及第七号团刊（1924年4月11日）等文件，落到国民党人手中。这些文件的内容，证实共产党员、青年团员参加国民党后，在国民党内组织"党团"。于是，假"护党"之名的宣传品、报章文字、道路传说，一时甚嚣尘上。6月18日，国民党中央监察委员邓泽如、张继、谢持借此向孙中山及中央执行委员会"弹劾"共产党，指控共产党员、青年团员在国民党内开展共产党党团活动，"其言论行动皆不忠实于本党，违反党义，破坏党德，确于本党之生存发展，有重大妨害"，要求"从速严重处分"。[②]

并且，在他们看来，解决这个问题，鲍罗廷也是脱不去干系的。6月25日下午，谢持、张继径直来到广州东山鲍罗廷寓所，同鲍谈话。

---

① 中央档案馆：《中共中央政治报告选辑1922—1926》，中共中央党校出版社1981年版，第28页。

② 罗家伦主编：《革命文献》第9辑，台北中国国民党中央委员会党史史料编纂委员会1955年版，第1278页。

交谈的气氛十分凝重。谢持、张继声称以国民党中央监察委员资格同鲍罗廷谈话，鲍则表示以国民党教练员资格对话。一开始就搬出对话资格，足见其气氛之严肃。孙科充任谈话者的翻译。

谢持、张继拿出印有《中国社会主义青年团第二次大会决议案及宣言》和第七号团刊的小册子，问鲍罗廷是否见过。鲍罗廷说未见。谢、张问鲍是否知道这次发生问题的真相，鲍答在上海听到陈独秀讲过党内发生问题，胡汉民、汪精卫来也提到过。谢、张称双方所说乃是一个问题。鲍罗廷问，是指"非必要时不宜取敌视态度"吗？谢持、张继说："非尽如是，乃共产党在国民党内之党团问题。"鲍罗廷表示，这个问题需要从根本上加以解决。

谢持、张继追问：俄国对待中国革命，究竟采取何种态度，是否只求友国民党，还是同时扶助共产党？鲍罗廷关于因为国民党办事不力的列举被打断，他们直截了当提出："组织上最重要问题，是否承认党中有党？"

　　　鲍曰，党中分派，是不能免，党之中央执行委员会，实际上不能作党之中心，当然党内发生小团体，有左派右派之分，如方瑞麟等对中俄协定之宣言，可认为右派，共产党则左派。

　　　监曰，君以共产党加入国民党，而在党内做党团活动，认为合理乎？

　　　鲍曰，国民党已死，国民党已不成党，只可说有国民党员，不可说有国民党。加入新分子如共产党者，组织党团，可引起旧党员之竞争心，则党可复活。[1]

谢持、张继表示鲍罗廷所说的办法，使多个小团体在同一范围内倾轧竞争，足以使国民党死亡。鲍罗廷承认可能有这种危险，但不希望发生这种结果，希望左右两派相争，从而形成中间派成为党

---

　　① 罗家伦主编：《革命文献》第9辑，台北中国国民党中央委员会党史史料编纂委员会1955年版，第1286页。

的中心。张继说：

> 余个人素来赞成共产党加入国民党，共同从事革命，此次问题发生，仍主张友谊解决，今闻君之言论，则不能不变更主意。国民党是一腐败革命党，余亦不能全否认，假如君所说共产党是新生革命团体，如斯则两种性质不相容，不如分道扬镳，腐败者团结起来，加以改良，新生者一往直前，两无阻碍，分作两起，岂不更佳？[①]

鲍罗廷语带回避，说："第三国际认定中国革命，只能用国民党党纲，不能用他种主义，故使中国共产党及社会主义青年团全部加入国民党，如有不奉命令者，则认为违反命令。"又说："假令将共产党分出去，共产党或者更换党名，而主义仍与国民党同，徒分离革命实力也，前途必不利。"当听到对方说并非绝对主张两党分离，只是反对党团活动时，鲍罗廷说："今日两者本互相利用，国民党利用共产党，共产党利用国民党，惟两相利用之结果，国民党更多得利益。"谢持、张继不以为然，说："中国共产党原无足轻重，因其不过第三国际之差遣，第三国际为苏俄所创，俄国对中国革命政策，将由中国共产党人加入中国国民党以操纵左右之，俄国认为中国共产党为俄国之子；中国国民党或可为俄国之友，尚不可知，余之观察如是。"鲍罗廷指出这种看法是"误解"。

话题回到两种印刷品上。鲍罗廷称未经莫斯科审查认可，其正当性尚不能承认。对于谢持、张继抓住自己关于国民党已死，共产党、青年团为复活剂，打注射针以救济的话头，鲍罗廷应对说："事相类而话不能如此说。我们合作，我们合作。"当谢、张宣称共产党将国民党为对象，日日研究如何对付，共产党党团实在是国民党本体上的大问题，鲍罗廷答以"无妨，凡党皆有左右派之分"。

[①] 罗家伦主编：《革命文献》第9辑，台北中国国民党中央委员会党史史料编纂委员会1955年版，第1287页。

谢持、张继坚持认为是两党而非两派，如认为两派说合理，那是欺人之谈。鲍罗廷说："中国国民党宗旨最适用，中国尚可应用一百年。假使国民党改成共产党，吾亦不赞成，只有提皮包离广州耳。"谢、张接过话头说："诚如君所言，反面说在中国行共产主义，尚须待至一百年之后。共产党全体既加入国民党，实行国民革命主义，又何必另挂中国共产党招牌，保留共产党组织耶？"鲍罗廷说："国民党中央党部尚未能组织好，不能指挥全体党员，又未能对全国最有关系之问题，时时有所主张，共产党不能取消自己的组织。"又说："国民党依多数决议，可自由的驱逐共产党员出党，但不希望如此作。"①

当日谈话持续两个半小时。其实，这是酝酿国共合作以来，特别是在国民党一大期间就争论不休的老问题。共产党以个人身份参加国民党，因其最低纲领与国民党纲领相合，当前使命是开展国民革命，但这不是终极目标，不在国民党内形成党团，就不可能统一思想和行动，势必为国民党所溶化。因为党团问题的争议而至国共分离，并不利于国民革命。要么共产党取消党团，要么国共合作分家，这样非此即彼，零和博弈，当然谈不出结果。鲍罗廷在这场交锋中处于守势，但也没有作出实质性的让步。

事情并没有就此结束。7月3日，国民党中央执行委员会召开第40次会议，议题之一是讨论孙中山关于任命鲍罗廷为政治委员会顾问的提议。张继当场就表示反对。他介绍了同鲍罗廷谈话的情况，坚持认为鲍罗廷不能再作顾问，因为他说国民党已经死亡。在其长篇发言中，张指责鲍罗廷"行为并不高尚"，认为"俄国在革命之后就妄想获取指挥和控制东方革命的权力"，"国民党不可能与共产党人联合"，苏联与北京政府签订协定也是"不光彩的行为"。②对此，

---

① 罗家伦主编：《革命文献》第9辑，台北中国国民党中央委员会党史史料编纂委员会1955年版，第1288—1290页。

② 《联共（布）、共产国际与中国国民革命运动1920—1925》，中共中央党史研究室第一研究部译，北京图书馆出版社1997年版，第498、499页。

谭平山——做了反驳。

谈到国共关系，张继认为"国民党内的共产党员会控制国民党的事业和行动"，改组以来，共产党人给国民党造成麻烦。谭平山回应说：共产党人参加国民党并保留原有的党籍，这得到了孙中山的同意。他列举事实，说明共产党人在国民党中发挥积极性，有利于国民党，促进了国民党的进步。对于张继否认国民党中存在左派、右派的分野，谭指出国民党内有共产党员和非共产党员，外部则有两个党。张借口鲍罗廷说再过一百年后才能在中国实现共产主义，那样，中国现在就不需要共产党。谭平山针锋相对地说："现在在中国需要有共产党，因为它是一个无产阶级的党。虽然在中国无产阶级还很少，但终究是有，因此应该有共产党。"①

谭平山的发言旗帜鲜明，得到廖仲恺、汪精卫等的支持。廖仲恺说："'国民党'这个词已死亡，这是真的。如果党员不努力工作，不服从党规，就意味着这个党已死亡。至今还有许多组织不赞同党章。"汪精卫则替鲍罗廷作了辩护，他说：

> 张继说了许多多余的话。鲍罗廷同志对于中国革命来说确实很宝贵，他在援助工作中是忠于革命的。张继所讲的话对他是很不公正的。鲍罗廷受总统邀请担任各项事务的教练员，这比当政治局顾问管的事更多，这就是为什么张继认为他在当时连顾问也不能当的原因所在。顾问是总统任命的，对此我们无可非议。至于两党之间的争论，我们应该找到把它们联合起来和加强工作的办法。②

出席会议的林森、柏文蔚也为共产党讲了话。会议决定发表宣

---

① 《联共（布）、共产国际与中国国民革命运动 1920—1925》，中共中央党史研究室第一研究部译，北京图书馆出版社 1997 年版，第 500—502 页。

② 同上书，第 502 页。文中"总统"指孙中山，孙曾任非常大总统。"政治局"指国民党中央政治委员会。

言阐述改组以来国民党工作和党内纠纷问题，并请孙中山决定于短期内召集党的中央全体会议。

如此强烈的质疑和碰撞，鲍罗廷大概来华后初次面对。他感到压力，不免有点悲观。东方部主任拉狄克和维经斯基采取进攻路线，否认做国民党左右派的调和。陈独秀认为根据国民党目前状况，所看到的只是右派反共分子，孙中山和另外几个领导人是中派，所谓左派不过是加入国民党的共产党人自己而已。他向维经斯基提出："我们认为，对国民党的支持不能沿用以前的形式，我们应该有选择地采取行动。这就是说，我们不应该没有任何条件和限制地支持国民党，而只支持左派所掌握的某些活动方式，否则，我们就是在帮助我们的敌人，为自己收买反对派。"①

7 月 21 日，中共中央在获悉国民党将于秋季召开中央全会、解决国共关系问题以后，陈独秀与毛泽东联名发出第 15 号中央通告，具体部署了反对国民党右派的斗争，要求本党指导的团体和国民党部向国民党中央表达对右派的不满，在国民党内开展左右派政见不同的讨论，凡非表示左倾的分子不应介绍加入国民党，以不满意右派主张为重要标准吸纳国民对外协会成员，造就不受国民党支配的独立社会团体。中共设想国民党左翼，将来或许成为"新国民党"。②

但是，鲍罗廷的看法不同。他认为："让左派去打击右派是困难的，这样做国民党必然灭亡"，甚至要不了几个月的时间。③

7 月 15 日，鲍在共产党广东区委全体会议上做报告，阐述了他对当前政治形势的估量和党所应采取的路线，得到与会同志的支持。会议认为，"鲍罗廷对中国南方政治局势的估计和他拟定的路线是正确的"，"鲍罗廷同志就我们中国党在国民党队伍中的工作问题作出的实际结论是正确的。"鉴于国民党的主流派并没有放弃

① 《联共（布）、共产国际与中国国民革命运动 1920—1925》，中共中央党史研究室第一研究部译，北京图书馆出版社 1997 年版，第 507 页。

② 中央档案馆：《中共中央文件选集》第 1 册，中共中央党校出版社 1982 年版，第 223、224 页。

③ 《联共（布）、共产国际与中国国民革命运动 1920—1925》，中共中央党史研究室第一研究部译，北京图书馆出版社 1997 年版，第 503 页。

第一次全国代表大会通过的行动纲领，还可以利用合法方式在群众中工作，会议认为"共产党人不应该退出国民党"，指出"在准备可能退出国民党的问题上，我党实际上走上了一条不正确的道路"。①7 月 18 日，鲍罗廷给瞿秋白写信，也谈到虽然遇到很大困难，但仍然应该坚持召集和组织国民党左派。他认为，"我们的同志现在对可能退出国民党的问题考虑太多，因此很少从事在右派和左派之间加楔子的工作。"②

显然，鲍罗廷与维经斯基和中共中央在国民党左右派的定义以及国民党策略上，分歧已然显明，维经斯基和中共中央有退出国民党的想法，鲍罗廷和中共广东区委不赞成。

2. 国民党一届二次全会的折中

7 月 7 日，国民党中央执行委员会举行第 41 次会议。会议所通过党务宣言指出：数月以来，党内党外误会丛集，不利于革命发展，现特声明"对于规范党员，不问其平日属何派别，惟以其言论行动能否一依本党之主义、政纲及党章为断。如有违背者，本党必予以严重之制裁，以整肃纪律"，③并宣告即将召集国民党中央执行委员会全体会议，以期讨论周详，妥筹解决。冯自由不等国民党中央全会作出决定，8 月 15 日，致函孙中山，为张继等提出"弹劾共产党案"辩护，并指责孙中山偏袒共产党人，要求孙毅然向党员引咎道歉，以平多数党员之公愤，叫嚣应将共产党员一律除名，并将引狼入室的胡汉民、廖仲恺、汪精卫等严重惩办。④

8 月 15 日，国民党一届二次全会在广州举行。19 日，举行第四次会议，出席者有国民党中央执行委员邹鲁、覃振、李烈钧、廖仲恺、

---

① 《联共（布）、共产国际与中国国民革命运动 1920—1925》，中共中央党史研究室第一研究部译，北京图书馆出版社 1997 年版，第 508 页。

② 同上书，第 511 页。

③ 陈旭麓、郝盛潮主编：《孙中山集外集》，上海人民出版社 1990 年版，第 520、521 页。

④ 参见冯自由《致孙中山先生函稿》，《档案与历史》1986 年第 1 期。

王法勤、胡汉民、柏文蔚、谭延闿、于树德、谭平山、丁惟汾、恩克巴图，候补中央执行委员韩麟符、于方舟、张苇村、沈定一、瞿秋白、白云梯、傅汝霖，中央监察委员张继、谢持。会议由廖仲恺主持。本次会议审议邓泽如、张继、谢持联名提出的《中央监察委员报告书》。

张继报告了七个要点：（1）共产派在党中为党团活动之实事及其刊物；（2）海内外党人与共产派分子冲突之真相；（3）共产派分子加入本党之始原以信义为指归，现在发生纠纷应负其责；（4）第三国际共产党是否适宜于中国社会情形；（5）革命党人应有自尊精神，以俄为挚友则可，以俄为宗主则不可；（6）党人应尊重情感为共患难之要件；（7）最后办法，主张实际的协同工作，名义上跨党益滋纷扰。他强调"以分立为要"。①

王法勤主张速谋救济党内纠纷办法，但"不必在分立说上讨论"。覃振以汉口执行部的经验，提出两条救济办法：

> （1）纪律上之必要。国民党员不得任意加入其他政党，凡共产党员加入本党者，应专从本党工作，不得援引本党党员重行加入共产党，及为共产党征求党员。
> （2）组织上之必要。在中央党部加设国际宣传委员会，由总理指派组织之。以本党三民主义贡献于国际，国际主张亦得以输入于中国。凡关于第三国际与本党共产派之一切任务，均由本委员会为中心，以期共济，庶成为有实力、有系统之进行，一切骈枝故障自然消除矣。②

覃振的办法，旨在对共产党人加以限制。瞿秋白接着发言，因时间关系，只讲了三个要点：

---

① 《十三年八月十九日中央执行委员会全体会议录》，台北中国国民党党史馆，会议 1.2/4。
② 同上。

（1）性质。马克思主义与三民主义是否有合作之可能性。

（2）组织。国民党应否有容纳共产派合作之必要。

（3）声明。共产派加入本党完全为国民革命，促进本党之进行，并无利用及党团行动。①

8月20日，召开第五次会议，胡汉民主持。接着讨论前次会议的议题。瞿秋白将昨天的发言做了长篇发挥。他阐述了国民党主义与共产党主义的不同之处；指出共产党加入国民党，但并未放弃无产阶级独裁的主张；认为作为无产阶级政党的共产党，其独立运动不仅不与国民运动冲突，而且有助于国民党；他说明了共产党为什么与国民党合作，又在另方面独立的问题；他指出党团的出现是必然的，既然党外有党，则国民党内共产派必然采取一致行动，对它的评价应以是否有利于革命和党，以及是否违反宣言与章程为断，至于吸收左派参加共产党也是理所当然的事情。瞿秋白在发言中还分析了辛亥以来中国革命的进展和社会力量的分化状况，说明国民党要反对列强和军阀，必须恢复民权主义精神，引进新的阶级力量。最后，他以所谓"感情问题"批评反共产派，对共产党文件中使用不当词语也作了反省。②

当日发言的还有张继、谢持、沈定一、傅汝霖、丁惟汾和覃振。

如何破除困局，既坚持国共合作，又打开国民党内的纠结？据陈独秀在给维经斯基的信中说，是鲍罗廷想出一个在国民党内设置联络部的办法。③8月13日，国民党政治委员会第五次会议决定设联络部以解决关于共产党问题的党内纠纷，由政治委员会决定派代表一人、第三国际代表一人和共产党代表一人组成，其商议结果报孙中山裁决，再向国民党中央执委会全体会议陈述。出席这次会议的

---

① 《十三年八月十九日中央执行委员会全体会议录》，台北中国国民党党史馆，会议1.2/4。

② 杨天石：《瞿秋白的＜声明＞与国共两党的＜分家＞风波》，《党史纵横》2001年第12期。

③ 《联共（布）、共产国际与中国国民革命运动1920—1925》，中共中央党史研究室第一研究部译，北京图书馆出版社1997年版，第528页。

有胡汉民、汪精卫、廖仲恺、瞿秋白和伍朝枢，鲍罗廷作为顾问出席。8月20日，政治委员会举行第六次会议，孙中山出席，前次会议出席者除汪精卫外全数出席，正式决定"国民党内之共产派问题及中国国民党与世界革命运动之联络问题两草案通过，作为本委员会之意见提出中央执行委员会全体会议"。①这就为全体会议最后作出决议定下了基调。

8月21日，国民党一届二次全会召开第六次会议，胡汉民主持。汪精卫对政治委员会提交的国民党内之共产派问题及中国国民党与世界革命运动之联络问题两项草案作了说明，指出两项草案的规定，旨在解决既允共产派跨党，又使党团秘密公开。他并指出："共产党与共产党员不同，共产党员为共产党守秘密是当然的，只有本党直接与第三国际从联络方面来协商，庶彼此不致误会，无所容其秘密矣。"②

此两案的提出，对张继等的"弹劾案"而言，无疑是釜底抽薪。于是，张继发言，表示"此案不在职权范围内，无可否意见"，要求将他们的"弹劾案""暂时作为悬案"。傅汝霖认为政治委员会提出的草案，不足以解决内部纠纷。汪精卫报告监察委员李石曾来函，李提出"两党既已合作于前，不宜分裂于后"。胡汉民接着说："这次党内纠纷，主要原因即在发见团刊之后情感愈形险恶，但细察团刊内容，用语不当处故多，而内容确无其他恶意，不能即认为一个有阴谋的党团。现在唯一的解决方法，比较的照政治委员会草案甚为适当。"于树德补充说："此次党内纠纷，不完全由共产派发生，例如北京市选举系民权派、少年建国团的内部冲突，于今乃架诬共产派把持，应请监察委员注意。"张继答以"须待审查"。瞿秋白说："监察委员职权只问案由，不宜问共产派与否，应概以纪律为准。"③

---

① 《政治委员会第六次会议》，1924年8月20日，《中央政治委员会第1—100次会议纪录》，台北中国国民党党史馆，会议00.1/27.1。

② 《十三年八月二十一日中央执行委员会全体会议录》，台北中国国民党党史馆，会议1.2/6。

③ 同上。

最后，会议对"国民党内之共产派问题"、"国民党与世界革命运动之联络问题"两案分别表决，均以多数票同意得到通过。

对于共产党及共产党人加入国民党，决议指出："中国共产党并非出于何等个人之空想，亦非勉强造作以人力移植于中国者，中国共产党乃中国正在发展之工业无产阶级自然的阶级斗争所涌现之政治组织。""中国国民党对于加入本党之共产主义者，只问其行动是否合于国民党主义政纲，而不问其他。至于本党之外存在之中国共产党，作为非共产主义政党之国民党，对其存在及其党员之行动，殊无监督之必要。"① 关于国民党与世界革命运动联络问题，决定在政治委员会下设立国际联络委员会，成员由国民党总理任命，其职责是与世界各国平民革命运动联络，与世界各国内被压迫民族革命运动联络，与第三国际联络。至于与第三国际联络的方法有二：一是"协商中国国民革命与世界无产阶级革命运动的联络方法"；二是"协商中国共产党之活动与中国国民党有关系者之联络方法"。② 张继等将共产党人从国民党中分离出去的企图，这次遭到失败。

8月23日，国民党一届二次全会第七次会议通过《对全体党员之训令》。该《训令》系胡汉民提议，汪精卫、覃振、丁惟汾和邹鲁起草。《训令》坚持国共合作精神，宣称"党内共产派问题，已告解决"，并呼吁"前此争议，付之澹亡，惟相与努力于将来，以完成国民革命的工作"。③

8月30日，孙中山在全体会议上讲话。他首先提出一个问题：这次会议以后，关于共产党员的问题是不是就不会再有磨擦和争执？李烈钧和程潜表示，如果全体同志同心同德地进行国民革命工作，就不会再有磨擦。张继则表示还要看今后的事实。孙中山接着说：

① 《联共（布）、共产国际与中国国民革命运动1920—1925》，中共中央党史研究室第一研究部译，北京图书馆出版社1997年版，第523页。

② 转引自李云汉《从容共到清党》，台北"中国学术奖助委员会"1973年影印，第327、328页。

③ 秦孝仪主编：《革命文献》第79辑，台北中国国民党中央党史委员会1979版，第18页。

我认为这种冲突不是这么容易消除的。我的看法是，关于国民党内共产党员问题的争论不是局部问题，而是原则问题。在重审全部文件时，我明白了，问题不在于似乎一些人（共产党员）有错误行为或写了反对我们政策的文章，另一些人因此而与共产党员斗争，绝对不是这样。那些反对共产党员的人根本不了解我们自己的主义。①

孙中山站在高处，一语道破地指出党内论争源于"主义"，反对共产党的人根本不了解发展了的三民主义。他强调俄国之所以胜利，就是因为革命党的党员了解自己党的主义，俄国组织的方法对国民党来说是最好的典范。"因而我请鲍罗廷同志担任我们的顾问，任命他为我党教练员。"孙中山重申中国共产党是根据共产国际的决定承认民族主义和民权主义，并决定加入国民党，而民生主义与共产主义基本上是一样的，所以国民党接受共产党员加入。现在，"如果在全会以后还有同志说不了解我的主义，再无端挑起是非，我们就将采取对冯自由一样的方法来对付他们"。②孙中山宣布将冯自由开除出党。

张继称与冯自由持相同立场也请求处罚，并称党内不了解民权主义的人，特别是国外华侨大有人在。孙中山对他说："您（张继）只是不了解和不明白，您的立场与冯自由的立场是完全不同的。"谈到华侨，孙中山认为他们受到帝国主义的宣传所欺骗，视俄国革命为洪水猛兽，已经习惯看到英国的美国的共产党员被捕入狱，况且他们支持了辛亥革命，可是既没有得到政权，也没有得到财富，"因此华侨反对革命不是从今天才开始的"。他说："我们党不需要那些参加革命是为了追求个人利益的党员。三民主义中的民族主义只是手段，而民生主义才是革命的最终目的。如果我们抛弃了这个目的，

---

① 《联共（布）、共产国际与中国国民革命运动 1920—1925》，中共中央党史研究室第一研究部译，北京图书馆出版社 1997 年版，第 524、525 页。

② 参见《联共（布）、共产国际与中国国民革命运动 1920—1925》，中共中央党史研究室第一研究部译，北京图书馆出版社 1997 年版，第 524、525 页。

那么我们还要革命干什么呢？假如这样，我也就抛弃革命了。"孙中山再次强调党的统一和组织服从的重要性，说："我们的同志，还有我们的军队只有当命令对他们有利时才服从，反之往往拒绝服从。如果所有的国民党员都这样，那我将抛弃整个国民党，自己去加入共产党。"①

孙中山以信仰三民主义、服从国民党来省察和处理国民党内共产派问题，与共产党以其党员个人身份加入国民党实现国共合作的初衷有一致性，是平息"弹劾案"风波至为关键的因素。"弹劾案"提出者之一的张继与孙中山当面多有争执，后来忆及此案，称"与总理谈此事，甚不悦。惟总理目已发红，久不退，余已不忍多辩"。②

"弹劾案"风波有惊无险，鲍罗廷喘了一口气。然而，国民党内的共产派问题，并未得到根本解决。"弹劾案"风波平息，可是，鲍罗廷的立场和处理手法却受到中共中央指责。

中共中央曾致电鲍罗廷，不满意孙中山对于主张分共者保持中立，认为这是个圈套，并且绝对不同意他成立国际联络委员会的建议，绝对不承认任何这类建议所产生的不良后果。鲍罗廷没有理会。10月上旬，中共中央在听取了瞿秋白的报告后，进而做出决议对鲍罗廷加以严厉批评，宣称"鲍罗廷同志犯了许多错误，他过高地估计了国民党中派的作用并同它达成了妥协，还有在实行自上而下对国民党的改造政策时犯的错误"。同意成立国际联络委员会，就等于承认国民党有权成立有权调查共产党活动的机构，国民党决议的这个条款，会被用来作为干涉共产党活动的依据。更使中共中央"非常不满的是，鲍罗廷同志作为共产国际代表同党的执委会联系很少，也不同它讨论决议和对国民党的态度的改变，而是单独行事"。③紧接着，陈独秀给共产国际远东部（这个机构的名称多次发生变换）去信，

---

① 参见《联共（布）、共产国际与中国国民革命运动 1920—1925》，中共中央党史研究室第一研究部译，北京图书馆出版社 1997 年版，第 526、527 页。

② 《张溥泉先生回忆录·日记》，台北文海出版社有限公司 1985 年版，第 15 页。

③ 《联共（布）、共产国际与中国国民革命运动 1920—1925》，中共中央党史研究室第一研究部译，北京图书馆出版社 1997 年版，第 534 页。

同样表达了对鲍罗廷强烈不满，抱怨鲍从不同中共中央协商，好像在中国并不存在共产党，结果造成对国民党没有采取联合行动，希望共产国际给鲍罗廷提出警告。[①]

的确，此时的鲍罗廷，除了直接听命于联共（布）外，在中国主要同加拉罕保持联系，与共产国际东方部等机构以及中共中央的联系都比较松散。虽然国际联络委员会起不到中共中央所预判的那么大作用，且事后并未开展活动，但它毕竟涉及到了中共，完全把后者蒙在鼓里总是不对的。

中共中央不满意鲍罗廷，还因为他调整预算方案，攥紧了钱袋子。中共从事革命活动的经费来源，一部分是共产国际和赤色职工国际的常规预算，一部分是鲍罗廷所掌握的联共（布）支持的国民革命运动预算。9月10日，国民党政治委员会第八次会议决定："各地方党部非有特别工作，中央概不津贴经费。"[②]停止资助经费，将使共产党人主持的国民党省党部陷入困境，湖南、浙江等地省党部已经出现债务。中共中央要求鲍罗廷把这笔款项转到中共区委的名下，用来资助共产党人主持的省党部。后来，维经斯基出面协调，共产党人所主持的各地国民党工作的预算，将提交专门成立的由鲍罗廷和共产党人参加的预算委员会研究。但问题并未因此解决。直到1925年6月下旬，国民党中央执行委员会答复汉口特别市党部关于预算的问题时，仍以"中央暂时无法接济"而要求自行筹款。[③]

3. 起兵北伐与平定商团叛乱

"弹劾案"风波平息，国民党内部特别是高层暂时得以稳定，鲍罗廷推动他们腾出手来，平定广州商团叛乱，守护国民革命根据地。

---

① 参见《联共（布）、共产国际与中国国民革命运动1920—1925》，中共中央党史研究室第一研究部译，北京图书馆出版社1997年版，第528、529页。

② 《政治委员会第八次会议》，1924年9月10日，《中央政治委员会第1—100次会议纪录》，台北中国国民党党史馆，会议00.1/27.1。

③ 《十四年六月二十五日中央执行委员会第九十次会议录》，《一届中执会第1—131次会议纪录》，台北中国国民党党史馆，会议1.3/19。

1924 年 9 月 3 日，直系将领齐燮元与反直将领卢永祥之间的江浙战争爆发。当日，孙中山就召集政治委员会第七次会议，决定起兵北伐，将大本营移驻粤北韶关；为便于在民间筹措北伐军饷，先行裁撤各种苛细杂捐；裁汰广州各闲散机关；在韶关设政治训练团；召开国民运动大会，宣传反帝、反军阀、助浙救粤。出席当日会议的，除孙中山以外，只有瞿秋白、伍朝枢以及鲍罗廷。[①]随后，孙中山又召集军事会议，决定于两星期之内，所有滇、桂、湘、豫、山、陕各军一律出师北伐，呼应卢永祥；定于五日内统兵出发粤北韶关，设留守府于广州。9 月 5 日，发出讨伐曹锟、吴佩孚令，声称民国存亡，决于此战。

对于江浙战争的性质，共产党的认识与孙中山完全相反。中共中央认为，江浙战争不过是军阀争夺地盘与国际帝国主义操纵中国政治的一种表现，对这种战争不能寄予丝毫希望。"目前解救中国的唯一道路，只有人民组织起来，在国民革命的旗帜之下，推翻直系，解除一切军阀的武装，尤其要在根本上推翻外国帝国主义在中国一切既得的权利与势力。只有这样才能免除定期的惨杀与战争，只有这样才能得到永久真正的和平。"[②]共产党现时的任务，便是借助这次战争作为现实资料，宣传国民革命。而孙中山则认为，因本次江浙战争而出发的北伐，实具有反帝反军阀的性质。国民党固因反对军阀而参加这次战争，然"其职任首在战胜之后，以革命政府之权力扫荡反革命之恶势力，使人民得解放而谋自治；尤在对外代表国家利益，要求重新审订一切不平等之条约，即取消此等条约所定之一切特权，而重订双方平等互尊主权之条约，以消灭帝国主义在中国之势力"。[③]

在北伐问题上，鲍罗廷支持孙中山，与中共中央的主张不同，中共中央主张国民党放弃广东。就保持根据地而言，鲍罗廷的主张

---

① 参见《政治委员会第七次会议》，1924 年 9 月 3 日，《中央政治委员会第 1—100 次会议纪录》，台北中国国民党党史馆，会议 00.1/27.1。

② 中央档案馆：《中共中央文件选集》第 1 册，中共中央党校出版社 1982 年版，第 231 页。

③ 《孙中山全集》第 11 卷，中华书局 1986 年版，第 77 页。

无疑是正确的。因为据有广东才有根据地，国民革命才有模范区和大后方。中共中央主张放弃广东，是重归单纯搞宣传的路子上。第三次对于时局的主张虽有人民组织起来解除军阀武装的观点，但是，一旦完全脱离军事活动，就势必沦为纸上谈兵。

当然，如果单就这次北伐的条件而论，其不成熟也是明显的。孙中山与张作霖、卢永祥之间本有倒直三角联盟之约，因江浙战争的爆发而举兵北伐属因势而发，本身并无充分准备。不仅国民党尚未练就过硬的军队，实现军队的统一，而且后方正因商团闹事而不得安宁。

此时，广州全市有 10 个商团分团，加上后备力量达 6000 余人，形成了以广州为中心、遍及全省的非正式武装体系。商团领导权掌握在资本家、买办的手中，与孙中山大本营的冲突日趋激烈，扬言要建立"商人政府"取而代之。5 月间，广州商团秘密组织联防总部，以陈廉伯为总长，邓介石、陈恭受为副总长，筹备款项，购买军械。该联防总部的成立，未经广东省政府批准。8 月 4 日，陈廉伯通过非法手段取得军械进口护照。10 日，孙中山令永丰号、江固号军舰将运载军械的船只押送至黄埔，由黄埔军校扣留所运枪械。次日，大本营军政部吊销了陈廉伯所骗取的运载军械护照。

1924 年 1 月以来，国民党改组了，但作为革命政府立足点的广东，甚至广州，并没有得到改造和巩固，社会结构和社会体系原封未动，滇军、桂军等军阀性质的武力维持着政府的存在。在鲍罗廷看来，"老百姓非常敌视国民党，当然是敌视那些对老百姓进行无情掠夺的所谓的国民党将领，老百姓甚至对孙本人也很敌视，因为他用自己的威望庇护了这种胡作非为"。广州商人，也包括在其中。如何利用这个形势？鲍罗廷选择了"消除商人夺权的任何可能性"。他认为，商人运动虽然针对军阀，但却比军阀更有害，因为这个运动，"第一是由外部帝国主义、香港指使的，第二是想使广东处于混乱状态"，[①]这都不利于把广东建成反对帝国主义的根据地。

---

① 《联共（布）、共产国际与中国国民革命运动 1926—1927》（上），中共中央党史研究室第一研究部译，北京图书馆出版社 1998 年版，第 102、103 页。

　　商团枪械被扣以后，8月12日，邓介石组织商团及商团军代表数百人到大元帅府请愿。孙中山接见了全体代表，阐述了政府扣留枪械的理由，说明查明真相以后即将其发还。8月18日，广州银行业开始罢市。至25日，广东全省100多个城镇陆续罢市。26日，广州各社团代表七人到大本营请愿调停，孙中山说：

　　　　当日商团来请愿时，我已对商团说清楚，若罢市一日，则一支都不发给。乃政府宣布办法以后，许久不见答复，罢市之事突然发生，经再三劝告亦不复业，是明明与政府对抗。目下枪械一支亦难先发还，须明日开市始有商量之余地。倘仍恃顽弗恤，我当遣派大队军队拆毁西关街闸，强制商店开市。如有一泥一石伤及军队，我即开炮轰击西关，立使之变成墨〔齑〕粉。我言出必行，勿谓言之不预也。①

　　帝国主义势力公开支持广州商团。8月27日，驻广州沙面各国领事团，向广东省省长廖仲恺发出威胁性通告，称如炮击商民，各国决不袖手旁观。28日，九艘英舰陈兵广州白鹅潭江面，实施武力恫吓。29日，英驻广州总领事翟比南，致函大元帅府，声称英国海军将全力对付中国军队对广州商民的军事行动。9月1日，孙中山发表对外宣言，指出英国帝国主义的大炮所企图摧毁的，乃"我国唯一的力求保持革命精神使之不致完全灭绝的执政团体，是抗击反革命的唯一中心"，对于中国革命政党而言，"扫除完成革命历史任务的主要障碍——帝国主义对中国的干涉，以此为其议事日程的时期已经到来"。②孙中山并向英国工党政府首相麦克唐纳去电抗议。

　　8月28日，孙中山饬令商人开业。次日，孙三次致函滇军将领范石生、廖行超，指出当前民心愤激，实因记恨客军而起。如果滇

① 《孙中山全集》第10卷，中华书局1986年版，第578页。
② 《孙中山全集》第11卷，中华书局1986年版，第2页。

军不能为政府立威信，则支持政府的工人、农团或将退缩。政府不固，滇军亦无幸免之理。解决商团问题，不独关系革命成败，亦与滇军生死相关。孙中山要求范、廖二人下定决心，明日须将商团缴枪，勒令开市。如有不从，则由有纪律之军队协同学生、工人，将西关全市之米粮、布匹悉数征发，以为战时军用。①

江浙战争爆发后，孙中山决定出兵北伐，一时对商团有所妥协。9月6日，孙中山以商团愿筹北伐经费而讨回被扣枪械，交由汪精卫出面交涉，指示其如得完满结果，将返回大部分枪械予商团。9月20日，在广州负留守大本营之责的胡汉民取消了对陈廉伯、陈恭受的通缉令，商团则乘机酝酿第二次罢市。

面对广州日益混乱的形势，鲍罗廷充满担忧，希望孙中山及时返回广州坐镇。9月26日，宋庆龄从韶关给鲍罗廷写信，转达了孙中山的意见，称：孙不能如原先所决定的那样，于当月28日返回广州，因为其一，10月1日韶关有支持北伐的群众游行，他将出席发表讲话；其二，孙如离开韶关，将导致北伐士气低落，人心涣散。孙中山还认为："如果要更好地在民众中开展工作则恰应自这里开始"，相反，广州人因为税收和宣传上的偏向而"怀有抵触情绪"。②同日，宋庆龄又给鲍罗廷追加一信，重申孙中山暂不能返回广州的意见。

10月7日，苏联政府援助孙中山的第一批军火俄式长枪8000支、每枪配发子弹500发以及其他武器若干，由"沃罗夫斯基"号巡洋舰运抵广州。孙中山令蒋介石将其卸至黄埔军校。他要蒋介石向鲍罗廷征询武器分配和使用的意见。这批军火的到达，更坚定了孙中山北伐的立场。9日，他密令蒋介石放弃黄埔岛，将所有枪械并军校学生一并运到韶关，做破釜沉舟之计。11日，又令蒋以黄埔学生为骨干，招募广东工团、农团及其他各省革命同志，以新到俄式武器，练出一支决死的革命军，并请蒋转告鲍罗廷，请他组织专家妥善计划，并招揽特种兵人才。

① 《孙中山全集》第10卷，中华书局1986年版，第609页。
② 《宋庆龄致鲍罗廷的七封函件》，《档案与史学》2004年第1期。

孙中山可以不立即返回广州，但广州商团闹事则不可不以霹雳手段对付。10月9日，孙中山令迅即成立革命委员会，以应付商团叛乱这个非常局面。动议是否出自鲍罗廷，不得而知。但可以确定的是，鲍罗廷到黄埔军校同蒋介石酝酿了革命委员会的人选，并在交谈中有不欲胡汉民、汪精卫二人加入的意向。蒋介石认为这样不妥，会使工作受阻，并造成内部纠纷。蒋要求孙中山将胡、汪列入。同日，孙中山复函蒋介石，称：

> 革命委员会当要马上成立，以对付种种非常之事。汉民、精卫不加入，未尝不可。盖今日革命，非学俄国不可。而汉民已失此信仰，当然不应加入，于事乃为有济；若必加入，反多妨碍，而两失其用，此固不容客气也。精卫本非俄派之革命，不加入亦可。我党今后之革命，非以俄为师，断无成就。而汉民、精卫恐皆不能降心相从。且二人性质俱长于调和现状，不长于彻底解决。现在之不生不死局面，有此二人当易于维持，若另开新局，非彼之长。①

话虽如此，孙中山到底还是任用了汪精卫，并以"留有余地"对未列入的胡汉民加以宽慰。

10月10日，革命委员会成立，孙中山亲任会长，许崇智、蒋介石、汪精卫、廖仲恺、陈友仁、谭平山为委员。10月11日，孙中山聘任鲍罗廷为革命委员会顾问，"遇本会长缺席时得有表决权"，并着革命委员会用会长名义便宜从事，用种种方法打消商团罢市，并立即设法收回粤海关关余。②不久，商团叛乱平息，革命委员会完成使命，自然就不存在了。③

---

① 《孙中山全集》第 11 卷，中华书局 1986 年版，第 145 页。
② 《孙中山全集》第 11 卷，中华书局 1986 年版，第 172 页。
③ 王奇生称革命委员会"不知何故最终未能正式成立"，于史不符。将革命委员会理解为位阶高于、权力重于政治委员会的常设机关，亦欠妥当。见王奇生：《中政会与国民党最高权力的轮替（1924—1927）》，《历史研究》2008 年第 3 期。

10月10日，广州40余革命团体举行"双十警告节"大会，纪念辛亥革命武昌首义，警告广州商团。会后，聚会群众举行游行示威。商团军悍然向游行队伍施放排枪，当场打死群众20余人，伤100余人。制造惨案以后，又组织商民罢市，要求陈炯明回粤主政。

商团叛乱，迫使孙中山改变主意，也让原先采取怀柔立场的人打消了念头。10月12日，宋庆龄致信鲍罗廷，转达孙中山的两点意见：在处理商团问题上，政府的唯一办法，在于不对发生在广州的种种事件做出反映，因为商团占有优势并完全控制了局势。如果处理失当造成内部分歧，将会导致部分支持政府的军事力量转向对立面；在海关问题上，主张应与英国政府斗争到底，如果不因此引起危机，则有理由相信广州会控制在政府手中。①

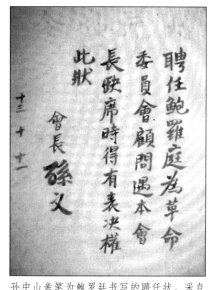

孙中山亲笔为鲍罗廷书写的聘任状，采自陈旭麓、郝盛潮主编《孙中山集外集》

同日，孙中山重新决定：着胡汉民宣布广州戒严，发表革命委员会成立并托付政府全权，以对付此次非常之变。10月13日，宋庆龄又致信鲍罗廷，转达孙中山的决定："若仍对所发生的事件不做任何反应，则拯救广东是不可能的。"调吴铁城的部队返回广州，鉴于他们需要补充巷战的训练，希望鲍罗廷介绍苏联顾问为吴的部队提供经验。新近由苏联运到的枪械弹药，用于装备许崇智的部队，以便平定商团叛乱。②

10月14日，在鲍罗廷的参加下，革命委员会作出决定：黄埔军校、航空队、铁甲车队、工团军、农团军、兵工厂卫队、陆军讲

---

① 《宋庆龄致鲍罗廷的七封函件》，《档案与史学》2004年第1期。

② 同上。

武学校、滇军干部学校以及吴铁城的部队，统归蒋介石指挥；加强宣传攻势，解说革命委员会与人民群众的关系，用各种手段通告国民党现时斗争的目的。据载，胡汉民以无表决权的身份，参加了当日革命委员会会议。①下午，胡汉民电请孙中山以滇军杨希闵为戒严总司令，并下令解散商团。10月15日凌晨，革命委员会下达总攻击令，当日上午，广州西关商团全线瓦解。10月18日，广州市区解除戒严，平定商团叛乱取得完全胜利。

黄埔军校在平叛斗争中发挥了突出的作用。出于安全原因，平叛期间，国民党中央和政府人员撤到黄埔，革命委员会在军校内形成指挥中心。建校以来，在政治活动中走在前列的黄埔学员组成教导团，首次作为武装力量亮相于广州政治舞台，成为平叛的骨干力量。

商团叛乱的平定，使孙中山及其政府度过了一次政治危机。行动中，鲍罗廷"再次正确估价了复杂的形势，并组织赢得了胜利"。②

这次军事行动，是否即意味着孙中山及其政府向资产阶级开战？恐怕不能作如是观。商团仅是一部分商人、一部分资产阶级利益的代表者，他们外与港英当局勾结，内与陈炯明联手，旨在推翻广东国民党政府。对于孙中山和广东政府而言，平定商团叛乱是维护执政地位，而非出于对手的资产阶级背景而打压资产阶级。

10月1日，陈独秀于国民党起兵北伐和平定商团的情急之中，在《向导》周报发表文章，指出国民党当前应否停止军事行动和放弃广州政府，"乃是一个重要的根本问题"。他认为摆在国民党面前虽较远而可通的路，"就是只有全国工人、农民、兵士之联合的大暴动"，"希望国民党毅然决然改走这条新路"。③可是，这不仅解决不了燃眉之急，而且陈所指出的道路乃俄国革命模式的移植，孙中山和

---

① 参见《某君呈报一九二四年十月十四日革命委员会会议事项》，《苏联阴谋文证汇编》（广东事项类），第6页，1928年编印。

② ［美］丹·雅各布斯：《鲍罗廷：斯大林派到中国的人》，殷罡译，世界知识出版社出版1989年版，第155页。

③ 《陈独秀著作选》第2卷，上海人民出版社1993年版，第786、789页。

国民党不会接受，尽管孙在其革命生涯的最后阶段多次表示以俄为师，却也反复表示中俄制度不同、道路不同。后来，陈独秀又站在这个立场上，高度评价平定商团叛乱的意义，称之为"中国现在及将来革命与反革命争斗之缩影"。[①] 1925 年 5 月，共产国际东方部给共产国际执委会主席团写报告，也谈到平定广州商团叛乱问题，肯定这次行动保障了作为中国民族解放运动基地的广东继续掌握在孙中山的手里，使中国民族解放运动得到巨大的发展。[②] 继续掌握广州，从而使中国民族解放运动亦即国民革命得到巨大发展的前进基地，这个认识倒是有道理的。

从平息"弹劾案"风波到平定商团叛乱，鲍罗廷行事不越国民党范围，注意在国民党内形成核心力量，这是临行前斯大林的指示所要求的，也是维护国共合作所需要的。维经斯基和陈独秀显示加强共产党在国民党外独立行动的架势，鲍罗廷与中共中央之间"某种程度上的原则性分歧"[③]趋于表面化。中共中央一度召请鲍罗廷专程到上海进行政治磋商，鲍罗廷没有成行。

① 《陈独秀著作选》第 2 卷，上海人民出版社 1993 年版，第 820 页。

② 参见《联共（布）、共产国际与中国国民革命运动 1920—1925》，中共中央党史研究室第一研究部译，北京图书馆出版社 1997 年版，第 619、620 页。

③ 《瞿秋白文集》政治理论篇第 2 卷，人民出版社 1988 年版，第 648 页。

第三章

发展左派势力维护统一战线

　　改组后的国民党作为国共合作统一战线的载体，因其结构多元，价值观念、目标取向、以及对具体政治问题处置主张和方法的不同，内部发生矛盾和磨擦势不可免。随着国民革命的进展和共产党势力的壮大，国民党的分化一波接一波呈现。鲍罗廷以坚持联俄、反帝、开展国民革命为最大公约数，坚决维护统一战线不动摇，在变动的格局中，团结和发展左派势力，稳定和拉拢中间势力，排斥和打击右派势力，推动国民革命走向高涨。

改组后的国民党作为国共合作统一战线的载体，因其结构多元，价值观念、目标取向以及对具体政治问题处置主张和方法的不同，内部发生矛盾和磨擦势不可免。随着国民革命的进展和共产党势力的壮大，国民党的分化一波接一波呈现。鲍罗廷以坚持联俄、反帝、开展国民革命为最大公约数，坚决维护统一战线不动摇，在变动的格局中，团结和发展左派势力，稳定和拉拢中间势力，排斥和打击右派势力，推动国民革命走向高涨。

一　国民党组织分化的出现

1. 支持孙中山北上

辛亥革命以来，孙中山没有告别武装斗争，也不放弃和平统一的努力。鲍罗廷在冯玉祥北京政变后的复杂局势中，一路陪同孙中山北上，寻求和平统一。

1924 年 9 月 3 日，江浙战争爆发。与孙中山、卢永祥达成同盟关系的张作霖，趁机挥兵入关，第二次直奉战争战火点燃。直系内部与胡景翼、孙岳形成反直同盟的冯玉祥，也趁吴佩孚到山海关前线督战之机阵前倒戈，于 10 月 22 日夜控制北京并将曹锟软禁于总统府。

次日，冯玉祥领衔通电，提出休战主张，呼吁全国贤达会商政治善后。孙中山、段祺瑞名列其中。24 日，冯迫令曹锟下令停战，并免去吴佩孚讨逆军总司令、直鲁豫巡阅使及陆军第三师师长职，改令督办青海垦务事宜。25 日，冯召集军事政治会议，决定中央政府暂维现状，另行召集元老会议解决国是。28 日，冯玉祥、胡景翼、孙岳联名通电，正式提出速开和平统一会议主张，内称："玉祥等以为此后一切政治善后问题，国家建设计划，非一二人所能集事，亦非一二党派所能把持，必须一国贤豪同集京师，速开和平统一会议，将一切未决之问题，悉数提出，共同讨论，以多数人之主张为指归，以最公平之办法为究竟，实力奉行，以绝内争，而安邦本。"①

北京政变颠覆了直系军阀对中央政权的掌控，一时改变了北方政治生态，为国民革命在北方乃至全国的发展带来新机。孙中山当即感到这是比江浙战争更大、更有利的机遇，10 月 25 日，致电许崇智，表示因应北方政局变化，本人非速到武汉不可。次日，又致电胡汉民，鉴于党内各地同志对北京政变似无所适从，提出应当再次发表宣言，重申发动北伐的目的，不致因变而乱步骤。27 日，孙中山分别致电段祺瑞、冯玉祥等，表示即日北上唔商一切。

对于孙中山的北上主张，国民党内颇为疑虑，为孙中山的安全担忧。10 月 27 日，孙中山与党员同志谈话，称："汝等以大元帅视我，则我此行诚危险；若以革命党领袖视我，则此行实无危险可言。"②也有舆论担心孙中山会落入北方反直势力的圈套，或者同他们妥协。11 月 1 日，孙中山批巴达维亚同志电，指出："本总理有北行之举，乃应北方同志之要求，以期值此可促党务进行一大步，并非有妥协之意味也。"③

北上之行，不仅国民党内不表赞同，就是共产党也认为不值。10 月 29 日，陈独秀在《向导》周报发表文章，称北京政变不过是英美帝国主义抛弃旧工具吴佩孚，换上了新工具冯玉祥。"若仍希望基督将军出来或段祺瑞再出可以弥缝一个和平安定的局面，结果仍然是要失望！而且不但失望，譬如毒疮，不施以剧烈的外科手术，

---

① 转引自王宗华、刘曼容《国民军史》，武汉大学出版社 1996 年版，第 31 页。
② 《孙中山全集》第 11 卷，中华书局 1986 年版，第 251 页。
③ 同上书，第 263 页。

弥缝一次，溃乱必更甚一次"。①蔡和森的结论与陈独秀大致相同，认为继曹、吴而起的北方政情，仍将是北洋军阀三派争夺宰割的局面，"不仅真正的和平遥不可得，即各军阀间暂时妥协的分赃会议亦相隔尚远"。这种形势下的人民，"只有准备上革命的道路；若还希望军阀头目出来收拾时局，简直是梦里做梦"。②

可是，鲍罗廷不作如是观，他力挺孙中山北上。

在鲍罗廷看来，北京政变及其后的政局变化，"给国民党提供了一个登上国民革命斗争大舞台并成为大政党的极好机会。如不利用这一机会，不仅从策略上看是错误的，而且在一个长时间内必然地、不可避免地会削弱国民党。"③鲍分析了国民党内孙中山的追随者不赞同孙北上的原因，认为孙中山一旦北上，国民党在北方就"必须公开捍卫在直隶派和安福派之间战争期间国民党所发表的一切宣言，即国民党就地方、国家和国际问题提出非常明确纲领的宣言。中间派面临两难的选择：或者捍卫这些宣言，那样就不可能同10月23日政变的胜利者合作，因为后者当然不会同意国民党的激进纲领；或者抛弃所有这些宣言，与北方可能的盟友进行谈判以组织政权等。第二种情况就意味着国民党的分裂"。④即便如此，鲍罗廷还是坚持积极运用北京政变带来的机遇。他设计了孙中山北上的政治行动，并对此行的政治风险做了评估。

1925 年 1 月，鲍罗廷回顾这段工作，写道：

> 对我们来说整个问题在于如何积极利用这些事件。我们说：首先应该发表宣言，重申国民党在各个问题上的立场，提出符合时局要求的口号，但这还不够。以孙逸仙为首的国民党代表团应该北上，在各地公开捍卫自己的立场和口号。吴佩孚军队

---

① 《陈独秀著作选》第 2 卷，上海人民出版社 1993 年版，第 797、798 页。
② 蔡和森：《段冯张三派军阀暗斗之北方政局》，《向导》周报第 91 期，1924 年 11 月。
③ 《联共（布）、共产国际与中国国民革命运动 1920—1925》，中共中央党史研究室第一研究部译，北京图书馆出版社 1997 年版，第 566 页。
④ 同上书，第 565 页。

的垮台导致由国民党的拥护者和还未完全下决心的冯玉祥组成了所谓的人民军。我们所持的观点是，这个人民军要支持国民党代表团采取旨在把中国所有民族力量团结起来的实际措施。当然，我们也清楚意识到，国民党代表团在北方，在安福派、直隶派以及外国干涉者等的包围之中工作是有危险的。但是，我们可以冒这个险的，因为我们坚信这个包围不会比在广州工作的那种形势更危险，何况他们未必能指责我们说国民党是因为这种形势而被消灭或削弱的。这一切都取决于对形势的应变能力，在这方面我们不只是指望自己对国民党的帮助，而主要是指望孙逸仙，当时孙逸仙在中国面前，乃至在全世界面前已经很清楚地暴露了自己的面目，他未必会被北方的形势弄糊涂。①

鲍罗廷的主张得到加拉罕的支持。

10 月 30 日，国民党政治委员会召开第 11 次会议，通过了拟向北方会议提出的条件，并决定如果北方会议不能采纳，则国民党代表团脱离会议。11 月 1 日，政治委员会召开第 12 次会议，决定孙中山为实现统一而先往上海发表主张，如北方能同意，然后与之合作②。鲍罗廷参加了这两次会议，他的主动进取北上宣传的主张，在政治委员会内发挥了积极作用。

维经斯基也赞同孙中山北上。他认为此举是国民党"在政治上迈出了正确的一步。自中国革命以来，现在第一次出现了孙逸仙不仅仅在一个广东省可以起政治作用的局面"，国民党通过巧妙的随机应变，还可能成为吸引各种政治军事力量的政治中心。③

---

① 《联共（布）、共产国际与中国国民革命运动 1920—1925》，中共中央党史研究室第一研究部译，北京图书馆出版社 1997 年版，第 566 页。

② 《政治委员会第十二次会议》，1924 年 11 月 1 日，《中央政治委员会第 1—100 次会议纪录》，台北中国国民党党史馆，会议 00.1/27.1。

③ 《联共（布）、共产国际与中国国民革命运动 1920—1925》，中共中央党史研究室第一研究部译，北京图书馆出版社 1997 年版，第 555 页。

鲍罗廷（左）陪同孙中山出席黄埔军校集会，采自［美］韦慕廷、夏莲英《革命使者》

　　或许受到维经斯基的影响，中共中央不久改变了反对孙中山北上的态度。11 月 6 日，在第 21 号通告上附言，指出现已变更策略，"对于孙中山参加于北方和会并不根本反对，然我们当警告中山在和会中本着国民党的党纲、政纲及北伐宣言说话，揭破帝国主义者和军阀在和会中勾结宰制中国的阴谋。"①

　　11 月 3 日，孙中山视察黄埔军校，鲍罗廷陪同。孙发表告别演说，指出目前北方形势还不是中央革命，此次北上，目的是借这个机会，做宣传的工夫，联络各省同志，成立一个国民党党部，从党部之内，成立革命基础。4 日，孙中山令大本营总参议胡汉民留守广州，代行大元帅职权，大本营北伐事宜着建国军北伐总司令谭延闿全权办理，并节制调遣北伐各军。

　　7 日，孙中山出席广州各界庆祝俄国十月革命七周年纪念大会并发表演说，称："俄国革命成功以后，反乎以前帝国主义的政策，实行平民政策，退回从前侵略所得的权利，系一件破天荒的事。所以，

---

　　①　中央档案馆：《中共中央文件选集》第 1 册，中共中央党校出版社 1982 年版，第 234 页。

俄国革命成功就是中国得到生机之一日，俄国革命成功可为中国革命之模范。"①鲍罗廷陪同孙中山出席，他在演讲中勉励群众，步武苏联后尘，努力向革命事业奋斗，以与世界被压迫民族联合，打倒世界帝国主义。

10 日，孙中山发表《北上宣言》，重申北伐之目的，"不仅在推倒军阀，尤在推倒军阀所赖以生存之帝国主义"，②恰如鲍罗廷所期望，孙中山在此旗帜鲜明地揭示了革命主张。孙并指出，从现在开始，应划出一个国民革命新时代，使武力与国民结合，进而使武力成为国民之武力，国民革命才能成功。目前，国民之武力尚未造成，但武力与国民结合端倪已现。孙中山的这个阐述，既是对北方国民军的期待，也可以理解为南方尚未统一的军队的发展标示取向。从上述理念出发，孙中山提出对于时局，"主张召集国民会议，以谋中国之统一与建设。而在国民会议召集以前，主张先召集一预备会议，决定国民会议之基础条件及召集日期、选举方法等事"。③这与他在国民党改组以来反复阐述的三民主义、五权宪法主张是一致的。

12 日，孙中山在广州各界欢送会发表演说，称推倒曹、吴，举事算是成功，但还不是革命的成功。之所以决意要到北京去，是拿革命主义去宣传。他说："我信这次到北京去可以自由行动，能够在北京自由活动去宣传主义，组织团体，扩充党务，我想极快只要半年便可以达到实行三民主义、五权宪法的主张，极慢也不过是要两年的工夫便可以成功。"④最短半年、最长也不过两年即可成功，我们似乎不应以为孙中山的想法过于浪漫，其实，他这不过只是在做宣传鼓动而已。

13 日，孙中山在欢送的人流中离粤北上，鲍罗廷随行。17 日，抵达上海。停留上海期间，孙中山又反复在公共集会上宣传反对军

① 《孙中山全集》第 11 卷，中华书局 1986 年版，第 287 页。
② 同上书，第 294、295 页。
③ 同上书，第 294—298 页。
④ 同上书，第 308 页。

阀、反对帝国主义，呼吁召集国民会议。11 月 22 日，孙中山离沪，取道日本，于 12 月 4 日抵达天津。

对于孙中山要绕日本这个圈子，鲍罗廷并不情愿，但评估孙的日本之行所受影响将比较有限。原因何在？鲍罗廷曾写道：

> 如果我和加拉罕同志特别坚持不让孙逸仙去日本，我们或许会达到目的。但我们认为我方的这种坚持完全是多余的。相反，在孙逸仙的脑子里对日本的幻想根深蒂固，他早就有建立中、日、苏俄联盟的思想。为此他经常说，必须使日本同英国疏远，日本与美国已经决裂，现在只剩下英国了。现在时局向他提供了访日的机会，要阻拦他走这一步是非常不明智的。除了他从日本之行中获得的亲身感受，没有什么能作为消除他对日本的幻想的有力的论据。此次赴日只会使他变得聪明一些。后来可能真是如此。[1]

孙中山在日本的活动，的确就是这些内容。他阐述了大亚洲主义，认为中日两国同文同种，日本应该帮助中国解除不平等条约的束缚；然而，日本也曾侵略中国，它同中国订立的不平等条约亦属改良之列。在同日本人士的个别交往中，孙中山又确曾表示"余尚未考虑要求'二十一条'条约之废除与旅顺、大连之收回。"[2]在日期间，孙中山畅谈东方文化的优越，呼吁建立中日友好的必要，但由于坚持反对帝国主义，此番日本之行并未收获真正的支持。

孙中山还在北上途中，段祺瑞就到北京就任中华民国临时执政，大权在握。段祺瑞想利用孙中山的威望召开自己的委任会议，即所谓善后会议，孙以善后会议与国民会议背道而驰，拒绝支持。一到天津，孙中山就同张作霖见面，张想要孙断绝与苏俄的关系，孙不表赞同。

---

① 《联共（布）、共产国际与中国国民革命运动 1920—1925》，中共中央党史研究室第一研究部译，北京图书馆出版社 1997 年版，第 567、568 页。

② 《孙中山全集》第 11 卷，中华书局 1986 年版，第 310 页。

后来，孙中山通过国民党中央执行委员会在报上发表声明说国民党不是共产党，他也不准备使中国布尔什维克化，但不牺牲与苏维埃俄国的友谊，张作霖放弃了拉拢孙中山合作的打算。"这样，孙逸仙在天津，即使在张作霖、段祺瑞以及日本人策划的阴谋包围之中，在病榻上依然坚持自己的立场。"①对此，鲍罗廷怀抱由衷钦佩之情。

12月31日，孙中山抵达北京，先期由沪抵京的鲍罗廷到车站迎接。此时，孙中山已然沉病在身，在以传单形式散发的《入京宣言》中，他非同寻常地以"中华民国主人诸君"开头，剀切申明，此来"不是为争地位，不是为争权利，是为特来与诸君救国的"。②孙中山置个人生死名利于度外，一心所求的只是在内达成和平统一、对外独立自强，让全体国民名副其实地成为国家的主人。

2. 推动国民会议运动勃兴

早在1923年黎元洪下台时，中共中央就提出召开国民会议以解决中国政治问题。③鉴于《北上宣言》提出了召集国民会议和预备会议的主张，在孙中山到达上海后，中共中央发表第四次对于时局主张，对于孙中山提出召集国民会议给予充分肯定，指出："只有这种国民会议才可望解决中国政治问题；因为他是由人民团体直接选出，能够代表人民的意思与权能。"更进一步，中共中央提出在正式政府成立之前，组织临时国民政府。此政府，为挽救帝国主义者分裂中国之危机而成立，依赖各阶级之民众及与帝国主义尚无确定关系的武力之拥护而存在，以国民党政纲为施政方针为其基本要求。这个政府，虽然不能指望它是国民革命左派的，甚至也不是中派，但共产党仍然准备赞助它。④

中共中央发出党内通告，要求各地中共组织成立国民会议促成

---

① 《联共（布）、共产国际与中国国民革命运动1920—1925》，中共中央党史研究室第一研究部译，北京图书馆出版社1997年版，第570页。

② 《孙中山全集》第11卷，中华书局1986年版，第532页。

③ 参见中央档案馆《中共中央文件选集》第1册，中共中央党校出版社1982年版，第133页。

④ 参见中央档案馆《中共中央文件选集》第1册，中共中央党校出版社1982年版，第236、237页。

会，积极开展推动召开国民会议的各项工作。①12月间，中共中央和青年团中央又联合发出通告，要求各地加强国民会议促成会工作，"不可在任何地方、任何时机都宣传国民会议是孙中山所主张的，使民众过于依赖中山而轻视了自己"。②

到达上海后，鲍罗廷抓紧时间，"几天都用来与邻近几个省的国民党员开会，为召开国民会议和预备会议组织活动，开展报刊宣传，以及为此目的在上海成立各种组织的协会"。③部署停当，鲍罗廷直接去了北京。鉴于孙中山到达后，各派政治力量在北京交锋当更为激烈，地位更加重要，维经斯基与中共中央商定，加派人员组成中共北京局，由张国焘、谭平山、瞿秋白等七人组成，以加强中共在北方的工作。

孙中山入京后，基于他一路所发表的反帝反军阀强硬言论，一些报纸恣意抨击，指责他试图搞布尔什维克政变，说他是中国的主要危险。鲍罗廷认为国民党和孙中山要运用好当前形势，不能不慎重考虑对待善后会议的问题。他和加拉罕准备建议国民党作出决定，把参加善后会议变成宣传国民党行动纲领的最好方式。在北京的国民党中央委员，从道义上一概拒绝参加善后会议。孙中山病情正在不断加重，鲍罗廷感到不便于在他面前坚持说明国民党以一定的条件参加善后会议的好处，何况孙中山也坚持着抵制善后会议。于是，没有再坚持国民党参加善后会议。国民党中央考虑到直接拒绝参加善后会议或许于己不利，想出了一个软性抵制的办法，即以《北上宣言》所列的阶级和民众团体的代表必须参加善后会议为出席前提，否则，国民党就不参加。④

随着孙中山进京，国民党的决策中枢相应转移。在孙中山身边，

---

① 参见中央档案馆《中共中央文件选集》第1册，中共中央党校出版社1982年版，第240、241页。

② 参见中央档案馆《中共中央文件选集》第1册，中共中央党校出版社1982年版，第256、257页。

③ 《联共（布）、共产国际与中国国民革命运动1920—1925》，中共中央党史研究室第一研究部译，北京图书馆出版社1997年版，第567页。

④ 参见《联共（布）、共产国际与中国国民革命运动1920—1925》，中共中央党史研究室第一研究部译，北京图书馆出版社1997年版，第571、572页。

政治委员会委员只有汪精卫一人，孙特派于右任、吴稚晖、李大钊、李石曾、陈友仁为委员，以便议事决策。[1]陈友仁任孙中山英文秘书，他被指定为委员大约是秘书工作的需要。一部分国民党中央委员也集中在北京，为应对复杂政局，政治委员会委员与中央委员经常举行联席会议，并且有时吸纳部分具有社会名望的国民党员参加。鲍罗廷作为顾问出席了所有会议。

对于段祺瑞推出善后会议，鲍罗廷和加拉罕起初主张有条件地参加，把它用作宣传革命主张的场所，中共中央受到影响，态度相应发生转变。据1月26日瞿秋白给鲍罗廷的信，在中共第四次全国代表大会上，党内原先"整个'反对军事行动'、'反对孙中山参加段祺瑞会议'等等的立场被推翻，最后得出结论，政策应该是积极的，'左'派幼稚病和'消极性'似乎已被铲除"。全国代表大会"赞成（老）中央的决议，即国民党应有条件地参加段祺瑞会议，条件是要有所有'主张召开国民会议的团体'的人民代表参加"。[2]

国共两党就召开国民会议并成立国民会议促成会加以推进，达成共识并共同推动，国民会议运动立时蓬勃兴起。《向导》周报所载郑超麟的文章，就曾形容国民会议运动形成了"怒潮"，"风起云涌"，它不再只是一个口号，而是一场各阶级、各团体广泛参与的政治运动。"这是在中国国民革命运动上一件极可注意的事，也可说是中国人民具体地向帝国主义和军阀要回政权之一种运动的开始。"[3]

1924年12月14日，上海国民会议促成会正式成立，由27个团体发起，有143个团体参加，400余名代表出席。成立大会选出执行委员21名，候补委员5名，通过促成会章程14条，公开提出废除不平等条约，保障人民的言论、出版、集会、结社等自由权利等16项政纲，要求段祺瑞政府立即召集人民代表组成的预备会议，

---

[1] 中国第二历史档案馆：《中国国民党第一、二次全国代表大会会议史料》（上），江苏古籍出版社1986年版，第183页。
[2] 《联共（布）、共产国际与中国国民革命运动1920—1925》，中共中央党史研究室第一研究部译，北京图书馆出版社1997年版，第573页。
[3] 超麟：《国民会议之怒潮》，《向导》周报第95期，1924年12月。

146

三个月内召集国民会议；立即明令取消治安警察条例，禁止官吏干涉国民会议及其选举；立即明令恢复曹、吴等军阀解散的工会、农会、学生会。上海妇女界 15 个团体，发起成立了上海女界国民会议促成会。在湖北，由武汉国民外交委员会发起，汉冶萍总工会、学生联合会、平民教育社等参加的湖北国民会议促成会于 12 月 11 日成立。在江苏，徐州附近八县社团共同组织国民会议促成会，于 12 月 12 日成立。在浙江，成立了杭州国民会议促成会。在广东，开展国民会议运动更是热情高涨。12 月 20 日，广东国民会议促成会成立，500 多个团体的代表近两万人参加在广州第一公园举行的大型集会，会后举行示威游行，同月 26 日，广东国民会议促成会举行第一次代表大会，制定章程，选举执行委员、候补执行委员团体。不到两周时间，参加国民会议促成会的团体增加到 368 个。国民会议促成会的成立及其活动，并不限于中心城市，很快延伸到一些地方的县治所在地。国民会议的呼声，在某种程度上，也可说深入到了群众的脑海。

段祺瑞拒不采纳国共两党的主张，单方面决定召集善后会议，12 月 24 日，公布《善后会议条例》，1925 年 2 月 1 日正式开会。由于遭到各方面抵制，延迟到 2 月 13 日才凑足规定人数。会议开开停停，至 4 月 21 日通过《国民代表会议条例》等三个主要议案，才告结束。

鲍罗廷运用善后会议的策略无从实行。按照预订计划，国民会议促成会全国代表大会于 3 月 1 日在北京开幕。到会代表 200 余人，代表 20 多个省区、120 多个地方的国民会议促成会，是工、农、商、学各界广泛参加、具有全国规模的政治集会。会议持续一个多月，否决了善后会议制定的《国民代表会议条例》，做出了反对帝国主义、废除一切不平等条约的国际问题决议，在国内问题上，提出打倒一切军阀，反对封建残局下的联省自治。《向导》周报发表的"北京通信"指出，这个会议，"方法是不妥协的，民众运动的。今日之一粒

种子，他日必结为最大果实"。①

自签订《中俄解决悬案大纲协定》掀起第一波反帝废约运动浪潮以后，国民会议运动算是第二波反帝废约浪潮，声势较前更大，动员较前更为广泛。它与不久举行的全国各地追悼孙中山逝世的活动相结合，为五卅运动迅速发展成为全国性的反帝大风暴，奠定了政治基础和群众基础。

3. 应对保守势力的麇集

国民党一届二次全会宣布党内共产派问题已告解决，然而，事实远非如此。不仅在广州，就是在上海、北京，鼓吹排共、反共的舆论也是甚嚣尘上。国民党内保守势力积极活动，且由非组织向有组织的方向发展。对此，鲍罗廷一直在冷静地观察，并思考着因应之策。

"弹劾案"发生后，上海地区反对共产党人加入国民党的势力加强了行动，经常有人以国民党党员个人名义或联名写信给孙中山和国民党中央，声明反对共产党。国民党一届二次全会前夕，上海执行部青年部秘书何世桢等20人联名上书，认为国民党中央委员中颇多共产党员及倾向中共之人，不利于"弹劾案"的正当解决，要求孙中山"毅然主持，命令该共产党员全数退出本党，并予倾向共产党者以严重制裁"。1924年8月1日，周颂西、喻育之、曾贯五、石克士等在南方大学召开各区党部代表会议，讨论处置共产分子问题，会间即起冲突，黎磊等持反对意见的代表遭到殴打。8月3日，喻育之等人到上海执行部请主持工作的叶楚伧致电国民党中央排除共产分子，当场殴打了共产党人邵力子，气焰十分嚣张。上海执行部组织部秘书毛泽东、宣传部秘书恽代英等联名上书孙中山，要求惩处打人凶手，并追究叶楚伧"主持不力，迹近纵容"的责任。②

此事未了，又发生青年团员黄仁摔伤致死事件。据瞿秋白给鲍

---

① 罗敬：《国民会议促成会全国代表大会之经过与结果》，《向导》周报第 113 期，1925 年 5 月 3 日。
② 参见李云汉《从容共到清党》，台北"中国学术著作奖助委员会"1973 年影印，第 323 页。

罗廷的信所述：江浙战争爆发后，童理璋、喻育之等人筹备集会予以声援。中共中央反对国民党参加江浙战争，国民党上海执行部宣传部的共产党员照此制定应对计划，准备了传单。可是，叶楚伧将这一计划束之高阁，童理璋、喻育之张罗的活动于10月10日正式举行。当日，全国学联的代表上台演讲反对帝国主义、反对一切军阀，童理璋、喻育之上前抱住演讲者，强迫他停止演讲。一批职业流氓乘机向为发言人鼓掌和援救发言人的人们大打出手，黄仁等三人在混乱中被从七尺高台上推了下来。次日，黄仁因伤重身亡。黄仁是上海大学学生，于是，上海大学国民党区分部作出决议，要求上海执行部将童理璋、喻育之开除出党；要求责令上海大学讲师、上海执行部青年部秘书何世桢对未采取措施帮助左派做出书面说明；要求抚恤死者家属。叶楚伧当面只接受抚恤死者家属的意见。

眼见控制不了局面，叶楚伧给《民国日报》编辑部留一纸条，称已向广州国民党中央提出辞职，甩手不干了。在国民党一届二次全会后快快离粤的张继获悉此事，明白上海执行部已完全由跨党的共产党人所操持，大为不满，当即致电广州，声称"自八月大会以来，共产派肆行无忌，继耻与为伍，请解继党职兼除党籍为叩"。[1]

孙中山抵达上海后，这拨坚持排共的人仍然喋喋不休。11月20日，何世桢等30余人受孙中山接见，称外间对三民主义每多误会，望对外须有解释，而对于本党分子则应按纪律处理。他们的话，充斥弦外之音。孙中山回答说："尔等所言各节已明了。关于民生主义一部分，外间及党员尚多未了解，故余在粤曾有演讲，现已付书局印刷，不久可出版，将来可购阅研究。至关于纪律一层，余已有办法。"[2]次日，上海各区分部委员石克士、童理璋、周颂西等60余人谒见孙中山，诬蔑"共产党违背主义，破坏大局，攻击友人，私通仇敌、棍〔混〕骗工人"，请孙中山治以应得之罪。孙中山当场给予严厉驳

① 中国第二历史档案馆：《中华民国史档案资料汇编》第4辑（上），江苏古籍出版社1986年版，第33页。
② 《孙中山全集》第11卷，中华书局1986年版，第349、350页。

斥，说："十三年来，民国绝无起色，党务并不进步，皆由尔等不肯奋斗之过。彼共产党成立未久，已有青年同志二百万人，可见其奋斗之成绩。尔等自不奋斗而妒他人之奋斗，殊属可耻。彼等破坏纪律，吾自有办法，与尔等何干？上海现有人口一百五十万人，今吾限尔等每人一年内须介绍党员一千人，否则不准再来见我。"①说完，怫然登楼。

孙中山以其巨大的威望，平抑党内持续涌动的排共暗潮。但是，随着重病缠身，他无力顾及处理这些继续发酵的乱象，况且一些负面消息未必就能传到他的耳里。他没有发话，国民党中央对于保守势力的行动，也难于出手处理。被国民党一届二次全会开除出党但未生效的冯自由，就是在这样的情况下，公然从事小组织活动的。

1925 年 1 月 7 日，冯自由发起成立国民党海内外同志卫党同盟会，确立四项行动目标：一是将加入共产党之国民党员，开除其国民党党籍；二是国民党党务不信任汪精卫等包办，请孙中山另外指定公正党员三人以上办理党务；三是共产党激烈分子谭平山到京，卫党同盟会应注意其行动；四是推举冯自由、费公侠、张德惠等五人为代表，向孙中山要求一切。次日，该会与各省区国民党护党同志驻京办事处共同集会，决定各自依据护党目的，发布公开文电，争取全党同情，以确保党权不落入共产党人之手。

1 月 10 日，各省区国民党护党同志驻京办事处召开第七次委员会，用演绎加批注的方法，披露邓泽如、张继、谢持"弹劾案"所附之共产党文件，并发布宣言。宣称"自汪精卫等勾结共产党加入本党，一年以来，朋比为奸，党德人道，几至决荡无遗。外受敌党之挑拨，内遇党义之争执。风雨飘摇，朝不保暮。念我总理三十年缔造之艰难，不禁痛心"。②

1 月 13 日，卫党同盟会上书孙中山，宣称："查共产党自加入本党以来，日以宣传共产主义及破坏本党为工作。一年来所施构陷

① 《孙中山全集》第 11 卷，中华书局 1986 年版，第 357 页。
② 《国民派牺牲共产派》，《晨报》1925 年 1 月 23 日。

倾轧离间收买胁逼棍［混］骗等种种阴谋，均无所不用其极，以致党内同志对于三十年终始不渝之主义，起绝大之怀疑，而内外人士对于本党之信仰，亦因而减若干之程度。""北京、上海、汉口、广州、香港、澳门各地同志有鉴于此，曾于去年秋间派遣代表多人同赴广州，列举共产党各种罪状，提出弹劾案，乃未蒙钧座采纳。全党莫不引为憾事。自是共产党更如虎添翼，无恶不作。""今海内外同志，以共产党横行无忌，一至于此，若不速图挽救，必将沦本党于万劫不复。用是召集各地代表，在北京成立海内外同志卫党同盟会，并同时议决挽救方法七事，谨陈所拟方法如下：（一）中央执行委员会及各部会的共产党员一律免职；（二）与共产党有关的党内印刷所、学校、杂志的津贴一概停止；（三）有关一切现阶段的政治问题，请在共产党员以外指定三人处理并经办之；（四）派往各省的宣传员，属于共产党籍者，一律撤换；（五）二全大会应在北京召开，时间越早越好，剔除共产党员之代表；（六）各地党员提出弹劾共产党案件，应由纯粹国民党党员组织特别裁判委员会予以裁决；（七）本党一切事情，今后不许外国人干涉。以上七事，党员等认为目前惟一之挽救办法，除公推冯自由、张德惠、张绍琦、简焕燮诸君面陈一切外，尚祈即日毅然执行，用救党难。"①

针对汪精卫宣布奉孙中山令将政治委员会移京一事，国民党一大期间公开反对共产党人跨党的江伟藩，从天津发出快邮代电，公开指责廖仲恺、汪精卫包庇袒护共产党，姑息养奸。声言："本党同志对于该共产及败类分子所把持之中央委员会之颠倒谬行，大动公愤，指责弹劾，要求改组，早已不承认其有效。"他主张："总理尚未健康以前，党内又无合法及全党公意表现之中央委员会之时，则对内对外一切事体，应请纯真同志，以全党公意之结果，速即组织临时执行机关，一方挽救目前之危难，一方整策将来之进行。此又本党同志急不可缓之要者。"②

① 《国民党中反共产派决推倒共产派》，《晨报》1925年1月14日。
② 《孙文病中之国民党》，《晨报》1925年2月16日。

呼应江伟藩建立组织的呼吁，3月8日，冯自由等在北京大学第三院集会，宣告成立中国国民党同志俱乐部，公开准备取代国民党中央执行委员会。会议通过了《中国国民党同志俱乐部章程》，其中规定：该俱乐部以联络感情，拥护三民主义为宗旨，以孙中山为总理，设总部于北京，由全国代表大会选举六十人为总理事，组织总部理事会，辅助总理执行总部一切事务。凡前同盟会会员、民国元年国民党党员、民国三年中华革命党党员以及民国九年中国国民党党员者，均可加入。但"有跨党行为者"、"有违反三民主义情形者"、"有叛党事实者"，不得为其会员。①

各省区国民党护党同志驻京办事处也相机改组为中国国民党各省驻京护党委员联合会，发出通电，宣称中央执行委员任期届满，所有一切行为，经已完全失效。章太炎、唐绍仪等则在上海成立辛亥同志俱乐部以遥相呼应，宣称："共产党假借外势，陵侮国民，诚当公同排斥。然其名在此而实在彼者，已据要津，必与争国民党正统之名，何如聚集旧时党员，同称民党。"②

显然，以国民党同志俱乐部为领头的小组织，完全是以排除共产党人为其目标的保守势力的集结。在鲍罗廷看来，这就是一个新党。它由国民党的"老近卫军"组成，在中国"是最保守、最落后和最反对革命的，其组成成分是很不协调的，未必可以称之为近卫军，倒不如称之为老破烂"。③从国民党改组受到保守势力的阻挠，到在体制内发动"弹劾"，再到公然建立对抗性组织，说明国民党内有组织的派别已然成形。鲍罗廷分析，抛开跨党的共产党员、青年团员不算，国民党内已经形成了三大派别：一派是孙中山事业的继承派，一派是主张与南方省区军阀势力联合的联邦派，第三派则是要删去党纲中的为反民族主义分子和反革命分子设置了一定障碍并要

① 参见杨奎松《国民党的"联共"与"反共"》，社会科学文献出版社2008年版，第77、78页。

② 《所谓民党大团结问题》，《晨报》1925年5月30日。

③ 参见《联共（布）、共产国际与中国国民革命运动1920—1925》，中共中央党史研究室第一研究部译，北京图书馆出版社1997年版，第598页。

求不仅承认三民主义，而且要积极参加运动的条款的那些人，这派人要求党向所有民主主义者敞开大门，但同时希望对共产党人关上大门。冯自由等人，就属这一派。鲍罗廷认为，值得庆幸的是，孙中山事业的继承者表现最积极，将继续完成孙在最后一年想做的工作。这些工作，不只是指三民主义，主要是指孙最后一年在苏联顾问协助下制定的斗争方法。

在此以前，鲍罗廷分析国民党的力量组合，提出党内存在着左派、中派和右派三种力量。现在初步形成的派别仍然完全符合这种划分。左派主要由共产党员组成，他们完全支持孙中山的思想和组织遗产，把它们看作是国民运动的指导原则。中派是孙中山遗产公开的代表者，他们对右派抱有幻想，认为只要让他们懂得孙中山的主义和方法究竟是什么，就可以把右派分子吸引到自己这边来。右派实际上是非常了解孙中山的主义和方法的，所以竭力修正它。鲍罗廷观察，如果说孙中山在世，这些人还不敢公开攻击他的主义和方法、而把矛头主要指向共产党员的话，那么现在，孙中山即将离世，不能用自己的权威去压制他们，这批人就开始公开地跳出来，以自己的联邦制来对抗孙中山的集中制，几乎要求解散党组织，即把党溶化在民主分子之中，并攻击共产党员。[①]

如何应对这个局面？现在，鲍罗廷认为不能向国民党右派让步。让步，就意味着取消国民党在国民革命运动中的有组织的领导。而这正是右派所期望的。如果右派能破坏党的组织性，国民党的三民主义对他们来说就完全不可怕了。在他看来，国民党右派势力的发展所导致的分裂已经无法回避。

怎样促使国民党主流派即中派，坚持孙中山三民主义和革命方法？鲍罗廷想出一个准备以在共产党员问题上让步的点子，与中派作利益交换。2月14日，他在从北京完成的书面报告中写道：

① 参见《联共（布）、共产国际与中国国民革命运动 1920—1925》，中共中央党史研究室第一研究部译，北京图书馆出版社 1997 年版，第 574、575 页。

我们甚至准备在共产党员问题上向他们让步。例如，如果共产党员在中央委员会或政治局内使右派感到厌烦，我们准备召回他们。在中央机构中没有共产党员我们也可以做好工作。但是我们在保持党作为国民革命运动有组织的、团结的领导问题上，我们不能让步，也不应该让步。不应特别害怕同右派分裂，因为党只会从这种分裂中得到好处。一切都取决于在同右派的这场斗争中国民党中派还能在多大程度上团结在孙文主义的周围。这又取决于我们在这场斗争中灵活处理问题的能力，也就是要把那些对党毫无用处的分子分化出去，又不因此而触及那些对党来说还可以挽救的人。①

后来，国民党第二次全国代表大会中央机构的人事安排，正是按照这个思路进行的。

接续 2 月 14 日书面报告，鲍罗廷在孙中山逝世后又向莫斯科提交了一份书面报告，进一步思考发展和巩固国民党左派势力、坚持同国民党右派作斗争的问题。

这时候，鲍罗廷提出谈论国民党左派，应把中派包含在内。回顾国民党改组以来国民革命的发展，鲍罗廷认为，如果真正发生分裂，国民党内的力量对比"将对我们有利"，"可以大胆地说，国民革命运动整个战线的实际工作无论现在还是将来都会掌握在左派手中"。右派是资产阶级利益的代表者，始终反对国民党的反帝路线，反对工人的阶级斗争。不过，右派阵营内部矛盾重重，一朝分裂出去，将只是重新回复到改组以前无所作为的局面而已。②鲍罗廷不仅不担心分裂，倒是对因中派的不坚决，导致可能延缓分裂感到不安。

为此，他计划了当前工作的主要任务：第一，把国民党的一切

---

① 《联共（布）、共产国际与中国国民革命运动 1920—1925》，中共中央党史研究室第一研究部译，北京图书馆出版社 1997 年版，第 576 页。

② 同上书，第 600、601 页。

地方组织都掌握在手中。第二，在北方建立两所培养国民党左派的党校。第三，为召开国民党例行全国代表大会作适当准备。第四，把冯玉祥国民军吸引到国民党左派方面来。第五，广泛开展反对打孙中山的旗号用反革命的胡言乱语偷换三民主义的运动。第六，加强在农民和工人中的工作。第七，宣布联邦主义者是反革命，同他们斗争，但不反对联邦制原则本身。[①]

在这个书面报告中，鲍罗廷提出了一个极为重要的问题：共产党固然是要同资产阶级斗争的，国民党是否也应当采取对资产阶级斗争的方针？他认为中国资产阶级起源于买办，通过同外国资本的合作，已经腐化堕落，沦为帝国主义在中国的工具。

其实，鲍罗廷只看到中国资产阶级问题的一部分。中国资产阶级有买办资产阶级的部分，有同帝国主义妥协的事实；也有民族资产阶级的部分，有同帝国主义斗争的要求。改组后的国民党成为各革命阶级的联盟，其主体政治色彩和意识形态还是资产阶级的。正由于中国资产阶级结构的多样性，国民党可以在一定时期、一些方面同帝国主义和代表帝国主义利益的资产阶级斗争，但也决不会同资产阶级全面开战，否定其现时社会发展中经济的政治的地位。

维经斯基在莫斯科看到鲍罗廷的书面报告，给加拉罕写信，除了对鲍罗廷的报告没有全面、正面地反映共产党的状况不满以外，还认为鲍罗廷对国民党即将到来的分裂的看法互相矛盾，一方面指出国民党右派表现出极大积极性，另一方面又对它的力量估计不足。他认为中国资产阶级会通过国民党右翼，加上其他成分，建立自己的党。对此，不应视而不见。他的结论是："现在右派在国民党内外同我们作斗争更坚决了。必须加强我们在国民党内的工作和在国家政治生活各个领域的工作，坚决揭露国民党右派，提出开除部分国民党员的问题，而**不是党的分裂**问题。共产党人应该打着国民党左

---

① 参见《联共（布）、共产国际与中国国民革命运动 1920—1925》，中共中央党史研究室第一研究部译，北京图书馆出版社 1997 年版，第 601 页。

派的旗帜站在运动的最前列。"①

现在，国民党组织上的分化公开出现了。在同国民党右派作斗争的问题上，我们似乎并看不到鲍罗廷与维经斯基之间存在根本分歧。鲍罗廷鉴于右派已经建立小组织，提出将他们分裂出去，由左派占据国民党的正统地位，并非从国民党中组建新的国民党，而维经斯基提出的办法是开除部分国民党员。所以，两种观点实乃异曲同工。至于对国民党右派的潜力的评估，鲍罗廷的确是轻忽了一些，这很快就被以后事态的发展所充分证明。

二 国民政府的成立与纷争

1. 反帝大革命狂飙突进

1925 年 5 月中旬，鲍罗廷回到了广州。此后不到半个月，政局急变，一场空前的反帝大革命狂飙突进，席卷全国。各革命阶级和阶层、各派政治力量，在这场反帝运动中尽情表现，形成新的力量组合。鲍罗廷身居南国，对省港大罢工施加了深刻影响。

5 月 30 日，上海公共租界发生了外国巡捕有组织地屠杀中国抗议者的惊天大血案。共产党员、青年团上海地委组织主任、上海大学学生何秉彝等 13 人当场殉难，数十人受重伤，轻伤者难以数计，还有 50 多人被巡捕房拘捕，史称五卅惨案。抗议五卅惨案的火把，迅速点燃了全国各地奋起响应的熊熊烈焰，具有鲜明的反帝斗争特征。五卅运动既是国共合作统一战线建立以来反帝废约、反帝罢工运动连续发展的必然结果，也是在共产国际指导下中国共产党明确树立革命统一战线和国民革命领导权思想的实践产物。

1924 年 6、7 月间，共产国际召开了第五次代表大会，李大钊

---

① 《联共（布）、共产国际与中国国民革命运动 1920—1925》，中共中央党史研究室第一研究部译，北京图书馆出版社 1997 年版，第 609 页。文中部分文字加黑为原文所有。

出席。7月1日，在讨论民族和殖民地问题时，李大钊交流了共产党人、青年团员加入国民党推进国民革命的情况。他指出："中国的民族运动应该既反帝又反军阀"，共产党员、青年团员以个人身份加入国民党，主要目的"在于唤起群众的革命精神，引导他们反对国际帝国主义者和国内的军阀"。其做法，"在国民党内部，我们将其左翼争取到我们方面来，并以此加速革命浪潮的高涨。"共产党掌握了北方工人组织，在南方，特别是在广州，国民党在工人中有相当影响，共产党的"策略是掌握工人运动的领导权，以使其成为革命的先锋队"。李大钊对共产党的组织与能力充满信心，说："我们加入国民党能够加速民族革命运动的开展。参加国民党的共产党人是真正的革命先锋队。"[1]

这个阶段，西方国家资本主义统治相对稳定，共产国际没有放松对资本主义的攻击，对东方落后国家和殖民地的反帝斗争更期望甚高。它号召全世界工人联合东方各国和殖民地的被压迫民族，"在招展的共产国际旗帜下，准备进行最后的决定性的斗争，对资本主义堡垒发动总攻击，为建立工人阶级政权，为建立全世界苏维埃社会主义共和国联盟和世界共产主义制度而奋斗。"[2]共产国际领导人曼努伊尔斯基指出："最近，我们看到许多国家的广大劳动群众有一种倾向，希望建立带有比较激进的反帝纲领的工农党。"他把中国国民党归入这一类。在谈到共产党人参加国民党，推动该党走上更加坚决反对国际帝国主义的道路以后，认为现在面临双重危险："一种危险是虚无主义地忽视使东方革命化这类的新现象；另一种危险是丧失独立的阶级面貌，离开无产阶级立场而滑到同小资产阶级庸俗合作的道路上去。再者，我们所面临的还不仅仅是同现存的这类政党

---

[1] 参见《共产国际有关中国革命的文献资料 1919—1928》，中国社会科学院近代史研究所翻译室编译，中国社会科学出版社 1981 年版，第 88—92 页。

[2] 《共产国际有关中国革命的文献资料 1919—1928》，中国社会科学院近代史研究所翻译室编译，中国社会科学出版社 1981 年版，第 96 页。

进行革命合作的问题"。①为了避免发生丧失独立阶级面貌的危险,共产国际五大强调共产党在民族运动中必须保持独立性,掌握领导权。

共产国际五大甫告结束,中共旅莫支部就推选彭述之回国参加中共四大。彭到上海后,年底,在《新青年》杂志发表《谁是中国国民革命之领导者》的文章,阐述"中国工人阶级天然是国民革命的领导者"的观点,宣传共产国际关于领导权问题的精神,参与了中共四大全部文件的起草。②1924 年 12 月上旬,维经斯基再到中国,指导中共四大召开。

1925 年 1 月 11 日至 22 日,中共四大在上海举行。大会接受了共产国际五大决议,通过了《关于民族革命运动之议决案》、《关于职工运动之议决案》、《关于农民运动之议决案》等 11 项决议,修订了党章,发表了两份宣言。

参加了中共四大的张伯简,认为《关于民族革命运动之议决案》是"最有价值的议案",它"纠正并补足了前两次大会之缺点,指出以后的道路,这个决议案,至少是我们最近几年的罗针"。③从彭述之的信中,我们可以了解到较多具体情形。起草委员会上,"尤以关于民族革命运动的草案讨论得更为详细,争点亦较多。其中尤以关于民族革命的性质问题,各委员的见解颇不能一致"。意见集中之处,还有关于无产阶级在国民革命中的领导地位,"这是一个最严重而又最科学的问题"。大会期间,关于民族革命运动争议,主要在于民族革命成功是否即直接是无产阶级革命的成功,这同时涉及到民族革命性质。大会给出了否定的答案,指出民族革命的基本性质乃是资产阶级革命,共产党还有其独立使命需要完成。关于职工运动争议,主要是产业工人是否须加入国民党。大会给出肯定的答案,但加了

---

① 《共产国际有关中国革命的文献资料 1919—1928》,中国社会科学院近代史研究所翻译室编译,中国社会科学出版社 1981 年版,第 85 页。

② 参见《关于党的第四次全国代表大会——彭述之给中共旅莫支部全体同志的信》,1925 年 2 月 2 日,《中共党史资料》1982 年第 3 辑,中共中央党校出版社 1982 年版,第 16—21 页。

③ 《关于党的第四次全国代表大会和团的第三次全国代表大会——张伯简给东方大学同志的信》,1925 年 2 月 5 日,《中共党史资料》1982 年第 3 辑,中共中央党校出版社 1982 年版,第 24 页。

限制条件。①

1 月 26 日，瞿秋白给鲍罗廷写信，通报中共四大情况，说是讨论国民革命问题时，"几乎毫无争议地通过了陈独秀同志的提纲。在这个提纲中，左派的立场受到了严厉的谴责"。所谓"左派的立场"，主要指此前反对北伐、反对孙中山北上等超现实的主张。他认为，"大会正确地评价了过去一年来同国民党工作的意义，并意识到在中国人民的解放斗争进程中，无产阶级及其政党只有实行积极的政策和在工农大众中开展强有力的工作，才能取得领导权和将革命进行到底"。②

中共四大从理论上初步解决了无产阶级政党在国民革命中的地位和作用问题，树立了在国民革命中保持独立性和掌握领导权，建立工农联盟的思想，并相应做出了一些安排，这是五卅运动蓬勃兴起的至关重要的因素。

维经斯基来华指导中共召开四大，捎带调解了鲍罗廷与中共中央的矛盾。2 月 15 日，他给鲍罗廷和中共中央写信，指出只是由于实际条件的限制，鲍缺少与中共中央直接接触才造成双方的误解。造成误解的两个原因现已消除：在广州成立的国际联络委员会，不具有国际性质，它不直接同共产国际发生联系；中共中央给各地本党主持的国民党工作预算，将提交有共产党人和鲍罗廷参加的预算委员会研究。维经斯基认为在中共中央和鲍罗廷之间，现在已找不到原则性分歧，中共中央必须同鲍协调自己的工作。③

五卅惨案发生，中共中央便连夜召开紧急会议，决定实行全上海的罢工、罢市和罢课，反对帝国主义的屠杀。5 月 31 日晚，召集上海各工会代表举行联席会议，决定将先期秘密组织的上海总工会

---

① 参见《关于党的第四次全国代表大会——彭述之给中共旅莫支部全体同志的信》，1925 年 2 月 2 日，《中共党史资料》1982 年第 3 辑，中共中央党校出版社 1982 年版，第 17—19 页。

② 《联共（布）、共产国际与中国国民革命运动 1920—1925》，中共中央党史研究室第一研究部译，北京图书馆出版社 1997 年版，第 573 页。

③ 同上书，第 578、579 页。

对外公开。上海总工会委员长为李立三。6月1日，决定成立工商学联合会作为上海反帝运动的总指挥部。4日，创办《热血日报》，瞿秋白主编，作为指导运动的舆论机关。5日，中共中央发表告全国民众书，号召反抗帝国主义野蛮残暴的大屠杀应坚持四个必须：须依靠全国民众自身的力量；须知与帝国主义无调和的余地；须防止上流社会调和妥协；须谨防帝国主义的离间破坏。①7月6日,全国总工会上海办事处成立，刘少奇负总责，罢工斗争的领导力量进一步增强。

6月1日,上海总工会发表宣言,宣布从6月2日起实行全体罢工,并开出惩办凶手赔偿损失、承认工人有组织工会及罢工权利等七项复工条件。短时间中，二三十家外商企业工人罢工，强劲的罢工潮初步汇成。当日，全国学联、上海学联邀集上海总工会、各路商界总联合会商议成立上海市民公会。2日，根据中共中央的决定改而共组工商学联合会,并邀上海总商会参加。4日，上海工商学联合会宣告成立，上海总工会在其中发挥主导作用。

领导机构建立的同时,"三罢"斗争迅速开展。5月31日上午,上海各校学生代表集会，一致同意以罢工、罢市和罢课为最后武器,大批学生宣传队上街宣传演讲。当日下午，上海总商会、纳税华人会和各路商界总联合会召开会议商讨对策，纳税华人会和各路商界总联合会赞成罢市，上海总商会代表方椒伯迫于形势也在总罢市的文件上签了字。据上海总工会调查，截至6月13日，外资企业中参加罢工的达107处,13万余人。中资企业工人参加罢工的有11处,2.6万余人。②据另一统计，截至7月21日，中外各业工人参加总罢工的有206处，共达20余万人。③有些工厂无数字记载，故实际参加罢工当远不只此数。参加罢市的一二十万店员也未统计在内。大罢工使

---

① 参见中央档案馆《中共中央文件选集》第1册,中共中央党校出版社1982年版,第352、353页。

② 中央档案馆、上海市档案馆：《上海革命历史文件汇集（上海各群众团体文件）》（1924—1927),第25页。

③ 上海社会科学院历史研究所：《五卅运动史料》第2卷,上海人民出版社1985年版,第70页。

帝国主义者经济损失惨重。据公共租界工部局统计，外资企业至少损失 1200 万个劳动日，每天损失达几百万元。外文《大陆报》社论惊呼："就规模而论，必须把中国这次罢工认为是工界翻天覆地的大变动之一。"①

抗议沪案，声援上海，迅速形成全国规模。在青岛，成立了上海事件后援会、沪青惨案后援会，6 月 16 日，举行三万余人参加的市民大会，部分工厂开始罢工。在天津，成立各界联合会，6 月 14 日，召开 200 余团体 10 万余人参加的市民大会，抗议英帝国主义者屠杀中国人民。6 月 30 日，举行 10 万余人参加的公祭。在罢工中，成立了天津总工会。在武汉，共产党人主持的国民党湖北省临时党部组成临时指挥部，统一领导三罢斗争，工学联合会活动在第一线。6 月 11 日，汉口英租界巡捕公然屠杀，造成工人及其他群众死 40 余人。6 月 30 日、7 月 11 日，武汉两次举行公祭和追悼大会。在长沙，湖南全省工团联合会和省学联发起成立雪耻会，实行"三罢"，6 月 5 日，举行了 10 万人参加的游行示威大会。在焦作，英商福公司煤矿工人罢工，并取得成功。据不完全统计，全国约有 1200 万人直接参加了五卅运动，其中工人约 50 万，各地为援助上海而举行的罢工达 135 次之多。②各阶级、阶层联合起来，"打倒帝国主义"、"废除不平等条约"、"为死难同胞报仇"的怒吼，响彻通都大邑穷乡僻壤。

国民党中央给五卅运动以公开支持。6 月 2 日，发表通电，号召全国民众一致起来抗议帝国主义者的暴行，号召国民党员"应一致努力援助国民，以与英国帝国主义相搏"。③上海执行部于 6 月 1 日、4 日分别发表宣言，揭露、抨击帝国主义暴行，提出"应根据公理，与外人对我要求赔偿之前例，于惩凶赔款之外，应以取消中国与英日缔结之一切不平等条约为赔偿此次污辱与损失之最低代价。在未

① 转引自沈以行 姜沛南 郑庆声主编《上海工人运动史》上卷，辽宁人民出版社 1991 年版，第 222 页。
② 参见《中国工会历次代表大会文献》第 1 卷，工人出版社 1984 年版，第 56 页；王清彬等：《第一次中国劳动年鉴》，北京社会调查部 1928 年，第 138 页。
③ 上海社会科学院历史研究所：《五卅运动史料》第 2 卷，上海人民出版社 1985 年版，第 311 页。

达目的以前，举国实行与英日经济绝交"。①

联共（布）中央政治局密切关注五卅运动的进展，制定了"务必推进以抵制、局部罢工和总罢工，而特别是铁路总罢工的形式进行的革命运动，不要害怕危机加剧"的策略，指派维经斯基返回中国现场指导，②并三次拨出专款共达 20 万卢布给予支持。同时，在国内进行专项募捐，开展"不许干涉中国"的政治声援。

上海的反帝罢工坚持到 9 月初，在获取一定成果后主动结束，省港大罢工则方兴未艾。省港大罢工本以声援上海而起，是五卅运动的重要组成部分，但它持续 16 个月之久，有其相对独立性，故多与五卅运动并列。上海兴起五卅运动，鲍罗廷身处南方没有直接发生关系，省港大罢工发生后，他参与了国民党中央政治委员会有关罢工大政方针的全部决策。

5 月 31 日晚，中共广东区委决定与青年团共组临时委员会，联络全国总工会、广州工代会、省农协、商协、学联和青年军人联合会，于 6 月 2 日举行示威游行，声援上海反帝斗争。此时，滇军杨希闵、桂军刘震寰蓄谋在广州叛乱，平叛为当务之急。全国总工会准备于平叛告竣之际，即举行反帝罢工。区委书记陈延年与全国总工会中共党团书记邓中夏商议，并经区委会议正式决定，组织香港九龙各工会和广州沙面洋务工人罢工。邓中夏亲自到香港进行发动。

6 月 13 日，全国总工会所属省港罢工委员会成立。19 日晚，香港工人大罢工爆发。至 23 日，海员、电车、印务、车衣、理发、酒楼、内河船、茶居、腊味、油业、牛羊业、革履等行业的工人在各自工会的组织下，数万人先后参加了罢工行列，离开香港，返回广州。香港学生上万人举行罢课，近千人返回了广州。6 月 21 日，广州沙面洋务工人 3000 余人罢工，走出租界。

6 月 23 日，广州工农商学兵各界及港澳各团体 10 万余人，举

① 上海社会科学院历史研究所：《五卅运动史料》第 2 卷，上海人民出版社 1985 年版，第 313 页。
② 《联共（布）、共产国际与中国国民革命运动 1920—1925》，中共中央党史研究室第一研究部译，北京图书馆出版社 1997 年版，第 636 页。

行各界援助沪案示威运动大会，中间为工农团体会场，谭平山主持。左面为学商界会场，伍朝枢、邹鲁主持。右面为军界会场，汪精卫主持。胡汉民代表国民党宣读《敬告全国人民书》，鲍罗廷出席并发表了演说。会后，按工、农、商、学、兵顺序，列队示威游行。当游行队伍行进到沙基附近，租界帝国主义武装以密集火力扫射手无寸铁的人群。当场死 52 人，重伤 170 人，轻伤者难以数计。[①]

沙基惨案更激起广大工人的愤怒，尚未参加罢工的大批香港产业工人投入了罢工。据统计，至 7 月 7 日，香港罢工工人达到 20.9 万人。[②]广州市区所有外资企业的中国工人，也都参加了罢工。

省港大罢工实现后，常住广州的罢工工人数达六七万，分散在八个区域。罢工工人选举 800 人组成罢工工人代表大会，以省港罢工委员会为其最高执行机关，苏兆征担任委员长。罢工委员会设立纠察队，人数最多时达到 5000 人，实施对香港的水陆封锁。

沙基惨案发生，国民党中央政治委员会即于当日下午 7 时紧急召集特别会议，作出八项决定：组织调查委员会；通告国民党宣言；对领团使团各国政府抗议；电致各国不依附帝国主义的政党；断绝与英、法、葡的利益关系；断绝与沙面租界的利益关系；秘密准备防守广州与黄埔；死者出殡举行巡行仪式，以"打倒帝国主义"为口号，但不涉于个人仇视，避免被帝国主义者挑战。[③]政治委员会的决定表明，国民党和革命政府与罢工工人站在同一战线，罢工工人因之切身感受到官方的支持。

7 月 3 日，政治委员会研究了援助省港大罢工的具体办法，决定：维持罢工者的生活；取广州经济独立口号并加以宣传；打破香

---

① 参见《邓中夏文集》，人民出版社 1983 年版，第 614 页。1925 年 7 月 11 日，省港罢工委员会公祭文称死难烈士为 54 人。

② 秋人：《省港罢工的过去和现在》，《政治周报》第 9 期，1926 年 4 月 26 日。邓中夏称此时罢工工人已达 25 万。

③ 《政治委员会第十八次特别会议》，1925 年 6 月 23 日，《中央政治委员会第 1—100 次会议纪录》，台北中国国民党党史馆，会议 00.1/27.1。

港封锁；扩张罢工范围；宣布在香港破坏罢工者以卖国论。①13 日，决定以工人代表大会为宣布政见机关，推定廖仲恺和鲍罗廷拟定组织条例。

7 月 20 日，研究封锁问题，做出四项决定：

A 此次罢工，为广东对香港奋斗唯一之工具，须以全力维持且扩大之，当置于任何问题之前而为最先最严重之注意。

B 封锁事交军事委员会办理。

C 由政治委员会令省政府与各县人民团体，组织广东经济独立各界联合筹备大会，援助罢工工人并进行经济建设计划。

D 中华全国总工会省港罢工委员会与广东经济独立各界联合会筹备大会俱直接于政治委员会，其开会地点俱在省议会。②

7 月 31 日，政治委员会讨论了罢工委员会提出的建议案，并逐条做出决定：关于封锁海口计划，决定交军事委员会照办；关于扩大近海口农村宣传计划，决定照办，其经费由省政府拨给；关于筹款计划，决定接受，即交财政厅、商务厅计划办理；关于特别开支，决定 A 项由省政府令公安局照办，余悉由省政府筹划；关于筑路及各项建设以兴公益而纾工困问题，决定由省政府督促进行；关于粮食、燃料及开货仓应定具体办法以资遵守问题，决定须经政府特许；关于特别法庭问题，决定于本星期日由罢工委员会派代表出席法典编纂委员会。鲍罗廷在这次会上提出维持罢工的根本办法，会议相应作出两条决定：对于进出口货物之处置，须确立良好的组织，凡非英国轮船，不经香港者，特许其进口或出口，其特许手续依第 35 次会议决议案办理；发行 100 万元公债，专用于生产事业，由省政

① 《政治委员会第二十八次会议》，1925 年 7 月 3 日，《中央政治委员会第 1—100 次会议纪录》，台北中国国民党党史馆，会议 00.1/27.1。
② 《政治委员会第三十七次会议》，1925 年 7 月 20 日，《中央政治委员会第 1—100 次会议纪录》，台北中国国民党党史馆，会议 00.1/27.1。

府商定办法具报。[①]8月1日，廖仲恺在省港罢工工人第七次代表大会上宣布实行特许证制度。14日，罢工委员会发布通告正式予以实施。

这些政策，及时解决了罢工工人的基本生活问题、就业问题、罢工委员会政治建设问题。根据鲍罗廷的提议所决定的单独对英政策，一方面拆散了帝国主义的联合战线，最大限度地孤立打击了英帝国主义，另一方面有利于工商联合、工农联合和争取要求保持商品流通的华侨的支持。这既保持了对香港的封锁，又纾解了广东面临的经济困难，保证了大罢工能够坚持到自动收束。

上海罢工结束后，省港大罢工亦须相机收束。10月14日，鲍罗廷在政治委员会内提议：由政治委员会向罢工委员会提议，与香港方面直接交涉以解决罢工；政治委员会愿为罢工委员会尽力使双方接近，以讨论解决罢工条件；征收一个月租捐，一半用于东征军军费，一半用于接济省港罢工工人费用。[②]由于结束罢工的中英谈判进展缓慢，相应地，罢工不得不坚持到1926年10月中旬才告结束。

六七万罢工工人常驻广州集体活动，加上东征陈炯明取得胜利，扫除滇桂军阀，以及国民政府正式成立，一连串政治军事大事，酿成广州的革命气氛空前浓烈。罢工工人积极参加东征、南征的军事运输，打破香港对广东的包围，成了新生的国民政府重要的支柱。

2. 国民政府的成立

1925年5月17日，鲍罗廷出席中国青年军人联合会第一次全体职员联席会议，做了简短讲话。他讲到孙中山在临终时刻，把国民党的工作托付给中国青年。此次由京南来，沿途所见，许多青年都表示十分愿意继承孙中山的遗志和事业，这是很好的现象。鲍罗廷呼吁青年军人要勇敢地担当责任，为人民利益而战，不要为个人

---

① 《政治委员会第四十二次会议》，1925年7月31日，《中央政治委员会第1—100次会议纪录》，台北中国国民党党史馆，会议00.1/27.1。

② 《政治委员会第六十九次会议》，1925年10月14日，《中央政治委员会第1—100次会议纪录》，台北中国国民党党史馆，会议00.1/27.1。

私利而战。国民党是完全为国为民的政党，要极力拥护它。[①]这大概是他陪同孙中山北上以后，第一次在广州公开露面。

鲍罗廷讲到他南下途中见了国民军胡景翼、孙岳一班人。北京政变后组成的国民军，成为鲍罗廷高度关注的对象。还在北京期间，鲍罗廷就参加国民党中央政治委员会研究了紧急援助胡景翼部队问题。他另向加拉罕建议，应派顾问指导胡景翼部队的政治工作，并发动农民；派专家帮助胡景翼组织装甲车队，传授国内战争经验；加强胡部北方战线，使之接近冯玉祥；分化奉系张宗昌军中的白俄分子，减轻胡部东线压力。[②]鲍罗廷要求中共中央加强对北方和南方地区的人力投入。此刻，中共中央已派 35 人到冯玉祥部队，派 70 人进了胡景翼的军校。

1925 年 5 月上旬，鲍罗廷在上海停留，同中共中央开了几次会议，就广东政府转型得出结论："应当把胡汉民政府看作是较为革命的政府过渡形式，因此，现在不必同它作斗争。主要任务是为将来同过渡形式不可避免要进行的斗争准备军事政治力量。"[③]

而在之前的 1925 年 2 月间，国民党在京政治委员会就提出拟于孙中山身后将"广州政府改合议制，合西南各省为之，消纳灰色同志"的意见。[④]鲍罗廷原不赞成马上正式成立全国政府。现在，情况变了。从内部来说，孙中山一旦逝世，国民党失却共主，政权结构和治理方式不得不相应改变，以合议制取代大元帅制势在必行。从外部来说，中苏两国已经复交，加拉罕当上了北京外交使团团长，南方建立正式政府不会使苏联发生外交尴尬。

透过上海会议，可以看到鲍罗廷对广东现政权的态度以及对未来政府的盘算。所谓"较为革命的政府过渡形式"，是说现政权具有

① 参见《鲍罗廷在中国的有关资料》，中国社会科学出版社 1983 年版，第 25、26 页。

② 参见《联共（布）、共产国际与中国国民革命运动 1920—1925》，中共中央党史研究室第一研究部译，北京图书馆出版社 1997 年版，第 587、588 页。

③《联共（布）、共产国际与中国国民革命运动 1920—1925》，中共中央党史研究室第一研究部译，北京图书馆出版社 1997 年版，第 613 页。

④ 参见《政治委员会第十三次会议》，1925 年 2 月 19 日，《中央政治委员会第 1—100 次会议纪录》，台北中国国民党党史馆，会议 00.1/27.1。

"较为革命"的性质和向更加革命过渡的价值，但是，现政权毕竟是过渡性的，不会原封不动，而且不可避免的斗争还在前面。

鲍罗廷还同中共中央研究了有关国民党全国代表大会事宜。他向加拉罕通报说："议事日程已排定，新的中央委员和候补委员的初步名单已拟定，代表大会筹备活动计划也已制定。我们将制定决议案和宣言，并向国民党中央委员会提出。"关于第二届国民党中央委员会中共产党员的人数，中共中央提出七人，鲍罗廷不表同意，"为的是不吓跑中派和不无谓地刺激右派"。最后，"一致同意最低限额——四人"。鲍罗廷对中共中央的工作持批评态度，认为"中央落后于对时局的领导，落后于在南北方的紧急任务"。他指望中共中央倾其全力于广州，甚至不惜以牺牲其他方面的工作为代价。共产国际在华工作人员维尔德向维经斯基报告自己的感受，认为鲍罗廷与中共中央之间"互相不信任、不真诚、耍外交手腕"。①

鉴于党内纠纷已由理念歧异发展到组织分化，必须加强统一。孙中山逝世后，在北京的国民党中央执行委员、候补执行委员于4月间召开一届三次全会，由于准备不足，与会成员意见存在重大分歧，"议未终而中断"。②

5月16日至25日，国民党一届三次全会在广州重开。全会决定接受孙中山遗嘱，宣布"以后本党一切政治的主张，不得与总理所著建国方略、建国大纲、三民主义、第一次全国代表大会之宣言政纲及九月十三日宣言、十月十三日宣言之主旨相违背；凡违背上述主旨之议案，无论何级党部，概不得决议"。全会通过了对军校与军队的训令和对全体党员的训令等文件。后项训令肯定了改组后国民党发展的良好形势，分析了"容纳中国共产党分子加入本党"以来社会疑虑党内纠纷的真实原因，强调解决问题的根本办法是坚持一届二次全会决议，"本党为使国民革命迅速成功，不能拒绝任何派

---

① 参见《联共（布）、共产国际与中国国民革命运动 1920—1925》，中共中央党史研究室第一研究部译，北京图书馆出版社 1997 年版，第 612、613 页。

② 居正：《清党实录·序》，台北文海出版社，第 1 页。国民党一届三次全会北京阶段的具体日期不详。

别之革命主义者加入"。全会指出孙中山遗嘱所谓"世界上以平等待我之民族",证之致苏联遗书,其所指系苏联"可以灼见而无疑",①明显具有规避那些所谓联合平等待我之民族并非即指联俄之论调的意蕴。文件起草者之一的戴季陶事后说,"经数日之争论,而后乃勉强得一不左右倾之决议"。②

国民党一届三次全会努力克服因孙中山逝世而产生的巨大压力,在关键时刻,旗帜鲜明地坚持了三民主义和联俄、容共政策,正面回应了党内外和社会上的疑虑,起到了维护统一战线,为国民革命的继续发展提供政治保障,也为即将成立的国民政府确立施政方向的作用。全会重开能够得出这样的结果,与出席者结构和会场环境的改变,显然有直接的关系。

孙中山第三次开府广州,得力于滇军杨希闵和桂军刘震寰为多。孙中山逝世,他们立马另做打算。当初重建大元帅府时,孙中山邀云南唐继尧任副元帅,唐不受命。虽然在京政治委员会有"消纳灰色同志"的打算,但此刻唐突兀宣布就职,要抢位子、占主导,就大大超出国民党中央的预期,国民党中央予以了明令驳斥。但是,刘震寰却站出来指责国民党中央讨唐"不当",杨希闵则潜赴香港,会见段祺瑞的代表和唐继尧。唐继尧亦认可段祺瑞委任杨希闵为广东军务督办兼广东省省长,委刘震寰为广西军务督办兼广西省省长。他们一拍即合,密谋在广州发难,推翻革命政府。③

4月28日,廖仲恺、蒋介石和军事总顾问加伦到达汕头,同粤军总司令许崇智研究保卫广州事宜。5月13日,汪精卫、廖仲恺、许崇智、蒋介石、加伦以及部分军事将领,召开军事会议,决定固守广州,扫灭杨、刘。两次汕头会议,都是在胡汉民缺席的情况下

---

① 参见中国第二历史档案馆《中国国民党第一、二次全国代表大会会议史料》(上),江苏古籍出版社 1986 年版,第 106—124 页。《中国国民党历届历次中全会重要决议案汇编(一)》关于一届三次全会在广州开幕的时间有 5 月 16 日和 18 日两种记载,见秦孝仪主编《革命文献》第 79 辑《目录》第 2 页、《内容提要》第 3 页。汪精卫在国民党第二次全国代表大会讲话中提及一届三次全会于 5 月 16 日接受孙中山遗嘱。《邵元冲日记》记载 5 月 17 日开谈话会,18、19 日开预备会,20 日至 25 日开全体会议。

② 陈天锡:《增订戴季陶先生编年传记》,台北文海出版社,第 72 页。

③ 参见曾庆榴《广州国民政府》,广东人民出版社 1996 年版,第 205、206 页。

举行的，胡不久在党和政府内失势，伏笔实已于此埋下。6月4日，杨希闵指挥所部滇军占领省长公署、财政部等重要机关，公然发动叛乱。当日，大元帅府免去杨希闵、刘震寰本兼各职。7日，宣布讨伐杨、刘。10日，回师广州的东征军与黄埔军校学生军、谭延闿所部湘军、朱培德所部滇军、李福林所部福军等，合力进攻广州各要地。14日，平叛军事行动宣告结束。杨希闵、刘震寰于失去大势时微服潜逃香港，17日，政治委员会同意军事委员会将杨、刘除名。

叛乱既除，广州稳定，政府改组便正式提上日程。6月14日至30日，国民党中央政治委员会密集举行会议，专题研究决定成立国民政府各项事宜。14日，政治委员会作出10项决定：

（一）在中国国民党中央执行委员会内设政治委员会，以指导国民革命之进行；

（二）政府定名为国民政府，设内政、外交、财政、教育、建设、商务、农工、军事、关税各部。每部设部长一人，各部联席会议另推主席一人。关于政治之方针，由政治委员会决定，以政府之名义执行之，其各部事务由各部及各部联席会议主持之；

（三）设军事委员会，由政治委员会派出委员三人暨高级委员四人共同组成之，以政治委员会之一人为主席；

（四）关于军队之命令，由军事委员会主席及军事部长发布之；

（五）设军需部、政治部于军事委员会；

（六）军事委员会开会时，应讨论该会详细组织及委任军事委员会参谋长；

（七）令各军将财政、民政、交通机关交回政府；

（八）废各军省分名称，一律改称国民革命军；

（九）对于上海惨杀案应采主动，由本会指导之；

（十）取消广州一切赌饷，即行禁止。①

6月19日，政治委员会作出八项决定，除第一项无直接关系外，其余内容如下：

（二）设中央政府，定名为国民政府，以委员若干人组织会议，并于委员中推举一人为主席。关于政治之方针由政治委员会决定，以国民政府之名义执行之；

（三）国民政府设军事、财政、外交各部，每部设部长一人，以委员兼之。如将来有添部之必要，经委员会议决行之；

（四）设监察部，以委员若干人组织之，监察官吏之行动并指导纠正之。如有违法举动，则提出于惩吏法庭惩戒之；

（五）本月十四日第四项决议之军事部长，系指国民政府之军事部长而言；

（六）由中央执行委员会议决，根据民意改组政府，由大本营以命令颁布之；

（七）政府接受中央党部议决，颁布改组国民政府、省政府、市政厅大纲，并委任各职员；

（八）新政府成立日期定为七月一日。②

6月22日，政治委员会研究了国民政府、省政府和市政府人选问题，决定增补谭延闿、许崇智为政治委员会委员，政治委员会设秘书处以李文范为主任，中央党部、政治委员会、中央政府均迁入省长公署办事，通过了中央执行委员会决议案及训令草案。28日，研究通过了国民政府、省政府和市政府组织令。29日，审定上述组

---

① 《政治委员会第十四次会议》，1925 年 6 月 14 日，《中央政治委员会第 1—100 次会议纪录》，台北中国国民党党史馆，会议 00.1/27.1。

② 《政治委员会第十六次会议》，1925 年 6 月 19 日，《中央政治委员会第 1—100 次会议纪录》，台北中国国民党党史馆，会议 00.1/27.1。

织令,改正名称为《中华民国国民政府组织法》《省政府组织法》《广东〔州〕市市政委员会暂行条例》,决定起草监察院、惩吏院组织法,确定了国民政府成立宣言起草人。30 日,作出 10 项决定,内容有:

（一）决议通过中华民国国民政府宣言稿；

（二）决议国民政府成立典礼在第一公园举行；

（三）决议推本会主席为党代表行国民政府成立典礼；

（四）否决汪委员辞国民政府委员职胡委员辞外交部长兼职；

（五）决议军事委员会准七月五日成立,广东省政府准七月三日成立,市政委员会准七月四日成立；

（六）决议国民政府委员会议办公地点在现省长公署；

（七）决议由本会训令广东省政府各厅长；

（八）决议对于各厅长发通知决议案三条（通知文另附录）；

（九）决议由大本营通令直辖各机关依《中华民国国民政府组织法》规定,分别裁撤及交代；

（十）决议通过国民政府委员就职誓词文。①

由上可见,国民党以党治国的体制,国民政府机构设置与运行机制,以党领军体制及军事统一,财政、民政和交通的统一等重大问题,都在政治委员会会议上得到解决,国民政府委员会委员和部长人选也得以确定。

7 月 1 日,国民政府如期成立,并在广州第一公园音乐亭举行了政府委员就职典礼。国民政府委员有汪精卫、胡汉民、张静江、谭延闿、许崇智、于右任、张继、徐谦、林森、廖仲恺、戴季陶、伍朝枢、古应芬、朱培德、孙科、程潜等 16 人,具有较强的代表性和广泛性,也暗合鲍罗廷提出的过渡性,没有安排共产党人在政府

---

① 《政治委员会第二十六次会议》,1925 年 6 月 30 日,《中央政治委员会第 1—100 次会议纪录》,台北中国国民党党史馆,会议 00.1/27.1。

鲍罗廷（右一）出席广州国民政府成立典礼，采自［美］丹·雅各布斯《鲍罗廷：斯大林派到中国的人》

任职。汪精卫、胡汉民、谭延闿、许崇智、林森、廖仲恺、伍朝枢、古应芬、朱培德、孙科和程潜，出席了就职典礼。

国民政府委员推定汪精卫、许崇智、谭延闿、胡汉民、林森为常务委员，汪精卫为主席委员，聘请鲍罗廷为国民政府高等顾问。胡汉民为外交部部长，廖仲恺为财政部部长，许崇智任军事部部长。军事委员会由汪精卫、胡汉民、伍朝枢、廖仲恺、朱培德、谭延闿、许崇智、蒋介石组成，汪精卫为主席，聘请加伦为高等顾问。以大理院为司法机关，惩吏院为行政法庭，设立了监察院。随后，广东省政府、广州市市政委员会亦相继成立，许崇智为省务会议主席，伍朝枢为广州市政委员长。

政治委员会创始于孙中山，曾明确为国民党中央"唯一讨论政治之机关"。6月14日，政治委员会以自我授权的方式提升其地位和职权，决定"在中国国民党中央执行委员会内设政治委员会以指导国民革命之进行"。7 月 8 日，决定"党与政府及军事之政策未经政治委员会讨论以前无论何项机关不能决议，如有决议，即认为无效"。27 日，鲍罗廷在政治委员会上提议中央组织部"应直接本会"，当场决定组织部直接政治委员会，其部长应出席报告全国各地党务。[1] 国民党中央执行委员会的关于党务、政务、军务的决策权全部转移到了政治委员会，后者的权力和功能进一步固化。政治委员会委员一开始就以指定方式确定，人数不定。研究国民政府成立事宜，起初也仅限胡汉民、汪精卫、廖仲恺及伍朝枢出席，鲍罗廷参与其事。6 月 19 日通知谭延闿出席，22 日正式增补谭延闿、许崇智为委员，其后亦限于该七人。只有研究个别其他问题，尤其召开特别会议时，出席者范围才扩大。这样，政治委员会就成为国民党中央执行委员会议政决策的核心，上述五人（后为七人）自然成为核心中的核心。

因此，鲍罗廷在其中所起的作用之重要就不难想见。后来，邹鲁把国民政府成立的核心因素，就归之于鲍罗廷。他写道：

（鲍罗廷）是政治会议的顾问。他托庇于联俄容共的政策之下，又有党内共产分子的撑持，更联络汪兆铭等，以巩固自己的势力和地位。而本党同志因总理逝世不久，为顾全党的团结，都抱着宽大的态度。他便利用这种良机，赖政治会议以操纵中央的党、政、军。在第一次全国代表大会中，便有组织国民政府的决议。总理逝世后，同志以党国失了重心，尤不得不组织国民政府，进行革命。鲍罗廷就把成立国民政府这件大事，拿到政治会议来，以便操纵。所以国民政府组织法及国民政府人选，均由政治会议先决定，再呈常务执行委员会补行通过手续。当政治会议通过了组织法，并电常务执行委员会加以追认，政治会议就根据组织法，选举国民政府主席。[2]

---

[1] 《政治委员会第三十一次会议》，1925 年 7 月 8 日；《政治委员会第四十次会议》，1925 年 7 月 27 日。见《中央政治委员会第 1—100 次会议纪录》，台北中国国民党党史馆，会议 00.1/27.1。

[2] 邹鲁：《回顾录》，岳麓书社 2000 年版，第 140 页。

鲍罗廷毕竟只是顾问，不可能越俎代庖，他的方案和意见总要得到与会诸人的多数赞同方才有效。这就涉及到他的工作艺术。陈公博说：

> 当时反对共产党的都骂鲍罗廷把持政治委员会，依我平情的论断，与其说他是把持，不如说他是运用。他的技术是这样，他对于小事的通过或提议，不大过问，但对于大事，则绝不含糊，尤其对于他自己的建议，他在事前没有疏通好，绝不会提出。他定好了建议的节目，必找逐一个的政治委员恳谈，待大家都赞成了，他方才提出。

面对不同意见者，鲍罗廷也有办法：

> 如果你不大同意的话，他必然说某人也赞成了，某人也赞成了，那么许你是顶倔强的人，也不得不慎重考虑，最低限度减了强硬的反对。他利用这个方法，慢慢变了凡是鲍先生的提议，无不通过，故凡鲍先生一开口，都像有充足的理由。[1]

鲍罗廷不仅参加政治委员会为成立国民政府议事决策，而且许多关于政权、政务的规章、文电都由他提出或交他审查。以下仅以1925年7月至9月，政治委员会交由鲍罗廷完成或审查规章、文电的情况为例，即可说明一二：

7月2日，鲍罗廷提议《广东省政府宣言》全文大意及要点由伍朝枢起草，于即日下午提交国民政府委员会，决议通过；决定《广州市政委员会宣言》由汪精卫、鲍罗廷起草，关于广西宣言由汪精卫、鲍罗廷起草。

---

① 陈公博：《苦笑录》，现代史料编刊社1981年版，第45页。

7月5日，关于派代表团赴欧美、日本宣传，决定由胡汉民、汪精卫和鲍罗廷拟定计划及人选。

7月7日，关于恢复国民会议运动，决定由汪精卫、鲍罗廷拟定宣言及训令；关于法、英领事7月6日关于沙基惨案的复函，再严重抗议并另发表宣言严重批评，决定由胡汉民、鲍罗廷起草。

7月8日，关于国民政府委员会会议规则，决定由胡汉民、鲍罗廷起草。

7月13日，关于组织省港罢工工人代表大会为宣布政见机关，决定由廖仲恺、鲍罗廷拟定组织法。

7月17日，鲍罗廷向政治委员会报告英俄外交情势；胡汉民、鲍罗廷提出《国民政府委员会会议规则（草案）》，决定通过交国民政府；胡汉民提议由外交部派人至北方报告沙基惨案经过情形，并谢加拉罕，由外交部致电英国自由党路易·乔治并批评保守内阁，决定由外交部办理，并由胡汉民、鲍罗廷商定其文电；许崇智提出对于宣言、通电、通信、遣使应限制范围，决定由鲍罗廷议定办法；关于广东省政府第九次省务会议有关日程的审查，决定由胡汉民、鲍罗廷办理。

7月20日，关于国民党代表大会决议案的预备问题，决定于两星期内预备议案报告本会，推定胡汉民、汪兆铭、廖仲恺、谭平山和鲍罗廷为预备议案委员。

7月22日，讨论鲍罗廷起草的《本党目前政策之宣传大纲》，决定修正通过。

7月27日，鲍罗廷提议国民党中央党部组织部应直接向政治委员会报告工作，决定通过。

7月31日，鲍罗廷提出维持省港大罢工的根本办法，决定确定两项原则。

8月2日，关于改组广东教育会问题，决定由鲍罗廷拟定计划，下次讨论；鲍罗廷提出委任新教育厅长，决定下次讨论。

8月10日，关于联络闽、浙、湘问题，决定由鲍罗廷、胡汉民、

谭延闿、许崇智拟定办法。

8月12日，关于《农民协会组织法》，决定由鲍罗廷、胡汉民、廖仲恺以及黄雄彪审查；关于特别法庭三项草案，决定由鲍罗廷、伍朝枢审查。

8月17日，关于向中央执行委员会解释监察院政治科职权，决定由鲍罗廷予以解释。

8月19日，关于为北上外交代表团聘请顾问事，决定由鲍罗廷推举一人。

8月21日，讨论中央执行委员会及罢工委员会提出外交代表团名单，决定交鲍罗廷、汪精卫审查。

8月26日，关于廖仲恺遇刺事件通电，决定由鲍罗廷、汪精卫、许崇智起草。

9月2日，关于政治委员会组织秘书处，决定由鲍罗廷、汪精卫拟定办法；关于请中央执行委员会发起广州市党部大会，其会议要点，决定由鲍罗廷、汪精卫议定。

9月7日，关于《监察院起诉条例》，决定由鲍罗廷、伍朝枢审查。

9月18日，关于政治委员会秘书主任人选，决定由主席与鲍罗廷商定。

9月22日，鲍罗廷提议国民革命军各军现在必要支出额数，由参谋团三日内拟具计划向政治委员会提出，决定通过；鲍罗廷提出《致罢工委员会函》，决定通过。

9月23日，广东省务会议呈请核办华山轮船案，决定交鲍罗廷处理。

鲍罗廷当然不只是被咨询的角色，政治委员会会议上，他会主动发言作正面阐述，并争取与会者认同。例如，6月27日，讨论国民政府应即下令在辖区内废除一切不平等条约问题，他发言说：

　　对此问题，因现在有一种新情况发生，即本党于二十二日发表废除不平等条约之宣言后，段祺瑞随于二十五日对各国有修改不平等条约之通牒。段祺瑞以敢发此种通牒者，其背后当有几种势力。依吾人推测，则日本最近对于中国将有一种企图，故国民政府对此新情况，须采别种方法以应付之。吾人认本党之二十二日宣言与段祺瑞二十五日之通牒，为国民运动历史上最重要之事实，前决议国民政府应以明令废除不平等条约者，不外欲增进本党二十二日宣言之效力。今既有此种事实，则吾人应基此事实而为更扩大之运动，唤起全国一致力争，则其结果，最少限度必能将不平等条约修正。故现在发令与否转非重要，但当保留此提案以示国民政府之决心，而为其将来之张本。现在应采之方法，应由本党再发表宣言：（一）其内容须指出本党二十二日宣言与段祺瑞二十五日通牒不同之点，使人咸了解；（二）国民政府须表示接受本党二十二日宣言；（三）广东商界、自由职业者、教育界、农界、工界、国民革命军，须继续表示赞成本党二十二日宣言，最后由广东各界而推及于全国。①

会议讨论的结果，鲍罗廷的建议予以通过。同日，讨论军事委员会关于所下命令须由军事部部长签名的质疑。这个规则显然也是鲍罗廷提出的，他答复其理由有二：一是军事委员会不是政府组成部门而为政治委员会之一手足，故仅由军事委员会签名不能作为政府命令，必有军事部部长签名报告于政府，乃成正式命令；二是军事部部长为政府与军事委员会之联络，为军事上遇有与政府及其他之关系时，军事部当负责，故必其签名以昭郑重。

鉴于鲍罗廷此前对第二届国民党中央执行委员会成员预备名单都有考虑，对国民政府委员特别是国民政府主席的人选，当然不会无所作为。

国民党改组后，领导决策体制变为合议制，但赋予孙中山最后决定权。孙中山逝世，国民党和国民政府都要建立名副其实的合议

① 《政治委员会第二十三次会议纪录》，《中央政治委员会第1—100次会议纪录》，台北中国国民党党史馆，会议00.1/27.1。

制。合议制少不了有人负总责，国民政府主席位置就相当重要了。从当时国民党高层情况看，国民政府主席人选大概不出胡汉民和汪精卫两人。胡汉民资历深厚，孙中山北伐，指定他留守，北上前指定他代理大元帅。但胡人缘不佳，与汪精卫、廖仲恺、许崇智都有矛盾。就连在军事总顾问加伦的眼中，他也"不仅作为军人声誉不佳，而且作为行政长官也是声名狼藉"。①在鲍罗廷心目中，他也只是过渡人物。汪精卫同样资深，孙中山将政治委员会移驻北京，实际由汪主持，孙中山遗嘱由汪起草，体现了孙的倚重和信任。北京归来，汪精卫坚决主张扫平杨、刘，其积极面相与胡汉民的消极大不相同。在外联苏俄、内合中共的问题上，他的态度一直是积极的。鲍罗廷高度肯定孙中山事业的继承派，可以肯定汪精卫就在他的名单之中。确定人选的会议上，汪精卫要辞国民政府委员，仿佛无意与胡汉民相争。胡汉民辞外交部部长兼职，直截了当表示不满，说什么不懂外国语而为外交部长迹近玩笑。当时，鲍罗廷扮作调人，说李鸿章不懂外国语而为有名的外交家，国民政府筚路蓝缕之时，非胡这样的干才不能胜任，虽舌敝唇焦终挽回僵局。②

这样，胡汉民由代理大元帅降为国民政府委员兼外交部部长，汪精卫升任国民政府主席，对于鲍罗廷所预想的过渡而言，可算是第一步。

3. "廖案"处理及其后的政治变动

8月20日上午，廖仲恺在中央党部门口被暗杀，同时遇刺的国民政府监察院委员陈秋霖数日后身亡。廖仲恺是著名的国民党领袖，孙中山三民主义的忠实信仰者，身兼国民党中央工人部部长、黄埔军校党代表、国民政府财政部部长等要职。他旗帜鲜明地支持联俄，支持省港大罢工，坚持与共产党人密切合作。他的遇害，是中国国

---

① ［苏］卡尔图诺娃：《加伦在中国 1924—1927》，中国社会科学院近代史研究所翻译室译，中国社会科学出版社 1983 年版，第 163、169 页。

② 参见陈公博《苦笑录》，现代史料编刊社 1981 年版，第 19 页。

民党和国民革命的重大损失，也是国共合作统一战线的重大损失。8月21日，中共中央向国民党中央发去唁电："敬代表中国的革命无产阶级表示极诚恳悲痛的唁意。"①

1925年《广州民国日报》刊登的鲍罗廷照片

这场突如其来的变故，极大地影响到国民政府权力结构的稳定，很快改变了广东的政治生态，权力过渡的第二步在这个过程中实现。

8月20日下午2时半，政治委员会在国民政府军事部举行临时会议，胡汉民任主席，出席者有汪精卫、谭延闿、许崇智、蒋介石、朱培德、古应芬、伍朝枢、罗茄觉夫（今译罗加乔夫）、岳森、鲍罗廷、张太雷、卜世畸。当场决定："政治委员会及军事委员会派许崇智、汪精卫、蒋介石组织特别委员会，授以政治、军事及警察一切全权，应付时局。"②出席会议的政治委员会委员、军事委员会委员和国民政府委员，一一署名，以昭郑重，以示负责。

值得玩味的是，会议记录原件不存于会议主席胡汉民处，而存放汪精卫处，胡亦被排斥在全权处理紧急事态特别委员会之外。仅从会议记录并看不出鲍罗廷当时的态度，但他偕同军事顾问一同参会，蒋介石亦被通知列席，可见事前有不利于胡的准备。多年后，胡汉民撰文明说这个特别委员会的成立就是鲍罗廷在一个小范围的会议上提议，并提名汪、许、蒋为委员的。

尽管主持政治委员会会议，但在政府中已经比较靠边的胡汉民，

① 中央档案馆：《中共中央文件选集》第1册，中共中央党校出版社1982年版，第376页。

② 《政治委员会临时会议》，1925年8月20日，《中央政治委员会第1—100次会议纪录》，台北中国国民党党史馆，会议00.1/27.1。

其地位在"廖案"的处理中再次下降。案件侦查过程中,胡的堂弟胡毅生受到检举。8月25日,黄埔军校教导团奉蒋介石令,逮捕了林直勉、张国桢、梁士锋等人,胡毅生、林树巍脱逃。在粤军总部,梁鸿楷、杨锦龙等人被捕,魏邦平出逃。当日行动,许崇智所部粤军受到重创。林直勉供出香港方面以200万元资助推倒廖仲恺,并指认伍朝枢、吴铁城、傅秉常、朱卓文、邹鲁、胡毅生等参与倒廖。鲍罗廷相信这份供词的真实性。后来,他向布勃诺夫汇报,以这份证词说胡不允许拿香港的钱来同政府作斗争,但对是否干掉廖仲恺则沉默不语,加以胡从平定商团叛乱到平定杨、刘叛乱,都持消极主张,所支持的报纸攻击苏俄,反对加入国民党的共产党人,便确定排除胡汉民。[1]

后来所查证的事实证明胡汉民并未涉"廖案"。但在当时,因为他的弟弟胡毅生涉案,以及一些传言,使他难逃牵连,被迫一度避难黄埔。

"廖案"成为再次把胡汉民排出权力中心的契机。8月26日,政治委员会在军事部召开会议,决定由鲍罗廷会同汪精卫、许崇智起草处理"廖案"通电。电文将"廖案"定性为"帝国主义走狗及反革命分子所为",其处理结果,"已次第拿获重大嫌疑人犯交付特别法庭审判,其少数煽惑之部队亦经处理完毕,乱萌已息,人情尽安",落款:"国民政府常务委员汪兆铭、谭延闿、许崇智"。[2]作为国民政府常务委员的胡汉民和林森均不在其列。胡汉民并缺席当日会议,直到被送出国,再未在政治委员会露面。

早在7月5日,政治委员会就曾研究派代表团赴欧美、日本,宣传废除不平等条约,决定由胡汉民、汪精卫和鲍罗廷拟定计划及人选。17日,胡汉民提议由外交部派人至北方报告沙基惨案经过情

---

① 《联共(布)、共产国际与中国国民革命运动1926—1927》(上),中共中央党史研究室第一研究部译,北京图书馆出版社1998年版,第115页。

② 《政治委员会第五十次会议纪录》,1925年8月26日,《中央政治委员会第1—100次会议纪录》,台北中国国民党党史馆,会议00.1/27.1。

形，决定由外交部办理。27 日，决定胡汉民因目前有重要工作暂不离粤。8 月 17 日，政治委员会决定速组代表团赴北京，至北京后，再由该代表团组团出国宣传，特派胡汉民为政府代表。19 日，又研究了外交代表团北上宣传的原则和任务。未及出行，"廖案"发生。9 月 7 日，政治委员会在汪精卫主持下，正式决定派胡汉民作为国民党代表，"赴外国打消帝国主义对于本党工作种种之谣言，而揭露其真相于各国人民"。①

此番行程虽屡有所议，现在落实，实不过是给排除胡汉民出广州蒙上一层保护色而已。同时，决定派遣外交代表团北上宣传，其成员由林森、徐谦、孙科、邹鲁、陈友仁组成。邹鲁明白这也是将他礼送出境。②

早在 8 月 4 日，许崇智、谭延闿、朱培德、程潜联名发表《解除总司令职之通电》，但军队的改编则是在处理"廖案"以后才完成的。8 月 26 日，军事委员会宣布组编国民革命军，第一军由党军组成，蒋介石任军长；第二军由建国湘军组成，谭延闿任军长；第三军由建国滇军改编，朱培德任军长；第四军由建国粤军改编，李济深任军长，第五军由福军改编，李福林任军长，基本实现了军政统一。以后，又改编攻鄂军为第六军，程潜任军长。解除了粤军总司令职务的许崇智，任军事委员会委员兼军事部部长，并被吸收进入政治委员会，后被授以监督广东境内中央及地方财政全权，地位仅次于国民政府主席兼军事委员会主席汪精卫。9 月 2 日，蒋介石也被增补为政治委员会委员。广州权力中心，形成汪、许加蒋的局面。

不过，这个平衡很快打破，许崇智被解除兵权，放逐上海，政治权力过渡迈出了第三步。

许崇智是粤军总司令，其直属部队力量最强。许率军东征，但不准备同陈炯明战斗到底。在广东农民运动中，他和他的部队总是

---

① 《政治委员会第五十三次会议纪录》，1925 年 9 月 7 日，《中央政治委员会第 1—100 次会议纪录》，台北中国国民党党史馆，会议 00.1/27.1。

② 参见邹鲁：《回顾录》，岳麓书社 2000 年版，第 147 页。

站在豪绅一边。平定杨、刘之后，他实际上控制着广东的财政大权。鲍罗廷宣称花了很多精力，争取引他往左边站，但没有成功。"廖案"发生，他的部属梁鸿楷被发现是重要嫌疑人，许崇智却加以庇护。鲍罗廷决定，"在说服许崇智，把许崇智拉到我们方面的一切努力都无效后，无论如何要清除他"。[1]

鲍罗廷清除许崇智的意图是与蒋介石配合而完成的。蒋与许早有积怨，现在是取而代之的机会。9月10日上午，蒋介石往见汪精卫，谈到许崇智不顾大局，把持财政，企图限制第一军的发展，"可胜慨然"。晚间，与汪精卫、谭延闿、朱培德商议应对当前局势问题。17日，汪精卫、李济深等到黄埔军校，蒋又同他们谈及财政支配不公，许部粤军不过5.9万人，得军饷90余万，其他各军食不果腹，"极诋许崇智忍心"。18日，蒋介石被军事委员会授予以广州卫戍司令处置粤局全权，当即分兵处理东莞、石龙、增城、宝安一带许崇智所属部队，派第一军第一师监视省城许系部队，并控制了许的寓所。19日，蒋介石密令黄埔军校学生第二大队、第一军第四、第五团，粤军第四师第七、八旅并补充旅以及铁甲车队、"江固"号军舰，"解决反革命各军"。夜10时许，蒋介石发函许崇智，以四大问题加以责难，要许"暂离粤境"。当夜，广州全城戒严。[2]20日，东莞、石龙等地的许部粤军均被缴械。政治委员会在鲍罗廷寓所召集临时会议，"议决派谭延闿、朱培德、李济深、宋子文、甘乃光，组织审查委员会，审查粤军总司令部一切收支实数；议决卸粤军总司令许崇智请假赴沪养疴，所有该部收束事宜，由该军参谋长蒋中正办理；议决国民政府军事部部长许崇智请假赴沪养疴，着谭延闿署理军事部部长。"[3]当日下午，蒋介石即令陈铭枢护送许崇智登轮离粤。23日，胡汉民亦从黄埔乘苏联轮船出国。

---

① 《联共（布）、共产国际与中国国民革命运动1926—1927》（上），中共中央党史研究室第一研究部译，北京图书馆出版社1998年版，第112页。

② 参见中国第二历史档案馆《蒋介石年谱初编》，档案出版社1992年版，第421—428页。

③ 《政治委员会临时会议事录》，1925年9月20日，《中央政治委员会第1—100次会议纪录》，台北中国国民党党史馆，会议00.1/27.1。

汪胡之争,胡去国;蒋许之争,许赴沪。林森、邹鲁北上,林祖涵、谭平山被补为常务委员。广东政府转成汪、蒋合作的局面,政治委员会的运作少了牵制,孙中山逝世后的最高权力转移告一段落。这都是在鲍罗廷的参与甚至策划之下完成的。至此,鲍罗廷松了一口气。后来,他在北京向布勃诺夫使团报告这段情形说:"我们在广州好像有了一个统一的巩固的政权。这个政权的首领是始终最忠诚最积极的工作人员汪精卫、明确表示自己是国民党左派信徒,甚至可以说是极左派信徒的蒋介石和湘军将领谭延闿。"[1]

在这个过程中,鲍罗廷促成了蒋介石地位的蹿升。当然,蒋介石自身也有其不容忽视的地方,比如:蒋恰当地把握了形势,既给许崇智致命打击,又不损害汪精卫的地位。蒋积极主张东征彻底击败陈炯明,加快统一进程,许则主张与陈炯明妥协;苏联顾问担心许崇智分配军费对黄埔军不优待,许恰恰暴露了把持经费独厚本军的问题,被蒋介石抓住把柄。这些都成为蒋向许崇智兴师问罪的内容。汪精卫身为国民政府主席、军事委员会主席,本身不谙军事,许崇智在粤军中植根很深,解决问题实非依赖蒋介石不可。

蒋保持着国民党左派的政治面目。他的演说充满了三民主义、国民革命、以俄为师和打倒帝国主义的辞藻。在黄埔军校追悼廖仲恺大会上,他说:"我们学校里,我们党军里,没有什么共产派与反共产派,完全以三民主义为中心,完成国民革命。"他在宴请广州商界领袖时说:有人讲国民政府有许多俄人在里面办事就是共产的表示,这是造谣。俄国人来帮助我们,"是为求中国的自由平等"。"我们中国国民党的党军,老实说,是学俄国革命军的编制的。"在军校第二期学员毕业典礼上,他自称是总理孙中山和党代表廖仲恺的继承者。"要求中国的独立与自由,首先就要从取消不平等条约做起,要取消不平等条约,就要先打倒帝国主义。"[2]

---

① 《联共(布)、共产国际与中国国民革命运动 1926—1927》(上),中共中央党史研究室第一研究部译,北京图书馆出版社 1998 年版,第 116 页。

② 中国第二历史档案馆:《蒋介石年谱初编》,档案出版社 1992 年版,第 411、414、417 页。

也许这些言辞,以及建设军校、平定商团和力主东征的不俗表现,让鲍罗廷视蒋为孙中山的信徒,相信他"就是领导反帝革命缺他不可的那种民族资产阶级人物"。①

国民政府成立后两个多月时间,连续发生一系列重大人事变动,鲍罗廷始终把握了大势。9月11日,政治委员会开始以他在广州东山春园路的寓所为会场,直到1926年2月3日,他请假离粤,其间只有9月21日至30日短暂转移。地位上升的谭延闿,据加伦了解,"差不多每隔一天,他都要拜见鲍罗廷同志,向他请教辩证法和政治事态的发展规律"。②至于汪精卫和蒋介石,也是大同小异。不再凭借孙中山的巨大威信,鲍罗廷通过自己的能量和参与改组国民党以来的实绩,巩固了在国民党和国民政府中的地位,特别是通过政府改组,他的威望上升到国民党改组以来的新高度。

新局面之下,鲍罗廷不忘继续发挥宣传的功效。他应谭延闿之邀,数次到湘军讲武堂演讲,讲述政治工作的全部,就是"爱人民"、"恨敌人"的道理;讲述中国有三种买办:商业买办、知识买办和军人买办,都是港英政府压迫广东的工具,都应将其打倒;讲述穿制服的土匪——军阀、抢夺的政客——专要委任状的国民党老政客和糊涂的党员像三条铁链束缚孙中山,国民党改组就是要挣脱这三条锁链。纪念廖仲恺,就要研究国民党一大决议和三民主义。他阐述省港大罢工与东征之间如同左右手的密切关系,强调要向群众说明东征军和东征的性质和意义,东征军是谋民族解放的军队,谋大多数人民幸福的军队,东征关系着中国革命的前途,如果失败,则现在唯一的革命基础必随之消灭。他讲述第一次世界大战以来的国际政治,落脚到只要团结起来,"便能把帝国主义屈服",小国、弱国同样可以战胜大国、强国。纪念俄国十月革命八周年,他宣讲反帝

---

① [美]赫尔穆特·格鲁伯:《斯大林时代共产国际内幕》,达洋译,中国展望出版社1989年版,第183页。

② [苏]卡尔图诺娃:《加伦在中国1924—1927》,中国社会科学院近代史研究所翻译室译,中国社会科学出版社1983年版,第210页。

运动是中俄两国大家一起做的，农工阶级帮助国民革命，人民团结起来，孙中山的遗教就可以在后人手中实现。①

国民政府成立以来广东出现的局面，被反对派指为"赤化"、"共产"自不待言，而且这种言论自国民党改组以来就不绝于耳。但在一部分共产国际执委会负责人眼中，鲍罗廷的做法也有左倾之嫌。东方部副主任瓦西里耶夫给维经斯基写信，称对胡汉民事件和许崇智解职"绝对无法理解"。这是"在不停地拆毁连结共产党先锋队与民主群众的各种桥梁，要完全孤立中国共产党，并带来由此产生的各种致命的后果"。他认为鲍罗廷总是用"不可避免的情况"来解释每天的局势，而从中所看到的却是"广州因左倾而在陷入孤立和毁灭"。②他要求维经斯基亲自或者派可靠的人到广州，实地了解情况。

如果以对待帝国主义和军阀、对待工农群众的态度和行动如何，来判定政治上的左和右，国民党自开始改组以来，在孙中山领导下，重新解释三民主义，提出打倒帝国主义和军阀，废除一切不平等条约，扶助工农运动，一直走在左的道路上。完成国民革命任务就要走这样一条道路，它并不以胡汉民出国和许崇智解职而突然左倾。国民政府成立以来的纷争，是孙中山逝世后国民党和国民政府高层内部权力分配的产物，其时，如戴季陶就已发现，这种汪、胡、许、蒋互相之间的矛盾及其发展，在政潮迭起波谲云诡的情景之下，"足以牵动党政大局，至于不可收拾"。③鲍罗廷将这种权力分配斗争视为国民党的分化，运用这些因素，力图使国共合作得到来自新兴军事力量尤其是蒋介石的支持，顺势排除右倾势力，让国民党和国民政府得以沿着预定轨道继续前行，并不违背统一战线的基本思想，也未发生什么实质改变。

当然，这里有一个"度"的问题。"廖案"的发生，本与容共有关，

---

① 参见《鲍罗廷在中国的有关资料》，中国社会科学出版社 1983 年版，第 27—62 页。

② 《联共（布）、共产国际与中国国民革命运动 1920—1925》，中共中央党史研究室第一研究部译，北京图书馆出版社 1997 年版，第 704 页。

③ 陈天锡：《增订戴季陶先生编年传记》，台北文海出版社，第 73 页。

反对国民党容共的人不惜置廖于死地。"廖案"处理的结果，使国民党和国民政府的人事结构与斗争方略看起来更加左倾，鲍罗廷和共产党人在国民党内的地位看起来更加巩固，然而，旧有的矛盾与分歧事实上不仅并未消除，而且新的隔阂与对立相继产生。[①]不久以后，国民党内西山会议派出现，形成一个更大范围的抗俄排共组合，与此实有一定的因果关联，尽管不是全部。鲍罗廷以顾问之身，其主动作为不能撇开，陷入国民党政治和人事的矛盾斗争亦自然而然。

① 杨奎松：《国民党的"联共"与"反共"》，社会科学文献出版社 2008 年版，第 86 页。

第四章

于分化中勉力坚持国共合作

　　国共合作统一战线推动着国民革命不断发展。然而，国民革命越发展，统一战线越分化。西山会议派的声势盖过国民党同志俱乐部，形成与国民党中央的对峙，并对鲍罗廷火力全开。国民党第二次全国代表大会遵循孙中山遗教，坚持联俄、容共和扶助农工的革命政策，反击西山会议派，维护了国共合作统一战线。鲍罗廷的顾问职务得到续聘。其后，中山舰事件妥协解决，催生了蒋介石主导下国民党对共产党人的种种限制，国民党、国民政府和国民革命军的大权迅速向蒋介石个人集中。秉持国共合作不分手的宗旨，鲍罗廷努力于变局中再觅生机。

国共合作统一战线推动着国民革命不断发展。然而，国民革命越发展，统一战线越分化。西山会议派的声势盖过国民党同志俱乐部，形成与国民党中央的对峙，并对鲍罗廷火力全开。国民党第二次全国代表大会遵循孙中山遗教，坚持联俄、容共和扶助农工的革命政策，反击西山会议派，维护了国共合作统一战线。鲍罗廷的顾问职务得到续聘。其后，中山舰事件妥协解决，催生了蒋介石主导下国民党对共产党人的种种限制，国民党、国民政府和国民革命军的大权迅速向蒋介石个人集中。秉持国共合作不分手的宗旨，鲍罗廷努力于变局中再觅生机。

一 反击西山会议派的不完全胜利

1. 反制西山会议

国民党组织上的分裂，首先是西山会议的召开和西山会议派的形成，其理论旗手则是戴季陶。

戴季陶曾经参加过中共上海早期组织的活动，国民党改组的全过程他奉召参与，在一些关键时刻发挥过积极作用，但一开始就认为联俄、容共"殊非适当"。[①] 在国共合作实行的过程中，他面对广东政治纠纷与党务纠纷同时并作、流言蜚语层出不穷的现实，也试图做一些内部修补的工作，但从争拗中所被强化的认识，则是国民

① 陈天锡：《增订戴季陶先生编年传记》，台北文海出版社，第 68、69 页。

党内"惟此两种中心之不能容，则为本党之基本问题，此根本问题不能定，则其他相为因果之纠纷，将永无已时。盖主义思想为一问题，而组织与人事，又为一问题，此混杂不清之组织，虽有上智，亦无能为力"，要设法使孙中山的"思想与主张之全部"为国民党"不易之信仰"。①国民党一届三次全会在广州重开，所通过的《中国国民党接受总理遗嘱宣言》是戴季陶在会前就草拟好的。虽有此决议，他并不认为国民党和国民革命中的深层次问题得到全盘解决。会后，他立即返回上海，奋笔写出《孙文主义之哲学的基础》、《国民革命与中国国民党》等文。

戴季陶理论的着重点，一是澄清三民主义与共产主义的区别。孙中山说过，民生主义就是社会主义，又名共产主义。戴季陶如果简单地否定共产主义，显然不能说服众人。他便做了以下的延伸：先说明民生主义在目的和性质上"与共产主义完全相同"，再着重阐述双方在哲学基础上、实行的方法上的"完全不同"。其不同之处："共产主义，是很单纯的以马克斯的唯物史观为理论的基础；而民生主义，是以中国固有之伦理哲学的和政治哲学的思想为基础"；"共产主义以无产阶级之直接的革命行动为实行方法，所以主张用阶级专政，打破阶级；民生主义，是以国民革命的形式，在政治的建设工作上，以国民的权力，达实行的目的，所以主张革命专政，以各阶级的革命势力，阻止阶级势力的扩大，以国家的权力，建设社会的共同经济组织，而渐进的消灭阶级"。②

二是强调孙中山的思想"完全是中国的正统思想，就是继承尧舜以至孔孟而中绝的仁义道德的思想"，所主张的国民革命，"是联合各阶级的革命"，他"要治者阶级的人觉悟了，为被治者阶级的利益来革命；要资本阶级的人觉悟了，为劳动阶级的利益来革命；要地主阶级的人觉悟了，为农民阶级的利益来革命"。虽然戴季陶承认

① 陈天锡：《增订戴季陶先生编年传记》，台北文海出版社，第70、72页。
② 戴季陶：《孙文主义之哲学的基础》，见《中国现代思想史资料简编》第2卷，蔡尚思主编，浙江人民出版社1982年版，第599页。

唯物史观的价值在于其革命性，具有革命哲学的地位，但是，他更坚持认为唯物史观虽"能够说明阶级斗争的社会革命"，却"不能说明各阶级为革命而联合的国民革命"。[1]

说到底，戴季陶强调的是孙文主义的正统性、民生史观的科学性，宗奉这个思想理论才具有正当性。而他所主张的团体共信，就是要落实到这里。

戴季陶的根本目的是要依据这个论调，对国共合作来一个釜底抽薪。7月间，他出版《国民革命与中国国民党》，向国民党人发出号召，宣称：

> 要图中华民国的生存，先要图中国国民党的生存；要图中国国民党的生存，一定要充分发挥三民主义的中国国民党之生存欲望所必须具备的独占性、排他性、统一性、支配性。共信不立，互信不生；互信不生，团结不固；团结不固，不能生存，爱中华民国的中国国民党员，三民主义的信徒团结起来。[2]

面向共产党人，戴季陶直截了当地说，"真正的国民革命，是要真实的国民革命主义者，才可以指导得来，才可以得民众真实的信任"。"要实际的指导国民革命，非诚心诚意，牺牲了自己的空想，脱离一切党派，作单纯的国民党党员不可。"[3]

在理论上，戴季陶呼吁共产党人放弃唯物史观，"在国民革命进程中，为农民工人而奋斗，绝不须用唯物史观做最高原则。争得一个唯物史观，打破了一个国民革命，绝不是革命者所应取的途径"。在组织上，他要求共产党放弃其"寄生政策"，"要真把三民主义，

---

① 戴季陶：《孙文主义之哲学的基础》，见《中国现代思想史资料简编》第 2 卷，蔡尚思主编，浙江人民出版社 1982 年版，第 602、603、609 页。

② 转引自李云汉《孙文主义学会与早期反共运动（1925—1927）》，见《中国现代史论集》第 10 辑，张玉法主编，台北联经出版事业公司 1982 年版，第 115、116 页。

③ 参见戴季陶《国民革命与中国国民党》，《中国现代思想史资料简编》第 2 卷，蔡尚思主编，浙江人民出版社 1982 年版，第 585 页。

认为唯一的理论，把国民党认为唯一救国的政党"。现在施行党内合作的国民党，实在是"一个畸形的团体"。他揭出"团体的排拒性"的观点，提出在国民党的组织中，凡是高级干部，"不可跨党"。在政策上，对孙中山晚年力主的联俄和打倒帝国主义两项光芒闪耀的革命主张，也作了消极解释，指出联俄"要尊重自己的独立性，不可把自己民族的独立性抛弃了，去依赖苏俄。更不可把自己的必要忘记了去盲从苏俄"。①他闭口不谈帝国主义对殖民地、半殖民地国家和民族的侵略，不谈帝国主义以不平等条约强加于中华民族的严重束缚，而扯到什么民族竞争和人口扩张，完全阉割了反帝国主义主张的革命性。

戴季陶得到邵元冲的公开支持。邵撰文称戴命名孙中山思想为民生哲学"尤其适当"；对孙文主义哲学基础的论述，其价值"可以比得上考茨基之于马克思"，从"一定要能够统一国民党的道理，才能够统一中国的道理"的角度，"更看出'孙文主义之哲学的基础'这一部小册子用意之深刻，与关系之重大"；关于"互信不立，共信不生，共信不生，团结不固"的话，"是一点不错的真理"；《国民革命与中国国民党》一书，"句句都是我想说的话"。他还说："季陶所取的方法，所持的态度，我以为都是很正当的"，"是他在'政治的负责者'的地位，所应该发表的，他既不是要攻击谁，也不是要排斥谁。"邵宣称 C.P. 的加入和允许 C.P. 加入，原本"都是好心，都是善因"，但现在造成党内纠纷，则说明"是在方法有了错误"。②

如果说，国民党同志俱乐部等小组织的成立，是从组织上外在地分化，戴季陶的理论挑战则是从思想上内在地发力，会将外在分化融合为理论指导的自觉行动，其作用不可小觑。

---

①　参见戴季陶《国民革命与中国国民党》，《中国现代思想史资料简编》第 2 卷，蔡尚思主编，浙江人民出版社 1982 年版，第 584—593 页。

②　参见邵元冲《读"国民革命与中国国民党"书后》，见《中共党史参考资料》第 3 册，中国人民解放军政治学院党史教研室编，第 378—383 页。

戴季陶主义一经抛出，就引起中共中央的警觉，并给予了及时的回应和有针对性的批驳。当然，戴季陶对孙文主义的鼓吹和共产党人对戴季陶主义的批判，绝不只是一场笔墨官司那么简单。

其要害仍然是国共两党能否继续以现在的方式合作下去，党内合作条件下，共产党人是否能够保持组织的独立性，是否能够坚持自己的指导思想。戴一方面通过胡汉民，要求后者和汪精卫、蒋介石、许崇智、廖仲恺、林森、谭延闿、邹鲁等人，千万不要反对自己的主张。值得注意的是，他特别嘱意蒋介石，望其赞成，取同一态度。另一方面，他的理论阐述不以谩骂代替论战，并不摆出一副凶相毕露的样子。因此，有相当大的隐蔽性和诱惑力，加上抓住对方的漏洞，在特定人群中产生相当大的杀伤力。

五卅运动的起伏、维经斯基基于形势发展对国共关系变化的设想以及国民政府成立后的人事变动，引起共产国际方面的注意。共产国际执委会东方部副主任瓦西里耶夫提醒共产国际执委会主席季诺维也夫：国共之间正在形成（部分已经形成）一种不正常的和孕育着极其危险后果的相互关系，有产生左倾的危险。他建议中共中央应赶紧审查同国民党的相互关系的性质。①

9月28日，维经斯基向莫斯科汇报了即将召开的中共中央全会准备工作，讲到国民党问题时，他指出国共之间产生磨擦的主要原因，在于中共没有在政治舞台上充分显示自己的面目，一些地方没有建立自己的组织，国民党内两党党员之间关系的不明确，既引起左派怀疑，也招致右派乘机加以攻击。中共在南方没有大力建立组织，又过于突出了占有国民党机关的意图，犯了一些双重性质的错误。因此，有必要调整国共关系。其基本方针是："在同国民党的关系中，要从联盟转向联合。"②

9月28日至10月2日，中共四届二次全会在北京召开。会议

---

① 《联共（布）、共产国际与中国国民革命运动 1920—1925》，中共中央党史研究室第一研究部译，北京图书馆出版社 1997 年版，第 678 页。

② 同上书，第 693 页。

分析了五卅运动以来的政治形势和国共合作状况，包括戴季陶主义的出现，指出民众的革命化，刺激国民党中的资产阶级发生了相当的反动，从而赶紧提出阶级妥协的口号。但是，"假使认为这种现象，已经是中国共产党与资产阶级民主主义的国民党脱离关系之时，那就是一种很大的错误"。当然，不注意右派的阶级妥协主张的意义，也是危险的。所以，"应当找一个与国民党联盟的好的方式，最好要不但不束缚无产阶级与城市小资产阶级及智识阶级的联盟，而且能扩大这一联盟"。①

具体说来，就是要继续与国民党合作，竭力赞助国民党左派，努力反对其右派。一方面，到处扩大巩固共产党，尤其是在广东，极大地获得工农群众；另一方面，非必要时，共产党的新党员不再加入国民党，不担任国民党的工作，尤其是在高级党部，完全由中共支配的党部则不在此限。有国民党左派势力的地方，尤其是在广东，共产党人应竭诚与其合作。全会为此专门对国民党左派、右派和反动派做了界定，指出左派应不仅在言论而且在行动上都不违背国民党一大宣言，其政治主张不但和反动派不同，就是与右派也有明显区别，尤其是与共产派亲密合作，应当成为现阶段国民党左派的特征。②

这样，国民党政治结构中，就划分出共产派、左派、右派和反动派。原来的国民党中派，已经区分为左派和新右派。共产党确定自己的任务是，为着推进国民革命，团结国民党左派，揭露国民党右派，同一切反动派做坚决的斗争。会后，陈独秀在《向导》周报发表文章，阐述了共产党政策中国民党左右派的分别，指出国民党左派要实行三民主义，就不得不采用"联俄"、"与共产党合作"、"不反对阶级争斗"这些实际需要的政策。可见，后来正式概括而成的"三大政策"的要件，至此已隐然成形。

如果说戴季陶抛出孙文主义，共产党人与之交锋论战，与鲍罗

---

① 中央档案馆：《中共中央文件选集》第 1 册，中共中央党校出版社 1982 年版，第 405 页。

② 参见中央档案馆《中共中央文件选集》第 1 册，中共中央党校出版社 1982 年版，第 417、418 页。

廷未直接发生关系。西山会议派的情形就大不一样，要连他也一并清起走了。

西山会议的成因，陈公博曾列举两点："第一个是国民党内的反共空气，第二个是国民政府成立后的失意份子反攻。"①当事人居正不仅把西山会议定义为"清党"，且直接归因于"鲍尔丁等共产党"借"廖案"以兴大狱，"直取国民党中心而代之"。②

邹鲁是最活跃的。邹是国民党中央执行委员、青年部部长，兼广东大学校长。他曾以亲身经历的几件事情，说明与鲍罗廷极不相容。一是苏联大使馆内的尴尬聚会。孙中山逝世后，加拉罕在苏联大使馆聚会，邀请在京的国共两党要员出席，外蒙古官员参加。加拉罕在致词中讲到希望中方承认外蒙古政府，并称这是根据孙中山的民族自决主义。邹鲁当场表态反对外蒙古独立。在他的印象中，其时，"加拉罕和鲍罗廷恨恨地看着"，他感到苏联方面这番表示并不单纯，从此，"更怀疑苏联和共产党了"。二是政治委员会在孙逝世后的作为。邹鲁认为政治委员会超越了职权，使国民党中央执行委员会沦为一个报备的机关，鲍罗廷"赖政治会议以操纵中央的党、政、军"。邹以国民政府正式宣布成立，未经中央执行委员会会议讨论就已见诸报章，认为此举完全是抹煞中央党部。邹鲁称："汪兆铭由此对我怀恨，鲍罗廷尤甚。从那时起，鲍罗廷对我的态度，更是顷刻难安；而我对于鲍罗廷的轨外行为，也绝对不轻易放过。"三是广东大学办学经费问题。邹鲁任广东大学校长，主要教职员由他聘任，基于他的政治态度，广东大学内与他趋同的政治倾向自然较多受到批评。就俄国退回中国庚子赔款办学问题，邹鲁多次同鲍罗廷联系，要求将广东大学纳入庚款办学范围。国民政府成立后，在财政统一的大政之下，原来的教育经费独立政策被取消，邹鲁力争，结果加深与鲍罗廷的矛盾，邹向汪精卫指出："鲍罗廷必欲去我，乃

---

① 陈公博：《苦笑录》，现代史料编刊社 1981 年版，第 27 页。
② 居正：《清党实录》，台北文海出版社，第 1 页。

共产党与非共产党的政治问题。"①

西山会议派的其他骨干成员，也大多与鲍罗廷见解相左，心生
罅隙。例如，张继、谢持在向国民党一届二次全会提出"弹劾案"前，
就上鲍罗廷的门发出严厉质问。后来，张继在北京西山养病，林森、
邹鲁找他谈召集四次全会事情，他表示"因病不能参加会议，君等
之主张，即余之主张也。诸事请两兄代签名可也"。②居正出席了国民
党一大，会后，即"以鲍尔丁等共产党妖孽之故"，不肯再到广东。③
至于林森，因国民政府的成立，未经中央执行委员会会议讨论就向
外公布，同样怪罪于鲍罗廷。

西山会议经过了较长时间的准备。林森、邹鲁被派为北上外交
代表团成员，到了上海。9 月 24 日至 28 日，邹鲁、谢持、林森、覃振、
邵元冲、许崇智、张静江、孙科、叶楚伧等会面，讨论当前国民党
党务问题。其间，邵元冲与林森、谢持、邹鲁商定由林、谢、邹北上，
邀约中央执行委员、监察委员到上海来筹商办法。于是，谢持乘火
车由津浦路上北京，邹鲁和林森则溯长江由汉口至北京。

到北京后，谢持先后与石青阳、石瑛、杨庶堪、于右任等会面。
10 月 6 日，由傅汝霖随行，谢持到张家口邀约李烈钧。21 日，邹鲁、
林森到翠花胡同国民党北京执行部与于树德会面，要求执行部在两
日内召集北京中央执行委员会议。24 日、25 日，谢持连续到北京执
行部，要求在执行部内召集北京中央执行委员正式会议。据于树德
报告，25 日"上午十点钟时，谢持、傅汝霖、邹鲁、林森、石衡卿、
茅祖权诸同志率领四、五十人，尽系同志俱乐部及民治主义同志会
分子，到本执行部，一面派人将大门把守，一面派人把持电话，入
内翻箱倒柜，墙角、厕所等处搜查，一若强盗入室"。"是日邹、谢、
林等联名发出通告，定于次日召集北京中央执行委员正式会议。"④

① 参见邹鲁《回顾录》，岳麓书社 2000 年版，第 137—146 页。
② 《张溥泉先生回忆录·日记》，台北文海出版社有限公司，第 16 页。
③ 居正：《清党实录》，台北文海出版社，第 1 页。
④ 转引自谢幼田《联俄容共与西山会议》下册，香港集成图书有限公司 2001 年版，第 264 页。

由于于树德等的抵制，26 日的会议未能开成。于树德报告说："本部常务委员于树德候其开会，至九时顷，同志俱乐部民治主义同志会三五成群，来本执行部。问其何事，则答云开非常会议。问其何人所召集，则云不知。令其签名，则皆签一假名，或不肯签名。迨至十时顷，谢、林、邹相随而至，已达二三十人，大半皆持铁手杖，其势汹汹，大有用武之势。"谢持的日记则写道："赴翠花胡同，于树德忽锁大门，语言无礼，会遂未成。"①

10 月 26 日的冲突成为转折，林森等人的目标往召集国民党中央全体会议的方向转变。

翠花胡同冲突后，谢持当即到林森住处商议办法，决定向上海执行部叶楚伧发电，说明北京方面党事经过。据李云汉所著《从容共到清党》，这份电文内容如下：

　　时局突变，国事党事亟待讨论。森等于箇（二十一）日联函请京部通知在京中央委员开会，京部不理。漾（二十三）日赴部促常务委员发通知，又允而不发。数日赴部则职员皆避去，森等乃函约迳（二十五）日在部谈话，到时只一书记在部。谈话会决定本（二十六）日开委员会议，因印章由秘书保管，乃由森等签名通知。本日森等到会，于树德已预集多人，森、持两人入门，鲁因事暂出，树德忽将大门锁闭，鲁及后到者皆不能入。一面肆行丑诋，反诬森等聚众掠物，破坏党务。似此把持，无法开会。除将实情电告各部同志外，并请中央执行监察各委员即集张家口开全体会议，解决一切党与国之命运。林森、张继、谢持、石瑛、邹鲁、茅祖权、傅汝霖叩寝。②

这封电报当然也要发到广州。10 月 30 日，国民党中央政治委

　① 转引自谢幼田《联俄容共与西山会议》下册，香港集成图书有限公司 2001 年版，第 264、265 页。
　② 转引自李云汉《从容共到清党》，台北"中国学者著作奖助委员会"1973 年影印，第 416 页。

员会议决：复电查照前次议决中央执行委员会须在广州开会。①以会议地点不当为由予以拒绝，明确表态不予同意。

同日，由邹鲁主稿，谢持修改，邹鲁、张继、谢持、覃振、石瑛、茅祖权、傅汝霖联名致汪精卫、谭延闿、蒋介石、邓泽如、程潜等人长篇信函完成。信中称："自前年共产同志加入以来，党中机陧，无日或宁；直至今日，杀机尽露，迫逐之事，层见迭出。"列举共产党人加入后所谓操纵、跋扈、压迫、残杀的事实，说明国民党内各同志意见的不同，的确是由于共产党的挑拨离间。宣称党权不在最高党部之中央执行委员会，政权不在最高政治机关之国民政府，而悉集中于政治委员会。鲍罗廷以政治委员会顾问的资格，操纵其间；而鲍罗廷所有措施，复先决于共产党。以故党务、政务之重要者，共产党之小学生莫不先知，而国民党中重要党员则冥然无所闻。与其谓共产党同志加入本党，毋宁谓国民党附属于共产党之为真实。

这封信最后说，联俄与容共并非绝对分不开，与共产党同志分开，不至于影响于联俄。即以联俄言之，亦以真有益于党有益于国为前提。"然盘踞吾党最高之党权、政权、军权，所得代价，实大过巨。""总理之许共产党加入也，为其能实行吾党主义也；总理之联俄也，为其以平等待我也。今悉违反总理之期望，吾党员于此，若不毅然决然与之划分，俾党国不为所灭，犹复拘文牵义，以总理许共产党人加入本党之说以自娱，则不惟失革命党之精神，且恐无以对总理在天之灵矣。"②

在国民党体制内，通过召开全体会议的方式，改变国民党一大所确立的联俄、容共政策，西山会议派的政治诉求，在这封信里得到了集中而具体的阐述。接下去，就是按此筹备。

11月4日，谢持、邹鲁、林森在包头，见了冯玉祥。无论他们

---

① 《政治委员会第七十五次会议》，1925年10月30日，《中央政治委员会第1—100次会议纪录》，台北中国国民党党史馆，会议00.1/27.1。

② 参见《邹鲁文存》第3集，台北文海出版社，第109—114页。

198

后来如何掩饰，此行的目的总有联络、拉拢冯的意思在内。见面以后，冯玉祥说了一些让造访者不得其意的话，他们不得不快快而返。前电确定会议地点在冯玉祥的地盘张家口，后来改在北京城外西山，想必正是此次联络、拉拢不成功的缘故。

邵元冲等接北京来电，同样加紧了准备。11 月 2 日，戴季陶、沈定一（此时已经退出共产党）、邵元冲、覃振、孙科、叶楚伧等，在上海许崇智寓所见面，讨论在北京开会办法，议案分为党务、政务、军事、宣传等各种，先讨论大纲，再涉及其他细目。3 日、4 日，接着做了讨论。6 日，乘船北上。

待到从上海出发的人员到京，11 月 16 日，由林森、石瑛、居正、石青阳、邹鲁、戴季陶、邵元冲、叶楚伧、张继、谢持、茅祖权、吴稚晖、傅汝霖署名，发出铣电：决定于本月梗日在总理灵前开正式中央执行委员全体会议。20 日，政治委员会讨论定于本月 23 日在西山碧云寺孙中山灵前召开全会的北京来电，明确表示反对，决定"以中央执行委员会名义复电，根据以前历次决议案，除广州外不能开中央执行委员全体会议"，同时决定于 1926 年 1 月 1 日召开第二次全国代表大会之前三星期，即 12 月 11 日在广州召开第四次中央全体会议。会议并对邹鲁做出两项处置决定：一是交北京执行部查办，二是着即取消北上外交团代表。

林森等往广州发出铣电，虽然通知广州方面的委员到北京开会，但并不指望他们前来。11 月 15 日，就开始召开谈话会。邵元冲日记记载："午后开谈话会，列席者余及稚晖、子超、海滨、理鸣、季陶、楚伧、剑侯、慧生、咏薰、沐波诸人。又溥泉来，以齿疾未愈，少坐即去。座间讨论筹备开会手续，并督促各委员速来，兼讨论议案大体。"[1] 16 日，第二次谈话会决定召开正式会议的日期。18 日，第三次谈话会，准备提案。22 日，第四次谈话会，确定正式会议各种事项。

---

① 《邵元冲日记》，上海人民出版社 1996 年版，第 211 页。

第四章 于分化中勉力坚持国共合作

尽管有这样一连串的准备，参与其事的人员中，意见仍不完全一致。戴季陶主张采取和平的办法，他在随后致蒋介石的信中谈到：

> 到京后，弟与楚伧、元冲、剑侯数次访稚晖先生，弟以此次会议，如欲其有成，必须以稚晖先生之意为从违，且以之为中心，故决定绝对不发表意见。及预备会开，稚晖到会后，细述其意见者数小时，弟等数人皆决定以此为标准。稚晖所主张对精卫为劝告，而勿为弹劾，对共产党之同志宜邀守常等为切实之协商，而勿使为片面分裂之行动，弟等四人皆承认之矣。①

吴稚晖也向邵元冲、叶楚伧表示："开会与否及开会能成否，比较上均为小事，主要者，仍在吾人之能团结旧同志及自动地负责奋斗，乃有可望。"②他亦曾与李煜瀛、易培基联名给林森、邹鲁写信，在他们与汪、蒋之间作劝谅之举。谢持、邹鲁等的立场显然不同，他们是要通过这次会议"清党"，谢持在其日记中就明确写着：10月26日，"吾等与共产党分离之开始也"。③

可是，11月19日，一场大水冲了龙王庙的闹剧，打乱了西山会议的步骤。据戴季陶自述："十九日午前十时，忽然有数十人各携手枪，分乘汽车三辆，到西山香云旅社戴等寓所，戴氏及沈剑侯两氏出见，数十暴客，始则棍棒齐下，将戴沈两氏凶殴，满身皆伤，然后拥上汽车，携至城内菜市口胡同三十七号国民党同志俱乐部。"④戴季陶、沈定一被国民党同志俱乐部作为共产党，施以暴力。此事给戴季陶沉重打击，他抱怨"事出之后，所谓同志者，竟无一人来相慰问，以此前因后果相追寻，则他人视弟等何如，亦可得而知。"他认为自己一秉中庸正道，但在现实中四处碰壁，"白刃可蹈，中庸

---

① 陈天锡：《增订戴季陶先生编年传记》，台北文海出版社，第 74 页。
② 《邵元冲日记》，上海人民出版社 1996 年版，214 页。
③ 转引自谢幼田《联俄容共与西山会议》下册，香港集成图书有限公司 2001 年版，第 264 页。
④ 转引自谢幼田《联俄容共与西山会议》下册，香港集成图书有限公司 2001 年版，第 280 页。

不可能，非有极端右倾者之卑劣的暗杀行为，不能出精卫之极端左倾政策，非有精卫之左倾之宣言，不能造出此极端右倾之行动。"他借此检讨北京之行，实"过分误认友谊之结果"，于是，在会议正式开幕前，不别而行。①

戴一走，邵元冲跟着走了。吴稚晖则既未参加正式会议，也不在一切文电宣言中署名。这样，国民党同志俱乐部矢志反共的极端右倾举动，给西山会议派好不容易笼络起来的局面撕出一个缺口，会议未开即露败象。

11 月 23 日，西山会议开场。据安排，参会人员于上午 8 时到孙中山灵前行礼，然后转到石青阳寓所开会。

1928 年冬，居正编纂《清党实录》，记载西山会议为 11 月 21 日开幕，出席者有茅祖权、叶楚伧、居正、张继、戴季陶、石瑛、沈定一、邵元冲、邹鲁、林森、覃振、石青阳、谢持、傅汝霖。这绝不是疏忽。之所以要把 23 日改为 21 日，是那时会议虽未正式开幕，戴季陶、邵元冲毕竟还在场，再把未能赶上开幕的自己也加进去，"以显示阵容的强大"。②这说明，西山会议的主导者起始就明白，不足规定人数，就不具备合法性。居正下了这样一番苦心，却又留了一个漏洞，《清党实录》所载决议案，泄露了开幕日的真正时间为 11 月 23 日。

西山会议共开会 22 次，直到 1926 年 1 月 4 日才告结束。它既以颠覆国民党一大确立的联俄、容共政策，改造中央机构为主旨，所有决议即围绕这个目的形成。

在排共方面，通过了《取消共产派在本党之党籍案》、《开除中央执行委员之共产派谭平山等案》，发表了取消共产派在本党党籍的《中国国民党宣言》，对此做出辩解。宣称孙中山允许中国共产党党员加入国民党，是因为共产党员声明以个人资格且信仰三民主义，愿于国民革命进程中努力于三民主义的宣传与工作，并非以共产党

---

① 陈天锡：《增订戴季陶先生编年传记》，台北文海出版社，第 74、75 页。

② 谢幼田：《联俄容共与西山会议》下册，香港集成图书有限公司 2001 年版，第 286 页。

第四章　于分化中勉力坚持国共合作

201

党团加入而欲在国民党中别取作用。但是，两年以来，凡共产党员之加入国民党者，在国民党中一切言论工作，皆系受共产党机关的决定与指挥，完全为共产党之党团作用。虽然在中国革命进程中，国民党与共产党有同其步趋的一面，但中苏历史不同，社会情状各异，国民革命与阶级革命，势不并行。①

> 若共产党员长此隐混于本党之中，使两革命团体之党人，因内部问题而纷扰决裂，致妨碍国民革命之进展；不若分之使两党之旗垒，崭然以明，各为其党之主义而努力奋斗，且于革命进程中有合作之机会，转得商洽并行，实为革命团体恒有之事实。用是本党中央执行委员会第四次全体会议，以善意的决定，凡共产党之加入本党分子，尽数取消其在本党之党籍，免使两革命团体因内部问题而相消其革命力，盖以促国民革命之成功。②

《宣言》言不由衷地表示："本党对于中国共产党，亦视为友党，以明此次善意的决定取消加入本党之中国共产党党员，实理势所不得不分，而情谊未始不可合也。"③

会议结束时，又发表《为取消共产派在本党的党籍告同志书》，再次辩护取消共产派国民党党籍的初衷，并发出国民党不革命就灭亡的自警，宣称："同志们：如果于共产派脱离本党以后，不努力投奔革命前程，共产党和其他本党的敌人，终得斩断本党的生命。同志们：要紧紧记着，时时提醒这惊心动魄的话，方才可以达到革命成功的目的，方才可以慰总理在天之灵。"④从后来历史发展的事实来看，国民党的结局倒在很大程度印证了西山会议派的预言。

关于抗俄方面，通过了《决定本党此后对于俄国之态度案》、《顾问鲍罗廷解雇案》。前案以遵守孙中山遗嘱的口吻，宣称"如有不以

---

① 居正：《清党实录》，台北文海出版社，第19、20页。
② 同上书，第20页。
③ 同上书，第20页。
④ 同上书，第27页。

平等待我者，无论其为任何国家、任何民族，皆当反对。"①文字上从假设立论，但事实上确定了反对联俄的立场。《顾问鲍罗廷解雇案》全文如下：

> 本党总理在日，最后之决定权，操之总理，即有十百客卿，皆权操自我。总理既逝，政治顾问鲍罗廷竟挟其出席中央执行委员会之政治委员会，又利用政治委员会而驾驭中央执行委员会，违背本党之组织，为之崩乱。中央执行委员会全体会议负本党最高职责，今于取消共产派在本党党籍及取消政治委员会两案决议后，不能容许非本党信徒之客卿鲍罗廷仍在本党服务。为此特议决解雇鲍罗廷在本党之一切职务。②

在党的重建方面，通过了《开除汪精卫党籍案》、《取消政治委员会案》、《总理逝世后关于反对共产派被开除者应分别恢复党籍案》、《修正第二次全国代表大会选举法》、《第二届全国代表大会日期及地点案》、《发登记证条例》、《中央执行委员会暂移上海案》等。

西山会议派定驻北京的中央执行委员为李烈钧、柏文蔚、邹鲁、林森、傅汝霖、张秋白；驻上海为沈定一、叶楚伧、戴季陶、覃振、茅祖权、居正、石瑛、石青阳、张知本；驻广东为谭延闿、邵元冲、熊克武。派定居正任组织部部长、戴季陶任宣传部部长、叶楚伧任青年部部长、茅祖权任妇女部部长、沈定一任工人部部长、覃振任农人部部长、孙科任商人部部长、林森任海外部部长、石青阳任调查部部长。会后，设中央党部于上海，初以《民国日报》为言论机关，后创办《江南晚报》作为宣传机构。

西山会议动静很大，影响不小，造成南北两个中央对峙的局面，而且延及地方组织分成两派，出现两个系统。但是，对广州国民党中央并没有立即产生实质性损害。表面看去，鲍罗廷在广州的工作

---

① 居正：《清党实录》，台北文海出版社，第8页。
② 同上书，第7页。

也安堵如常，政治委员会照样在他的公馆里举行例会，他照样出席各种公众活动。然而，他不可能处之泰然，熟视无睹，压力自然深藏内心。

11月7日，国民党中央执行委员会与广州各界发起庆祝苏俄十月革命八周年纪念会在广东大学操场举行，鲍罗廷出席并发表演说。他赞扬除了苏联，没有其他地方像广州这样热烈庆祝俄国革命。俄国革命实现了民族主义、民权主义，但社会主义还未实现，这个主义需要几个国家一起实现才有可能。鲍罗廷这么说，显然是主动而有针对性地运用孙中山三民主义。他又讲到孙中山与列宁的交往，说明反帝运动是中俄一起做的，是中俄友谊的体现。他指出军阀不理孙先生的国民革命，三民主义无法实现，所以，孙先生向人民宣言，唤起全国工农商学归于自己旗帜之下，建立强固的政府。这个政府有实现孙先生主义的可能。①

当日晚间，鲍罗廷举行招待会，他在演说中重温中俄反帝斗争历史，着重讲革命势力联合对于争取革命胜利的意义。他说：中国的革命史已经过上百年时间，如果要取得成功，只有和俄国一样联合革命势力，集中在孙文主义之下来奋斗。经验告诉我们，革命势力的联合，可以打破铁链一般的包围。鲍罗廷所讲的革命势力，以革命军队、农工阶级为主体。他给听众描画了光明的前景：

> 诸君！如中国革命势力能联合，可使广东富庶过香港几千万倍，可令广东之和平与兴盛为全国之模范。东江之役我们既以数千之革命军打倒几万压迫民族的军队，由此以推，数十万的革命军必能扫平全国的军阀，统一中国，在北京建筑革命的国民政府。帝国主义的势力虽在鸦片之战，太平天国之役，义和团之役不能打倒他，但若革命势力能联合，现在一定能将他打倒！我们此时要高举孙先生之遗骸以欢呼革命的胜利！②

---

① 参见《鲍罗廷在中国的有关资料》，中国社会科学出版社 1983 年版，第 53—55 页。

② 《鲍罗廷在中国的有关资料》，中国社会科学出版社 1983 年版，第 61 页。

鲍罗廷（右二）出席广州纪念十月革命八周年活动，采自中国革命博物馆《第一次国共合作时期的北伐战争》

　　12月1日，鲍罗廷出席国民革命军第二军军官学校第一期学生毕业典礼。他的演说一开始就提出，国民革命军要担负中华民族解放中国的使命，革命屡次失败，就是由于没有强大的革命军，人民没有大团结。他提出经过军事教育的青年，要守军事纪律，也要守政治纪律。他意有所指地说："诸君有这种大责任，也就有一种权力来要求的。你们可要求革命党来指导你们，要党站在稳固地位，不受动摇。这个革命党，是我们领袖遗传下来，站在人民上面，把反革命势力扫除，我们要求党要站稳，并要革命军联合一致，扫除一切反革命势力。"①

　　稍后，鲍罗廷出席即将赴苏学习的中山大学预备班学员餐会，他讲到所谓科学无国界，不过只是帝国主义的表面话语，科学是工具，可以用以为善，也可以用以为恶，看是用在帝国主义手里还是

---

　　① 《鲍罗廷在中国的有关资料》，中国社会科学出版社1983年版，第64页。

用在弱小民族手里。学校也是某一阶级或某一部分的宣传机关,帝国主义者以学校为他们宣传,我们要有学校为国民革命宣传。莫斯科中山大学的建立,就是"要使一般学生了解中山先生的主义,去继续中山先生的工作,以完成中国的国民革命"。"中国的问题,只有革命的方法可以解决"。①

12月22日,鲍罗廷同《广州民国日报》记者畅谈中苏关系,再次讲到孙中山曾经给列宁以精神支持,说明两国联合的必要性。他说:"我们倘若想革命都能得到成功,只有大家联合,互相援助,就是中国同志,要帮助俄国革命的成功,俄国同志也要帮助中国革命的成功。"②

这段时间,鲍罗廷连番发表公开讲话,显然有巩固阵地、消解西山会议影响的动机和意味。

广州国民党中央能稳住阵势,与掌握着军队有极大的关系。蒋介石作为"廖案"以后高层人事变动的最大受益者之一,公开反对西山会议。

12月5日,蒋介石为《黄埔军校第三期同学录》作序,对内喊话:"本校之存亡,主义之成败,不在外敌之强弱,而在内部之分与合";对外发声,明确指出三民主义与共产主义的关联性,"三民主义之成功,与共产主义之发展,实相为用而不相悖","中国革命,不能不成为世界革命之一部,而实行三民主义,则共产主义即在其中矣"。③

12月11日晚间,蒋在东征前线汕头总指挥部举行的宴会上即席演讲,称:今天能够消灭叛逆,可以说是得益于苏俄同志,本其民族精神,国际的实力,与其革命的使命,赴来与本党合作,帮助我们中国革命的势力。他批评那些所谓中国革命党受俄国人指挥的论调,是诬蔑革命党,是偏狭思想。"现在中国问题,几乎就是世界问题,若不具世界眼光,闭了门来革命,不联合世界革命党,不以

① 转见子任《中国国民党选派学生赴莫斯科孙文大学》,《政治周报》第 2 期,1925 年 12 月 13 日。
② 《鲍罗廷在中国的有关资料》,中国社会科学出版社 1983 年版,第 66 页。
③ 中国第二历史档案馆:《蒋介石年谱初稿》,档案出版社 1992 年版,第 468 页。

世界上以平等待我之民族共同奋斗，那么，革命成功的路径，恰同南辕北辙，决无成功的希望。"他说：帝国主义者所造的谣言，最有力量，最能动人听闻的一句话，就是中国人不应受俄国人指挥，"我可老实说，只要他革命先进国的苏联，诚心诚意来帮助我们民族的独立和平等，来指导我们中国的革命，我们世界革命的中国革命党员，只要为求我们民族独立和平等之故，亦并不是什么耻辱。"讲完之后，他起立与众一起高呼："中俄同志团结万岁，世界革命成功万岁。"①

12 月 25 日，在得悉西山会议具体情况以后，蒋介石发出《忠告海内外各党部同志书》，批评西山会议"快其驱除异己、发抒私愤之偏心，而不惜阻挠国民革命之大业，迹其言动，无一不悖于本党之纪律与总理之意旨"。"即使其召集为合法，是其所宣布之议决案，亦必不能有效也"。②他指出：西山会议主张排除共产党，无非两条理由，第一是两党主义冲突，根本不能相容；第二是孙中山意在化共产党为国民党，而今国民党有被共产党所同化的危险。前者，孙中山在世时已做了裁决，自信三民主义能兼容共产主义，而不惧共产主义将蚕食三民主义；后者，国民党人能自振奋，努力于国民革命，能知中国革命为世界革命之一部分，敢信全国国民均将奔集于三民主义旗帜之下。③

蒋介石反击西山会议的武器，主要是孙中山生前的决定和晚年激进言论，并以孙中山的崇高威望加以反制。他在这封公开信中，也为汪精卫做了辩护。最后，归结起来："呜呼，赤化也，共产也，俄人掌握政权也，帝国主义与军阀之所以诬陷我者，今岂将一一出于同志之口耶？"④蒋把西山会议所做的决议，以"诬陷"二字加了一个质的判定。

---

① 参见中国第二历史档案馆《蒋介石年谱初稿》，档案出版社 1992 年版，第 472—474 页。
② 参见中国第二历史档案馆《蒋介石年谱初稿》，档案出版社 1992 年版，第 484 页。
③ 参见中国第二历史档案馆《蒋介石年谱初稿》，档案出版社 1992 年版，第 486 页。
④ 参见中国第二历史档案馆《蒋介石年谱初稿》，档案出版社 1992 年版，第 486 页。

蒋介石的这封公开信，《政治周报》以《为西山会议告同志》为题公开发表。其中，驳斥了西山会议对鲍罗廷的攻击，写道：

> 鲍罗庭同志之为政治顾问，为总理所特请，总理曾诏中正："鲍罗庭同志之主张，即余之主张，凡政治问题，均须容纳其意见。"总理逝世以后，苏俄同志对于本党，以亲爱之精神，同志之资格，遇事互相讨论，求得真理，绝无所谓"包揽""专断"之事实。此不独鲍顾问为然，而鲍顾问固亦如是。①

意思相同的话，在 12 月 11 日也讲过。据《政治周报》载，蒋介石说："去年总理将要北上的时候，对我不但是有面谕，而且是有手谕。总理的面谕，说是：'鲍罗庭同志的主张，就是我的主张；凡是政治上的事总要容纳他的主张；你听他的主张，要像听我的主张一个样子才好'。"②蒋以转述孙中山交代的方式，一再为鲍罗廷背书。

10 月 5 日，汪精卫在中央执行委员会第 111 次会议上提议由毛泽东代理宣传部部长并得到通过。毛泽东就任后，迅速筹备出版一份周报，并建立国民党中央到地方宣传部门的指挥系统。12 月 5 日，《政治周报》创刊，成为反击西山会议派的重要阵地。该刊前四期由毛泽东主编。他宣布《政治周报》的宗旨，就是以大量的事实，兼以辩证的议论，向社会大众陈明广东革命的真相，以忠实报告来反击各种诬蔑不实之词。

12 月 4 日，国民党中央执行委员、监察委员、各部部长第 125 次联席会议，通过了毛泽东起草的《中国国民党对全国及海外全体党员解释革命策略之通告》，后由《政治周报》第 1 期刊出。该通告说明西山会议反对联俄、容共，分裂国民党，离间各阶级联合战线，是叛党行为。毛泽东为《革命派党员群起反对北京右派会议》所写的按语，明确指出国民党中央第四次全体会议地点之争，"实乃继续

---

① 蒋介石：《为西山会议告同志》，见《政治周报》第 4 期，1926 年 1 月 10 日。文中"中正"原为"正中"。

② 《蒋介石对于联俄问题的意见》，见《政治周报》第 4 期，1926 年 1 月 10 日。

革命与放弃革命之争";"现在的中国，除了革命，决无路走，凡属革命性强固的党员，决不愿附和右派抛弃光荣的革命地位，以助帝国主义军阀张目。"①

与此同时，中共中央及时通告各地党组织，将西山会议派定性为国民党新右派，要求在国民党内积极开展反对西山会议的斗争，并扩大其社会影响。在同新右派的斗争中，要掌握三民主义的话语权，以国民党一大宣言为依据，结合共产党的理论，形成新的宣传攻势，以组织三民主义学会的方式扩大成果，达到巩固和发展国民党左派，"助左反右"的目的。

这个通告，很快就在一些地方得到贯彻落实。例如，董必武所主持的国民党湖北省党部即于12月9日致电国民党中央、北京上海两执行部、各省省党部特别市党部及海外各总支部，严词批驳了西山会议，表示以服从中央努力革命为职志，对于党内一切反革命分子深恶痛绝，将在第二次全国代表大会上提出概予开除其党籍，并希全体同志一致主张，勿稍姑息。②12月24日，又向全省党员与民众广为散发传单，严厉批评西山会议"完全是叛党的行为，并不是左右派的分化"，"这一部分人，只能说是叛党党徒，还够不上是'右派'。"③

2. 国共合作大政方针的再确认

西山会议以国民党中央全会的名义，彻底颠覆了国民党一大确立的联俄、容共革命政策。它的发起人和骨干成员，多系国民党元老，有的还是孙中山遗嘱的见证人。粉碎西山会议夺取国民党正统改变革命路线的图谋，必须上升到全国代表大会的高度，才有足够的权威和力量。

---

① 子任：《革命派党员群起反对北京右派会议》，《政治周报》第 2 期，1925 年 12 月 13 日。

② 《湖北省党部上中执会等电》，1925 年 12 月 9 日，台北中国国民党党史馆，汉 9021.55。

③ 《中国国民党湖北省党部声讨叛党党徒并告全体党员及湖北民众》，1925 年 12 月 24 日，台北中国国民党党史馆，汉 12559。

本来，国民党总章规定每年召开全国代表大会一次。孙中山逝世后，国民党中央初步决定了召开第二次全国代表大会事宜。5月2日，国民党湖北临时省党部接到上海执行部4月6日通告，内称中央执行委员会定于本年7月20日以后至30日以前在广东开会。不久，国民党一届三次全会在广州举行，将召开全国代表大会的时间定在6月。关于会议地点，此前有定在北京的考虑。后经多次慎重讨论，确定将大会地点放在广州，并把开幕时间推迟到8月15日。7月20日，政治委员会讨论全国代表大会议案的准备工作，推定胡汉民、汪精卫、廖仲恺、谭平山以及鲍罗廷为预备议案委员，要求于两星期内向政治委员会提出相关议案。由于紧急处置"廖案"，高层人事变动，国民革命军第二次东征以及统一广东南路等重大事件接连发生，会期又延展到11月15日。这时候，与西山会议派之间就召开四次全会的攻防战已经展开，准备工作也没有完成，会期不得不再次推迟。11月20日，政治委员会第84次会议决定于12月11日在广州召开第四次全体会议，翌年1月1日在广州召开第二次全国代表大会。①

国共两党党内合作的情势之下，国民党召开全国代表大会，绝非纯属国民党的家务事，特别是孙中山逝世以来，国民党内破坏国共合作的动作日益猛烈，共产党不得不加以高度关注。11月25日，青年团中央转发中共中央一则通告，通告要求各地在国民党中的同志，应用国民党组织的名义，"严促广州中央迅速定期召集第二次全国大会"。②11月27日，先期到达广州的湖北代表董必武等人，直接向国民党中央提出建议，敦请早日召集第二次全国代表大会。稍后，四川代表吴玉章一到广州，也催促汪精卫召集中央会议，以筹备全国大会。吴随后被推举为秘书长，负责办理国民党二大的全部筹备与会务工作。由于近两年来，共产党人在一些地方国民党组织的发

---

① 参见《湖北省党部之二函》，台北中国国民党党史馆，汉5297；中国第二历史档案馆：《中国国民党第一、二次全国代表大会会议史料》上，江苏古籍出版社1986年版，第129、130页；《政治委员会第三十七次会议》，1925年7月20日，《政治委员会第八十四次会议》，1925年11月20日，见《中央政治委员会第1—100次会议纪录》，台北中国国民党党史馆，会议00.1/27.1。

② 中央档案馆：《中共中央文件选集》第1册，中共中央党校出版社1982年版，第447页。

展中居于主持地位，因此，第二次全国代表大会的代表中，跨党的共产党人自然占了较多份额。至于是否达到如张国焘所称共产党人约占到会256名代表的四分之一，或吴玉章所称达到了五分之三，则难以确认。①

为了最大限度降低西山会议的冲击，有助于营造国民党召开团结大会的氛围，陈独秀出面，张国焘、蔡和森参加，约集孙科、叶楚伧、邵元冲，在上海外白渡桥苏联领事馆内会谈。这个活动，得到维经斯基的支持。陈独秀向来人表示：中共没有包办国民党事务的企图，而且反对这种企图；已通知各地党部，多推选国民党人士出席国民党第二次全国代表大会；不希望在这次中委改选中，增加中共方面的国民党中央委员人数，主张国民党的事应由国民党员负责。他并代广东方面游说，称事实上并不如外间所谣传，广东方面要排斥某些人士参加；广东当局希望各位先生能步调一致，担负起国民党中央和国民政府的各项责任。孙、叶、邵相继表态，只要情况许可，都愿意去广东参加大会。双方达成了七点协议。②随后，张国焘以国民党第一届中央候补执行委员的身份参加大会，代表中共中央指导中共党团。

1926年1月1日，中国国民党第二次全国代表大会在广州正式举行。经各地各单位选举，出席这次大会的代表有256人，连同第一届中央执行委员七人、候补委员三人，中央监察委员一人，蒙古政府特派员一人，广西省政府特派员二人，共270人。③大会推举汪精卫、谭延闿、邓泽如、丁惟汾、谭平山、恩克巴图和经亨颐组成主席团，因经亨颐未到，后以宋庆龄增补。1月20日，大会以取得丰富成果而宣告闭幕。

大会在隆重热烈的气氛中揭幕。会场设在国民党中央党部礼堂，

---

① 参见张国焘《我的回忆》第 2 册，现代史料编刊社 1980 年版，第 84 页；《吴玉章回忆录》，中国青年出版社 1978 年版，第 131 页。

② 参见张国焘《我的回忆》第 2 册，现代史料编刊社 1980 年版，第 66、67 页。

③ 吴玉章：《中国国民党第二次全国代表大会经过概略》，《政治周报》第 5 期，1926 年 3 月 7 日。

门口高扎松柏牌楼，孙中山题词"革命尚未成功""同志仍须努力"以电灯嵌成对联，国民党党旗之下置放松柏扎成的地球，表示党治与世界革命成功之意，地上铺满松针。会场内，主席台上悬挂孙中山和其他革命先烈遗像，下悬孙中山遗嘱，两旁悬国民党党旗与国旗，"奋斗"两个大字分置两旁，四周高悬革命口号与政纲条文。

上午9时整，大会宣布开幕。各军队、各炮台鸣炮致敬，两架飞机翱翔空中，散发纪念传单。汪精卫致开幕词，充满对孙中山深切的缅怀，宣称孙中山以40年的心血和经验，从九死一生的痛苦中找出了一条光明大路，第二次全国代表大会就是要团结一体，继续沿着这条光明大路前进。演说完毕，全体合影，转到东校场参加阅兵式。阅兵结束，大队民众进入阅兵场，高举旗帜，围绕大会代表行进。空中，飞机散发《告民众书》；地面，口号声声，此起彼伏。游行队伍，浩浩荡荡，沿途市民，夹道而观。整个广州，汇成一片激情迸发的海洋。当日下午，国民政府为全体代表举行了欢迎宴会。

这样一番安排，是必要的。国民党第二次全国代表大会的召开，历经许多波折，特别是遇到了西山会议派的颟顸，在统一广东革命根据地以后，盛大庆祝国民政府成立以来这一最重大的事件，展示力量，有利于鼓舞革命阵营的士气。

孙中山的遗嘱，熔铸其革命历史、革命思想、革命经验和革命纲领于一体，与国民党第一次全国代表大会通过的宣言和政纲，同为国民党开创国民革命新局面的政治根本，是国民党二大的指路灯和护身符。1月4日下午，第一届中央执行委员会、中央监察委员会共同向大会提出《第二次全国代表大会谨以至诚接受总理遗嘱并努力以履行之》的议案。汪精卫说明提案理由，并报告了孙中山遗嘱形成过程、主要内容以及第三次中央执行委员全体会议接受遗嘱的决定。全场无异议一致通过该议案。经冯品毅提议有效，全场代表起立，静默一分钟。次日上午，全体代表到观音山山顶，举行了"中国国民党第二次全国代表大会接受总理遗嘱纪念碑"奠基典礼。同日下午，全体代表公祭了黄花岗七十二烈士和廖仲恺。

孙中山晚年确立的最重要政策之一，就是联俄和联合世界上一切被压迫民族。西山会议反其道而行之，采取了抗俄的立场。大会通过接受孙中山遗嘱案以后，朱季恂紧接着提出"致电苏俄表示诚意合作，打倒帝国主义"，"致电全世界被压迫民族，表示一致与压迫阶级奋斗"等五项临时动议，高语罕、童庸生、侯绍裘、吴玉章、杨闇公、邓懋修、刘重民、蔡以忱等10人附议。全场无异议通过。据此，大会发出《致苏维埃联邦共和国人民委员会暨全俄国民》电文，表示"谨以至诚之意与贵国携手合作，共同打倒帝国主义。贵国为世界革命先锋，向以扶助被压迫民族为职志，深望继续与以助力。"①13日下午，吴玉章领衔又提出《本党对外政策进行案》，认为大会接受孙中山遗嘱，需要相应决定进行方略，以资保证实施，进一步提出：一要"与苏俄切实联合"，"我们继承总理联俄的政策，应该更进一步，由本党政府与苏联政府作更密切的联合"；二要"扶助弱小民族"；三要"联络世界上的革命民众"。陈公博、朱克靖、唐际盛、邓懋修、刘泳闿、路友于、陈其瑗联署。这项决议案，比前此发表的通电，更具实践性和约束力。蒋先云、方维夏、夏曦、范鸿劼、侯绍裘发言赞成，大会以多数同意予以通过。

大会听取了政治、军事、财政、党务、宣传、工运、农运、商运、妇运、青运以及海外党务的报告，一一作出相应的决议。这些报告表明，国民党一大以来，在共产国际和苏联的指导、帮助下，以国共合作为动力，国民革命得到了全方位的发展。

大会对《中国国民党总章》做了必要的修改。孙中山逝世后，"总理"一章实际上已经失效，但作为永久纪念，大会决定予以保留，并增加了挂遗像、颂遗嘱、举行纪念周的规定。鉴于全国代表大会、中央全会的召开已经在程序、会址等方面发生过争议，修正条文有针对性地作了新规定。修正后的党章，规定了候补委员的职权及其运作限制；规定了中央党部应设常务委员会，以九名中央执行委员

---

① 中国第二历史档案馆：《中国国民党第一、二次全国代表大会会议史料》（上），江苏古籍出版社1986年版，第190页。

组织之，在中央全会闭会期间执行职务；规定了中央执行委员会可设政治委员会等特种委员会，使政治委员会从此获得制度资源，巩固了合法地位；规定设中央党部特派员分驻各地，中央委员亦得在各地就近指挥当地党部等等。①

大会秘书处收到关于西山会议的弹劾案 60 余件，提案审查委员会向大会报告了审查结果，建议分别情形给予不同处分。西山会议以抗俄排共为主旨，捎带取消政治委员会、处分汪精卫，对国民党内具体人冲击的面并不大，特别是对蒋介石完全避而不谈。这或许是一个策略。汪精卫、陈独秀大概不约而同地看到了这一点，在缩小对西山会议派的打击面、争取更大范围的支持上，出现默契，或者说，形成了共识。

早在 12 月 7 日，谭平山就在一次党务报告中，把西山会议派分为三个部分，一派以邹鲁为代表，一派以戴季陶为代表，一派以林森为代表。他把召集西山会议的责任主要归之于邹鲁，认为戴季陶只是一时的冲动而非存心破坏，林森亦不过与邹鲁作偶然的结合。②邓演达回国过沪时，专程到湖州看望了戴季陶。在开幕日欢迎宴会上，他也说戴季陶参加西山会议是受人欺骗，被人利用，事后已把西山会议的事情"一概取消，一概不理"，"信他在相当时间内一定能同革命的同志一起去做事的"。③1 月 13 日，汪精卫在关于西山会议的提案审查报告完毕后发表意见：一是提出对西山会议的处分，"最好就以总理之心为心"，并说这是第一军和黄埔军校代表一起开会认同的，他本人和蒋介石都曾与会。言下之意，他与蒋都是这种主张；二是宣称据他人报告，西山会议只有两个钟头，戴季陶、邵元冲很快就走了，是邹鲁用签名乱发通电破坏联俄政策和容纳共产党分子政策，希望不要把一两个可恶之人与其他有份西山会议的人

① 参见《中国国民党总章修正案》，秦孝仪主编：《革命文献》第 76 辑上，台北中国国民党党史委员会第 39—44 页。
② 参见谭平山《党务报告》，见《政治周报》第 2 期，1925 年 12 月 13 日。
③ 参见中国第二历史档案馆《中国国民党第一、二次全国代表大会会议史料》（上），江苏古籍出版社 1986 年版，第 163 页。

等同看待，对一时受惑或被利用之人，应予从宽处分。①

经过一番激烈讨论，以大多数同意通过了《弹劾西山会议决议案》。大会认定西山会议违法，是建党以来违背党纪的重大事实，决定将应负主要责任的谢持、邹鲁二人永远开除党籍；居正、石青阳、石瑛、覃振、傅汝霖、沈定一、茅祖权、叶楚伧、邵元冲、林森、张继、张知本等12人，予以警告，责其改正，限期两个月内具复于中央执行委员会，逾期不接受警告者，给予开除处分；对戴季陶则予以训令，促其猛省，不可再误。

1月16日下午，大会举行选举。此前，主席团向大会提出选举规则，规定中央执行委员名额36人，候补中央执行委员名额24人，中央监察委员名额12人，候补中央监察委员八人。选举办法是以民主集中制为原则，有表决权者每人提出候选人最多10人，由主席团汇成候选人总名单，由有表决权者分别填写四种选票，以得票最多者依次当选。当日到会256人，发出四种选票253张，收回中央执行委员选票、候补中央执行委员选票、候补中央监察委员选票252张，其中，废票三张；收回中央监察委员选票249张，其中，废票二张。

选出中央执行委员：汪精卫、谭延闿、胡汉民、蒋介石、谭平山、宋庆龄、陈公博、恩克巴图、于右任、程潜、朱培德、徐谦、顾孟余、经亨颐、宋子文、柏文蔚、伍朝枢、何香凝、丁惟汾、戴季陶、李济深、林祖涵、李大钊、于树德、甘乃光、吴玉章、陈友仁、李烈钧、王法勤、杨匏安、恽代英、彭泽民、朱季恂、刘守中、萧佛成、孙科。

中央候补执行委员：白云梯、毛泽东、许甦魂、周启刚、夏曦、邓演达、韩麟符、路友于、黄实、董必武、屈武、邓颖超、王乐平、陈嘉祐、陈其瑗、朱霁青、丁超五、何应钦、陈树人、褚民谊、缪斌、吴铁城、詹大悲、陈肇英。

中央监察委员：吴稚晖、张静江、蔡元培、古应芬、王宠惠、李石曾、柳亚子、邵力子、高语罕、陈果夫、陈璧君、邓泽如。

---

① 参见中国第二历史档案馆《中国国民党第一、二次全国代表大会会议史料》（上），江苏古籍出版社1986年版，第285、286页。

候补中央监察委员：黄绍竑、李宗仁、江浩、郭春涛、李福林、潘云超、邓懋修、谢晋。①

档案记载，汪精卫、谭延闿、胡汉民、蒋介石得票均为248张，依此顺序排名。《政治周报》发表时，汪精卫多出一票以249票名列第一，并将其余三人顺序调为蒋、谭、胡。②张国焘在其回忆录中称胡汉民以全体代表的票数当选，吴玉章商得汪精卫同意，将胡排在汪、蒋之后。显然，他的回忆不够准确，但这几个人的排名以及汪精卫的票数有所变动，倒确是事实。

看来，汪精卫要想一切办法挂上头牌，与谭、胡、蒋并列，即使居首也是不够的。国民党二大的确把汪精卫送上了权力之巅，他是大会上讲话最多的人，也往往是对重大决策做出决定性表态的人。

汪精卫明白共产党人在大会中有不可忽视的作用，一方面以怀柔、分化之势处理西山会议派，一方面高调宣扬与共产党人合作的成功和意义。大会期间，他在《政治周报》发表《我们应该怎样的努力》，解答人们对"革命派里头，会生出共产派与非共产派的裂痕不会"的疑问。

这是一篇完全针对戴季陶主义而发表的言论。汪精卫指出：这个问题的理论部分，孙中山已经做了明确解答，共产主义和三民主义，理论没有分别，方法有所不同，两者没有冲突。从实践上说，国民革命是现实中国唯一的要求，国民党担负国民革命的使命，是应了这种环境和要求，共产党员加入国民党，也是看到了这种环境和要求，他们即使不加入国民党，今日所能做的也是国民革命的工作。"我们与其谈天说地，要怎样推崇总理的学说，比之于耶稣孔子，我们不如切切实实的，将总理的学说，应用于国民革命之实际工作，因为这样才是真正的推崇总理的学说。"他进一步对比分析了马克思派无产阶级专政和孙中山全民革命学说，指出马克思派尽管主张无

① 中国第二历史档案馆：《中国国民党第一、二次全国代表大会会议史料》（上），江苏古籍出版社1986年版，第376、377页。

② 《大会始末记要》，《政治周报》第6、7期合刊，1926年4月10日。

产阶级专政，但也明确主张中国目前需要的只是国民革命，而全民革命论，也是以大多数农工群众为基础，如果离开工人农民，"试问全些什么，连半也说不上"。再者，从执政形态上说，无产阶级专政与军政、训政的革命程序，名义不同，实质一样，"不外以党治国而已"。他的结论是："我们如果自己承认是革命派，自己承认要做实际工作，那我们里头，决不会生出共产与非共产的裂痕"。

不是干巴巴地讲理论，汪精卫运用事例，激情洋溢，给人印象至深。他说：

> 自从总理颁布了三民主义的演说之后，凡是革命派，无论为共产派，为非共产派，都一致努力，为国民革命而奋斗。今年二三月间东江之战，以至最近十月十一月间东江南路之战，国民革命军的将士，一堆堆战死的尸骸，没有共产派与非共产派的分别，已枕藉在一处，所流出来的热血，已凝结成一块了。他们可以为国民革命同在一处死，我们何不可以为国民革命同在一处生。说到这里，我的热血，直涌上来，我敢毅然决然的说到：我们如果同在国民革命的战线上，而妄生共产与非共产的分别，以分散国民革命的势力者，绝非总理的信徒。①

汪精卫的这个表达，与蒋介石近乎一致。蒋介石为《黄埔军校第三期同学录》写序，也说："吾人至今，悔不问明当时先烈之死者为共产乎，抑为非共产而三民乎。中正兹预言以答后吾死者之问曰：吾敢率国民党内共产与非共产诸同志，集合于国民党青天白日之旗下，以实行吾总理革命主义而死也。吾愿死于青天白日之旗下，吾为国民革命而死，吾为三民主义而死，亦即为共产主义而死也。"②

相比于汪精卫，蒋介石在国民党二大的收益更大。他以与汪、谭、胡相等的高票当选国民党中央执行委员，公开发表时更紧紧列名于

---

① 汪精卫：《我们应该怎样的努力》，《政治周报》第4期，1926年1月10日。
② 中国第二历史档案馆：《蒋介石年谱初稿》，档案出版社1992年版，第468页。

汪精卫之后。代表大会期间，他被政治委员会任命为军事委员会常务委员、国民革命军总监，巩固并扩大了第二次东征以来对军事和军队的控制。

胡汉民缺席国民党二大，仍以高票当选中央执行委员，这当然首先与他在国民党中的资历和人望有关。此外，他代表国民党访问苏联，得到苏联党政要人和共产国际高层的重视，所到之处，大受欢迎；大会前夕，他致电国内提出坚持三民主义，坚持国民党一大政纲，并主张对怀疑与不革命者执行纪律。胡汉民出使苏联，是当时基于权力分配的临时举措，现在，汪蒋联手，尘埃落定，威胁解除了。所以，汪精卫在政治报告中为他在"廖案"中受到牵连特地加以辩诬和平反。

共产党人坦荡而热情地参加国民党二大，但在新产生的国民党中央执行、监察两会中，当选人员不多。只有中央执行委员七人：谭平山、林祖涵、李大钊、于树德、杨匏安、恽代英、吴玉章；候补执行委员七人：毛泽东、许甦魂、夏曦、韩麟符、董必武、屈武、邓颖超；中央监察委员两人：邵力子、高语罕；候补监察委员三人：江浩、邓懋修、谢晋。

国民革命失败后，在批判中共党的机会主义错误中，陈独秀与孙科的上海会谈以及共产党人在国民党中央执监两会中席次的减少，就被曾为当事人的蔡和森率先指为"是向资产阶级让步的开始"。[①]后来，李立三更具体地描述了中共中央对国民党的让步，说是：广东党很坚决地把许多右派驱逐，鲍罗廷并开始准备反蒋，决定国民党二大上要有共产党多数当选，在政治上、组织上占领导地位。但是，上海中央却相反，要广东欢迎右派回去，共产党人在国民党二大当选的只能三分之一。"广东党在中央严厉督责之下，就完全没有执行自己的路线，因此左派也动摇了，右派回去更增加了资产阶级的势力，而党的影响反而缩小"。[②]的确，陈延年主持下的广东区委，奉行

① 中央档案馆：《中共党史报告选编》，中共中央党校出版社 1982 年版，第 82 页。
② 同上书，第 230、231 页。

进攻方针，以为共产党人与左派汪精卫密切合作，就谁也不怕。他们曾经对中共中央和维经斯基就国民党二大发出的指示忿忿不满。

但是，这里面的一些内容应予辨正。其一，政治从来就是妥协的艺术。特别是在统一战线中，让步是为着求同存异必须采用的政治手段。国民党二大面临的主要任务，是继承孙中山遗嘱，坚持国民党一大政纲和联俄、容共、扶助农工的革命政策。大会同西山会议派做斗争，并给予了相应处分，维护了团结统一的局面，确认了包括坚持国共合作在内的大政方针。这是胜利的大局。共产党即使有所让步，也是物有所值。其二，驱逐右派由共产党人取而代之，既不是当时中共的策略，也不是共产国际代表和苏联顾问的策略。孙中山逝世后，鲍罗廷面对国民党内围绕容共问题不断发生的纷扰，就准备在国民党中央的共产党人席位上做出让步。在他看来，做到把握导向，控制局面，共产党人在国民党中央的席位多几个或少几个，并不是关键因素。中共中央提出国民党第二届中央执委，共产党应有七人，鲍罗廷建议少点，最后一致同意以四人为最低限额。维经斯基也认为，解决国民党内涉及共产党的纠纷，从外部来说，要加强中共自身的发展，从内部来说，就要明确两党党员之间的关系，同国民党的关系要从联盟转向联合。在这个问题上，中共中央、维经斯基、鲍罗廷是一致的，他们中既不存在广东与上海不同调的问题，也不曾有鲍罗廷此刻已准备反蒋的事实。

共产党人当选国民党中央执行委员，除了谭平山得票246张，位列第五以外，林祖涵得196票，与戴季陶得票相同，其他委员得票都在这个数字之后。而与西山会议有瓜葛的吴稚晖，反倒位列中央监察委员第一名。这足以说明，国民党二大尽管有那么多共产党人代表参加，得到对于西山会议派并不完全的胜利，其实并不容易。至于会前广东区委设想两个方案：其一，国民党中央增加到30人，三分之一为共产党人，共产党人占候补委员一半；其二，国民党中央增加到40人，半数为共产党人，候补委员也占一半，显然过高估计了中共自身的实力及其对国民党左派的影响力。后来对所得席次

的不满，正是相对于广东区委的方案而言的。

国民党二大自始至终都没有离开与共产党的关系这个话题，有时甚至交锋至烈。在谈话会上，谭平山坦承自己就是共产派，现在的唯一目的是国民革命，就不必问有什么派，"要是事实上能够分家，能够有理由分家，那我亦觉得不必强合在一起"。①

1月7日，丁惟汾报告北京党务，讲到共产与反共产问题。张国焘接着发言，说：共产党为了革命，走到孙先生的国民党旗帜之下工作，认国民党为唯一革命的政党。共产党人加入国民党，守国民党的纪律，又守共产党的纪律，这算是有最高的党德。至于国民党内部发生派别，并非共产党人加入以后才有。共产党人主张阶级斗争，其实是要在不同阶级中，找出经济上的共同利益，联合一切革命分子共同奋斗，而不是主张分裂。许卓然发言，希望大家不要误会，不要猜忌，共同去做国民革命。他又讲到，在上海和汕头听到一些传闻，说是共产党员加入国民党，在国民党内形成党的组织，国民党机关大半为共产派所把持，不加入共产派就不能有发展。高语罕当即发言，声明共产党人加入国民党，绝对不是为了争位置、争权力。②

1月18日，大会讨论党务报告决议案，文字涉及容纳共产党人问题。来自黄埔军校的代表袁同畴，提出应该从根本上加以解决。他认为根本原因是有些人总嫌共产派同志开展党务不肯公开，也没有声明自己就是共产党员，共产党员加入国民党时，应该声明自己是共产党；共产党员要将在国民党内的活动公开；国民党员加入共产党，要得到当地国民党党部的许可。他的建议，得到超过10人附议。袁同畴所提的建议，其实就是蒋介石在潮州就已拟定的办法。接下去，参加讨论的有张国焘、毛泽东、高语罕、范鸿劼、陈公博、唐际盛、方维夏。占到主导的观点是：要求共产党人在国民党中公开，

① 中国第二历史档案馆：《中国国民党第一、二次全国代表大会会议史料》（上），江苏古籍出版社1986年版，第131页。

② 同上书，第219—222页。

说明了对共产党的"怕"，现在，既有纪律约束，就没有什么好怕的；共产党当然可以公开，但是现在没有公开的条件。经此一番讨论，袁同畴收回自己的提议。最后，大会以大多数同意，通过了决议案中关于"根本解决纠纷方法，由中国国民党中央执行委员会与中国共产党中央执行委员会联席会议解决"的条文。①

鲍罗廷没有进入国民党二大的会场参加会议，只是在开幕日和闭幕日的欢迎宴席上发表演说。即使如此，会议的进程和方向，尽在他的掌握之中。

在国民政府举办的欢迎宴会上，鲍罗廷深情忆述来到中国，所见所闻中国革命和国民党的情况。他说：自己既然因中俄两国革命领袖达成谅解而来，就有完成任务的义务和责任，就要脱掉衣服，丢了一切而去工作。孙逸仙博士委任自己做政治顾问，两年来，自己就以他的主义和教导做材料，做的就是把主义和行为拉到一起的工作。鲍罗廷没有明说国民党内的纠纷，也没有提及西山会议，旁敲侧击，意旨是十分明确的。他说：

> 同志们，我们所有的问题只是内部的问题，现在我们都明瞭了解的了，我们只知团结起来是对的，我知道大家都承认是对的。我们如果都认为是对的，那就好了，纵或有些小问题，我们也可以讨论。不过，在帝国主义者知道我们内部有了冲突的时候，他便用种种话来骗我们，然而我们反抗帝国主义者是一致的，是共同努力的。至于废除不平等条约的一件事，我们也不应该有二种意见，使这个重要的工作在未成功前就先自己分裂而得不到实际的利益。②

鲍罗廷的演说，不时为赞赏的掌声所打断。最后，他又针对着

---

① 参见中国第二历史档案馆《中国国民党第一、二次全国代表大会会议史料》（上），江苏古籍出版社 1986 年版，第 382—387 页。

② 中国第二历史档案馆：《中国国民党第一、二次全国代表大会会议史料》（上），江苏古籍出版社 1986 年版，第 155 页。

国共关系说：

> 我们决不要为了将来的信仰不同，而在第一步同一工作的时候就争斗。其实即使党中有聪敏的人，也说不出将来不同的地方到底在什么，就是我们总理也不料将来有不同的纠纷。他决定这种主义和策略的时候，也不料有什么不同的地方。我们当合在一起为民众而牺牲，决不能现在下定第三时期的同异；若是我们不能把意见统一，那帝国主义者就不怕我们了。①

1月6日，大会听取汪精卫的政治报告以后，程潜临时动议，表示鲍罗廷顾问很努力帮我们做革命工作，应由大会修函致谢。刘侯武附议，并提出应由大会赠送一纪念物。谭平山宣布说主席团已决定送鲍罗廷一尊银鼎，并刻上"共同奋斗"。汪精卫应李国瑞的要求，介绍了鲍罗廷在中国帮助孙中山的经过和在政治委员会中尽职尽责的作为。18日，汪精卫又向大会报告，称鲍罗廷因系总理生前聘任做中央执行委员会政治委员会高等顾问，现在，为尊重大会，特地向大会提出辞职。鲍罗廷这样提出问题，不过玩一个艺术，以退为进。果然，就有代表刘侯武提出应予慰留，汪精卫则建议由大会发给鲍罗廷聘任书为更好。汪的建议，当即被大会鼓掌通过。

大会闭幕，鲍罗廷高度赞扬大会的成果，犹如在一片沙漠之上设计建筑了一个坚固的基础。他说：现在，还要想如何把这个建筑高筑起来。鲍引用罗马故事，说明召开代表大会，就是要努力革命，并在革命史上留下纪念，绝不是来馆子里享福的。他回应社会关于国民党改变面目之说，认为国民党的改变，不是向帝国主义方面走，而是破坏帝国主义。有人说国民党已经死了，事实是精神和力量更团结起来向前努力。他呼应汪精卫的闭幕讲话，希望大会以后，工作猛进，下次代表大会要在南京召开，是在国民政府的所在地召开，

---

① 中国第二历史档案馆：《中国国民党第一、二次全国代表大会会议史料》（上），江苏古籍出版社1986年版，第156页。

不是在帝国主义保护或压迫之下召开。鲍罗廷再次提醒不要自己分裂，分裂是中国的致命伤，革命的党要有严密的纪律，革命的军队要有党的指挥和训练。①

张国焘在其回忆录中对这期间的鲍罗廷有过一段议论，说他"那时仿佛是一艘失舵的船，抓不住航行的方向；他不同意中共中央的政策，认为有退出国民党的倾向；他坚持中共留在国民党内，与左派亲密结合；但也看不见中共这样做的前途。他没有中共径行夺取国民党领导权的想法；只要求中共的势力做国民党左派的基础（他并明说中共是命中注定了要做苦力的）。他虽进退两难，但对自己的政治手腕，却颇能孤芳自赏。他认为广州局势能由他调排，一切自有办法"。②张的语调有些灰暗，什么"失舵的船"、"进退两难"、"孤芳自赏"等等。不过，也透露了鲍如何处理国共关系的情况，看到了鲍的话有份量、起作用。

就在这个阶段，共产国际执委会主席季诺维也夫对鲍罗廷的评价，也显示了鲍的影响和作用。季诺维也夫说："广州其实是中国的小莫斯科，到过那里的同志都证实了这一点。在那里发号施令的首先是共产国际的同志，即鲍罗廷同志。这是事实。"③

对于国民党二大，鲍罗廷是满意的。维经斯基也是满意的，他在共产国际执委会主席团作报告，肯定了共产党对整个国民党所采取的方针，称最近的代表大会"表明党保持了团结"，"如果我们没有共产党人和国民党人的紧密联盟，我们就不能组成反帝统一战线"。季诺维也夫甚至怀疑共产党在国民党中的影响是不是太大了，是否应该使国民党摆脱共产党的影响享有更多一些自由"。④同样，中共中央也是满意的，赞扬大会克服困难，"竟很好的开成"，"是中国

①　参见中国第二历史档案馆《中国国民党第一、二次全国代表大会会议史料》（上），江苏古籍出版社 1986 年版，第 451、452 页。

②　张国焘：《我的回忆》第 2 册，现代史料编刊社 1980 年版，第 82 页。

③　《联共（布）、共产国际与中国国民革命运动 1926—1927》（上），中共中央党史研究室第一研究部译，北京图书馆出版社 1998 年版，第 60 页。

④　同上书，第 47、48、60 页。

民族运动的成功"。①就是后来持批评态度蔡和森,当年在莫斯科作中共党史报告,也不无肯定"国民党第二次全国代表大会的成功","更加确定了国民党与共产党的关系"。②

二 蒋介石限共的党务整理

1. 中山舰事件前的政情研判

中山舰事件发生时,鲍罗廷不在广州。这个事件无论之于国共合作还是之于鲍罗廷本人,都堪称意外转折。国民党二大结束,显现在鲍罗廷面前的结局看上去阳光明媚。革命统一战线既坚持了国民党一大确立的基本理论和基本政策,共产党人又在国民党中央党部和国民革命军继续担任重要职务。他本人在国民党中的地位也得到制度保障,二届一次全会通过了《中央执行委员会政治委员会组织条例案》,明文规定中央执行委员会得聘任政治委员会顾问。

在广州洋溢着向左发展的氛围中,鲍罗廷继续饶有兴致地宣讲世界革命和中俄合作。1月21日,广州各界举行列宁逝世两周年和李卜克内西、卢森堡逝世七周年大会,鲍罗廷出席并发表演说。他讲了打倒帝国主义人类才能得到欢乐的必要性,讲了列宁与东方被压迫民族和与西方被压迫阶级联合起来打倒帝国主义的主张和方法,讲了孙中山及其指导下的国民党与苏俄联合,共同向帝国主义反攻。鲍罗廷说:这便是世界革命的开始。③

私下会见,鲍罗廷也是这样讲。2月3日,他与来自广西的白崇禧等人谈话,回答访者关于俄国革命经验、苏俄对外政策的提问。他说:俄国革命历经很多失败,因为那时没有好的领袖,列宁和托

---

① 中央档案馆:《中共中央文件选集》第2册,中共中央党校出版社1983年版,第15页。
② 中央档案馆:《中共党史报告选编》,中共中央党校出版社1982年版,第73页。
③ 参见《鲍罗廷在中国的有关资料》,中国社会科学出版社1983年版,第75、76页。

洛茨基等人的出现，解决了领袖问题。要有一个信仰、忠诚、守纪的党，造成这样的党需要训练与奋斗。有了领袖和党，还要把基础建筑在工农这两根钢轨上，否则，照样悬在半空临风飘荡。党"为人民"，不是专为当地人、本省人，应该是为全国人，甚至为全世界的人。革命党人固然讲仁爱，但对敌斗争要有坚定强硬的政策，不是玫瑰香露可以奏效。东方被压迫民族与俄国面临共同的敌人——帝国主义，所以，苏俄帮助东方被压迫民族，就是帮助自己。

白崇禧问起孙文主义与列宁主义的异同，鲍罗廷称这个问题难以答复，值得细致研究。他说：两个主义其实并没有多大差别，有点差别也就是国情略有不同。列宁看到俄国无产阶级的力量与其在革命中的地位，相信无产阶级能领导革命到底；孙中山以前没有能看到这一点，中国无产阶级的力量与革命性渐次表现出来了，所以，孙中山的思想也渐次与列宁的思想相接近。①

在胜利面前，接替加伦担任军事总顾问的季山嘉更为冒进。他全盘照搬苏联红军管理制度和办法，强硬干预军队事务，已与蒋介石发生尖锐矛盾，且对出手缓和局面的鲍罗廷强烈不满。

1月13日，季山嘉从广州给苏联驻华使馆武官叶戈罗夫写信，明言最近已"与鲍罗廷同志在关于中国共产党人在军队中的作用问题上发生了原则性的意见分歧。"他批评鲍工作方法僵化，其危害越来越大，提出必须以党和革命的著名人物取代鲍作为新的政治顾问。②同时，他与负责政治工作的拉兹贡联名写信给中共中央，再次批评所谓共产党人应彻底离开军队的主张。他们明里说广东的中共组织没有从中央得到指示解决这个问题，实则暗指后者受了鲍罗廷的消极影响。③

2月3日，鲍罗廷以奉召回国述职的名义向政治委员会告假。

① 参见《鲍罗廷在中国的有关资料》，中国社会科学出版社1983年版，第75—81页。
② 参见《联共（布）、共产国际与中国国民革命运动1926—1927》（上），中共中央党史研究室第一研究部译，北京图书馆出版社1998年版，第15、16页。
③ 参见《联共（布）、共产国际与中国国民革命运动1926—1927》（上），中共中央党史研究室第一研究部译，北京图书馆出版社1998年版，第17—20页。

当晚，他与蒋介石交谈此次北行任务、土地革命等问题，蒋表示了同感。中旬，鲍罗廷到了北京，他要向布勃诺夫使团作关于中国南方革命形势的全面汇报。

布勃诺夫使团是应托洛茨基的提议，由联共（布）中央政治局派出的。其成员除布勃诺夫外，还有远东边区区委书记库比亚克、全苏工会中央理事会主席列普谢和苏联驻华大使加拉罕。团长布勃诺夫系联共（布）中央书记、苏联红军政治部主任、苏联革命军事委员会委员。在华期间，化名伊万诺夫斯基。使团的任务是：弄清中国的局势并报告联共（布）中央政治局；在华期间无须政治局批准，有权就地采取一切必要措施；整顿派往中国的军事工作人员的工作；检查向中国正确选派工作人员的保证情况和如何指导他们的工作。①可见，这是一个得到充分授权的高级别使团。

2月15日，鲍罗廷向使团作第一次汇报。布勃诺夫主持，出席的除团员列普谢、库比雅克、加拉罕外，还有秘书隆格瓦以及顾问索洛维也夫。

在听取鲍罗廷汇报之前，2月11日，布勃诺夫使团听取了武官叶戈罗夫与助理特里福诺夫以及加拉罕的报告；12日，听取了阿尔斯基关于财政问题的报告；14日，听取了广州军事顾问尼洛夫、捷列沙托夫、切列潘诺夫的报告；15日，听取了冯玉祥的顾问普里马科夫的汇报。

鲍罗廷如数家珍，详细介绍了到达广州以后，帮助孙中山改组国民党，国民党因容纳共产党人而产生党内纠纷，平定广州商团叛乱，两次东征、南征，平定杨希闵、刘震寰叛乱，"廖案"的发生与处置，胡汉民出国与许崇智解职以及省港大罢工的情形与作用。

结束通报性的汇报，鲍罗廷报告了当前所面临的主要任务，并认为完成这些任务已经刻不容缓。

第一个问题是土地革命。鲍罗廷认为，"军阀是帝国主义的走卒"

---

① 参见《联共（布）、共产国际与中国国民革命运动 1926—1927》（上），中共中央党史研究室第一研究部译，北京图书馆出版社 1998 年版，第 21、22 页。

这个观点，在广东，不仅已经过时，而且在理论上也不正确。帝国主义在中国，特别是在广东，最主要的支柱并不是军阀，而是现存的中世纪土地关系。只有消灭这种落后的土地关系，才能建立超越家族的诚实的政府，建立现代国家制度。鲍罗廷说："这种落后的土地关系对在中国的帝国主义有帮助。消灭这种土地关系就是消灭帝国主义。土地革命问题是很重大的问题，没有土地革命什么事情也做不成。在广东，这个问题被称作是地方政权问题，很少人了解地方政权怎么也建立不起来的原因。"①他认为，现阶段广东的县级官员，就其思想意识和实际情况而言，多数是旧官吏，他们站在豪绅一边。由于农民所受的剥削深重，农会发起的各式各样斗争此起彼伏，与当地豪绅武装形成尖锐冲突，如果不是奉派到农村的军队加以援助，都逃脱不了被消灭的命运。国民党人并不怎么到农民群众中去，主要是共产党人到农村贯彻国民党一大决议，组织农民。但是，不改变豪绅地主凭借旧的土地关系剥削农民的状况，共产党人不可能让农民克制自己，迫使他们放弃过早的行动，那就很难避免发生一场4000万人的内战。

第二个问题是北伐。在广东，北伐成为普遍的心态。但是，打着什么口号北上，如何北上？鲍罗廷说："要有地方政权，看来就必须进行土地革命。广东反革命的支柱不是军阀，而是包含着对农民65％剥削的这种土地关系。一切都靠这种关系支撑着，军阀靠这种关系支撑着，买办靠这种关系支撑着，官吏、豪绅靠这种关系支撑着，政权的一切腐败现象都靠这种关系支撑着。"②他认为，北伐口号应明确而通俗地阐明土地纲领。否则，帝国主义可能在废除不平等条约后，仍保持甚至加强自己的巨大商业影响，我们没有进行土地革命，没有为国民革命建立支柱，到时候就会落得两手空空。

---

① 《联共（布）、共产国际与中国国民革命运动1926—1927》（上），中共中央党史研究室第一研究部译，北京图书馆出版社1998年版，第121页。

② 参见《联共（布）、共产国际与中国国民革命运动1926—1927》（上），中共中央党史研究室第一研究部译，北京图书馆出版社1998年版，第123页。

2月17日，鲍罗廷作了第二次汇报。

首先还是土地革命问题。鲍罗廷从行政方面讲起。他说，在中国，除了县长没有其他政权。国民政府建立后保留了大批老县长，没有足够的新人取代。而且，不改变现行政策，新老县长就没有什么区别。他澄清了国民党对共产党人垄断全部农村工作的批评和指责，认为这种说法即使有其合理成分也很小，因为总的来说，国民党是城市组织，并不具体关心农民运动。至于国民党二大后对于土地革命的态度，鲍罗廷认为，国民党左派有可能接受这样的观点，即：中国国民革命运动，只有通过土地革命才能取得胜利。然而，国民党左派接受这种观点，就意味着要出现曲折和偏离。可是，"我们的政策是不要加深和扩大国民党内存在的矛盾"，"我们现在能这样做吗？"就其个人观点来说，鲍罗廷很明确，那就是："如果不进行土地革命，那么国民革命运动就不能取得胜利。"他接着上次关于北伐的话题，再次强调北伐的口号，"仅仅是反对帝国主义反对军阀是不够的。要联系沿途农民"。"现在必须解决这样一个问题：是停留在同帝国主义、同军阀进行的抽象斗争上，还是说口号是改变土地关系，不改变土地关系，我们就一事无成。"①

鲍罗廷陈述了中国军事将领的特质：这些人的权力包揽一切，并非局限于军事，他们首先是政治家，然后才是将领。所以，政治领导人必然要把他们作为政治家掌握在自己手里。这些将领要从政，就要同他们打交道，同他们达成协议。在广东，把军事将领和政治家的角色分别开来的时候还没有到来。鲍罗廷感到他在中国所遭遇的局势的复杂性，是谁在中国都没有遇到过的，即便他个人的经历中也前所未有。在他看来，"国民革命运动实际上是一种难以想象的复杂的阴谋勾当。"要善于合纵连横，善于利用矛盾，"迫使中国人违背他们的意志沿着国民革命运动发展的正确道路前进"，既通过说

---

① 《联共（布）、共产国际与中国国民革命运动1926—1927》（上），中共中央党史研究室第一研究部译，北京图书馆出版社1998年版，第132、133页。

服，也玩弄权术，"采用独裁方法"。①

鲍罗廷讲到了最近发生的政治工作与军事工作之间的分歧。他指出：国民党内关于容共问题的辩论，同样触及到军队，军中的国民党人与共产党人的关系也不是很好。老的指挥人员始终反对政治，特别是反对共产主义政治。由于近来军中共产党人增多，表现勇敢优异，难免犯些有失分寸之类的错误，引起某种嫉妒和对立。这些情况，导致必须直截了当地向国民党人提出共产党人是否应该继续在军队中工作的问题。鲍罗廷说：

> 我也对这些领袖们说，是共产国际逼迫中国共产党人加入国民党，为的是在国民革命运动中进行合作。这就是为什么共产党人应该同你们合作。我对他们说：如果你们认为，到了散伙的时候，我想，共产党人对这种情况是求之不得的。你们是怎么想的？说不说这句话？这给他们留下的印象是：看来情况不是这样，不是共产党人强求（在国民党中工作），或者我本人或共产国际认为，让共产党人一定在国民党和军队中工作，这具有非常重要的意义。我们准备随时散伙和确立某种协议。国共两党可以退到任何一种立场上。散伙不等于彼此对立，可以就某些问题达成协议。这给他们留下了这样的印象：好像共产党人不强求。②

国民党二大期间，讨论到共产党人在国民党中合法化的问题。鲍罗廷认为，这就是对共产党人不掩盖、不回避，而是完全有意识地加以对待的表现。其实，这个问题，当时并未直接解决。

不过，鲍罗廷对军队的状况相当乐观，认为在国民革命军六个军长中，有四个是完全可靠的，蒋介石、谭延闿、李济深、朱培德

---

① 《联共（布）、共产国际与中国国民革命运动 1926—1927》（上），中共中央党史研究室第一研究部译，北京图书馆出版社 1998 年版，第 135 页。

② 同上书，第 138 页。

无可非议。另外两个，程潜可以完全拉过来，至于李福林则容易除掉。广西的军队正在按照部署进行改编。军队中以军事机关还是政治机关为首，鲍倾向于后者，但尚未得到汪精卫的明确支持。鲍说："试试看吧。我本人逐步让出了一个又一个的职权，好像力图把这个试验做得最充分。"①

鲍罗廷还汇报了广东的财政状况以及当地居民对政府、对苏联、对共产主义的积极印象。最后，他极其自信地说：

> 当你们去广州时，你们自己会确信，华南的思想势力范围乃是我们的影响。我们从那里赶走了帝国主义，正是在帝国主义的中心赶走了帝国主义的影响。今后我们可以很好地利用这种情况。如果我们能解决土地问题，还有什么问题我们解决不了呢？如果我们不再碰到以前碰到的那些困难，还有什么问题我们解决不了呢？一旦我们提出什么建议，人们就会很认真地听取。我们在那里已经不是外人，我们毛遂自荐，并将根据我们的政策、我们的决定，以极大的成功希望来加以贯彻执行。②

多年以后，苏联顾问切列潘诺夫回忆鲍罗廷的这次汇报，赞扬他"用老布尔什维克的眼光进行观察"，肯定其在广东所取得的显著成绩，同时，也指出鲍罗廷"过于夸大了这一阶段的成就"，"同别人一样，未能预见到'三·二〇'事件的可能性"，"在某种程度上受了恬不知耻的蛊惑宣传的欺骗"，对孙文主义学会的危险性也估计不足。③这个见解虽是后见之明，但事实确实如此。

不光鲍罗廷，加拉罕也对蒋介石充满好感。他认为与冯玉祥对

---

① 《联共（布）、共产国际与中国国民革命运动 1926—1927》（上），中共中央党史研究室第一研究部译，北京图书馆出版社 1998 年版，第 142 页。

② 参见《联共（布）、共产国际与中国国民革命运动 1926—1927》（上），中共中央党史研究室第一研究部译，北京图书馆出版社 1998 年版，第 146、147 页。

③ ［苏］亚·伊·切列潘诺夫：《中国国民革命军的北伐》，中国社会科学院近代史研究所翻译室译，中国社会科学出版社 1981 年版，第 317 页。

安排共产党政工人员的态度完全不同,蒋表现积极。他汇报时说:"蒋介石要求提供政工人员时,他就说:给共产党员吧,不要国民党员,而要共产党员,因为他知道,共产党员最可靠,从来不出卖人,因为他知道,这些人信得过,最忠实,从来不动摇,有人格。"①加拉罕在许多问题上与鲍罗廷见解一致,他的这个信息是否来自鲍罗廷也说不定。

2. 鲍罗廷与《整理党务案》的通过

出乎所有人的意料,1926年3月20日,突然发生了影响极其深远的中山舰事件。当日黎明时分,蒋介石宣布广州戒严。第一军逮捕中山舰舰长李之龙和党代表多人,围缴省港罢工委员会枪械。上午10时,苏联顾问团总部和顾问驻地东山被包围,警卫被缴械,不许任何人进城,直到下午4时才撤离。

事件发生后,布勃诺夫由拉兹贡陪同见蒋介石,蒋对布勃诺夫一行及苏联顾问遭软禁表示了歉意。双方商定对这起事件进行调查,并约定于次日上午由蒋介石到布勃诺夫住地进行更认真深入的交谈。但是,21日上午,蒋介石爽约,捎话说他来不了,并且传闻蒋公开声明他不愿再同俄国顾问共事,要以某种方式断绝同俄国人的关系。布勃诺夫召集会议分析形势,认为蒋介石的行动主要是针对苏联顾问和共产党人,当务之急是顺势而下,撤换季山嘉等人,以让步换取某种均势,不使局面失控。

国民党中央政治委员会就在汪精卫寓所召开临时特别会议,汪精卫、谭延闿、蒋介石、伍朝枢、朱培德、宋子文、陈公博、甘乃光、林祖涵出席,列席者有萨洛威亚夫、李济深、张太雷、卜世奇。汪精卫主持。显然是根据布勃诺夫与蒋介石的约定,会议决定本党应与苏俄同志继续合作并增进亲爱关系,工作上意见不同之苏俄同志暂行离去,另聘其他为顾问;汪精卫患病应予暂时休假;李之龙

---

① 《联共(布)、共产国际与中国国民革命运动1926—1927》(上),中共中央党史研究室第一研究部译,北京图书馆出版社1998年版,第77页。

鲍罗廷（前排右三）参加午餐会，张太雷（前排右二）陪同，采自［美］丹·雅各布斯
《鲍罗廷：斯大林派到中国的人》

受特种嫌疑应即查办。①汪精卫深受打击，从此称病不起，甚至完全
隐匿起来，布勃诺夫不予知会的处理方式让他倍感羞辱，蒋的行动
严重挑战了他的权威。数年以后，汪仍耿耿于怀："不问这事情做得
错与不错，而这件事情做法，不能说是不错"。②

　　24日，布勃诺夫使团结束在广州的逗留。上午，召集顾问团会议，
布勃诺夫作了长达六个小时的讲话，分析中山舰事件的起因、性质
及顾问们在其中的责任，制订相应的对策。下午，斯捷潘诺夫拜会
蒋介石，蒋得知使团要走而鲍罗廷何时返回还不清楚，就同他一道
从黄埔到东山，与布勃诺夫话别。双方交谈两个多小时，蒋介石表
现很诚恳，为自己辩解，对中山舰事件做了解释。布勃诺夫听信了。
稍后，他对《向导》周报记者，极有可能就是陈独秀本人，说："蒋
介石表示他此次举动只是防止有叛乱之事发生，他本人并不反俄反

　　① 《政治委员会临时特别会议议事录》，1926年3月22日，见《中央政治委员会第101—163次会
议纪录》，台北"中国国民党党史馆"，会议00.1/27.2。

　　② 汪精卫：《复林柏生书》，见《中共党史参考资料》第3册，中国人民解放军政治学院党史教研室编，
第522页。

共，他军中确有些反共分子，且云他并未发出包围俄人住宅及罢工会之命令。"①当日晚间，国民党中央执行委员会常务委员会和国民政府共同设宴饯行。宴毕，布勃诺夫一行与军事顾问团总顾问季山嘉、参谋长罗加乔夫和负责政治工作的拉兹贡，一起乘"列宁纪念"号启程回国。

途中，3月27日，布勃诺夫在汕头给鲍罗廷写信，介绍了在广州活动的情况，重点阐述了围绕处置中山舰事件得出的六条指导性结论和四点必要补充。

布勃诺夫指出：中山舰事件"是针对俄国顾问和中国政委的小规模准暴动"。这是对事件的定性。"它是广州内部矛盾的产物，同时也由于我们在军事工作中犯了一些大错误而变得更加复杂，来得更快和更猛烈，它还暴露了领导工作的一些普遍性错误。"他认为这些错误具体体现在以下六个方面：一是没有预见到在国民政府内可能发生冲突，这种冲突会在军队中有所反应；二是过高估计了国民政府的巩固和团结程度以及国民革命军上层的巩固和团结程度；三是不善于事先揭示和及时消除军事工作中的过火行为；四是军队集中管理，如设司令部、后勤部、政治部，搞得太快；五是过多机关对军事将领施加监督，顾问常常把自己突出到首要地位，甚至直接发号施令；六是没有正确地指导军队的宣传鼓动工作。布勃诺夫认为，"所有这些过火行为从根本上歪曲了军事工作的正确方针，并为将领和军官阶层中出现反对顾问和共产党人的反对派及其发展造成了过多的口实。这些错误无论如何必须加以纠正。"②

布勃诺夫决定迁就蒋介石，与他对中国革命局势，特别是广州局势的了解与判断有关。他认为经过14天考察，"可以毫不夸大地说，我们对广州情况的了解确实是充分的，无疑也是全面的"。③他了解到

① 转见任建树、张统模、吴信忠编《陈独秀著作选》第2卷，上海人民出版社1993年版，第985页。

② 《联共（布）、共产国际与中国国民革命运动1926—1927》（上），中共中央党史研究室第一研究部译，北京图书馆出版社1998年版，第186页。

③ 同上书，第184页。

了什么呢？第一，国民党左派至今在内部组织性、对群众的影响和与群众的联系方面还很薄弱。国民党左派至今在很大程度上还是一个上层组织；第二，广州和广东省的工会组织无论如何不能吹嘘取得了很大成绩和善于在应有的方面开展工作。工会的群众工作和同群众的联系还非常薄弱，工人纠察队掌握一些警察性质的职能也绝对是一个错误；第三，中国共产党也是还很年轻的和刚刚形成的组织。必须把党在军队中的力量作些转移，尽量在各军之间作更均匀的分配，同时，必须提出把党在军队中的部分力量转移到党的其他工作领域，如党内教育、国家机关等领域中去的问题；第四，香港罢工拖得时间太长，应当保证顺利取消。第五，不是要不要进行北伐，而是时间和行动方式的问题，现在就要对北方表现出更大的积极性；第六，没有理由改变对国民党右派的策略，军队中的孙文主义学会应当取消。①

1927 年 9 月，蔡和森作党史报告，把处置中山舰事件中对蒋介石的让步归咎于维经斯基和中共中央。1943 年春，周恩来作党史报告，也指出这是陈独秀右倾机会主义对蒋介石做出的军事上的大让步。让步是事实。然而，临机做出这个重大决定的，并不是其他人，而是得到联共（布）中央政治局充分授权的布勃诺夫。

中山舰事件的确成为国共合作统一战线的重要转折。就是局中人汪精卫也抱持这样的看法：蒋介石当时接到关于中山舰之一方面的报告，便"有触即发"，后来虽然知道这个报告"是不实的，但借此裁抑苏俄顾问及共产党人之势力增长，也未为非策，所以就这样地干下去了"。②事后，各方面都明白，中山舰事件固非蒋所蓄谋启衅，但他果断运用契机，在这场既有意外也属必然的博弈中，把握形势往有利于己的方向发展，得一石数鸟之效。作为孙中山继承人，集党、

①　参见《联共（布）、共产国际与中国国民革命运动 1926—1927》（上），中共中央党史研究室第一研究部译，北京图书馆出版社 1998 年版，第 184—187 页。
②　汪精卫：《复林柏生书》，见《中共党史参考资料》第 3 册，中国人民解放军政治学院党史教研室编，第 521 页。

政、军顶级职务于一身的汪精卫让位出国，曾经专横跋扈的顾问团负责人季山嘉应声而退，共产党员被迫退出第一军，不久前在国民党二大上风光无限的汪蒋合作，转由蒋介石当头、并掌握了实权。

索洛维也夫被布勃诺夫指定留下来维持局面。他自忖无法应付这件棘手的工作，要求加拉罕让鲍罗廷立即动身返回广州。他坚信："只有鲍罗廷能够完成这项任务，因为他在蒋介石那里确实享有非同寻常的个人威望"，也"惟有鲍罗廷，蒋介石和汪精卫都信任他，他能胜任这个任务"。①索洛维也夫还是想把蒋介石与汪精卫拉在一起。

广州发生如此突如其来的变故，鲍罗廷奉命回粤稳定局势。3月下旬，他偕夫人以及顾问切列潘诺夫等人，离开北京，途经张家口、大戈壁，至库伦（今乌兰巴托），再经上乌丁斯克（今乌兰乌德）到海参崴。然后取道海路，出访苏联的胡汉民恰好同船，4月29日，回到了广州。

中山舰事件既已发生，其后一个多月，各方面又有什么新情况、新对策呢？

3月29日，西山会议派在上海召开全国代表大会。谢持在会上报告了中山舰事件，认为"此事底蕴虽无从得知，但蒋介石同志之忠于党、而为彻底清党运动则是实"，提议去电训勉。会议通过的电文称赞蒋"以迅速手段、勘定叛乱，忠勇明敏，功在党国"，鼓动他"祛恶必须彻底"。②西山会议派过去对蒋留有余地，自以为这次可以拉拢过来。

4月3日，蒋介石发表通电，斥责西山会议派假借中山舰事件，"希图破坏本党，摧残革命，其煽惑挑拨之伎俩，已图穷匕见"。③而在前一天，蒋以联合右派罪名，逮捕舰队司令欧阳格，因中山舰调动被捕的李之龙则被开释。4月5日，蒋获悉右派分子将在广州聚会示威，

---

① 《联共（布）、共产国际与中国国民革命运动1926—1927》（上），中共中央党史研究室第一研究部译，北京图书馆出版社1998年版，第178、179页。

② 居正：《清党实录》，台北文海出版社有限公司，第145页。

③ 中国第二历史档案馆：《蒋介石年谱初稿》，档案出版社1992年版，第554页。

立即向公安局长吴铁城去函,要求加以制止。不久,也因其袒护右派,将吴铁城免职。4月21日,解散孙文主义学会。之前,青年军人联合会自动取消。蒋介石的这些动作,无非向外界表明,他与右派并未混为一团。

汪精卫称病不出,蒋介石认为是于心有亏,其隐私烛然可见。他使一花招,着人向汪精卫转递请假书,并促汪出面视事。4月7日,张静江见蒋介石,称接到汪的信件,有欲出之意。蒋认为这是他的试探生效了,汪欲复出,说明他"不惜终为左派利用,断送党国也"。①于是,加紧与张静江、谭延闿、朱培德、李济深等人商议人事安排,要乘汪精卫还未复出,就把汪的职位腾出来并调整到位。4月16日,政治委员会、军事委员会举行联席会议,决定在汪精卫病假中,政治委员会以谭延闿为主席,军事委员会推蒋介石为主席。北伐计划由蒋介石、朱培德、李济深积极筹备。北伐军饷由宋子文负责筹办。至此,汪精卫即便提出销假,复出也没那么容易,终于5月9日到法国治病去了。

蒋介石关于国共关系的主张,本质上就是戴季陶所鼓吹的一套,或者说,戴季陶根本就是为蒋介石张目。布勃诺夫对蒋做出让步,让他强硬起来,有把握按自己的一套,限制共产党。

4月3日,蒋介石向国民党中央提议召开二届二次全会,主要任务是整顿纪律,检查分子。他明确提出:共产党员加入国民党者,须守国民党的纪律,不许说孙中山的坏话,不许批评、怀疑三民主义,更不许有任何反对的行动。共产党人在国民党内不得有秘密行动,不得介绍国民党员加入共产党,国民党与共产党的重要问题,应以两党联席会议解决。国民革命军党代表制度暂不能取消,但对党代表任职资格应加限制,跨党党员不宜任党代表,共产党人应退出军队干部队伍。他承认国民党改组以来,联合苏俄,容纳共产党,对于革命势力之增厚,革命方法之进步,唤起民众及对帝国主义之影

---

① 中国第二历史档案馆:《蒋介石年谱初稿》,北京:档案出版社1992年版,第559页。

响，实非浅显，确有联合团结的必要。同时，对共产党员在国民党内活动和地位，对苏联顾问的权限，均应做出限制。①蒋的这份建议书，构成整理党务案的基本内容。4 月 6 日，国民党中央执行委员会常务委员会第 18 次会议通过，决定 5 月 15 日至 25 日在广州开会。

4 月 8 日，蒋介石在黄埔军校演讲，提到西山会议派在上海召开的"伪二大"，是非法行动。对于这些立意捣乱，使党分裂的分子，要视作党的罪人和仇敌。他讲到国民革命军党代表问题，宣称这个制度是他提出来的，学的是俄国，由于中俄情况不同，现在出了许多纠纷。共产分子活动在国民党和国民革命军中，一个团体两个主义，就免不了有许多矛盾的地方。他表示，党代表制度是否可以废除，还要研究。②在此前后，250 多名公开中共党籍的共产党员被迫退出第一军和黄埔军校，也有近 40 人放弃中共党籍。

4 月 21 日，蒋介石招待退出第一军的党代表和共产党员干部，讲话中申述中山舰事件的所谓苦衷，对共产党大加批评。他宣称自己对于共产主义，不但不反对，并且很赞成，对于党代表制度，不仅是赞成，而且首倡。为什么现在要加以改变呢？一是国民党内有两个主义，自相矛盾，一定要发生冲突；二是国民党只有一个领袖，如果信奉两个领袖，必有一个信仰是假的，或者两个信仰都不真。"这两件事情，一定要做到的，不然，无论怎样讲法，只有一天分离一天，绝对不能团结起来的。"③

中山舰事件的消息很快就传到了莫斯科。3 月 25 日，联共（布）中央政治局责成有关人员向加拉罕和鲍罗廷询问广州情况，为稳定广州局势采取了什么措施。回国的顾问报告了广州情况，说明是想为国民革命运动留住蒋介石而对他让了步。4 月 29 日，联共（布）中央政治局就中山舰事件后的国共关系作出决定："认为国共破裂问题具有头等重要的政治意义。认为这种破裂是绝对不能允许的。认

---

① 参见中国第二历史档案馆《蒋介石年谱初稿》，档案出版社 1992 年版，第 555—557 页。

② 参见中国第二历史档案馆《蒋介石年谱初稿》，档案出版社 1992 年版，第 560—562 页。

③ 参见中国第二历史档案馆《蒋介石年谱初稿》，档案出版社 1992 年版，第 570—575 页。

为必须实行让共产党留在国民党内的方针";"要让国民党右派离开（或将其开除出）国民党";"要在内部组织上向国民党左派作出让步，重新安排人员，以便基本上保持目前的组织关系";"如果在当地查明，主张在组织上同共产党人划清界限的运动很强大，并且两党关系有严重冷淡的危险，那就同意把这个问题尽快提交共产国际讨论";"建议国民党向莫斯科派 1、2 名常驻代表"。①

此前几天，穆辛在广州提出了中共在广州的任务提纲。穆辛更对广州形势做了严重估计，认为有可能造成国民党左派的分裂，导致广州政府的垮台，这在北方出现强大的反动浪潮之际是很危险的。这个提纲以资产阶级革命的一般经验套用到中国，指出"现在在革命取得胜利后走向全国政权的党不是共产党，而是国民党"，"国民党不只是工农党"。因此，"现在应当客观地把蒋介石看作是革命运动方面的一个重要力量"。"我们的任务不是把国民党变成共产党组织，而是通过吸收新的阶层和阶级参加国民革命事业来发展、加强和巩固国民党本身。"②

穆辛同时指出："在中国国民革命运动的目前状况下，如果共产党人退出国民党并同他们在组织上彻底分裂，这对国民革命事业来说是很不恰当的。"国民党左派和蒋介石对共产党组织既有恐惧心理，就"有必要在根据政治原因有可能实行合法化的地方坚持党的合法化方针"，"共产党组织的半地下和半合法化状态目前会造成我们同国民党左派关系中的新危险和新磨擦。""共产党人在国民革命军中的工作需要特别谨慎。""应该准备取消军队中独立的共产党支部"，"决不允许突出共产党人，让共产党人占据太重要的职位，试图取代最高指挥人员和政工人员"等等。③

中山舰事件发生后，4月3日，陈独秀化名致中在《向导》周

① 《联共（布）、共产国际与中国国民革命运动 1926—1927》（上），中共中央党史研究室第一研究部译，北京图书馆出版社 1998 年版，第 236、237 页。

② 同上书，第 212、213、215 页。

③ 《联共（布）、共产国际与中国国民革命运动 1926—1927》（上），中共中央党史研究室第一研究部译，北京图书馆出版社 1998 年版，第 213—217 页。

报发表《广州事变之研究》。他根据报刊报道以及布勃诺夫途经上海时的谈话，肯定制造事件的是以广州孙文主义学会为中心的国民党右派。文章表示："事变之主动者，无论出于共派倒蒋之阴谋或出于右派倒共之阴谋，都应该受国民及国民政府严重的惩治，任何人任何党派都不应加以偏袒：这是我们的结论。"①陈独秀的这些说法，看上去立场中立，无所偏私，完全没有触及中山舰事件的主角蒋介石。为查明真相，中共中央派张国焘南下广州。

4月23日，维尔德从上海给维经斯基去电报，通报国民党即将在广州召开中央全会，右派与包括蒋介石在内的部分左派达成妥协，将对共产党人发动强大攻势，而中共还没有采取很明确的立场。次日，维经斯基就从莫斯科给陈独秀写信，指出："右派是三二〇事件的鼓舞者和思想领袖。""我们应该朝着建立我们党同国民党联盟的方向调整我们的方针，不再与国民党一起组成混合联盟。"怎么做这件事呢？他提出："首先要使我们的党组织无论在数量上还是在质量上都成为越来越独立和越来越强大的组织。其次，要反对我们的同志试图在国民党内发号施令的想法。"②相信是维经斯基的信起了作用，中共中央决定再派彭述之赴粤，指导国民党二届二次全会中共党团。

蒋介石要巩固阵地、扩大战果，通过国民党中央全会出台制度，重新规范与共产党的关系，限制共产党。联共（布）中央政治局及其在华工作人员，主意已定，都认为破解当前矛盾的唯一方法，就是共产党继续在国民党内与之合作，国共关系不能破裂。具体方案虽有所不同，但在组织上做出一些让步则是一致的。鲍罗廷遵循联共（布）中央政治局意旨行事，在莫斯科的指示与广州的现实之间，寻找新的平衡。

鲍罗廷回到广州，蒋介石亲自前往迎接，一同到虎门要塞叙谈。

---

① 《陈独秀著作选》第 2 卷，上海人民出版社 1993 年版，第 988 页。

② 《联共（布）、共产国际与中国国民革命运动 1926—1927》（上），中共中央党史研究室第一研究部译，北京图书馆出版社 1998 年版，第 209、220、221 页。

其后，一连数天，鲍罗廷都与蒋介石进行密集的交谈。据蒋介石年谱记载：4月30日下午2时半，与鲍罗廷讨论党事。5月1日晚，与鲍罗廷纵谈时局四个小时有余。7日晚，与鲍罗廷议事至3时毕。12日，全天与张静江、鲍罗廷商议整理党务办法。13日晚，与张静江、鲍罗廷谈"对共党各事"。14日，与鲍罗廷磋商国共协定。①

鲍罗廷的作用无疑仍然重要。他与蒋介石商议的结果，成为政治委员会讨论决定问题的基础。4月30日下午，鲍罗廷与蒋介石会商后，政治委员会即在鲍公馆举行第137次会议，鲍罗廷出席。决定推谭延闿、蒋介石、朱培德、李济深、宋子文下星期二开特别会议，讨论应付时局应采之方针。5月3日，政治委员会听取顾孟余在库伦会晤冯玉祥情况以及国民党与国民军合作问题的报告，决定推举胡汉民、蒋介石、顾孟余、陈友仁、鲍罗廷拟具国民党与国民军合作办法。5月5日，鲍罗廷在政治委员会上提议推定委员起草政治委员会议事规程，会议决定推定胡汉民、伍朝枢、宋子文、鲍罗廷起草。5月14日，政治委员会举行第142次会议，会议由蒋介石主持，鲍罗廷出席。决定本会委员同意整理党务案者，以党员资格署名提出中央执行委员会全体会议。②

4月30日下午，胡汉民与蒋介石谈话，"其言似多挑拨"，蒋"心疑不确"。③这次谈话或许牵涉鲍罗廷。张国焘称鲍罗廷当时曾告诉他，蒋介石向鲍转述过胡汉民的话，胡要蒋不再信任鲍罗廷，并将鲍扣留起来。鲍觉得蒋是借胡的话，向他来一次下马威。④鲍在这个转折时期，纵横捭阖不如过去那么顺手，想必是一定的。蒋介石已取得优势，鲍要坚持主张，难度之大可想而知。国民党中央全会的文件准备到了最后时节，鲍罗廷与蒋介石磋商条款，"鲍多持异"，不同意蒋介石的安排。蒋坦言对共产党条件苛刻，"然大党允小党在党内

① 参见中国第二历史档案馆《蒋介石年谱初稿》，档案出版社1992年版，第581—587页。
② 参见《中央政治委员会第101—163次会议纪录》，台北中国国民党党史馆，会议00.1/27.2。
③ 参见中国第二历史档案馆：《蒋介石年谱初稿》，档案出版社1992年版，第581页。
④ 参见张国焘《我的回忆》第2册，现代史料编刊社1980年版，第112页。

活动，无异自取灭亡"，只因此属孙中山制定的策略，"不愿违教分裂，忍痛至今"。蒋介石以与共产党分裂吓唬鲍罗廷，鲍得到的手令又是绝对不允许国共合作破裂。所以，"鲍始默然"。下午，鲍罗廷"又欲变议"。①这一页文字，可助我们窥整个攻防、妥协的情形于一斑。

广东政坛突发变故，这在第一次国共合作以来屡见不鲜。所以，深具影响的中山舰事件，似乎也未使广州的革命气氛有所消减。鲍罗廷重返广州之时，第三次全国劳动大会和广东省第二次农民代表大会筹备就绪，5月1日至3日，两会在广州合并开会，鲍罗廷向大会做了世界革命运动状况的报告。

5月15日上午，国民党第二届中央执行委员第二次全体会议开幕，24人出席会议，蒋介石被推为主席。会议的全部任务是审议通过《整理党务案》等四个文件。

蒋介石与谭延闿、孙科、朱培德、宋子文、甘乃光、陈公博、林祖涵、伍朝枢联名提出《整理党务案》，即第一案。其要点是：改善中国国民党与共产党之间的关系；纠正两党党员妨碍两党合作之行动及言论；保障中国国民党党纲党章的统一权威；确定共产党员加入国民党之地位与意义；提议组织国民党共产党联席会议。②此案是国民党整理党务的核心，确定国共关系基本原则和组织形式。

蒋介石单独提出《国共关系协定》，即第二案，其内容是："（一）共产党应训令其党员改善对于国民党之言论态度，尤其对于总理与三民主义，不得加以怀疑或批评。（二）共产党应将国民党内之共产党员全部名册，交国民党中央执行委员会主席保管。（三）中央党部部长须不跨党者，方得充任。（四）凡属于国民党籍者，不许在党部许可以外，有任何以国民党名义召集党务会议。（五）凡属于国民党籍者，非得有最高党部之命令，不得别有组织及行动。（六）中国共产党及第三国际，对于国民党内共产分子所发一切训令及策略，应先交联席会议通过。（七）国民党员未受准许脱党以前，不得加入其

---

① 参见中国第二历史档案馆《蒋介石年谱初稿》，档案出版社1992年版，第587页。
② 同上。

他党籍；如既脱党籍而入共产党者，以后不得再入国民党。（八）党员违反以上各项时，应立即取消其党籍，或依其所犯之程度，加以惩罚。"①这是国民党整理党务具有可操作性的内容主体。

蒋介石又与谭延闿、谭平山、伍朝枢、程潜、经亨颐、甘乃光、陈公博联名提出《设立常务委员会主席案》，即第三案。②设立固定的主席职位，改变过去现场推举、轮流担任的办法，旨在加强主席对常委会的控制。

会议期间，蒋介石同鲍罗廷谈话，一方面批评国民党党员消极抵制共产，不能积极奋发自强，另一方面又重申两党党员混合革命，以小党胜于大党为忧，并痛言革命非统制不能成功。蒋也要做鲍罗廷的工作，争取鲍的支持。据蒋介石年谱记载，"鲍颇为感动"。③

5月17日，国民党中央全会通过了整理党务前两项草案。根据第一案，通过了《联席会议组织大纲案》，决定国民党代表五名、共产党代表三名组成联席会议，聘第三国际代表为顾问，并规定了联席会议的权限。对于第二案，增加"凡他党党员之加入本党者，在高级党部（中央党部、省党部、特别市党部）任执行委员时，其额数不得超过各该党部执行委员总数三分之一"的条款，并对其他条款相应作了文字修正。会上，蒋介石临时动议，自请处分中山舰案。会议表示难以成案，并信任蒋的领导。

5月18日，全会通过《设立常务委员会主席案》。19日，选举张静江为国民党中央常务委员会主席。20日，通过《党员重新登记案》，即第四案。选定张静江、谭延闿、蒋介石、吴稚晖、顾孟余为国共两党联席会议代表。22日，全会通过整理党务训令，结束会议。④

全会闭幕式上，蒋介石在谭延闿讲话后致辞，宣称自己以党员资格建议中央召集全会，不是以军人的身份。这实在是欲盖弥彰。

---

① 参见中国第二历史档案馆《蒋介石年谱初稿》，档案出版社1992年版，第587页。
② 参见中国第二历史档案馆《蒋介石年谱初稿》，档案出版社1992年版，第588页。
③ 同上。
④ 参见中国第二历史档案馆《蒋介石年谱初稿》，档案出版社1992年版，第588页。秦孝仪主编的《革命文献》第79辑记载设立常务委员会主席的草案为5月19日通过，见该书第49页。

蒋坦承由于形势变化，整理党务案与孙中山在世的主张有所不同，但对孙中山联俄、容纳共产党分子两大政策加以了保障。他说："此次有人以为限制共产党，其实并不是限制，乃是合作的一种办法，与其说是限制共产党员，无宁说是督促一般老党员觉悟为当。我们只问革命不革命，于革命有益不有益，如果是为革命的，而且有益于革命，那就是应当办的。"①

会后，毛泽东辞去国民党中央宣传部代部长职务，林祖涵辞去常务委员会秘书及中央财政委员职务，谭平山辞去常务委员会秘书职务。5月28日，张静江主持召开国民党中央常委会会议，批准毛泽东、林祖涵和谭平山辞职。张提议蒋介石任组织部部长、顾孟余任代理宣传部部长、甘乃光调任农民部部长、邵元冲任青年部部长（后为丁惟汾）。以后，张静江又陆续提议叶楚伧为常务委员会秘书长，顾孟余、陈果夫、叶楚伧为中央财政委员。陈树人被任命为代理工人部部长，陈友仁被任命为外交部部长。蒋介石提议陈果夫任中央组织部秘书，蒋辞去兼职后，陈果夫为组织部部长。张静江被增补为政治委员会委员。广东大学改组为中山大学，戴季陶被任命为校长。

这一系列人事变动，是按照蒋介石的意图处理的，完全有利于蒋。

蒋介石继续以不左不右的中派形象示人。西山会议派对他寄予期待，结果大为失望，发表《告同志书》，驳斥《整理党务案》。邹鲁给蒋介石和张静江写信，力陈《整理党务案》之非，认为"其效等于零"。②尽管如此，蒋深知西山会议派中不乏气味相投可信可用之人，并不一概封杀。7月24日，蒋介石给张继复信，约其长沙会面共商大计。他既从严肃党纪的角度批评西山会议和上海大会，又重申整理党务继续与共产党合作的立场。他在信中，肯定共产党致力革命乃人所共认，国民党与共产党合作并无被其取代之虞，二次全会所讨论的"非与共产党应否合作之原则，而在与共产党如何合作

---

① 参见中国第二历史档案馆《蒋介石年谱初稿》，档案出版社1992年版，第589—591页。

② 参见邹鲁《回顾录》，岳麓书社2000年版，第161页。

之方法"。他坚称："惟爱党必以其道，因革命势力必求团结，不能怀疑及于总理所定与共产党合作之政策。因革命手段必须彻底，不能稍违总理晚年严整纪律、改造本党之精神。"①

国民党全会期间，鲍罗廷与中共党团保持磋商。据李立三后来说，广东区委坚持目前的任务是北伐，不能退出国民党。蒋介石要限制共产党，目前也不愿共产党退出，并且也知道共产党不会退出，应当在策略上以退出来威吓。党中央的意见一是退出国民党，二是"办而不包、退而不出"。鲍罗廷与广东区委的意见一致：原则上不退出，但必须以退出相威吓。可是，彭述之始终说要研究，每次会议总是没有结论，直到最后，由许多干部负责签字来接受。②中共中央既准备退出国民党，曾做出准备独立的武装力量与蒋介石对抗的打算。陈独秀后来说，对此，国际代表不赞成。

中共广东区委既坚持不退出国民党，5月23日，发表宣言，就国民党制定《整理党务案》表明立场。认为国民党中央执行委员中的共产分子，对《整理党务案》没有表示异议，"证明共产党员十分忠心于国民革命运动，并且认国民党是一个革命的党，十分爱护，而不使其受损失"，"共产党员并不以为国民党中央执行委员会对于共产分子的议决，包含着侮辱的意义"。③

中共中央从调整国共两党合作方式的角度，认同国民党中央全会通过的《整理党务案》，是在屡次试图退出国民党而不被许可的情况下，四届二次全会决定寻找与国民党合作"好的方式"的合乎逻辑的延伸。6月4日，中共中央致书国民党中央，称国共合作的政策早经明白确定，"合作之方式：或为党内合作或为党外合作，原无固定之必要"。国民党改组之时，采取了党内合作的方式，同时，两

---

① 参见中国第二历史档案馆《蒋介石年谱初稿》，档案出版社1992年版，第624、625页。

② 李立三：《党史报告》，见《中共党史报告选编》，中央档案馆编，中共中央党校出版社1982年版，第234页。周恩来说签字接受的办法是张国焘搞的，见《周恩来选集》上卷，人民出版社1984年版，第123页。

③ 《中国共产党广东区委员会对于中国国民党第二次中央全体会议宣言》，见《政治周报》第14期，第7页。

党结成政治上的联盟。对于这次党务整理的初衷，中共中央帮助国民党开释：只是为了祛除一般无谓之疑忌，然后决然肃清内部，打击反动派，整齐革命战线，以全力对待帝国主义军阀之统治与压迫。"果如是，则与本党合作政策并无所谓根本冲突，此原则为何，即团结革命势力以抗帝国主义，不问其团结及合作之方式为何也。果如是，则吾两党联盟之根本精神，不因反动派之分裂政策而稍减。"①

中共中央把国民党整理党务视作单纯的国民党内部问题，公然表示他党"无权赞否"，当然难免鸵鸟政策之嫌。乐意接受两党联席会议的设置，与早就存在的退出国民党的情绪暗相合拍。

退出国民党的想法，共产国际有人支持。6月22日，拉狄克在一篇长文中就指出，当着国共两党都还没有发展成群众性政党时，能够长时期存在；这个条件改变，双方就会发生磨擦导致分裂。现在，要么是共产党人放弃独立政策，要么从目前的联系方式过渡到两个独立政党的联盟，"是应该提出改变国民党和共产党关系形式的时候了"。②维经斯基感觉到这种情绪的存在，明确表示"坚决同要求退出国民党的情绪作斗争"。但是，根据新的形势，共产党人留在国民党组织内，"不是要占据机构，而是要切实加强自己在群众中的影响"。③正是从这个主张中，幻化出"退而不出，办而不包"的策略。

国民党整理党务的结局，似乎停止了向右的方向发展的脚步，也使鲍罗廷缓过劲来。他认为蒋介石打击广东的右派已成事实，并且右派在人事调整中没有捞到一个职位。"全会关于调整同共产党人关系的决议对于我们来说只不过是个策略步骤，旨在消除共产党人与诚实的国民党人之间的误会"，"这些决议从右派手里夺走了他们用来反对我们的武器。"同时，他也看出了中山舰事件的转折意义。所谓"党军"，3月20日以后，应将其看作是蒋介石的军队。"'三二

---

① 参见中央档案馆：《中共中央文件选集》第2册，中共中央党校出版社1983年版，第97—99页。

② 参见《联共（布）、共产国际与中国国民革命运动1926—1927》（上），中共中央党史研究室第一研究部译，北京图书馆出版社1998年版，第313—315页。

③ 参见《联共（布）、共产国际与中国国民革命运动1926—1927》（上），中共中央党史研究室第一研究部译，北京图书馆出版社1998年版，第321、326页。

○事件'表明，蒋介石比党更强大，或更确切地说，党比蒋介石更软弱"。他同样事后诸葛亮一般认为，事件发生时，国民党可以作出反应，采取一些惩戒性措施，蒋可能会顺从或离开，但党没有这样做，"蒋介石成了胜利者"。①至于蒋介石的政治真面目，鲍罗廷到底还没有看清，他认为蒋只不过是受到右派的压力，违背自己的意旨而反共的。

从《整理党务案》的通过过程及以后的形势发展来看，的确如格鲁伯所言："鲍罗廷和蒋介石之间存在一种互相依存的关系，凭这种关系，前者保住了苏联和国民党之间的联盟，后者则得到了压倒民族解放运动的优势。"②

---

① 参见《联共（布）、共产国际与中国国民革命运动 1926—1927》（上），中共中央党史研究室第一研究部译，北京图书馆出版社 1998 年版，第 272—282 页。

② ［美］赫尔穆特·格鲁伯：《斯大林时代共产国际内幕》，达洋译，中国展望出版社 1989 年版，第 192 页。

第五章

发动北伐与迁都武汉的运筹

　　北伐战争加速了国民革命的进程。鲍罗
廷在要不要北伐的问题上做促进派，希望以北
伐的结局改变蒋介石在国民党内一派独大的
问题。迁都武汉之争由此衍生。这场政治角力，
透射了北伐期间南方革命阵营不同派别和势
力集团的较量与国际影响，形成当时政治发展
进程的重要转折。鲍罗廷倡议成立并坚持武汉
临时联席会议，取得迁都之争的胜利。通过召
开国民党二届三次全会，共产党与左派联手，
改变了中山舰事件以来的被动局面，国民党的
集体领导得到提升，蒋介石受到制约，国共合
作也开始由党内合作往政党联盟演变。

北伐战争加速了国民革命的进程。鲍罗廷在要不要北伐的问题上做促进派，希望以北伐的结局改变蒋介石在国民党内一派独大的问题。迁都武汉之争由此衍生。这场政治角力，透射了北伐期间南方革命阵营不同派别和势力集团的较量与国际影响，形成当时政治发展进程的重要转折。鲍罗廷倡议成立并坚持武汉临时联席会议，取得迁都之争的胜利。通过召开国民党二届三次全会，共产党与左派联手，改变了中山舰事件以来的被动局面，国民党的集体领导得到提升，蒋介石受到制约，国共合作也开始由党内合作往政党联盟演变。

一 发动北伐战争的争议

1. 南北政局变化中的酝酿

1925 年，国民政府在广州宣告成立以后，7 月 17 日，蒋介石就乘第一次东征和平定杨刘叛乱之胜，向国民党政治委员会提出建议并得到同意：当年 10 月以前肃清广东东江、南路，年内使广西军政得到整理。至于在 1927 年以前将湖南、贵州、云南、四川置于国民政府之下，会议表示"相机处理"。[①]蒋介石的建议，实际上是在 1924 年的北伐中止后，重新提出扩张革命政府势力范围问题，只是没有用上"北伐"的字眼。

---

① 《政治委员会第三十六次会议》，1925 年 7 月 17 日，《中央政治委员会第 1—100 次会议纪录》，台北中国国民党党史馆，会议 00.1/27.1。

重新准备北伐的话，从军事总顾问加伦那里讲了出来。在他看来，当着广东统一，就应当及时向北扩张，把政治中心由华南转移到以汉口为中心的长江流域。

7月初，加伦因旧伤复发回国疗养，9月中旬，在途经张家口时，拟定了《今后南方工作展望或曰1926年国民党军事规划》。在这个文件中，加伦从政治、经济、军事诸方面对北伐的必要性、可能性、北伐前的准备工作及总的战略意图，做了详尽阐述。[1]这个计划的拟定，也经过了较长时间的准备。早在3月间，东征军占领汕头以后，他就将这个计划的部分内容向国民党中央执行委员会、中共广东区委主要负责人以及军队将领作了阐述。6月15日，向国民党军事委员会报告了这个规划。6月下旬，又在湘军将领中做了宣讲。

加伦的基本观点是："为国民革命运动着想，现在重新提出北伐和进军长江的主张，不仅是现实的，而且是必要的。""国民党进军长江并占领汉口，使国民党得以占据国内的一个工业中心，这将是对国民革命运动的促进，并由此引起整个时局的突变，这样，北伐对于中国国民革命运动的种种好处，在目前甚至是难以估量的。"[2]他认为，要取得北伐的胜利，还有待于争取到北方国民军的配合。

1925年下半年的广东，由"廖案"的处置，带出国民党党政高层权力重新分配，形成汪蒋合作的大调整。在这个格局下，省港大罢工方兴未艾，第二次东征取得完胜，并挥师南下，于次年2月占领海南岛，统一了南路。在此期间，广西旧军阀的统治，也被以李宗仁、黄绍竑为代表的新兴军事力量所推翻，李、黄二人被政治委员会推举为国民政府委员。不久，国民政府正式成立两广统一委员会。这些动作，是发动北伐的必要准备。

在北京政府统治区，由于"五卅"爱国浪潮的冲击，本就处于

---

[1] ［苏］卡尔图诺娃：《加伦在中国1924—1927》，中国社会科学院近代史所翻译室译，中国社会科学出版社1983年版，第211—224页。

[2] 同上书，第214、223页。

过渡状态的统治集团,内部矛盾重新激化,冲突再起。五卅惨案发生后,奉军借口维持秩序,进驻上海。随后,接收了江苏、安徽省政权,引起浙江督办孙传芳强烈不满。10 月 15 日,孙传芳自任浙闽苏皖赣五省联军总司令,发起反奉战争。奉军退守山东,孙传芳很快控制了东南五省,独树一帜。10 月 21 日,蛰居汉口的吴佩孚乘机东山再起,宣布就任川黔桂粤湘浙闽苏皖赣鄂豫晋陕十四省讨贼联军总司令。

奉系军阀对五卅运动采取了镇压态度,参加爱国斗争各阶级、各阶层不同程度加以反对,形成浓厚的反奉氛围。10 月 20 日,中共中央与青年团中央联合发表宣言,指出此次浙奉战争,由于发生在全国人民反奉的大潮中,所以,它突破了单纯军阀战争的性质,具有反军阀的"民族解放的战争"的意义。中共中央认为,爱国民众应当成为反奉战争的主体,组织人民自卫军,积极参战;应当联合全国所有的反奉力量,"确定革命的民主政府之局面";反奉战争的最高目的,是召集真正代表人民的国民会议,建立革命统一的民主政府,宣布关税自主,宣布废除一切不平等条约。[①]

10 月 24 日,国民党也发表宣言,抨击张作霖以及奉系所卵翼的北京政府临时执政段祺瑞,指出浙奉之战,"首祸者之一方为军阀与帝国主义勾结之势力,已无可疑",国民党将"努力使应战者之一方集于国民革命旗帜之下,为国家及民众之利益而奋斗",并提出了建设统一全国的国民政府、召集国民政府预备会议、根本解决不平等条约等最低限度主张。[②]

冯玉祥发动北京政变并成立国民军以后,联共(布)中央政治局很快就把冯玉祥和国民军作为中国北方重点援助的对象,分别向三支国民军派驻顾问,帮助他们开展军事政治训练,提供先进装备和武器弹药。鲍罗廷一度认为,冯玉祥对国民军的态度"确实非常难以确定",但可以肯定的是,他与张作霖的联合只是暂时的。"当

---

① 中央档案馆:《中共中央文件选集》第 1 册,中共中央党校出版社 1982 年版,第 440、441 页。
② 参见萧继宗编《革命文献》第 69 辑,台北中国国民党党史委员会 1976 年,第 149—151 页。

冯玉祥遇到有利时机时，他会从背后打击张作霖"。①

五卅运动中，6 月 25 日，联共（布）中央政治局研究中国当前局势，在听取了斯大林的报告以后，决定进一步推进中国革命运动，对于张作霖、北京政府、冯玉祥及国民军，做出如下决定：

（3）发动声势浩大的反对张作霖的宣传攻势，千方百计地分化瓦解他的军队并使之革命化，要知道，张作霖是帝国主义者手中的主要工具；

（4）采取措施，使现时的中国政府对运动保持善意的中立态度，如果做不到这一点，那就让政府分裂和瘫痪，以使帝国主义者无法用中国政府来掩盖其反革命行径；

（5）倘若上一点所述措施不能成功，那就依靠冯玉祥军队和国民党军队驱散现政府，成立有国民党人参加的新政府。②

反奉战争爆发后，联共（布）中央政治局中国委员会就中国形势得出结论：事态正在扩大；国民军"不急于参与冲突，但要加紧做好准备"；"督促直隶人采取行动，以迫使张作霖把大量兵力投放在南方"；"通过派遣代表同直隶人司令部建立联系"；加强对张作霖军队的瓦解工作。③联共（布）中央政治局决定拨给孙传芳德国型号子弹 100 万发，以换取在他管辖地区工人运动的合法化。

早在孙传芳揭竿反奉前夕，伏龙芝就明确指出：中国军事政治集团的现状、国民革命军而首先是冯玉祥军队的逐步加强、张作霖势力在日本人帮助下的不断巩固以及吴佩孚政治积极性的高涨，必

① 《联共（布）、共产国际与中国国民革命运动 1920—1925》，中共中央党史研究室第一研究部译，北京图书馆出版社 1997 年版，第 585 页。

② 同上书，第 637 页。

③ 参见《联共（布）、共产国际与中国国民革命运动 1920—1925》，中共中央党史研究室第一研究部译，北京图书馆出版社 1997 年版，第 720 页。

然导致武装冲突。①接着，他根据反奉的形势，进而得出"有必要同吴佩孚联合"的结论。在给联共（布）中央政治局的信中，伏龙芝指出："中国的事态发展进程，越来越把吴佩孚和他所领导的直隶集团推到首要地位。吴佩孚正在成为核心政治领导人物，同时好像也在成为民族运动重新爆发的中心。人民军以及冯玉祥的作用和意义在渐渐消失。人民军、国民党、中国共产党等有必要同吴佩孚建立固定的关系。"他认为，"中国国民革命运动的主要敌人依然是张作霖"，吴佩孚的行动能造成有利的局面，必须加以利用。同吴佩孚联合的结果，应当是"成立新的中国政府"，其人员构成，"要有直隶人，北方国民党人（冯玉祥）和华南（广州政府）的代表"。②这个政府同样只是过渡政府，建立真正统一的中国，以后还要进行同吴佩孚及其追随者的战争。

联共（布）中央政治局基本采纳了伏龙芝的这个建议，将其作为政治指示下达给加拉罕，并要求后者尽快返回北京组织实施。

11月上旬，根据冯玉祥的提议，国民军、国民党和共产国际三方代表，在张家口秘密召开会议，国民军方面有冯玉祥、刘骥，国民党方面有徐谦等三人，共产国际代表有维经斯基和苏联驻华北军事顾问团负责人沃罗宁参加。会议取得的主要成果有四点：第一，国民军在其活动区域内外开展政治工作；第二，国民军始终要从政治上实现同直隶盟军的军事联系，当孙传芳和萧耀南需要国民军援助时，应坚持要求后者向社会团体和工人组织让步；第三，无论为了结束同奉系的斗争，还是为了召开国民会议，国民军领导人都应该主张建立临时联合政府或执政内阁；第四，国民军应建立机构，广泛开展宣传鼓动工作。至于国民军同直隶盟军合作的政治意义，冯玉祥"断然反对同吴佩孚进行任何接触"，"承认现在推翻段（祺瑞）

---

① 参见《联共（布）、共产国际与中国国民革命运动 1920—1925》，中共中央党史研究室第一研究部译，北京图书馆出版社 1997 年版，第 712 页。

② 参见《联共（布）、共产国际与中国国民革命运动 1920—1925》，中共中央党史研究室第一研究部译，北京图书馆出版社 1997 年版，第 730、731 页。

及其政府是适合的"。①

国民党北京执行部把这个消息传给了鲍罗廷。11 月 30 日，鲍罗廷向政治委员会做了报告。会议议决了复电大意：赞成冯玉祥、徐谦、于右任、王宠惠等在北京组织临时政府委员会，同时，提出参加西山会议的人员不得参加北京临时政府。②

国民政府成立之初，对段祺瑞政府留有余地。派遣北上外交代表团的目的之一，就是为反对帝国主义及防止他们向列强妥协，在外交政策上与之形成联合战线。然而，段祺瑞政府一开始就走了对外妥协的路。1925 年 4 月，与法国订立《中法协定》，承认 1922 年与法国政府签订的秘密协议，中国以金法郎偿付庚子赔款。为此，将要多付海关银 6200 多万两。曹锟当政都不敢这么解决的问题，段祺瑞照着法国的要求办理了，立即掀起所谓"金法郎案"风波。

10 月 26 日，旨在讨论解决中国关税自主问题的关税会议在北京召开。美、英、日、法、意、比、荷、葡、瑞典、挪威、西班牙及丹麦的全权代表出席，中国政府代表王正廷提出"废除条约中关于限制中国关税的条款"等四项条件。其实，参加会议的外国代表，会前就协调了立场，只讨论裁撤厘金和附加税问题，不讨论中国关税自主，而段政府实际上也不过是"要以二五附加税了结此案"。③于是，一场关税自主运动蓬勃兴起。

10 月 25 日，青年团北方区委、北京学联、国民党北京特别市党部、反帝国主义者大同盟等 200 多个团体 3000 余人，在北京天安门前召开关税自主运动大会。会后，举行了游行示威。11 月 3 日，全国学联召开临时代表大会，通过关税自主决议案。5 日，北京新闻界成立关税自主促成会。6 日，北京高校教授成立关税自主促成会。11 日，

① 《联共（布）、共产国际与中国国民革命运动 1920—1925》，中共中央党史研究室第一研究部译，北京图书馆出版社 1997 年版，第 734、735 页。

② 《政治委员会第八十八次会议事录》，1925 年 11 月 30 日，《中央政治委员会第 1—100 次会议纪录》，台北中国国民党党史馆，会议 00.1/27.1。

③ 中国第二历史档案馆：《中国国民党第一、二次全国代表大会会议史料》（上），江苏古籍出版社 1986 年版，第 201 页。

广东外交代表团召开联席会议，通过关税自主三原则。13 日，国民党发表宣言，指出："北京段政府所召集之关税会议，纯为与帝国主义勾结图利之一种会议，颇有扩充不平等条约之危险。"①17 日，中共中央发出关于关税自主问题的通告，指示各地扩大关税自主宣传，要求无条件得到关税自由。22 日，国民党北京特别市党部、北京学联、北京总工会等 30 余团体在天安门前召集两万多人参加的关税自主国民示威运动大会，通过了关税自主和民众自由两项决议，再次举行游行示威。段政府派出警察加以干涉，"民众与警察大起冲突，民众受重、轻伤者约百余人，警察亦伤数十人"。②

在反奉运动的影响下，11 月 23 日，秘密与冯玉祥国民军取得联系的奉军将领郭松龄在滦州倒戈。26 日，占领秦皇岛；27 日，过山海关，向奉系老巢东北进发；30 日，发表通电，将所部改称东北国民军，表示与张作霖彻底决裂。

一方面，关税自主群众运动声威正猛；一方面，郭松龄反奉气势如虹。中共北方区委和国民党北京执行部合作，决定适时发动推翻段祺瑞政府的"首都革命"。

11 月 27 日，于树德、朱家骅同京畿警卫总司令、国民军将领鹿钟麟联系。鹿钟麟对运动表示支持。但是，第二天，他完全改变了态度，宣称"这事断断不可以做了，因为张家口冯玉祥方面已有电报而且派专人来，不要如此做。如你们一定要做，有什么意外，我是不负责的。"③

尽管得不到鹿钟麟的支持，"首都革命"仍按原计划进行。28日下午，各团体在神武门前举行国民大会，朱家骅任总指挥兼大会主席。大会发表通电，称："本日大会决议，除立行驱逐卖国政府当局段祺瑞外，并决定下列条件：一、废除不平等条约，二、一切武

---

① 参见萧继宗编《革命文献》第 69 辑，台北中国国民党党史委员会 1976 年，第 151 页。

② 中国第二历史档案馆：《中国国民党第一、二次全国代表大会会议史料》（上），江苏古籍出版社 1986 年版，第 201 页。

③ 同上书，第 202 页。

力智力大生产力团结力为民族的国家所有，三、人民取得一切自由，四、开国民会议，建设国民政府。"①

大会结束后，游行队伍向铁狮子胡同执政府出发。执政府停止办公，大门紧闭，游行群众转赴段祺瑞府邸。鹿钟麟的部队一层一层阻挡游行群众去路，"群众或从墙上跳过，或挤破国民军防线。费了好几点钟的功夫才冲破国民军第一度防线，继续冲破第二度、第三度等防线，始达段宅。围攻许久，终被国民军横掩竖遮阻止住。"②鹿钟麟前来解围，群众提出驱段出京等条件，要求鹿执行，并于次日向国民大会报告办理情形。

11 月 29 日，国民革命示威运动大会如期举行。大会通过解除段祺瑞一切政权、解散关税会议、召集国民会议、惩办卖国贼等七项决议。会后，又举行示威游行。

反奉倒段的"首都革命"提升了革命声威，一定程度增强了对北京政府的压力。但是，组织者试图单凭群众运动，没有也不可能实现其目标。

加伦关于中国南方革命政府北伐的计划，在联共（布）中央政治局领导人的眼中完全不合时宜。他们把中国政局放在苏联所面临的国际事务中衡量，为使本国减少受到英、美和日本夹击的风险，决定"容忍"在中国出现尽管对日本有利的新的局面，认为"有可能也有必要保持以日本为一方同以中国和苏联为另一方的睦邻关系"。③

12 月 3 日，斯大林提出："实行旨在在日本和英美之间打入楔子的方针，尽量不损害同日本的关系并在容忍中国的现状对日本有利这一意义上同它进行谈判。""目前不可能有清一色的国民党政府。我们以为，我们在北京的朋友们采取了过左的方针。在我们看来，

① 《市民迫段祺瑞下野》，《晨报》1925 年 11 月 29 日。

② 中国第二历史档案馆：《中国国民党第一、二次全国代表大会会议史料》（上），江苏古籍出版社 1986 年版，第 202 页。

③ 《联共（布）、共产国际与中国国民革命运动 1920—1925》，中共中央党史研究室第一研究部译，北京图书馆出版社 1997 年版，第 740 页。

北京政府应当是有冯玉祥、国民党人和其他或多或少温和派参加的联合政府。"于是,斯大林断然否定了国民党的北伐计划,宣称"广州人拟议中的北伐在目前时刻是不能容许的"。[①]

12月4日,拉斯科尔尼科夫给维经斯基写信,透露了做出上述指示的若干细节。他同样认为维经斯基关于颠覆北京政府的计划"太左了","过高地估计了自己的力量和影响,而过低估计了帝国主义者和国民党以外势力的力量和作用"。他告诉维经斯基,斯大林明确提出当前的中国政府,"只能是有直隶参加的联合政府,不急于搞政变"。或许以国民党政治委员会同意在北京成立临时政府委员会之故,拉斯科尔尼科夫把"首都革命"也与鲍罗廷挂了钩,说:"这确实令人惊奇,怎么能搞出这样的计划呢?为什么鲍罗廷迄今为止一直把自己装扮成拿破仑,为什么不顾冯玉祥立场的不确定性,在这种情况下将他推举为坚强的核心?"[②]

虽然其军事规划一时尚未得到联共(布)中央政治局的支持,但是,广东的国民党人仍然雄心勃勃。1926年1月4日,蒋介石出席国民政府公宴,于席间说:"我对于今日中国全国的局势,以及本党的前途,都曾仔细观察,常常抱着极大乐观与希望,深信我们中国国民党必能统一中国,而且在本年内,就可以统一。"[③]6日,他向国民党第二次全国代表大会作军事报告,指出:"我现在敢说一句,我们的政府已经确实有了力量,来向外发展了。"[④]会议期间,他提出提案,其中说到:"现革命根据地之广东将近统一,革命基础逐渐巩固,行将秣马厉兵,出定中原。"[⑤]汪精卫在国民党二大的闭幕词中,也讲到大会以后至第三次全国代表大会,国民党所做的工作就是统一全国。

---

① 《联共(布)、共产国际与中国国民革命运动 1920—1925》,中共中央党史研究室第一研究部译,北京图书馆出版社 1997 年版,第 742 页。

② 同上书,第 744 页。

③ 中国第二历史档案馆:《蒋介石年谱初稿》,档案出版社 1992 年版,第 503 页。

④ 同上书,第 510 页。

⑤ 同上书,第 517 页。

鲍罗廷同样做了如此表态，说："希望此第二次全国代表大会闭会之后一年内的工作能够猛进。到了第三次全国代表大会，是要在北京开的，至少也须在南京或武昌开会"。①

不久，鲍罗廷向布勃诺夫使团汇报，从政治角度论述北伐问题。2月15日，鲍说："北伐也是个刻不容缓的问题。"但是，打着什么口号北上，如何北上？他认为如果重复孙中山的办法，就不会有什么结果。应当把主要的注意力放在土地关系上，"口号的内容应是明确而通俗地阐明土地纲领"。②17日，他再次谈到北伐，认为有一系列问题需要解决："我至今怎么也不明白，北伐是建立在什么基础之上的？怎么也不明白，我们应该如何组织北伐？仿效孙的做法吗？也就是集合军队北上，机械地北上吗？那么何时北上？"鲍自问自答："务必要走，但口号仅仅是反对帝国主义反对军阀是不够的。要联系沿途农民。就是说我们无论从什么角度来分析这个问题，都可以得出，我们现在必须解决这样一个问题：是停留在同帝国主义、同军阀进行的抽象斗争上，还是说口号是改变土地关系，不改变土地关系，我们就一事无成。"③鲍罗廷如此设问，并非立意否定北伐，而是强调未来的北伐与孙中山北伐的根本区别，在于把组织北伐与发动农民、解决土地问题联系起来。④

2月21日至24日，中共中央在北京召开特别会议，认为本党现时最主要的职任，"实在是各方面的准备广州国民革命势力的往北发展，亦就是加紧的在农民之中工作，尤其是在北伐的过程上，以建筑工农革命联合的基础，而达到国民革命的全国范围内的胜利。"⑤3月14日，发出通告，指出："党在现时政治上主要的职任是从各方面准备广东政府的北伐；而北伐的政纲必须是以解决农民问题做

① 《鲍罗廷在中国的有关资料》，中国社会科学出版社1983年版，第72、73页。
② 《联共（布）、共产国际与中国国民革命运动1926—1927》（上），中共中央党史研究室第一研究部译，北京图书馆出版社1998年版，第122、123页。
③ 同上书，第133页。
④ 李颖主要依据这个材料，论证鲍罗廷"对北伐持否定态度"。见《联共（布）、共产国际与北伐》，《党的文献》2005年第6期。
⑤ 中央档案馆：《中共中央文件选集》第2册，中共中央党校出版社1983年版，第32页。

主干。""准备广东政府的北伐，不仅是广东作军事的准备，更要在广东以外北伐路线必经之湖南、湖北、河南、直隶等省预备民众奋起的接应，特别是农民的组织。"①上述决议，与鲍罗廷的主张具有高度一致性，或许根本就是受到了鲍罗廷的影响。

斯大林不能容忍广州现时策划北伐的指示，通过接替加伦担任军事总顾问的季山嘉得到落实。不待已任国民革命军总监的蒋介石2月24日提出"早定北伐大计，应援西北国民军案"，22日，当蒋参加苏联顾问宴请，"席终坐谈，多主北伐从缓"。3月12日，季山嘉又与蒋介石交谈，再次"极陈北伐之不利"，蒋"力辟其谬妄"。②国民党二大以来，蒋就对季山嘉、罗加乔夫不满，私下表示："我以诚往，彼以诈来，非可与共事之同志也"，要求汪精卫免去季山嘉顾问职务，撤换参谋团。③

可以说，直到1926年3月中旬，在北伐问题上，国共两党意见一致，鲍罗廷态度积极，而联共（布）的否定意见，则通过季山嘉等人的言论行动也从广东政坛反映出来。这个矛盾，成为引发中山舰事件的重要因素之一。

2. 鲍罗廷与国民革命军北伐出师

鲍罗廷回到广州，他所面临的主要问题不仅是修复国共关系，而且发动北伐已经摆到了桌面上。虽然离开广州不过两个多月，无论广州还是全国的形势，都发生了始料未及的变化。

东北国民军剑指沈阳，日本人坐不住了，直接用兵干涉。结果，郭松龄兵败被杀。与此同时，国民军先后占领热河，打败直隶督军李景林，势力在京津及其周边地区快速扩大。1926年初，张作霖、吴佩孚两个宿敌达成和解，以"讨赤"为名，联合进攻冯玉祥国民军，并得到日、英帝国主义的全力支持。1月间，冯玉祥主动避让，

---

① 中央档案馆：《中共中央文件选集》第2册，中共中央党校出版社1983年版，第47、48页。
② 参见中国第二历史档案馆《蒋介石年谱初稿》，档案出版社1992年版，第539、545页。
③ 参见中国第二历史档案馆《蒋介石年谱初稿》，档案出版社1992年版，第528、540页。

通电下野。

有鉴于此，国共两党号召社会各界一致起来，共同反对直奉军阀对国民军的联合进攻。北京各界连续举行反日讨张、反英讨吴示威大会，反帝反军阀革命运动不断高涨。

3月1日，奉军渤海舰队运送直鲁联军从青岛到天津大沽口，配合李景林部进攻天津。国民军在大沽口海面铺设水雷，阻止奉军舰只进入。为此，荷兰驻华公使竟代表《辛丑条约》签字国，向北京政府提出"抗议"。日本军舰掩护奉军舰只进入大沽口海面受阻时，公然炮击大沽口，造成国民军伤亡。事后，帝国主义列强公使团更向北京政府发出最后通牒。

中共北方区委、北京地委，国民党中央政治委员会北京分会、北京特别市党部，做出部署，决定于3月18日召开国民大会，抗议帝国主义国家通牒。是日上午，北京社会各界140多个团体、两万多人，如期在天安门前举行反对八国通牒国民示威大会。徐谦、顾孟余、陈启修、黄昌谷、丁惟汾、李大钊和北京总工会、北京学生总会的代表担任大会主席团。徐谦报告开会宗旨，顾孟余发表了演说。大会通过了《反对列强最后通牒国民大会驳复列强通牒致八国八使函》和八项决议。会后，向段祺瑞执政府所在地游行。在执政府大门前，军警向手无寸铁的示威人群大肆屠杀，致死难47人，受伤200余人。鲁迅称之为"民国以来最黑暗的一天"。

段祺瑞政府本来就苟延残喘，三一八惨案的暴行更激起人神共愤，终在唾骂声中于4月9日垮台。15日，国民军也被迫退守南口一带。倒段斗争的成果，完全落到重新联合的奉直军阀手中。

冯玉祥国民军的失败，使联共（布）对国际环境恶化和中国革命形势走低的认识得以加强。4月1日，他们提出："一旦弄清楚，国民军将长时间把阵地让给吴佩孚，那么同后者寻求和解以削弱他对英国的依赖性的做法就可能是恰当的了"，"广州政府在目前这个时期应该坚决放弃进行进攻性军事远征的想法和那些可能促使帝国主义者走上军事干涉道路的行动。"①

可是，国民军退出京津地区以后，志得意满的吴佩孚与张作霖联起手来，叫嚣反对"南北二赤"，联共（布）企图同吴寻求什么和解是完全脱离实际的。②

3月上旬，湘军第四师师长唐生智出动武力，迫使湖南省省长赵恒惕下台，控制了省政权。同月25日，受广州国民政府派遣，第四军第十师师长陈铭枢和第七军参谋长白崇禧到达长沙，争取唐生智加入革命阵营。在31日举行的群众欢迎大会上，陈铭枢公布了来湘的使命和立场，表示"实负有革命的使命，并藉此观看湖南民众对于主义之信仰，及与国民政府之合作，同时要湖南政府，跟随我们革命"，"我们之来，绝不是一种妥协的，是为革命的"。③

吴佩孚任命叶开鑫为讨贼联军湘军总司令，由北往南进攻。4月底，唐生智主动南撤，退守湘南。广州政府援湘，亦即揭开北伐的前哨战，其意义白崇禧当时就一语挑明。他说："此次湘南战争，不是湘鄂两省之问题，又非吴佩孚攻唐生智，实是革命军与军阀之战争。"④广州政府不帮助唐生智顶住叶开鑫的反攻，不仅因此失去与吴佩孚的缓冲地带，而且会失去进攻的前进阵地，难免使自己处于四面受敌而陷于失败。

3月29日，国民党中央政治委员会召开第125次会议，陈铭枢、白崇禧电告到湘情形，会议决定：

> （一）如唐生智实行与吴佩孚开战，政府应以实力助唐；（二）复陈等电，令其促唐反吴；（三）广西出兵认为北伐计划之一部，财政及军械之补充，由蒋中正、朱培德、李济深、宋子文、黄

---

① 《联共（布）、共产国际与中国国民革命运动 1926—1927》（上），中共中央党史研究室第一研究部译，北京图书馆出版社 1998 年版，第 198 页。
② 参见拙文《再谈 1926 年北伐战争的发动问题》，《江汉论坛》2000 年第 9 期。
③ 《昨日市民欢迎白陈两代表纪事》，长沙《大公报》，1926 年 4 月 1 日。
④ 黄嘉谟：《白崇禧将军北伐史料》，台北"中央研究院"近代史研究所 1994 年，第 9 页。

绍竑诸委员拟定计划，具复政治委员会。①

4 月 3 日，蒋介石向国民党中央提出"整军肃党准期北伐"建议，计划动员八万兵力，以五万出师北伐，同时筹足军费，改组政治训练部，改良兵工厂。这些准备工作须在三个月内完成。②16 日，政治委员会、军事委员会举行联席会议，议决：北伐计划由蒋介石、朱培德、李济深三人负责积极筹备；北伐军饷由宋子文负责筹办。③

加拉罕身在中国，对南北政情的了解比较及时，4 月 3 日，他致电苏联外交人民委员部，称广州可能迫于形势，不得不进行占领新地区的扩张，如果广州方面不支持唐生智，唐就有可能屈从吴佩孚。因此，"广州的上述扩张是不可避免的，需要给以协助"。④加拉罕认为莫斯科做出的限制国民革命军北伐的指示脱离了中国的实际。可是，远在天边的联共（布）中央政治局坚持己见，4 月 15 日，采用斯大林以中央名义提出的电报稿致电加拉罕，重申"中央最近不希望广州军队在广州以外进行军事远征，而要把广州的力量集中在巩固内部政权以及军队工作上的指示应当不折不扣地执行"。认为加拉罕的前述电报有"绕开这个指示的企图"，并强调"一旦迫切需要在广州以外进行军事远征，这种行动只有取得中央同意方可进行"。⑤

不管是否同时得到了这些指令，鲍罗廷返抵广州后，没有积极实施阻止北伐的政策。这一方面是由于他对北伐历来持正面态度，另一方面，3 月 27 日，布勃诺夫已给他写信，传达了使团对华考察的结论："没有必要决定是否进行北伐的问题，因为整个军队和全体

---

① 《政治委员会第 125 次会议议事录》，1926 年 3 月 29 日，《中央政治委员会第 101—163 次会议纪录》，台北中国国民党党史馆，会议 00.1/27.2。

② 参见中国第二历史档案馆：《蒋介石年谱初稿》，档案出版社 1992 年版，第 554—558 页。

③ 《政治委员会第 131 次会议议事录》，1926 年 4 月 16 日，《中央政治委员会第 101—163 次会议纪录》，台北中国国民党党史馆，会议 00.1/27.2。

④ 《联共（布）、共产国际与中国国民革命运动 1926—1927》（上），中共中央党史研究室第一研究部译，北京图书馆出版社 1998 年版，第 201、202 页。

⑤ 参见《联共（布）、共产国际与中国国民革命运动 1926—1927》（上），中共中央党史研究室第一研究部译，北京图书馆出版社 1998 年版，第 202、203 页。

指挥人员都确信北伐是必要的，是迟早要进行的"，"现在就要对北方表现出更大的积极性，力求从后面进攻吴佩孚。"①

但是，这并不意味着鲍罗廷没有忧虑，毕竟发生了中山舰事件，必须首先收拾摊子，修复关系。5月1日，鲍罗廷与蒋介石纵论时局长达四小时之久，"对北伐问题多所争执"。②争执什么呢？切列潘诺夫曾经谈到鲍回广州后，在中共广东区委会议上"发言反对立即进行北伐"，"首先在国民党内部要求稳定，要造成有利的政治环境，与冯玉祥国民军达成协议，尝试同孙传芳达成协议或者哪怕使他保持中立，在农民中间进行宣传活动。还必须完全用苏联武器装备军队。"③所谓"反对立即进行北伐"，仅此而已，乃是一种策略性意见，并非根本反对。

其后两个多月，正是做这些事情。关于国民党内部稳定，15日至22日，国民党召开二届二次全会，通过了《整理党务案》。会前，5月10日，汪精卫、胡汉民不约而同离开广州，国民党大权全盘归入蒋介石之手。关于与国民军联系，早在4月5日至7日，鲍罗廷在库伦分别与于右任、顾孟余一起多次同冯玉祥会谈，研究国民党与国民军合作事宜，以及如何救民救党和党的重要性。5月3日，顾孟余向政治委员会报告了会晤冯玉祥的结果以及国民党与国民军合作问题。会议当场推举胡汉民、蒋介石、顾孟余、陈友仁以及鲍罗廷起草国民党与国民军合作办法，提供本会讨论决定。④6月23日，政治委员会又指定李石曾、张继、李大钊、柏文蔚、易培基为代表团负责与国民军接洽。

5月10日，唐生智的代表刘文岛到达广州，要求广州国民政府出兵应援。同日，李宗仁也为策动北伐由广西到达。当晚，国民

---

① 《联共（布）、共产国际与中国国民革命运动1926—1927》（上），中共中央党史研究室第一研究部译，北京图书馆出版社1998年版，第187页。

② 中国第二历史档案馆：《蒋介石年谱初稿》，档案出版社1992年版，第582页。

③ 〔苏〕亚·伊·切列潘诺夫：《中国国民革命军的北伐》，中国社会科学院近代史研究所翻译室译，中国社会科学出版社1981年版，第398页。

④ 《政治委员会第138次会议议事录》，1926年5月3日，《中央政治委员会第101—163次会议纪录》，台北中国国民党党史馆，会议00.1/27.2。

政府召开军事委员会会议，原则上决定出师入湘，援助唐生智。20日，叶挺率领的第四军独立团作为北伐先遣队，首途入湘援唐。17日，国民政府公布唐生智为第八军军长兼北伐前敌总指挥的任命；21日，又委唐生智兼理湖南省政；同时，送去军费 10 万毫洋。6 月 4 日，政治委员会特任蒋介石为国民革命军总司令。同日，国民党中央执行委员会举行临时全体会议，正式任命蒋介石为国民革命军总司令，迅行出师北伐。推定北伐总司令的时候，据说蒋力辞不就，鲍罗廷做劝进之举，表示："如公不就，即当归国。"①

5 月底，由李济深主持制定的北伐作战计划告竣。这个计划以攻占湖北为第一作战目标，拟派三个军取道江西，四个军攻打湖南，最后会师武汉。根据这一计划，北伐军必须同时向吴佩孚、孙传芳开战，这是北伐军力所不及的。之所以这样决定，是因为唐生智不愿意被他所打败的谭延闿第二军和程潜第六军重返湖南。陈铭枢、白崇禧在长沙已向唐作出了二、六军不回湖南的许诺，谭延闿丢失了湖南则力求以占领江西作补偿。朱培德和程潜同样只有向长江下游发展才有指望，而蒋介石也打算尽快把宁、沪、杭一带最富庶的地区纳入自己势力范围。广西新近整合的李宗仁、黄绍竑两支军队，同样存在渊源各自、和合为难的问题，只有向外发展，才能协调内部权力分配。所以，这个北伐作战计划，反映了军队内部寻求个人地盘、权益的意见和想法。②

这时候，加伦再度来华。作为军事总顾问，他敏锐地洞察到上述北伐计划的根本缺陷，并致力于补救。加伦的报告说："从我来以后的最初日子起，我一直把修改这个计划、把战争局限在湖南省作为一项任务。经过多次会商，6 月 23 日我终于使他们同意修改计划，放弃立刻向江西进军。"③

---

① 中国第二历史档案馆：《蒋介石年谱初稿》，北京：档案出版社 1992 年版，第 595 页。

② 参见拙文《北伐战争发动问题新探》，《党史研究与教学》1989 年第 5 期。

③ 转引自〔苏〕亚·伊·切列潘诺夫《中国国民革命军的北伐》，中国社会科学院近代史研究所翻译室译，中国社会科学出版社 1981 年版，第 416 页。

集中兵力，首攻湖南，这个主张是正确的。当时，孙传芳一方面要与鲁军争夺山东，一方面要提防吴佩孚扶植老直系齐燮元卷土重来，玩点策略，大倡"保境安民"。与国民政府直接对峙的是吴佩孚。他野心勃勃，以"武力统一"中国为己任，决不肯坐视革命势力向北发展。只是4月以来，因集中精力与奉鲁军共同进攻国民军，一时无暇南顾。国民革命军无论财力、兵力都与北洋军阀悬殊较大，应该而且也有可能争取孙传芳暂时保持中立，乘吴佩孚专注北方战事之际，集中兵力，突击湖南，这样才能稳操胜券。经过加伦的不懈努力，军事委员会接受建议，由李济深重新拟定计划，决定先肃清湖南，再会师武汉，进而与北方国民军联合，以期统一中国，完成国民革命使命。①

7月9日，国民党在广州举行了北伐誓师典礼。14日，发表北伐宣言。切列潘诺夫赞扬鲍罗廷"对起草这份宣言给予了巨大的帮助"，国民党档案中文字用语平静，载明政治委员会曾将这份重要文件草案"交鲍顾问修正"。②

这个宣言，历数中国受压迫的各阶级、各阶层所受的无尽苦痛，并揭示其根源，指出国民党主张和平，提倡以召集国民会议的方法，建立统一政府，但诸多努力无由实现，不能不出于出师一途，乃郑重宣告：

> 中国人民一切困苦之总原因，在帝国主义者之侵略及其工具卖国军阀之暴虐。中国人民之唯一的需要，在建设一人民的统一政府。而过去数年间之经验，已证明帝国主义者及卖国军阀，实为和平统一之障碍，为革命势力之仇敌；固帝国主义者及卖国军阀不被推翻，则不但统一政府之建设无希望，而中华民国

① 参见拙文《北伐战争发动问题新探》，《党史研究与教学》1989年第5期。
② 〔苏〕亚·伊·切列潘诺夫：《中国国民革命军的北伐》，中国社会科学院近代史研究所翻译室译，中国社会科学出版社1981年版，第420页；《政治委员会第163次会议事录》，1926年7月9日，《中央政治委员会第101—163次会议纪录》，台北中国国民党党史馆，会议00.1/27.2。

唯一希望所系之革命根据地，且有被帝国主义者及卖国军阀联合进攻之虞。本党为实现中国人民之唯一的需要，统一政府之建设，为巩固国民革命根据地，不能不出师以剿除卖国军阀之势力。①

鲍罗廷本身已确立了应以解决农民土地问题为北伐的政治条件和群众基础的观点，北伐文告没有涉及削弱和反对农村封建制度的问题，他主张在北伐宣言中提出土地政纲或减租政策，蒋介石不赞同；转而提议待北伐军攻占武汉后再予宣布，蒋仍认为太早。②稍后，蒋介石在行军途中考虑到这个问题，致电张静江并转谭延闿，提出"中央可否设立土地制度委员会，其意在规定详细办法，或将平均地权所言者，再加细定，逐条登报，公诸国人参考，且可临时应用也"，要张、谭二人"与鲍顾问等妥商核夺"。③

莫斯科关于广州方面北伐的指示，总是落后于中国形势。5月6日，联共（布）中央政治局决定："中央过去认为、现在仍认为不能分散广州的军事力量"，对于叶开鑫大举进攻湘南，只能以小股部队保卫通往湖南的要道，还是不能向省外发展。④17日，布勃诺夫在莫斯科向斯大林就中国问题提出总的结论和具体建议，或许考虑到中央政治局已一再严令广州不得进行拟议中的军事远征，布勃诺夫在其报告中没有直接提出北伐问题，而是建议"通过同部分省份和军阀的谈判和协商，特别是同孙传芳的谈判和协商，为防备直隶人的进攻或进行所谓的北伐创造最有利的条件"。⑤20日，联共（布）中央政治局在听取了布勃诺夫使团的报告后，仍决定"责成广州同志保证实行政治局不止一次重申的坚决谴责在目前进行北伐或准备北

① 参见萧继宗编《革命文献》第69辑，台北中国国民党党史委员会1976年，第176页。
② 《中局致北方区委信》，1926年8月11日。
③ 《北伐史料》，台北"国史馆"2002年，第11页。
④ 参见《联共（布）、共产国际与中国国民革命运动1926—1927》（上），中共中央党史研究室第一研究部译，北京图书馆出版社1998年版，第241页。
⑤ 同上书，第257页。

伐的指示"。^①他们对广州国民政府北伐的制止，真有点连发 12 道金牌的味道。

然而，北伐对于广州而言，已经不是拟议而是事实。即使同意出手阻止，鲍罗廷也无从扭转局面，更何况他乐观其成。倒是共产国际执委会远东书记处和不久后成立的远东局，忠实推行了联共（布）中央政治局和斯大林阻止广州国民政府北伐的政策。

4 月 27 日，共产国际远东书记处决定致函中共中央，说明目前提出北伐无论从政治还是从宣传的角度，都是错误的。出席这次会议的蔡和森也批评中共中央北京特别会议关于准备北伐的决定是"极左的，是不正确的"，建议共产国际去信批评广州政府提出关于组织北伐的建议^②。

6 月上旬，维经斯基到达北京，发现北京的同志们仍然坚定不移地主张北伐。到上海后，立即同陈独秀交谈北伐问题。据他说，仅仅一个小时，没有经过太大的争论，便使中共中央和陈独秀都放弃了对北伐的支持。可是，30 日举行会议，中共中央成员又反对因北伐把中共的态度分成支持和反对两派，陈独秀打算以自己的名义向共产国际执委会拍电报，决定在电报中回避关于两派的评价，仅指出中共内部一致主张进行北伐^③。为此，维经斯基以中共态度摇摆而深感不安。

广州方面没有理会莫斯科的阻止，按部就班完成了北伐出师的各方面准备，在湘前敌总指挥部做出了 7 月初即三路挺进长沙的作战部署。

形势的发展，使维经斯基不得不调整对北伐的立场。7 月 1 日，他在给联共（布）驻共产国际执行委员会代表团核心小组的电报中提出，考虑到对政治形势的总的评价，把政策同北伐联系起来是极

---

① 参见《联共（布）、共产国际与中国国民革命运动 1926—1927》（上），中共中央党史研究室第一研究部译，北京图书馆出版社 1998 年版，第 268 页。

② 同上书，第 230 页。

③《联共（布）、共产国际与中国国民革命运动 1926—1927》（上），中共中央党史研究室第一研究部译，北京图书馆出版社 1998 年版，第 317 页。

端错误的，是不切实际的，主张广州应当"采取防御立场"，"工作的重点口号不是进行北伐，而应当是提高工农群众的经济福利，巩固革命政府的基地"。① 7月6日，维经斯基致信加拉罕，指出广州确实受到威胁，出现了保卫它的问题。对于北伐，"现在中央采取了广州的防御立场而不是北上以使全国革命化的立场"②。

7月7日，陈独秀发表《论国民政府之北伐》，强调时下要注意吴佩孚南伐，广州方面要进行的是"防御战争"，并提出在北伐中应防止和反对几个错误观念和行动，如搜刮平民以充战费、剥夺人民自由以维治安等。文章面世，犹如一石激起千层浪。过去很长一段时间，国民党方面的著作都把该文作为共产党、陈独秀反对北伐的证据大加挞伐。"防御战争"的基调是陈独秀同维经斯基一起商定的，虽难免态度不够积极之讥，但亦非根本反对。此前，陈独秀赞同北伐。中共中央北京特别会议他因病没有出席，会前打电报到北京，明确提出"必须解决北伐问题"。会后，致电汪精卫和蒋介石，提出"必须开始北伐"③。在《向导》周报公开发表的给蒋介石的信中，陈独秀承认和某几个同志对北伐有不同的意见，但"也不是根本的反对北伐"，为此，曾有四电一函分致汪精卫和蒋介石，"双方对于北伐主张，只有缓进急进之分"。④

况且，陈独秀的文章也不能全面代表中共对北伐的态度。各级地方组织，特别是广东区委、湖南区委、湖北地委，为发动北伐做了大量具体工作。广东区委在3月30日就发出宣传大纲，提出了"要求国民政府实行北伐"的口号⑤。在广东区委指导下，广州工人第一次代表大会、广东农民第二次全省代表大会响亮地喊出了北伐的口号。受广东区委领导的叶挺独立团奋勇当先，最早从广东出师北伐。

---

① 《联共（布）、共产国际与中国国民革命运动1926—1927》（上），中共中央党史研究室第一研究部译，北京图书馆出版社1998年版，第322页。

② 同上书，第326页。

③ 陈独秀：《在中国共产党第五次全国代表大会上的报告》，见《中共党史资料》1982年第3辑，中共中央党校出版社1982年版，第38页。

④ 陈独秀：《给蒋介石的一封信》，《向导》周报第157期，1926年6月。

⑤ 《反对段祺瑞屠杀北京民众之宣传大纲》，《人民周刊》第7期，1926年3月30日。

湖南区委组织了大规模的讨吴驱赵运动，卓有成效地争取唐生智输诚国民政府。湖北地委负责人董必武南下长沙，争取唐生智和夏斗寅转向国民革命阵营；后又前往广州，与党政军要人共商北伐大计。[1]

远东局和维经斯基对中共的影响，不只是由陈独秀发表了一篇唱反调、准确地说是唱低调的文章。7月中旬，中共中央召开第三次扩大会议，接受"防御战争"的主张，对北伐战争采取消极态度。会议所通过的一系列决议，对当前所发生的北伐这样重大的事件，几乎只字未提。会议没有强调和解决如何参加北伐的军事斗争，利用军事胜利的有利条件发展自己，在7月12日公开发表的对时局的主张中，"仍旧主张国民会议是解决中国政治问题的道路"[2]。直到7月底，在远东局经过与中共中央的长期磨擦和后者被迫放弃自己的立场后，终于提出对北伐的共同看法，即："我们不指望于并非人民革命的北伐本身，而指望于在南方军队占领区所形成的革命力量的发展和组织。"[3]中共中央依据这个共识，发出通告，对北伐提出具体措施，一定程度上弥补了第三次扩大全会的不足。[4]

至于莫斯科，北伐战争的胜利进军则完全打破了他们的预想。在新的形势面前，8月5日，联共（布）中央政治局重新审议北伐问题。此后，他们向中国发出的指令，就不再是应不应当北伐了。

二 国民政府迁都的角力

1. 北伐初期政治方针的研讨

1926年7月6日，国民党中央临时全体会议主席团提请聘任鲍

---

① 参见拙文《北伐战争发动问题新探》，《党史研究与教学》1989年第5期。

② 中央档案馆：《中共中央文件选集》第2册，中共中央党校出版社1983年版，第191页。

③《联共（布）、共产国际与中国国民革命运动1926—1927》（下），中共中央党史研究室第一研究部译，北京图书馆出版社1998年版，第34、35页。

④ 参见拙文《再谈1926年北伐战争的发动问题》，《江汉论坛》2000年第9期。

罗廷为中央执行委员会顾问，得到通过。这次临时全体会议决定政治委员会应与中央常务委员会同开一政治会议，以取代政治委员会会议。对鲍罗廷的新聘任正是为了适应这个改变。

26 日夜间，鲍罗廷与蒋介石进行了蒋出征前的谈话，就当前紧急需要处理的问题交换意见。关于政治问题，蒋称已吩咐李济深同鲍商量着办，并要鲍同冯玉祥的代表刘骥、李鸣钟谈谈他们可能提出的"成立联邦政府"问题。当日，蒋向留守后方将领讲话，要求他们在政治问题上应该向两个人请教：一个是张静江，一个是鲍罗廷。他称鲍罗廷"是总统推荐给我们的，自总统去世以来我们还没有这样一位伟大的政治活动家"。①

实际上，鲍罗廷在广州受到掣肘，不再享有中山舰事件前的那般尊崇。只是拿捏到位，一时与蒋介石和其他国民党高层人物没有发生重大冲突，倒是共产国际执委会远东局一度让他面临危机。

8 月 6 日至 9 月 2 日，维经斯基率远东局代表团成员拉菲斯、福京在广州考察。共产国际执委会为加强对远东尤其是中国革命的指导，将本来设在共产国际执委会的远东书记处派往第一线，在上海成立远东局。维经斯基长期供职于共产国际执委会东方部，从事中国革命的指导工作。他多次驻上海，对鲍罗廷的一些主张和做法不表赞同。行前，维经斯基就批评鲍罗廷迁就现实，"没有做应该做的事"，"把赌注下在蒋介石身上"，"由于鲍罗廷的这种政策，蒋介石的进攻野心越来越大"。②现在，他更需要以远东局这个组织的力量，对国民党二大特别是中山舰事件以来整个广东的政治局势、共产党的方针对策做一番实地调查，指导中共中央形成应对北伐的方略。

8 月 9 日，维经斯基一行首先同鲍罗廷交换意见，主要听取鲍

---

① 《联共（布）、共产国际与中国国民革命运动 1926—1927》（上），中共中央党史研究室第一研究部译，北京图书馆出版社 1998 年版，第 365 页。

② 参见《联共（布）、共产国际与中国国民革命运动 1926—1927》（上），中共中央党史研究室第一研究部译，北京图书馆出版社 1998 年版，第 309 页。

关于北伐及其政治前景的陈述。当天，远东局内部就讨论了广州局势，对北伐和国民党左派问题得出初步结论。12 日，远东局代表团与中共广东区委举行会议，陈延年、张太雷、黄平出席，双方讨论了共产党人同国民党左派的关系、国共两党联席会议、组织问题和农民问题。15 日，远东局内部主要就国共两党联席会议问题进行了讨论。16 日，远东局代表团再次与鲍罗廷举行会议，鲍提出北伐、如何巩固扩大国民党左派以及召开国共两党联席会议等三个问题供讨论，双方分歧明显。19 日，远东局代表团与中共中央代表团举行联席会议，瞿秋白、张国焘、陈延年、张太雷参加。20 日，中共中央特别委员会、中共中央代表团与远东局代表团举行联席会议，张国焘主持，瞿秋白、张太雷出席，鲍罗廷参加了会议。26 日，再次举行联席会议，出席者增加了周恩来。8 月 17 日、31 日，维经斯基两次单独同顾孟余谈话，对国民党左派作进一步了解。

各次会议讨论的这些问题，具有很强的关联性。关于北伐，鲍罗廷说：

> 当我们谈论北伐时，应当注意到这种思想的两种提法。孙逸仙本人起初设想这次北伐是对北方军阀的纯军事讨伐。后来俄国人来了，给这个思想提出了新的革命的提法：北伐是工人、农民、革命知识分子和商人群众革命运动的产物，这个运动有其明确的要求和纲领，其体现者就是正在北上并要在那里根据上述革命要求协助把这些群众组织和联合起来的军队。3 月 20 日以后，北伐的思想在失去这种革命的性质。在蒋介石的政治提法中根本没有明确提出某些居民阶层的革命要求。[1]

鲍罗廷认为，尽管如此，现在还没有条件反对蒋介石的北伐。在一般政治问题特别是在北伐问题上，不能充当蒋介石的反对派，

---

[1] 《联共（布）、共产国际与中国国民革命运动 1926—1927》（上），中共中央党史研究室第一研究部译，北京图书馆出版社 1998 年版，第 368、369 页。

否则,别人很容易把我们搞垮。北伐作为军事行动,有其胜利的保证,但从政治角度观察,由于中山舰事件后北伐的思想失去了革命性质,不能真正取得成功。但是,如果过早激化与蒋介石的矛盾,那么,当北伐在政治上失败后,就没有人能利用那时的有利形势。①

鲍罗廷既把蒋介石放在中派,又将他与其他中派区别开来,指望蒋的政治立场能够左转,称"蒋介石在看到自己面临不可避免的政治失败时,是能够向左转的,并指望得到我们的支持",并认为蒋即使不左转,同他斗争的时机也没有到来。如果同中派的斗争牵扯到蒋介石,他反对同中派进行任何斗争。对于陈独秀的那篇文章,鲍罗廷批评说:"如果老头子的文章是纲领性的,那么它是错误的,因为它促使我们同蒋介石发生冲突。"②

远东局不同意鲍罗廷关于北伐的立场,批评广州的共产党人"染上了这种迷恋于军事的通病","证明他们的共产主义思想不够坚定,也说明在总的革命建设问题上,特别是在对待北伐的态度上缺乏独立的政治方针"。③维经斯基为陈独秀的文章辩护,实际上也是捍卫他自己的观点,强调该文所表述的方针,"是党对北伐的唯一正确的立场"。同时,也认为策略性地运用这一方针具有复杂性,表示"同意鲍罗廷在这里所说的,即不要在广东围绕这篇文章展开广泛的斗争战线","我们绝不要说,北伐是不需要的,而整个宣传鼓动方针要转到保卫革命成果上","我们的做法不是反对蒋介石,而是反对蒋介石周围的人"。④

后来,拉菲斯起草远东局工作报告,承认当时"没有正确对待北伐,对中共中央最初在这个问题上所持的积极立场重视不够"。"这

---

① 《联共(布)、共产国际与中国国民革命运动 1926—1927》(上),中共中央党史研究室第一研究部译,北京图书馆出版社 1998 年版,第 369 页。

② 参见《联共(布)、共产国际与中国国民革命运动 1926—1927》(上),中共中央党史研究室第一研究部译,北京图书馆出版社 1998 年版,第 388—397 页、第 390—397 页。

③ 《联共(布)、共产国际与中国国民革命运动 1926—1927》(上),中共中央党史研究室第一研究部译,北京图书馆出版社 1998 年版,第 374 页。

④ 参见《联共(布)、共产国际与中国国民革命运动 1926—1927》(上),中共中央党史研究室第一研究部译,北京图书馆出版社 1998 年版,第 392、393 页。

是由于：（1）极度夸大了中国反对派的力量，尤其是夸大了与沿海地带资产阶级勾结在一起的孙传芳'联邦'的力量；（2）夸大了广东内部反对派的危险；（3）远东局不愿支持孙逸仙关于通过北伐拯救中国的思想；（4）远东局在提出共产党人的独立政治方针口号后不愿表示拥护蒋介石；最后，（5）不懂得在反动派阵营已经分崩离析的情况下广州军队的北伐应具有的巨大革命意义。"①

　　讨论北伐出师以后的政治方针，离不开蒋介石与国民党中派，也离不开汪精卫与国民党左派。当然，国民党的派别不是一成不变的，特别是涉及到具体人物，在不同阶段、不同重大事件中，他们的政治立场总在变动。当汪精卫远走海外，国民党党、政、军大权整个由蒋介石掌控，在中共中央看来，"蒋就是国民党，蒋就是国民政府，威福之盛，过于中山为大元帅时"。这种情形已经引起左派分子不满，就连蒋所牢牢控制的黄埔军校内，也出现了"迎汪的空气非常浓厚"的新动向。②

　　鲍罗廷明白地说，"期待着汪精卫在蒋介石失败后回来"。他不排除汪精卫和蒋介石共事的可能性，并设计了他们之间的重新分工，汪精卫负责国家事务，蒋介石作为军事领袖。他已经做了一些铺垫工作，采取措施同汪精卫保持经常性联系，并在即将开赴前线的将领中吹风，以汪精卫的名义把蒋介石的对手联合起来。准备当北伐军占领武昌，就乘胜召开国民党代表会议，恢复 3 月 20 日以前的局面，使国民党左派和共产党人联盟重新执政。③

　　顾孟余作为汪精卫的代言人，两次同维经斯基长谈。他对蒋介石很不看好，认为"很难指望和期待蒋介石向左转。很可能他会进一步向右转"；"很难认为可以使蒋介石和汪精卫联合起来，但不能

　　① 《联共（布）、共产国际与中国国民革命运动 1926—1927》（下），中共中央党史研究室第一研究部译，北京图书馆出版社 1998 年版，第 34 页。

　　② 中央档案馆：《中共中央政治报告选辑 1922—1926》，中共中央党校出版社 1981 年版，第 73、75 页。

　　③ 《联共（布）、共产国际与中国国民革命运动 1926—1927》（上），中共中央党史研究室第一研究部译，北京图书馆出版社 1998 年版，第 372、390 页。

绝对排除这种可能性"。①他设计汪精卫回归的路径,就是当前正在兴起的迎汪运动,汪得到了舆论的支持,并认为武昌的被占领,就是合适的时间点,届时可以召集国民党代表会议。当汪精卫愿辞去军务、政务,专办党务的信传到广州,左派即欲借机请汪复职。他们找鲍罗廷商量办法,鲍不主张汪精卫立即回国,认为现在军事、政治各方面都没有做好准备,迎汪的事做得太早,会引起中派疑忌而招致打击,那样,即使汪回来也没有什么作用。②

不仅国民党左派对汪精卫翘首期盼,就是共产党人如瞿秋白也重视汪精卫的意义,瞿认为对于全国而言,汪"是更有声望的人物,他能够巧妙地应付各派"。③维经斯基倒深感在广州所接触到的对汪精卫的乐观评价,含有过于夸大的成分。不过,左派与蒋介石之间达成协议的可能性是存在的。因而也认为,从国民革命全局利益出发,"目前最好的出路是汪精卫和蒋介石之间,即以左派和共产党人为一方和以思想上的中派为另一方之间达成协议"。④

顾孟余在同维经斯基的交谈中,强烈要求立即举行国共两党联席会议。张国焘、瞿秋白的南下,即有参加联席会议的准备。

8月20日,鲍罗廷在会上指出,国共两党联席会议的设计是要找到解决两党冲突的出路。当前,蒋介石一派没有提出要求,是顾孟余希望召开。可是,左派只能在会外同共产党人商量汪精卫复职问题,在会议上做不了什么事情。左派试图让共产党人成为反蒋先锋,那样,联席会议就会酿成与蒋介石的冲突。他得出结论说,目前开会的条件并不成熟。召开国共两党联席会议之前,如果可能,应与左派签订协议,内容包括:筹备国民党非常代表大会的方式;中央的组成人员;筹备代表大会的宣传鼓动纲领;代表大会的地点

---

① 《联共(布)、共产国际与中国国民革命运动1926—1927》(上),中共中央党史研究室第一研究部译,北京图书馆出版社1998年版,第399页。

② 参见《秋白由粤回来报告》,《中央政治通讯》,1926年9月15日。

③ 《联共(布)、共产国际与中国国民革命运动1926—1927》(上),中共中央党史研究室第一研究部译,北京图书馆出版社1998年版,第406、407页。

④ 同上书,第489页。

以及如何在事实上确立左派在广东的领导。①

维经斯基则提出两个方案：一是与左派商定并达成推翻蒋介石的协议；二是同左派进行一定的工作再同他们达成协议，现在不谈协议，也不向中派宣战。如果采取前一方案，是否召开联席会议就不重要；如果采取后一方案，需要巧妙应对左派和中派，联席会议就比较重要了。②

中山舰事件以后，鲍罗廷改变了对国民党左派的看法。他向维经斯基等人表示："你们知道，我本人并不认为有真正的国民党左派。"③鲍的这个主张影响广东区委，维经斯基和陈独秀多次指名批评。鲍不愿为中山舰事件以来表现软弱的左派提早向蒋介石摊牌，语气坚定地说："同左派达成协议并不意味着同中派作斗争，更不是向中派宣战。目前我们是否能够在同中派作斗争时把蒋介石隔离开，不打击他。如果这意味着同蒋介石作斗争，那么我反对向中派宣战。"维经斯基也明白，召开联席会议实质上是要亮出对蒋介石的态度，他同意目前不主张打倒蒋介石。鲍进一步说：

> 如果左派问我们，我们说：根本谈不上打倒蒋介石。我们主张左派在国民党内掌权。这由代表大会来决定。我不知道，蒋介石是否会同左派中央一起走。在拟定中央的名单时，如果他们不提名的话，我们提名，这不妨碍我们在代表大会上把他撤掉，如果需要这样做的话，而我们会得到多数。④

8月26日，中共中央特别委员会、中共中央代表团与远东局举行联席会议，正式决定推迟召开国共两党联席会议。同时，把工作重点放在拟议中的国民党非常代表大会，即不久后在广州召开的国

① 《联共（布）、共产国际与中国国民革命运动 1926—1927》（上），中共中央党史研究室第一研究部译，北京图书馆出版社 1998 年版，第 409—414 页。

② 同上书，第 413、414 页。

③ 同上书，第 372 页。

④ 同上书，第 414 页。

民党中央各省区联席会议，决定了今后同左派就召开这个会议进行谈判的要点：代表大会地点暂不确定，鲍罗廷此前提出这个会议应在武昌召开，日期暂定 10 月 10 日左右，组织方式采取重新选举代表的办法。代表大会的组成人员中，左派和共产党人将占全部代表的 60% 左右，其中共产党人 10 人至 15 人，国民党中央的组成人员构成，左派 20 名，共产党人五名，中派八名，右派三名。由左派和共产党人组成联合委员会秘密在上海开展筹备工作。会议还制定了左派和共产党人的行动纲领。①

维经斯基回到上海，经与中共中央讨论，正式形成对国民党的政策，明确提出"汪蒋合作"口号。其要点是：共产党不退出国民党，也不代替国民党；虽然蒋介石的独裁很不利于国民党的发展，但在目前反对广东内外反革命势力的斗争中，还是要赞助他，应以拥护劳动群众利益为赞助的根本条件；极力促成迎汪复职运动，但保持蒋作为军事领袖的地位，充实蒋的实力作更大的发展，不作迎汪倒蒋之举；不主张推翻《整理党务案》。②

此次远东局一行考察，鲍罗廷与维经斯基在国民党问题上分歧明显，互相辩驳争执费去不少时间。鲍罗廷不客气地指出：广东目前发生的可能同蒋冲突的运动，其"政策是来源于上海"。8 月 15 日，远东局在尚未完成调查的情况下，就断定只有将鲍罗廷和广东区委领导人都调走，才能建立与国民党的正确关系，要"毫不拖延地"把他们都撤换掉。③9 月 22 日，维经斯基领衔给联共（布）驻共产国际执委会代表团去信，抨击鲍罗廷"靠自己的威信加强了广州同志的所有错误观点"，"为自己制定了一整套相当完整的与总的方针相背离的观点"，"不适于做他在做的工作"，建议撤换鲍罗廷。④

---

① 参见《联共（布）、共产国际与中国国民革命运动 1926—1927》（上），中共中央党史研究室第一研究部译，北京图书馆出版社 1998 年版，第 415—418 页。

② 中央档案馆：《中共中央政治报告选辑 1922—1926》，中共中央党校出版社 1981 年版，第 77、78 页。

③ 《联共（布）、共产国际与中国国民革命运动 1926—1927》（上），中共中央党史研究室第一研究部译，北京图书馆出版社 1998 年版，第 385—387 页。

④ 同上书，第 530 页。

然而，出乎维经斯基他们意料的是，联共（布）中央政治局并不接受关于召回鲍罗廷的建议，而且决定在加拉罕回国新任全权代表到任前，鲍罗廷直接听命于莫斯科。责成远东局在就对华总的政策问题、国民党问题和军事工作问题做出任何决议和采取任何措施时，都必须同鲍罗廷协商。如果发生意见分歧，应提交莫斯科裁决。在任命驻广州政府的正式代表前，鲍罗廷仍然负责隶属于广州政府的各省的工作。[①] 12 月 23 日，联共（布）中央政治局接受伏罗希洛夫建议，给鲍罗廷和加伦授予红旗勋章。鲍罗廷超出维经斯基得到了莫斯科的强力支持。

2. 迁都问题的提出与国民党中央各省区联席会议的决定

　　根据台北中国国民党党史馆保存的档案，国民政府迁都议题，早在 1926 年 8 月 22 日就明确提出来了。这天，正在长沙的国民党中央执行委员、监察委员和湖南、湖北两省国民党省执行委员，在蒋介石主持下，举行特别联席会议，决定"请中央执行委员会会议武汉攻克后将国民政府移至武汉，然后召集临时全国代表大会，开会日期请中央决定"。[②]这是目前所知迁都武汉最早的倡议。9 月 13 日，《黄埔日刊》报道了这个会议，所述第八项议案，即"中央政府移至武汉案可请中央决定"。[③]

　　广州偏居南国，国民政府只是暂驻此间。随着北伐军向长江流域挺进，国民政府控制区域的扩大，迁都自然而然成为话题，并被提上议事日程。远东局结束广州之行返回上海，9 月 12 日，在给共产国际的报告中谈到，"随着对武昌的必然占领，给国民党中央提出了在重新占领的各省从政治上巩固北伐成果的问题和把国民政府迁都武昌的问题。""这个问题是在蒋介石作为总司令同时又是国民党

---

　　① 《联共（布）、共产国际与中国国民革命运动 1926—1927》（上），中共中央党史研究室第一研究部译，北京图书馆出版社 1998 年版，第 623、624 页。

　　② 《第三十四次政治会议》，1926 年 10 月 16 日，《中央政治会议第 31—67 次会议纪录》，00.1/32，台北中国国民党党史馆。

　　③ 转见田子渝主编：《武汉国民政府史料》，武汉出版社 2005 年版，第 55 页。

为蒋介石出发送行，左起：鲍罗廷、顾孟余、鲍罗廷夫人、何香凝、蒋介石夫人、加伦、蒋介石、谭延闿，前排座者为张静江，小孩为蒋纬国，采自［美］丹·雅各布斯《鲍罗廷：斯大林派到中国的人》

中央主席和整个国民政府形式上的领导人在前线领导斗争的时候提出来的。"①

9月9日，蒋介石致电张静江，称："武昌克复，中即须入赣督战，武汉为政治中心，务请政府常务委员先来主持一切，应付大局。否则，迁延日久，政治恐受影响，请勿失机。最好谭主席能来。"同日，另电称："政府常务委员至少要来武汉三人执行职权，并请顾孟余、鲍罗廷同志等亦速来汉"，希望请在粤的维经斯基一并赴汉。②

这封电报转到了鲍罗廷手中。15日，鲍致电加拉罕、陈独秀和维经斯基，说："我刚接到蒋介石的电报，他建议一些中央委员和国民政府成员去汉口。他也请我立即去那里。"鲍罗廷怎样回应蒋的要

---

① 《联共（布）、共产国际与中国国民革命运动 1926—1927》（上），中共中央党史研究室第一研究部译，北京图书馆出版社 1998 年版，第 474、475 页。

② 《第二十二次政治会议》，1926 年 9 月 18 日，《中央政治会议第 1—30 次会议纪录》，台北中国国民党党史馆，会议 00.1/31。

求呢？他在此电中称："我们回答说，国民政府和中央迁往汉口的问题应在占领武昌后最终解决。""与此同时，我们派了几名中央委员和国民政府委员去汉口。蒋介石对此不会乐意。但他必须忍耐。我们不应把广东置于不顾，因为这里在加强新政权方面有许多工作要做。加之在 10 月 1 日前这里还要召开中央和省党部代表的全体会议。"对于蒋介石的真实意图，鲍罗廷洞若观火，一开始就看得很清楚，他认为：一方面，"蒋请我们到汉口去，为的是以国民政府和中央在当地的声望帮助他保持住政权"，借以震慑已在军事上控制了湖北的第八军军长兼北伐军前敌总指挥唐生智；另一方面，借以削弱广东业已兴起的"有利于汪精卫的左派运动"。①18 日，鲍出席政治会议讨论蒋介石佳电，决定在武汉组织分会，以蒋介石、徐谦、顾孟余、王法勤、李大钊、柏文蔚、邓演达、陈公博为成员，拟就此征求蒋的意见并电请李大钊、柏文蔚和王法勤赴汉。

鲍罗廷这样处理问题，把工作重点放在准备即将举行的国民党中央各省联席会议和加强广东政权上，是实施他与维经斯基讨论政治方针时所持的主张。他判断，北伐军打到湖北，内部派别斗争可能白热化，蒋介石如果把握不住局面，就会陷入失败，或者被迫向左转变。②

应当说，鲍的观察和分析有其事实基础。蒋介石与唐生智的矛盾，因唐在两湖战场获得优势和蒋的嫡系部队作战不力已表面化，对蒋形成有力牵制。国民党二届二次全会后，陆续有地方党部吁请汪精卫销假复职，如 5 月 21 日，政治委员会就接到湖南省党部报告，后来黄埔军校也响起这种呼声。8 月 17 日，顾孟余对维经斯基说："占领武昌后不应在那里成立新的国民政府。相反，应当承认和服从在广州已有的国民政府。"③在他看来，与其匆匆成立新政府，不如首先

---

① 《联共（布）、共产国际与中国国民革命运动 1926—1927》（上），中共中央党史研究室第一研究部译，北京图书馆出版社 1998 年版，第 495、496 页。

② 参见拙文《鲍罗廷与国民政府迁移中的政治角力》，《史学月刊》2005 年第 8 期。

③ 《联共（布）、共产国际与中国国民革命运动 1926—1927》（上），中共中央党史研究室第一研究部译，北京图书馆出版社 1998 年版，第 399 页。

制定新政纲,这将更有利于汪精卫回国复职。蒋对陈独秀论北伐的文章十分不悦,但迫于左派迎汪、嫡系作战不力和唐生智迅速崛起的压力,一时不得不求助于中共。在长沙时,就向中共和苏联顾问要求"请维持一军,维持黄埔,维持蒋之总司令威信",后又派人面见陈独秀,"请 C.P. 勿赞成汪回"。①

鲍罗廷提议并与远东局商定,北伐军占领武昌以后,就在武昌召开国民党会议,产生内容广泛的施政纲领,恢复中山舰事件以前的局面,得到中共中央赞同。9 月 16 日,中共中央发出第 17 号通告,20 日,又发表《对于国民党十月一日扩大会的意见》,明确提出:反对国民政府迁移武汉;产生左派政纲;实行汪蒋合作,迎汪而不倒蒋;改造广东省政府;要求国民政府注重省自治,打破总司令的委任制度。②

9 月 4 日,张静江正式在政治会议内提议召开国民党大会,研究并决定攻克武汉以后的政策。会议决定由国民党中央执行委员会于 10 月 1 日召集中央执行委员及各省执行委员联席会议,依鲍罗廷提议组织委员会准备议事日程,并指定徐谦、孙科以及鲍罗廷参加。会后,公布了联席会议即将讨论的四大主题:省政府组织问题、中央政府迁移问题、请汪精卫复职问题、催开国民大会问题。

这将是中山舰事件以来国民党左派有望重振,共产党争到主动的重要会议。为促成会议取得圆满成功,中共中央指示各地尽量选用靠得住的左派分子出席;为做好代表的选派工作,特电国民党请其延展开幕日期;拟就政纲草案,要求广东区委会前广泛宣传;还指示各地组织群众团体向国民党中央发去电函,提出对此次会议的要求和希望,形成舆论压力。何香凝、陈友仁等左派同样重视,派专人到北方和长江流域组织左派代表出席会议。③

10 月 11 日,政治会议决定徐谦、顾孟余、孙科、谭延闿、张静江、

---

① 中央档案馆:《中共中央文件选集》第 2 册,中共中央党校出版社 1983 年版,第 240、261 页。

② 参见中央档案馆《中共中央文件选集》第 2 册,中共中央党校出版社 1983 年版,第 228、229 页。

③ 参见拙文《中国共产党与国民党中央各省区联席会议》,《党史资料与研究》1986 年第 1 期。

李济深、甘乃光和鲍罗廷为联席会议议案起草人。14日，议案起草委员举行第一次谈话会，谭延闿、孙科、李济深、甘乃光、徐谦和鲍罗廷出席。谈话会重点讨论了国民政府发展议题，形成七个要点，其中，关于国民政府迁移问题，提出"国民政府地点应视其主要工作所在之地而决定之"；"此种主要工作以首先由广东省实施最为适宜"。①鲍罗廷暂时搁置迁都的主张成为与会起草委员的共识。

10月14日，国民党中央各省区联席会议在广州举行预备会，选举谭延闿、徐谦、张静江、宋庆龄、吴玉章组成主席团。15日至28日举行正式会议，国民党中央执行委员和各省区代表共80人参会。

在开幕大会上，徐谦作议案报告，阐述本次会议主题和宗旨。他指出：

> 国民政府发展议题，本为召集联席会议之动机。因武汉已下，国民政府即有一迁移问题。此问题非仅谋国民政府之发展，且将进求全国之统一，故不可不将中央执行委员会扩大而召集一联席会议以解决之。其动机虽如此，但议题经详细讨论，即知现尚未届国民政府迁移之适当时期。因前方战事尚在进行不宜将政府迁往，如将政府迁往则军事之目标更大，而所遇之敌人更多，非但无益于政府之发展，且恐有碍政府之巩固，此国民政府所以未可遽舍广东为主要工作所在之地点而迁移至前方军事尚未终了之地点也。此议题所包议案之意义，在使吾人了解政治之根据地此时仍在广东，并不因军事之发展而骤变。又知政治之主要工作不在扩张地盘而在巩固革命势力。盖革命非以兵力争胜负乃使革命势力先巩固至不可动摇，而后发展至不可抵抗，斯为得策也。②

---

① 《联席会议议案起草委员谈话会纪录》1926年9月14日，影印件，湖北省社会科学院文史研究所。

② 《中央各省联席会议议事录第一日第一号》，1926年10月15日，影印件，湖北省社会科学院文史研究所。

16 日，吴玉章主持会议，讨论国民政府发展问题。谭延闿作案由说明，阐述了国民政府继续暂驻广州的必要性。会议无须辩论就予以通过，指出："国民政府地点应视其主要工作所在地而决定之，现在国民政府之主要工作在巩固各省革命势力之基础，而以此种主要工作以首先由广东省实施最为适宜，故国民政府仍暂设于广州。"[1]决定扩充国民政府的组织，其治下各省区均应有国民政府委员，增设军事、交通、司法三部。

22 日、23 日、25 日、27 日，联席会议讨论国民党最近政纲。这个政纲是国民政府成立以来最为详细、最为激进的政纲，对于政治、外交、经济、教育、行政、军事、妇女、工业家、商人、教职员、机关职员和雇员、农民、工人、军人以及华侨，都有所规定。政治方面，规定实现全国政治上经济上之统一；废除督军督办等军阀制度，建设民主政府；保障人民集会、结社、言论、出版等的完全自由；国内各少数民族应有自决权利；严惩贪官污吏，建设廉洁政府。外交方面，规定废除一切不平等条约，取消领事裁判权；重新缔结尊重中国主权的新约；外资不得用殖民地政策剥削中国。经济方面，规定关税自主；废除苛捐杂税；统一财政；修筑道路、整治河道；设立国家银行等。军事方面，重申党代表制度必须实行；党员有服兵役义务；各地可设军事政治学校；军政、民政划分权限。关于农民，规定减轻佃农田租 25%；统一土地税则，废除苛例；遇饥荒时免付田租，禁止先期收租；改良水利；改良乡村教育；荒地属省政府，应依定章分配给贫苦农民；禁止重利盘剥，最高年利率不得超过 20%；不得预征钱粮；农民有成立农民协会和组织农民自卫军的自由等等。关于工人，规定制定劳动法，保障工人的组织和罢工自由；每周工作不超过 54 小时，废除包工制；设立劳资仲裁会，调处雇主雇工冲突，务求满足工人正当要求，特别注重规定适当工资等等。[2]

联席会议通过了《国民会议召集问题议决案》，决定继续以召集

---

① 《联席会议宣言及决议案》，1926 年。影印件，湖北省社会科学院文史研究所。
② 参见德政《一年来国民党之重要决议》，《民国日报》1927 年 1 月 1 日。

国民会议号召全国。《关于省党部对国民政府之关系问题议决案》、《省党部与省政府之关系问题议决案》，明确划分了各自的职责、权能及其义务。通过了《请汪精卫同志销假视事决议案》，同时，致电慰劳蒋介石。

这次会议再次打击西山会议派，通过了《请肃清西山会议及孙文主义学会毫无悔改表示分子案》，开除石瑛、覃振、傅汝霖、沈定一、茅祖权、林森、张继、张知本的党籍，规定在国民党统治区内严禁伪党部和孙文主义学会设立，不许西山会议派分子居留，各地党报应经常批判西山会议派的谬误。蒋介石一派的势力受到抑制。张静江指派叶楚伧为大会秘书长并参加了预备会，后因与会代表反对而被取消。张静江拟将邓泽如列入大会五人主席团，会议代表提出主席团成员应由中央和地方各推五名候选人再行选出，张慑于会场气氛，不敢将邓泽如提出，他本人在主席团选举中也只得票居三。戴季陶出席了会议，始终没有发言。①

国民党中央各省区联席会议，由于共产党与国民党左派密切合作，一定程度上扭转了前一阶段国共合作低迷的气势，左派扬眉吐气，鲍罗廷的意图得以实现。此次出席会议的共产党人占总人数四分之一，左派比共产党人稍多，会场洋溢左倾氛围。部分左派与共产党人保持固定联系，每日会商，统一步调。孙科说："只要找于树德、毛泽东、恽代英、侯绍裘一疏通，会场中便没有问题了。"张静江看得明白，私下嘟囔此次会议各项决议"纵多数通过，亦不能算本党的意思"。②会上，有人公开质疑这次会议的权限，企图釜底抽薪。当值大会主席吴玉章提出："以'联席会议决议即须切实实行，只有第三次全国代表大会方有修正之权'等文字用决议的方式来保障本会议的决议案"，当即被通过。③

中山舰事件以来广东的政治变局，强化了蒋介石的权势，鲍罗

① 参见拙文《中国共产党与国民党中央各省区联席会议》，《党史资料与研究》1986 年第 1 期。
② 《K.M.T. 中央地方联席会议经过情形》，《中央政治通讯》第 12 期，1926 年 11 月。
③ 《中国国民党中央各省联席会议事录》第 12 号，影印件，湖北省社会科学院文史研究所。

廷认为现时正在积蓄力量等待时机。为此，他不放过机会，开动宣传机器。在纸质媒体和无线广播并不发达的年代，集会演讲是最有效的鼓动方式。黄埔军校既是中山舰事件的重灾区，共产党损失大，又是反蒋势力同孙文主义学会激烈交锋的地方。鲍罗廷的一些重要讲演，就选在这里进行。

6月16日，鲍罗廷出席黄埔军校两周年纪念活动，在演讲中强调中苏合作的重要性，军队与党团结的重要性。他意有所指地说："现在四面八方均是敌人，各派一定要联合起来，共同去打倒敌人。敌人既推倒之后，方再讨论革命的原理，否则先事分裂必影响于革命前途。"[1]8月14日，他为黄埔军校第四期《同学录》写序言，精要地阐释了中国国民革命及其道路，指出：

> 中国国民革命，因向来只为少数人之事业而未成中国广大民众之革命，是以至今尚未成功。中国国民革命必须为工农群众，加以小资产阶级，革命的知识分子及革命军之协力合作，在革命的国民党领导之下，并与世界革命运动密切联合之革命，方能成功。
>
> 请将此语缮于黄埔校旗之上！[2]

9月5日，广东省暨广州市政府、农工商学联合会在国民党中央党部礼堂举办庆祝北伐胜利宴会，鲍罗廷偕夫人出席。他在演说中特别强调人民是革命的基础，认为这是孙中山的革命精神，也是国民党两次代表大会的精髓。鲍指出："我们不能离开第一次和第二次代表大会的议决，这次议决继续总理精神的是达到革命成功的道路。国民党整个的政策，其基础是建筑在人民上面。在现在状况之下，人民是要求革命的。所以，我们的政策就是团结一般人民，而且建筑在革命势力之上。我们要将这个基础巩固下去，发展下去，我们

---

① 《鲍罗廷在中国的有关资料》，中国社会科学出版社1983年版，第89页。
② 同上书，第90页。

不但在广东应如此做，在湖南、湖北及其它各处，都应如此做。"①

国民革命既要建立在人民的基础之上，获得广泛支持，就不能不发动农民，解决土地问题。鲍罗廷一到广东就向孙中山提出这个问题，在筹备国民党改组期间，专此与汪精卫、胡汉民等人讨论，未获肯定性回应。筹备北伐期间，又以不同形式多次提及。现在，他再度面向公众提出这个议题。9月30日，鲍罗廷向黄埔军校第四期毕业生演讲革命的基础问题。10月1日，向他们演讲土地问题。同日，又在国民党中央党部作农民问题和土地问题的演讲。11月间，又在黄埔军校做了关于国际政治和中国革命根本问题的连篇演讲。

鲍罗廷说，中国革命历经80年尚未成功，犹如建造了火车头不能开行，原因就是没有修好轨道。国民党一大开始了修造轨道的工作，这就是唤醒工农。他说："我们要有革命的政府，必先注重农工问题；换句话说，我们要革命成功，必先要革命的基础稳固。不然我们的革命终是空谈的了。"一些人以"赤化"或共产党的宣传来抵制解决农民问题，鲍罗廷说，这并不值一驳，除了共产党以外，即使建立资产阶级政府，也得解决农民问题，使农民解放，市场扩大。"知道了农民问题的重要，我们到了民间或与民众接近的时候，我们就可以唤醒民众，组织民众，以巩固我们党的基础，修理革命前途的轨道，然后我们运动，方可希望成功。"他同时指出，在党与各军以及全国民众之间找出一个正确的关系，也是当务之急，希望黄埔毕业生，"到乡间去的，努力领导农友们解除他们的切身

鲍罗廷（右）在黄埔军校发表演说，左为张太雷，采自《第一次国共合作时期的黄埔军校》

① 《鲍罗廷先生演说词》，《广州民国日报》1926年9月8日。

痛苦；到县里去的，务使县政府成为革命的基础；到省里去的，务使省政府成为真正民有的；到军队中去的，务使军队变为我们党的炮垒"。①

农民问题的核心是土地问题。鲍罗廷坚持认为北伐的胜利只能打击军阀制度，没有土地革命必致死灰复燃。一俟政局稍定，即当从速解决土地问题。他强调："不解决土地问题，国民革命是不能成功的。无革命化的乡村，便无革命的地方政府，无革命的地方政府，便无革命的省政府。无革命的省政府，便无革命的全国政府。即有，也是空的，靠不住的，所以一切问题，一切工作，都应集中到农民乡村中去。"②

重视发动农民和主张解决土地问题，这在鲍罗廷自入粤以来始终如一，与孙中山"扶助农工"、"耕者有其田"的政策主张相符，对于北伐军占领区的农民运动的蓬勃兴起当然有其唤醒民众和鼓动士气的作用。但是，仅仅强调其重要性，并不足以真正解决问题，如何付诸实施，还需要进一步研究出一套适合中国国情的具体政策措施。

这个阶段，鲍罗廷突出地强调了整体坚持孙中山三民主义的重要性，并把它作为区分真坚持还是假坚持的分水岭。

在广州纪念孙中山诞辰的大会上，鲍罗廷指出：孙中山改组国民党，使国民党成为整个三民主义的国民党。"须知民生主义须与民族、民权同时解决，若土地问题不能解决，即民生问题不能解决，即民权问题不能实现。"他针对当前舆论中的倾向性问题，提醒人们，"若有人说要打倒帝国主义而抛却了民族主义，你们就应注意此人之立意不轨；若有人对于民族、民权主义都说，但抛却了民生主义，并对于各种民众运动发生恐慌，你们更应主意。"③在庆祝俄国十月革命联欢会上，他强调有力量的政党一定要致力于难问题的真解

① 参见《鲍罗廷在中国的有关资料》，中国社会科学出版社 1983 年版，第 91—96 页。
② 《鲍罗廷在中国的有关资料》，中国社会科学出版社 1983 年版，第 103 页。
③ 《鲍罗庭先生演说词》，《广州民国日报》1926 年 11 月 17 日。

决，"这些问题之解决，是与中国一切问题有关系的，换一句话说，中国百分之九十的问题，是与这些问题有密切关连的"，其中就包括了土地问题。①在南昌的欢迎大会上，他继续说："我们俄国同志要帮助的是中山先生的整个主义三民主义的国民党，而不是一民主义的，也不是两民主义的。""如果不能解决人民的生计问题，便不是真正的国民党，便不是三民主义者。"②

3.国民政府迁移武汉的博弈

蒋介石转兵江西，对唐生智放心不下。9月18日，致电张静江、谭延闿，称："中离鄂以后，武汉政治恐不易办，非由政府委员及中央委员先来数人，其权恐不能操之于中央，必中央来人另组政治委员会，以代临时政治会议为妥。"③尽管国民党中央各省联席会议做出暂缓迁都的决定，10月22日，蒋仍电张、谭并转联席会议，说："武昌既克局势大变，本党应速谋发展。中意中央党部与政府机关仍留广州；而执行委员会，移至武昌为便。否则政府留粤，而中央党部移鄂，亦可使党务发展也。"同日，再电张、谭并转鲍罗廷，提出："如党部移鄂，其进行必较粤为利，如欲发展，非速移不可。至于国民政府，仍设广州亦可也。"④

11月8日，北伐军攻占南昌，蒋介石电鲍罗廷并电宋子文邀同鲍罗廷到赣商决大计。9日，《广州民国日报》报道：根据事实的需要和蒋介石的要求，国民党中央政治会议决定于最短时间内将中央党部和国民政府一并迁往武汉，并于近数日内做北迁的各种准备。为促北迁早日成行，蒋派总司令部政治部主任兼总司令部武汉行营主任、湖北省政务委员会主任邓演达专门从武汉飞抵广州游说。

11月14日，蒋介石在南昌答谢古应芬代表中央党部、国民政

---

① 《鲍罗廷先生在中俄联欢会之演说词》，《广州民国日报》1926年11月18日。
② 《鲍罗廷在中国的有关资料》，中国社会科学出版社1983年版，第133页。
③ 中国第二历史档案馆：《蒋介石年谱初编》，档案出版社1992年版，第692页。
④ 同上书，第754页。

府劳军致辞时说："现在中央党部、国民政府已议决迁移到武昌，这是我们总理生平所希望的，现在总算能够达到了。但总理主张建都有两个地方，第一个是在南京，第二个是在武昌。现在南京虽然没有打下，武昌已为我们占领，总理主张第一个目的虽未达到，而第二个目的则已实现了。党部、政府既已议决，仍请早日迁移，这是我们所最希望的。"①19日，复电张静江、谭延闿，内称："闻徐、宋、孙、鲍诸同志来赣，甚喜。务请孟余先生速来。中意中央如不速迁武昌，非政治党务不能发展，即新得革命根据地亦必难巩固。此中非有所私。且中以后必不能驻武昌也。如中央与政府未迁武昌以前，中亦不到武汉。以此时除提高党权与政府威信外，革命无从着手。如个人赴武昌，必有认人不认党之弊，且自知才短，实不敢负此重任也。"②

自提出迁都主张，期间尽管被联席会议否定，蒋仍坚持不懈。为增强迁都主张的合法性和合理性，把迁移武昌说成是实现孙中山的遗愿；主张迁都明明有所图谋，却表白是为了革命，非有所私；从后来的情况看，要把顾孟余拉在一起，也有牵制汪精卫的意思。

当得知广州方面改变初衷，中共中央坚持反对。11月9日，根据与远东局讨论的意见，就目前局势的几个重要问题发出指示，关于迁都，强调"此事必须反对！"其理由是："政府及中央党部若迁武昌，不但汪不能回，而且左派诸分子势必相随赴鄂，所谓左派政权和模范省等计划，因此都成泡影。"③已到鄂工作的张国焘，对政府迁鄂负面影响的分析与中央相似，认为："国民政府太无力量，如即刻迁至武汉：第一，即是表现其软弱，失其作用；第二，是促进蒋、唐的冲突；第三，是与北方接触太近，难以应付北方的政局；第四，是张静江等跑到武汉一定使湘、鄂、赣三省政治发生不好的影响。"不过，他没有一味反对，认为国民党方面已经做出的决定恐难改变，

---

① 中国第二历史档案馆：《蒋介石年谱初编》，档案出版社1992年版，第792页。
② 同上书，第800页。
③ 中央档案馆：《中共中央文件选集》第2册，中共中央党校出版社1983年版，第297页。

提出"设法使其延缓时日,在此时日好作些预备工作"。①

倒是李大钊看法不同,他认为迁都武汉有三个好处。9月15日,《中央政治通讯》发表他的信,说道:"看中兄致粤特委函,主政府仍留粤,不必迁武汉。弟以为此在武汉局面未固以前,自然应尔,但武汉局势稍固,把政府迁到武汉来,不但意义重大,而且更有必要。因为国民政府迁到武汉有三个利益:一以塞武汉之地位,免野心者另谋树立;一以空北京政府,使之丧失中国政府的地位;一以树革命政府北进之声威。此策所关甚巨,幸中兄详加讨论决定之。"②

鲍罗廷原非绝对反对迁都。开始,他主张这个问题应在占领武昌后最终解决,并以开好联席会议、调整广东政治格局为条件。联席会议甫告闭幕,广东省政府改组尚待着手,政治会议就改变决定,这自然有其作用在内。所以,中共中央抱怨,说:"鲍罗庭对于前方后方的实际情形都没有看清楚……关于迁移后所影响于前方后方的各种实际问题都没有弄好,贸然主张马上迁移,还发出一篇必需迁移的大议论。"③

导致鲍罗廷态度的改变,南昌克复,粤、湘、鄂、赣连成一片,形势发生新的变化,不失为其客观基础。10月30日,总司令部政治部顾问铁罗尼关于武汉形势给他的报告,如蒋永敬所指出,又可称另一重要诱因。

铁罗尼用很大篇幅报告了唐生智与蒋介石的矛盾,称唐已"图谋用各种办法来搞垮蒋介石,以便由他来取代总司令的位置";唐多次要求派鲍罗廷或加伦做他的顾问,要求苏联政府直接同他联系武器供应问题,并提供财政援助;唐表示想见陈独秀,已与中共方面召开会议解决了湖北省政府的组成人选问题;等等。铁罗尼写道:

---

① 中央档案馆:《中共中央文件选集》第 2 册,中共中央党校出版社 1983 年版,第 314、315 页。

② 《李大钊文集》下,人民出版社 1984 年版,第 880 页。

③ 中央档案馆:《中共中央文件选集》第 2 册,中共中央党校出版社 1983 年版,第 347 页。

　　国民革命军来到武汉，却没有一个中央政治机构。尽管在长沙我们就主张建立这样一个机构，但到现在还什么都没有。国民党省执行委员会缺乏权力和能力适当地处理政治事务。唐生智独自主宰形势，和他对抗的只有邓演达和陈公博这个懒家伙。……很有必要有二至三名中央执行委员来此建立委员会。因为不如此，就不可能开始严格的工作，不能树立党的权力。①

　　这个信息，通过鲍罗廷传递给政治会议，政治会议或许相信："现在武汉是最糟的，但是武汉是全国一个中心，又是重要的，不可放弃他，所以需要把国民政府拿去压一压，有几个大人物到武汉去或者还可以做一点事，使武汉的现象转变好一点。"②

　　铁罗尼对唐生智缺乏好感，但并不妨碍鲍罗廷改变此前不信任唐的态度，他曾说在广州宁要汪精卫不要蒋介石，而在武汉则宁要蒋介石不要唐生智。现在，他形成利用唐生智牵制蒋介石的思路，与中共中央确定"包围"而不是"抑制"唐不约而同。加伦对张国焘反对迁都武汉亦持保留态度，同样认为正好利用唐生智来抗衡蒋介石。

　　11月16日，鲍罗廷与徐谦、宋庆龄、孙科、宋子文、陈友仁等，由广州出发经江西前往武汉。26日，政治会议召开临时会议，正式决定中央党部和国民政府迁移武汉，第一批重要人员将于12月5日以前出发。12月2日，鲍罗廷等人抵达南昌。4日至8日，与蒋介石在庐山开谈话会，讨论外交、财政、政治、军事。会中，"对迁鄂问题皆认为甚重要，必须从速准备。"③会后，鲍罗廷与徐谦、宋庆龄、孙科、宋子文、陈友仁等，按原计划前往武昌。12月1日开始，在

① C. Martin Wilbur and Julie Lien-ying How. *Missionaries of Revolution: Soviet Advisers and Nationalist China* 1920—1927, Document 69. Harvard University Press 1989，P.P.773—776.
② 中央档案馆：《中共中央文件选集》第2册，中共中央党校出版社1983年版，第345页。
③ 中国第二历史档案馆：《中国国民党第一、二次全国代表大会会议史料》(下)，江苏古籍出版社1986年版，第805页。

鲍罗廷（左三）离开南昌前合影。采自［苏］达林《中国回忆录》

广州的国民党中央和国民政府机关陆续停止办公，国民政府并于12月5日发表北迁通电，出发人员分两批于12月7日和20日前往武汉。

12月10日上午，首批出发的国民党中央执行委员、国民政府委员以及鲍罗廷乘船到达武昌。武汉各界代表鹄立江干热烈欢迎，其场面之盛大前所未有。正午，在武昌阅马场举行欢迎大会，号称30万之众的人群从四面八方涌入会场，一睹革命领袖的风采。邓演达宣讲欢迎中央执行委员、国民政府委员和鲍顾问到达武汉的意义，特别提到鲍顾问是世界革命的领袖，所以我们要欢迎他。

鲍罗廷即席发表演说，称：革命就是要建设新社会，现在革命只走到半路，未到建设新社会的时候，还要继续前进。他讲到从广东到江西一路观察所见的民生凋敝情形，强调那不是因为人民懒惰而是遭受不平等条约束缚的结果。"受不平等条约的束缚，犹之大门锁钥不能自主了。既然自己大门的锁钥不能自主，民族还能够解放？民权还能够发扬？民生还能够改善吗？"他提出国民革命要实现三个目标：打倒军阀与帝国主义者；解决土地问题，发展农工商业；建设廉洁政府。这三大目标的实现，就是三民主义的实现。他说："我们俄国同志到中国来，只有一个目的，就是帮助孙总理在中国实现他三个伟大的志愿，并且在东方实现起来。"①

在武汉这个中国内地最大的工商业中心，鲍罗廷受到莫大的欢迎。与鲍同行的达林，目睹了欢迎队伍打出"鲍罗廷万岁！"标语的场面。鲍的译员维什尼亚科娃—阿基莫娃在其回忆录中也称参加欢迎大会的人们高呼"鲍罗廷万岁！"②

11日，汉口各界举行相当昨日规模的欢迎大会，鲍罗廷做了相同主旨的演讲。此日大会还通过四项决议：促中央各省区联席会议政纲和湖北省汉口市两党部最低限度政纲的实现；肃清一切反革命派势力，建设廉洁政府；扶植武汉革命民众，反抗帝国主义炮舰政策；敦促汪精卫销假视事。

按照当时体制，国民党中央党部和国民政府必须同城办公。有鉴于此，已到武昌的国民党中央执行委员、国民政府委员召开谈话会，商讨迁移期间最高权力的行使不致中断的办法。会上，鲍罗廷提议成立中央执行委员国民政府委员临时联席会议，在中央党部、国民政府未到之前，执行最高职权。这个提议，得到与会者的赞同。③12月13日，中央执行委员国民政府委员临时联席会议，以下简作武汉临时联席会议，通电通告在武昌成立。

鲍罗廷的提议和武汉临时联席会议的成立，解决了国民政府四部无法照章运作的问题，使处于运动状态的党政中枢，一只脚跨进了新驻地的门槛，形成了部分既成事实。从此，自辛亥革命武昌首义以后，武汉再次成为全国瞩目的革命中心。

武汉临时联席会议代行政治会议职权，规定其出席者以中央执行委员、国民政府委员为限。但是，保留了例外，允许邓演达以湖北政务委员及总政治部主任名义出席，而不以候补中央执行委员名

① 《鲍罗庭顾问在武昌欢迎大会之演说词》，《革命军日报》1926年12月13日。
② ［苏］C. A. 达林：《中国回忆录1921—1927》，侯均初等译，李玉贞校，中国社会科学出版社1981年版，第276页；［苏］维什尼亚科娃—阿基莫娃：《中国大革命见闻1925—1927》，王驰译，李玉贞校，中国社会科学出版社1985年版，第222页。
③ 《中国国民党中央执行委员国民政府委员临时联席会议第十三次会议议事录》，1927年1月15日。以下简作《武汉临时联席会议第 × 次会议议事录》，湖北省社会科学院文史研究所。

义。董必武、詹大悲均系候补中央执行委员，就联席会议的职权与组成问题提出异议，经与鲍罗廷商议，徐谦出面解释，取得谅解。不久，联席会议接受冯玉祥以刘骥为代表出席会议的要求，使出席者的资格又出现特例。于是，干脆也准许董必武代表湖北省党部、詹大悲代表汉口市党部出席。

对于武汉临时联席会议的成立，蒋介石起初表示了同意。12月19日，他致电邓演达，称"武汉联席会议议决案皆同意"。[①]次日，再电武昌，"赞成中央执行委员国民政府委员临时联席会议"。[②]可是，不出三个星期就变卦了。1927年1月3日，蒋在南昌召集政治会议临时会议，决定"中央党部及国民政府暂驻南昌，待三月一日中央执行委员会全体开会公决中央党部及国民政府驻在地后，再行迁移"。此项决议，次日国民党中央常务委员会第七次会议亦无异议通过。蒋介石亦于同日将此决定电告鲍罗廷，并请鲍到南昌面商。[③]

此前急于把党政中枢迁往武汉的蒋介石，何以一改初衷？根本原因当然还是来自于形势的发展和他试图对局势绝对控制。与政治会议变更中央各省区联席会议暂缓迁都的决定，把不迁的理由翻炒成当迁的理由类似，蒋介石将国民政府和中央党部留驻南昌的真实意图，也就是原先主张迁鄂的理由。其核心在于是否有利于他在蒋汪关系、蒋唐关系、蒋共关系中占据优势。

也就在1月3日，英国水兵刺杀武汉集会民众；6日，又在九江制造流血事件，激发中国民众收回汉口、九江英租界的斗争。获悉中央党部、国民政府暂不迁汉，1月6日，徐谦、孙科密电蒋介石、张静江和谭延闿，要求赣方暂守秘密，以免民众恐慌，影响大局，并请电示留赣理由。[④]7日，陈友仁、宋庆龄、蒋作宾电复蒋介石、

① 中国第二历史档案馆：《蒋介石年谱初编》，档案出版社1992年版，第851页。
② 《武汉临时联席会议第四次会议议事录》，1926年12月22日，湖北省社会科学院文史研究所。
③ 中国第二历史档案馆：《中华民国史档案资料汇编》第4辑（上），江苏古籍出版社1986年版，第374页；"蒋中正总统"文物检索系统，00273/01－0355，台北"国史馆"。
④ 中国第二历史档案馆：《中华民国史档案资料汇编》第4辑（上），江苏古籍出版社1986年版，第374页。

张静江和谭延闿，申述不宜变更迁鄂决议理由，内称"最近占领英租界之举，内顺民心，外崇威信，务希坚持到底"，"苟非有军事之急变，不宜变更决议，坐失时机"。①蒋介石没有来得及提出应付武汉临时联席会议的方案时，徐谦等人一封电报让他正中下怀，来电提议两点："一、组织政治分会。二、请南昌同志先来鄂，随后再决地点。"②南昌政治会议取其所需，决定成立政治会议武汉分会，并指派宋庆龄等13人为委员。分会不能代行最高职权，不能指导国民政府各部，照此，迁都武汉的问题自然也就消解了。

鲍罗廷的态度如何呢？1月7日，他致电南昌，内称："弟稍留数日，中央及政府地点赞成，但须稍缓"；"并陈缓迁理由三种"。③鲍使缓兵之计，可能与他等待莫斯科的进一步指示有关。1月13日，联共（布）中央政治局经过研究以后，斯大林电鲍罗廷，称：

> 近期不能等待汪精卫。何况您的建议是有益的，即赴南昌说服蒋介石，要他相信他的建议不恰当。您应该同能够影响蒋介石的中央委员和国民政府委员一起去。在您到达南昌前先告诉蒋，说汪精卫不去，这可以减轻他对武汉的担心。作为妥协，可以同意总司令本人和司令部因前线关系驻在南昌，但国民政府和中央则驻在武汉。主要可提出如下理由：撤离武汉会导致帝国主义和北方军的进攻，因为他们会把撤离武汉看作是广州软弱的表现。……我们将通过邵力子直接向蒋介石转达我们的意见，即武汉应成为首都。④

南昌方面的决定，对鲍罗廷是一个打击。鲍本来持抑蒋立场，

① 中国第二历史档案馆：《中华民国史档案资料汇编》第4辑（上），江苏古籍出版社1986年版，第375页。

② 《武汉临时联席会议第十二次会议事录》，1927年1月10日，湖北省社会科学院文史研究所。

③ 《电稿抄录》，1927年1月，第40页，中国第二历史档案馆。

④ 《联共（布）、共产国际与中国国民革命运动1926—1927》（下），中共中央党史研究室第一研究部译：北京图书馆出版社1998年版，第66、67页。

在这种情况下，自然要加强反制。1 月 12 日，蒋介石到访武汉，争取武汉人员返回南昌。15 日以前，鲍罗廷同蒋长谈数小时，申述他本人和在汉人员的主张，建议就在武汉召开中央政治会议，把政府、党部迁鄂问题定下来，蒋坚持一星期以后在南昌由政治会议再作研究。鲍罗廷的努力，未能奏效，莫斯科的意图，亦告落空。

1 月 15 日，武汉临时联席会议举行第 13 次会议，宋庆龄、蒋作宾、彭泽民、何香凝、孙科、于树德、宋子文、徐谦、陈友仁、王法勤、鲍罗廷出席，徐谦主持。会议首先讨论政治会议武汉分会问题。孙科认为按照政治会议决定，在武汉设立分会已无问题，但分会的权限需要向南昌请示。宋子文也认为最困难的是分会权限问题。陈友仁直截了当指出，武汉设分会，办外交不能代表政府。

鲍罗廷做了长篇发言。他把以上发言焦点归纳为权力和权限两个问题，指出："中央机关的权力一定要集中，不能分离，在革命进程中，如同时发生两个对等的权力机关一定要失败，因为有了两个对等的机关，一定要发生抵触。"设立临时联席会议，是因为原有的最高机关在移动中，不能实施其权力。"现在，政府已迁至长江，我们即不主张再有此种机关。关于分会的权限问题，我们一致赞同，政府及中央党部应即迁至武汉。"根据同蒋的交谈，他建议在目前一个星期内，"或开政治分会，或开联席会议，或者两会都暂时不开，均无不可，或者开政治分会但对外不必宣布。"鲍强调："如南昌政治会议对于地点问题，已有最后之决定，则孙同志所提之权限问题，确是一个问题，因武汉为革命中心。南昌似尚未有最后之决定，故权限问题不必讨论。"①

这是一个及时而重要的引导性发言。放弃讨论武汉分会的权限，实际上就是搁置成立分会之议。中央的权力是一定要集中的，鲍主张往武汉集中。接下去的讨论，方向就明确了。

彭泽民主张仍用联席会议名义，说："如政府设在武汉，何必再

---

① 《武汉临时联席会议第十三次会议议事录》，1927 年 1 月 15 日。湖北省社会科学院文史研究所。

有分会。联席会议为应付时局而设，现在政府已收回英租界，各国人看到革命的民众这样热烈，政府如能于此时迁来，实为最好之机会。现外交、交通、财政各部已在此成立，如再迁开，则对外（外交）对内（民众）均将发生怀疑。如政府在此，则整个的政治会议即在此，不必再有分会。"蒋作宾亦主张仍用联席会议名义。宋庆龄指出："政治不能统一，什么事不能统一。本人不赞成分会。如武汉设立分会，将来杭州、上海等处，均可设立分会，政治不易统一。"于树德认为组织分会并未接到正式通知，权限也未划清，不妨在接到正式通知以前，暂时维持联席会议。王法勤先同意以分会名义开会，后赞成继续开联席会议。会间，只有何香凝认为可以分会执行职权。徐谦以"临时联席会议暂时继续进行"付表决，与会者一致赞成。①

当日会议即将结束时，鲍罗廷声明："本人由第二次全国代表大会通过聘为中央执行委员会顾问，后又聘为国民政府顾问，不能出席政治会议分会，现以顾问资格出席本会议，应有声明。"徐谦表示："在此时期中无问题。"②鲍的声明，意在强调武汉联席会议代行最高职权的地位及其继续存在的必要性。

鄂赣间的对峙，由文来电往扩展到社会层面。1月15日晚，蒋介石欢宴武汉各界，与会农、工、商、新闻各界代表一致要求国民政府立即迁鄂。邓演达甚至在会上领头高呼："中央党部立即迁驻武汉！蒋总司令长久坐镇武汉！"蒋表示："各界要求党部政府来驻武汉，我需向中央转达，定可使各界希望能够满足。"③但是，21日，蒋电致武汉，仍然要求组织政治会议武汉分会，联席会议毋庸继续。

1月24日，武汉临时联席会议举行第17次会议讨论联席会议结束问题，何香凝主持。何提出联席会议不再继续，于外交颇不方便，应立即去南昌将此事决定下来。鲍罗廷没有出席当日会议，徐谦称张太雷前来转达鲍的意见，联席会议即使开会，也不好议决。对此，

① 《武汉临时联席会议第十三次会议议事录》，1927年1月15日。湖北省社会科学院文史研究所。
② 同上。
③ 《蒋总司令昨晚欢宴各界代表纪盛》，《汉口民国日报》，1927年1月16日。

他表示有同感。彭泽民提出："依目前外交形势，联席会议不能即停，这是党的事情。"董必武表示："在南昌政治会议开会以前，联席会议应继续开会。"詹大悲也认为："目前需要有联席会议。"结果，会议同意在武汉的政治委员尽快去南昌，并决定"中央临时联席会议在南昌中央政治会议未开会以前暂不取消"。[①]

武汉临时联席会议成立以后，中共中央改变了反对迁都的立场，表示"事实上我们不能不赞成此政府"。[②] 1 月 24 日，李大钊致信柏文蔚、王法勤、徐谦、顾孟余等人，支持迁都武汉，指出："夫国民政府定都何所，中外观瞻所系，岂能朝令夕改，视若儿戏？以今日论，广州为革命根据，武汉为全国中心，不留于广州，必迁于武汉，百思而不可得可以迁移南昌之理由。如为集中起见，如果不为一时军事上的必需，即介石同志及总司令部亦宜坐镇武汉，今忽轻易的提起迁都南昌，致令外交团对我内部频生怀疑，以为我之内部中有危机，不然何以遽弃武汉耶？""自移都南昌的消息传入北京，吾党同志骇然莫释。尚望公等力持大计，毅然决计设都武汉，以定人心，而安国本，则党国之幸也。"[③] 2 月，彭述之在《向导》周报撰文，也论说了国民政府应当迁至武汉的理由，指出："国民政府目前的问题不仅只是迁移问题，尤其重要的是民主主义的统一集中政权的问题"，"第一，须彻底打破军事的独裁，第二，须真正的革命民众参加政权"。[④]

临时联席会议在武汉照开，政治会议在南昌照开，这是真正的"迁都之争"。1 月 25 日，鲍罗廷电蒋介石，称如有必要，他随时可到南昌。而蒋则满怀忿懑，把账都挂在鲍的身上。蒋介石武汉之行，激化了与鲍罗廷的矛盾。他认为，12 日晚，鲍罗廷在欢迎宴会上直

---

① 《武汉临时联席会议第十七次会议议事录》，1927 年 1 月 24 日。湖北省社会科学院文史研究所。

② 中央档案馆：《中共中央文件选集》第 3 册，中共中央党校出版社 1983 年版，第 22 页。

③ 中国第二历史档案馆：《中华民国史档案资料汇编》第 4 辑（下），江苏古籍出版社 1986 年版，第 1036、1037 页。

④ 彭述之：《国民政府迁移问题》，《向导》周报第 188 期，第 2009 页。

指他祖护党中老朽,丧失革命精神。鲍"声色俱厉",令他"感受难堪"。①离汉之后,蒋便考虑从政治结构中排除鲍罗廷的问题。19 日,蒋上庐山访张静江、谭延闿等人,在与程潜的交谈中,"直言与鲍罗廷不相容"。21 日,在致黄埔军校教育长方鼎英并转李济深电中,更声称对鲍罗廷"誓必驱而逐之"。②他表示:要使党政达到一致,必须排除鲍罗廷。鲍氏横暴不去,则不能开展革命。又认为排除鲍罗廷并不妨碍国民党联俄,"欲联俄革命,亦非去鲍不可,以其实为革命障碍也"。③经过一番说服,得到了谭延闿、戴季陶的同意。

蒋介石的翅膀还没有完全硬起来,离不了苏联和共产国际的支持。表面上,他把驱鲍与联俄分离开来。2 月 22 日,蒋在九江与维经斯基谈话,称:"南昌和武昌之间没有任何冲突。冲突的根子在武昌。""对这一冲突的大部分责任要由鲍来负。""近来鲍开始执行分裂国民革命运动的政策。这样的政策对于中国革命今后的命运非常危险。"23 日,蒋继续对维经斯基说:"即使我现在反对鲍,也不等于我反对共产国际。我想您是相信我的。政府任何时候都可以迁往武汉。但有两点很重要:(1)迁政府同鲍离开有关系,(2)必须在党内确立严格的纪律。"④

2 月 8 日,南昌政治会议同意中央党部、国民政府迁移武汉。随即,武汉地区掀起新一轮要求中央党部、国民政府立即迁鄂的浪潮,并把当前的矛盾和斗争提升到建设民主、提高党权的高度。2 月 11 日,《汉口民国日报》发表社论,论述了提高党权的重要性以及如何提高党权等问题。16 日,该报发表巩固党的权威、统一党的领导机关、实现民主政治扫除封建势力等党务宣传要点。17 日至 26 日,邓演达撰写的《现在大家应该注意的是什么?》,由《汉口民国日报》以代论名义连载。他呼吁人们"认识目前的争斗,是恢复党权、增进

① 《事略稿本》第 1 册,台北"国史馆"2003 年,第 16、17 页。

② 同上书,第 22、27 页。

③ 同上书,第 32 页。

④ 《联共(布)、共产国际与中国国民革命运动 1926—1927》(下),中共中央党史研究室第一研究部译,北京图书馆出版社 1998 年版,第 132—134 页。

党权,是封建与民主之争,是革命与妥协之争,是成功与失败之争"。①一些团体、机关纷纷通电,要求中央党部、国民政府从速迁鄂,并响应党权运动。

2月21日,武汉临时联席会议召开扩大会议,孙科主持。会议听取徐谦关于临时联席会议经过报告和陈友仁的外交报告,做出决议肯定临时联席会议成立的必要,并对其工作深表满意。听取了孙科的政治报告,决定"即日结束中央临时联席会议,同时决定中央党部及国民政府即日正式开始办公"。听取了顾孟余的党务报告。顾称:"我们要党的存在,要实现民主的集权制,必须党有最高权威。至于南昌、武昌的问题非偶然的,乃根本之矛盾,现在应如何解决,手段之缓急,须大家决定。"②会议决定即日起正式以中央党部、国民政府名义对外办公,并定于3月1日在武汉召开二届三次全会。

南昌方面立即反对武汉联席会议结束即以中央党部、国民政府名义正式办公,显示工作进程应在他们的掌握之中,还是他们说了才算。他们的主意是取得东南,之后,挟胜利之威,再在合适的时间和地点召开三次全会,最后解决定都问题。所以,拖到3月7日,谭延闿才同何香凝、丁惟汾、李烈钧、陈果夫等抵达汉口,而蒋介石、张静江则根本没有真正准备赴鄂参加三次全会。

联共(布)和共产国际关注着迁都的角力。2月17日,联共(布)中央政治局根据鲍罗廷2月7日至10日发回的专电,向鲍发出指示:"我们认为国民党中央对蒋介石的方针是正确的。要采取措施,第一,不要突出鲍罗廷,免得人们认为这场冲突是鲍罗廷和蒋介石之间为争夺影响而进行的斗争;第二,不要把事态发展到与蒋介石决裂的地步,以蒋介石完全服从国民政府为限。"同时,给加伦去电,征求他对迁都之争的意见,又指示达夫谦采取一切措施敦促汪精卫尽快

---

① 《邓演达文集》,人民出版社1981年版,第30页。
② 《中国国民党中央执行委员国民政府委员扩大联席会议记录》,1927年2月21日,湖北省社会科学院文史研究所。

来莫斯科，"以便共同讨论有关最高事务的问题"。①

对于武汉临时联席会议的评价，一开始就有所谓"合法性"的争议。前述董必武、詹大悲致临时联席会议的信函，有"联席会议执行最高职权，党章中无此规定"的见解。蒋介石在鄂赣争议发生后更多次声称联席会议是没有根据的，它的存在"就是没有党，没有政府了"。就当时制度而言，以临时联席会议执行最高职权，的确是没有根据的。徐谦作为临时主席，在会议期间曾正式声明："临时联席会议是应付时局，站在革命利益上，不得已而创设之暂时办法。"②

革命本身就是破坏制度、变革制度、创新制度的行动，它需要从革命斗争和政治发展的实际需要出发决定自己的行止。平定商团叛乱中，孙中山成立革命委员会，统揽政府全权，就没有什么制度依据。国民党政治委员会的设立，亦非依据国民党党章，直到国民党二届一次全会才正式确定身份，也是先有需要，形成事实，才制度化的。武汉临时联席会议同样如此，它的成立完全是应付时局的需要。③考虑到合法性的议论，扩大联席会议做出决议："认为在革命进行之需要及利益上，临时联席会议实有成立之必要。对于过去三月余之经过尤以证明此会议之成立有维持革命进行之力，并有提高国民政府在国际上地位与威望之效，故对于该会议之经过深表满意。"④稍后，国民党二届三次全会亦专此做出决议，肯定其合理性，赋予了合法性。

迁都武汉的博弈，实质是国民党左派、国民党中的反蒋派和共产党人联手为一方与另一方争夺控制权、主导权的斗争。鲍罗廷站在前者一边，关键性的建议都由他提出，经国民党政治会议或武汉

---

① 《联共（布）、共产国际与中国国民革命运动 1926—1927》（下），中共中央党史研究室第一研究部译，北京图书馆出版社 1998 年版，第 118、119 页。

② 《武汉临时联席会议第十三次会议议事录》，1927 年 1 月 15 日，湖北省社会科学院文史研究所。

③ 参见拙文《武汉临时联席会议史料述评》，《民国档案》2005 年第 2 期。

④ 《中国国民党中央执行委员国民政府委员扩大联席会议记录》，1927 年 2 月 21 日，湖北省社会科学院文史研究所。

临时联席会议议决付诸实施，发挥了中坚作用。国民党左派、国民党中的反蒋派、共产党，以不同形式、在不同程度上形成合力。特别是徐谦、孙科、陈友仁、宋庆龄、邓演达，其作用更不可替代。谭延闿亦被争取过来。如果认为只是由于鲍罗廷的"劫持"，那实在是不可想象的。①

三 党内合作向政党联盟演变

1. 发展新的革命中心区

北伐军饮马长江会师武汉以后，政治局势出现新局面：一方面，民众运动勃起而日渐向左；另一方面，军事政权恐惧民众运动的勃起而日渐向右。鲍罗廷刚到武汉，陈独秀、维经斯基就专程从上海前来。中共中央在武汉举行特别会议，研究部署新形势下的政治方针和任务。陈独秀在政治报告中重点阐述了国民党问题，批评党内"左"稚病，特别批评鲍罗廷否认国民党左派存在的错误，提出了克服当前危险维护统一战线的具体办法。会议主要依据陈独秀的报告，通过了《关于政治报告议决案》、《关于国民党左派问题议决案》等文件。同时，中共中央政治局与维经斯基、鲍罗廷举行联席会议，通过《政治问题议决案》，其核心仍然是中共努力改进同国民党的关系，坚决反对国民党和国民政府的右倾；坚决巩固和发展国民党左派，援助他们获得党和政府中的领导地位。②

陈独秀对鲍罗廷的批评与远东局一致，后者认为鲍罗廷轻视国民党左派是犯了"左"倾错误。鲍罗廷的确在不同阶段对国民党左派认识不同，说过真正的国民党左派并不存在之类的话。其实，他

---

① 参见拙文《鲍罗廷与国民政府迁移中的政治角力》，《史学月刊》2005 年第 8 期。蒋永敬以"鲍罗廷劫持武汉政权的经过"为其著作标题，见《鲍罗廷与武汉政权》，台北传记文学出版社 1972 年版。

② 中央档案馆：《中共中央文件选集》第 2 册，中共中央党校出版社 1983 年版，第 381—401 页。

鲍罗廷（左）在武汉群众大会上发表演说，右为张太雷，采自［美］史景迁《改变中国》

并非刻意否定左派，而是反对因扶持或借助左派提前同蒋介石摊牌。从国民党中央各省区联席会议到武汉临时联席会议，都不难发现他对左派的团结与倚重。远东局还有另外一种情况，如福京，则跑到另一极端，极力指责鲍罗廷为右倾，称他在武汉的讲话，透露出"采取了阻力最小、完全支持国民党的思想即国民党资产阶级派的思想的方针"，这种"鲍罗廷主义"，"说明一个软弱的共产党人会堕落到何等地步"。[①]截然不同的两种评价，反映出联共（布）和共产国际对中国革命之主张的内部矛盾。

发展新的革命中心区，归根结底要依靠广大群众的支持，在武力超过民力的条件下，继续做好民众宣传工作更为必要。鲍罗廷在武汉临时联席会议上提出，"不可因专注意于衙署事务，放弃接近民众责任"。[②]他建议在汉口择地设立较大规模的民众俱乐部，由各位委员轮流出席讲演，阐述当前形势、方针、政策，应设立专门机关指导新闻宣传，出版党的刊物。他本人身体力行，仅在1927年1月上旬，就先后参加汉口民众庆祝大会（1日）、商民协会会员大会（2日）、湖北省第一次工人代表大会（4日）、国民党湖北省第四次代表大会（5日）、汉阳兵工厂工人大会（10日），并发表了长篇演说。鲍的演说多由张太雷翻译，初到武汉一两个月的演讲记录稿整理成《鲍顾问演讲集》，汉口民国日报馆出版。

这些演说的共同点，就是反复揭示中国为什么要革命，怎样进行革命，国民党的使命是什么。鲍罗廷说："革命（一）就是要使中

---

① 《联共（布）、共产国际与中国国民革命运动1926—1927》（上），中共中央党史研究室第一研究部译，北京图书馆出版社1998年版，第564、565页。

② 《武汉临时联席会议第三次会议议事录》，1926年12月17日，湖北省社会科学院文史研究所。

国人民生活状况好起来;(二)建立一个好政府;(三)使中国独立,打倒帝国主义,脱离帝国主义的压迫。"他要听众相信,"革命使中国人民生活能好起来,中国人大多数是需要革命"。过去革命失败,是由于没有与民众一起做,当革命党跑出衙门、离开房间、跑到街上、跑到民众中间以后,广大民众应声"呼喊着来参加革命,于是革命就这样快的成功了"。①在他看来,革命是千百万人民群众的事业,国民党要宣传民众,但决不应限于做一个国民革命原理的宣传机关,它要担负国民革命领导者的责任,要以三万万农民为自己的基础,要处理好劳工问题,也要对于反革命派采取果断手段。

鲍罗廷重视演讲和宣传艺术,几十年后,宋美龄对鲍罗廷讲话的神态历历在目。她说:

> 时常,他的右手握成拳头靠近上衣胸扣,强调重点时,拳头重重而快速地往下移动,或者灵巧而迅速地重新举起紧速握的拳头,悬在空中,好像作为时间的休止符,以准备下一次强调重点时再往下移动。偶尔,他伸出仍夹着香烟的左手手掌,作为右手拳头的落着点。②

以如此丰富的肢体语言辅助有理有据、生动风趣的说辞,当然更使人印象深刻。鲍罗廷建议武汉临时联席会议成员都要改进演说,认为现时"对群众所说太过空泛,多属老调、刻板,说话背诵得出,几于留声机器无二",这种情形应当尽量避免。③他专门就如何办好党报发表讲话,强调凡报纸都有其立场,"是社会中各团体利益宣传的工具",所谓公正和不偏袒,"实际上没有这样一回事"。国民党的党报应该宣传革命的主义和政纲,"但这绝不是鹦鹉般教一句学一句而已",要有丰富而真确的具体事实,根据这些事实做经常的、系统的

---

① 《鲍罗廷在中国的有关史料》,中国社会科学出版社 1983 年版,第 184、185 页。
② 宋美龄:《与鲍罗廷谈话的回忆》,《传记文学》第 32 卷第 5 期。
③ 《武汉临时联席会议第八次会议议事录》,1926 年 12 月 31 日,湖北省社会科学院文史研究所。

评论，发挥党的喉舌作用。①

随着革命中心往武汉转移，中华全国总工会迁来汉口办公，刘少奇、李立三等工运领袖云集武汉，加紧筹备第四次全国劳动大会和全国铁路工人第四次代表大会。鲍罗廷提议还要尽快召开全国邮务工人代表大会。中共中央成立了农民运动委员会，毛泽东任书记，提议并多方奔走在武昌筹办湘鄂赣三省农民运动讲习所，后经国民党中央党部同意正式定名为中央农民运动讲习所。

湘、鄂两省是共产党在国民党内占主导的地方，从军阀统治下解放出来的广大民众，迅速组织起来，原有的社会秩序立即受到猛烈冲击是必然的，一时引起社会恐慌、疑虑和非难。工农运动究竟是"好得很"还是"糟得很"？必须旗帜鲜明地亮出立场和态度。

鲍罗廷充分肯定工农运动的正当性，指出："工人群众和店友一旦除去了压迫，当然即时要起来改善自己的生活，是很自然很正当的事，如堤防阻着水，堤决，水自然要冲出来是同样的道理"；"乡村中有激烈的运动，是因我们不替他们解决，于是农民群众自己依照群众的方法与手段自动的来解决，这样当然有免不了有过分的地方"。至于有人把工农运动的勃兴归咎于"捣乱分子的煽动"，他反驳说："假使他们没有很迫切的切身痛苦存在，现在中国如何会有千百万风起云涌的农工运动，这如何能说是个人煽动的结果？"有人说解除农民痛苦要等到全国统一以后，他也不表赞同，认为"这完全是无意识的话，革命运动不是机械的，而是一个动的过程。革命势力的发展和人民压迫的减少成正比例，农民痛苦的解除程度就是革命势力进展的程度"。②

获悉广东工潮再起，当地政府颁布四条禁令加以限制，鲍罗廷明确表示反对。他认为这种做法根本错误，党与政府应当立在群众中间，一有问题发生，应当召集工人与党部讨论谅解。他提议武汉临时联席会议去电广东，令其报告经过情形，并发表宣言说明国民

---

① 《鲍罗廷在中国的有关史料》，中国社会科学出版社1983年版，第191页。
② 同上书，第184、189—191页。

党保障人民结社、言论、开会、罢工等自由权的立场。参酌鲍罗廷的意见,武汉临时联席会议成立专门组织,全权负责解决武汉三镇劳资纠纷,规定工会有团体缔结契约权,与资方订定工资、工时、待遇等事项;雇主须雇用工会会员,但有权选择、任用及辞退;凡工会会员受雇,雇主非得工会同意不得辞退。鲍罗廷的这种做法合乎联共(布)中央政治局的要求,后者明令利用有利形势通过罢工改善工人的物质状况和法律地位,国民政府应全力保护所属区域工人享有充分的罢工权、结社权和集会权。

但是,鲍罗廷并非群众运动天然合理论者,在肯定其正当性的同时,他也明确表示运动的健康发展需要引导,需要保持有理、有利、有节、有法。他以工人争取改善待遇为例,说:"我们固然在这个时候要加工资,减少工时,改良待遇,但是必定要知道做到什么程度。不然,做到商人跑了,银钱都拿跑,就更坏了,反而对革命不利,削弱了社会的组织。"又如管理权,他认为工会也可以与资方适当妥协。"只要工会强固,工人肯服从自己工会的命令,有纪律,工会就有力量,不用怕店主厂主的压迫了,如其一定要订一个条约,那末,这种条约将如一面红旗在牛眼前招展,惹得牛生气,实际上我们并不能得到利益。"①

当湖北农村出现农民自发打死土豪劣绅的现象,鲍罗廷明确提出惩处土豪劣绅应由司法机关办理。现在司法机关不好,导致群众自发行动。即便如此,省党部也应发通告,禁止群众自由处罚。对于湖北省党部提出的惩办土豪劣绅草案,鲍提出解决问题的四个要点,武汉临时联席会议根据他的提议作出相应决定:禁止人民自由直接处罚;训令各法定机关对于广大民众所公认之反革命犯罪及土豪劣绅等应严予惩罚;惩罚必须由政府执行;由省政府、省党部组织人民审判委员会,为此类案件上诉机关。②

宣传民众的根本目的是组织民众,形成国民革命牢不可破的基

---

① 《鲍罗廷在中国的有关史料》,中国社会科学出版社 1983 年版,第 164 页。
② 《武汉临时联席会议第二十次会议议录》,1926 年 1 月 31 日,湖北省社会科学院文史研究所。

础。在鲍罗廷看来，人民参与政治，党需要为他们找到出路。他延伸国民会议的思路，提出召开省民会议，并主张首先在湖北实现。鲍罗廷指出：

> 革命的民主主义必使社会最重要阶级均派有代表出席会议。重要阶级中，如商人为极重要者，如无商人阶级，革命必不能前进，因革命所需，全在商人身上设法。其次知识阶级，如革命之推动机，若知识阶级反对革命，地位便感困难。第三，工人阶级，党的政策业已决定保护劳工，若自己反对工人，党的内容更见空泛。至农人问题格外显明。革命能否成功，即在于能否确定此四阶级于现社会所居如何最重之地位。人民之所以参加政治者，必有人民会议而后成功。如能始终组织人民结合力量，发起合法机关，确定政策，坚固基础，从省民会议将来可以产出全国人民会议。[①]

12月31日，武汉临时联席会议反复讨论了这个问题，决定于1927年1月召集湖北省民会议，元旦在市民大会上宣布。

翌日，鲍罗廷向汉口群众大会报告了这个消息。他说：国民政府迁到全国中心点的武汉来了，"这个国民政府是建筑在人民身上的，是我们人民的政府"，"人民是政府的基础，所以你们应该管理并监督国民政府及省政府"，办法就是各革命团体选举代表组织省民会议。[②]1月4日，他向工人代表演讲省民会议，说："我说仅说给人民参加政治是空的，要以真实的机会使人民参加政治。我们的革命是农工商学革命的民主主义的革命，一切革命的民主主义的分子一定要有一个机关，决定什么是革命应该做的事，什么是不应该做的事情。这就是省民会议与即将召开的国民会议。"[③]同日,他又就召集

---

① 《武汉临时联席会议第八次会议议事录》，1926年12月31日，湖北省社会科学院文史研究所。
② 《武汉市民庆祝大会上鲍顾问之演讲》，《汉口民国日报》1927年1月6日。
③ 《鲍罗廷在中国的有关史料》，中国社会科学出版社1983年版，第165页。

省民会议问题做报告，分析了临时联席会议上对省民会议的四种不同意见，指出省民会议是革命的民治主义，是国民会议的雏形，是完全民治主义的过渡形式；省民会议与以党治国并不冲突，革命的民治主义是党治的基础。"人民权力增，党的权力亦增，党与人民权力并无冲突。"①省民会议是人民主权思想的体现，是地方立法机关的雏形，只是由于迁都之争愈演愈烈和后来形势恶化，以致省民会议未能开成。

鲍罗廷还主张政府实行财政公开，说："我们以前办法是坐在房子里照自己的意思决定，这是以前的情形，现在是做不到的，以前非但不使人民知道，且压迫人民，故本席有财政公开之主张。"②

鲍罗廷与冯玉祥保持着联系。上次在库伦，鲍罗廷接连三天与冯玉祥商谈国民军与国民党合作事宜。9月17日，冯玉祥在五原誓师，担任国民军联军总司令。从军阀营垒中分化出来的这支部队，克服南口战败的困境重新振作，并正式加入到南方革命行列。国民军的东山再起，对地方军阀起到分化作用，更从侧后对奉系军阀张作霖形成牵制。收复陕西以后，联军内部矛盾渐现，甚至出现冯玉祥与于右任也不和睦的情况。冯玉祥本人有东出潼关开到洛阳之意。鲍罗廷认为，国民军联军中的主客之分应予消弭，不能以省为界限制军队行动，国民党高层也不要有主客之见。只是这个问题的完全解决，要等到收复河南有效扩大地盘以后。他提出三个解决办法：一是训令国民军一军、二军明白因主客问题发生分裂，将危及革命前途；二是说明须待北方安定，至少俟河南安定以后，陕西问题才可以完全解决；三是必须在西北形成中心，作为最高机关对国民党负起一切责任，西北军事应由冯玉祥领衔，否则，不能统一。至于军事补助，冯玉祥统辖的一军与受于右任影响的二军一视同仁。③

河南原有国民军二军活动，与地方武装结下矛盾。为解决河南

① 《鲍罗廷在中国的有关史料》，中国社会科学出版社1983年版，第171页。
② 《武汉临时联席会议第十二次会议议事录》，1927年1月10日，湖北省社会科学院文史研究所。
③ 《武汉临时联席会议第四次会议议事录》，1926年12月22日，湖北省社会科学院文史研究所。

问题，鲍罗廷向武汉临时联席会议提出六条建议：（1）以国民军一军南下，二军留陕，以避免与河南红枪会冲突，如不能照此安排，则应尽力免除二军与河南民众发生冲突；（2）如一军南下，假定未与奉军开战，宜以豫西至豫鄂边境地区为其驻地；（3）加强国民军与河南地方武装靳云鹗、魏益三等之间的联系；（4）派特派员到河南，争取河南地方武装输诚革命，使之与国民军共同形成在豫革命主力；（5）加强河南民众工作，开展大规模宣传运动，使河南成为中国北部的枢纽；（6）在财政上作出相应决定。会上，刘骥介绍了河南情况。经过讨论，武汉临时联席会议参酌鲍罗廷的建议决定：河南兵力以国民军第一军为主要势力，第二军宜留陕；承认河南地方武装靳、魏等部的地位，分别情形予以军饷接济。① 鲍罗廷此番协调，落实了联共（布）中央政治局关于设法消除冯玉祥、于右任之间相互磨擦的指示。

鲍罗廷对冯玉祥如此重视，当然不是仅仅出自个人之好恶。联共（布）中央政治局于北京政变后，在冯玉祥身上花费了很大的投入，用以平衡北方政治格局，并促进冯玉祥及其国民军革命化。为奉直联手所败，并经过考察苏联以后，冯玉祥终于打定主意投身国民革命，申请加入了国民党。这也是后来鲍罗廷把牌押在冯身上、力主北伐河南、会师中州的重要原因。

国民政府迁移武汉，牵动国际观瞻。鲍罗廷于元旦在汉口庆祝大会演说，日本驻汉领事官员出席观礼。在事涉国民政府国际关系上，鲍罗廷秉承莫斯科的原则，实行英、日区别对待，集中对付英国的策略。当英舰炮轰万县，他受政治会议委托，起草宣言抨击英国政府的炮舰政策。12 月 13 日，鲍罗廷在武汉临时联席会议提出对英外交议案，通过外交途径，探知英国政府对于国民政府的态度，如果对方基于本政府承认一切不平等条约，则不可与之协商；外交部依据这项原则同英使协商，以不与英发生破裂为度，可作出英国

---

① 《武汉临时联席会议第六次会议事录》，1926 年 12 月 27 日，湖北省社会科学院文史研究所。

人在国民政府范围内生命财产得到安全保障的保证；实行公开外交，及时将此次协商结果公之于众，检验英国政府是否真正做出政策改变。[1]22 日，武汉临时联席会议研究直隶省天津市国民党组织在天津英法租界被破获的对策，鲍罗廷提出实行外交抗议、经济报复、交换捕人等八项措施，提示"须避免直接冲突之行动"。[2]27 日，英国驻汉领事将本国政府对华宣言送交外交部，鲍罗廷及时分析批判了这个宣言，指出国民党的民族主义和中国民族解放运动，非先从解决国际地位问题、废除不平等条约着手不可。英国政府宣言表面看来对华政策有所改变，其实不过是转移视线，试图把中国平等地位的取得引导到先谋国内的统一，这种"所谓的同情与谅解，即在延长中国之国内战争，使统一更远，使人民痛苦益增"。他认为，必须深刻揭示这个本质问题，不为花言巧语所惑，再次强调"加紧促进对英斗争，但须避免武装冲突"。[3]

避免发生可能挑起外国军队采取武装行动的过火行为，也是联共（布）中央政治局的策略。鲍罗廷运用这个策略，在收回汉口、九江英租界斗争中付诸实践。1927 年 1 月 3 日下午，中央军校武汉分校宣传队在汉口江汉关前举行宣传演讲，听众云集。此处濒临大江，与英租界毗邻。大队英国水兵荷枪实弹上岸以暴力驱散集会人群，造成群众死伤。陈友仁主张采取强硬办法对付，徐谦主张以保护为名出动军队包围租界，先使群众撤退。鲍罗廷当即提议：

> 一、应即派代表对群众说，联席会议闻英水兵之凶暴行为，极为义愤，我同胞一人被杀，数人被伤，人民对于此事之义愤，极为正当。但政府应有适当方法保护人民生命，在二十四小时内决定办法，防止以后再有此等残暴行为。为死者、伤者报仇雪耻，在政府未决定办法以前，望人民能离开租界，维持秩序，

---

① 《武汉临时联席会议第一次会议议事录》，1926 年 12 月 13 日，湖北省社会科学院文史研究所。
② 《武汉临时联席会议第四次会议议事录》，1926 年 12 月 22 日，湖北省社会科学院文史研究所。
③ 《鲍罗廷在中国的有关史料》，中国社会科学出版社 1983 年版，第 138、139 页。

政府之办法决定后，即通知人民代表，并须在书面上签字。二、派警察多人站在群众与水兵中间。三、总工会派得力人员，帮助警察，站在警察与民众中间。四、外交部派有毅力之人员与英外交当局严重交涉，撤退武装水兵，保证秩序安全，否则，发生危险不负责任。①

当日会议依此做出相应决议。徐谦与蒋作宾到现场宣布政府主张，组织群众疏散。陈友仁召见英驻汉副领事葛福，提出口头抗议，要求立即撤退水兵及义勇队。1月4日晨，葛福令水兵和义勇队撤到江中军舰上。大批民众径往英租界撤除戒严设备，张贴反英标语。英租界工部局不能维持秩序，葛福被迫请中国政府派兵保护，并有意移交英租界管理权。政府派出三连士兵进入租界，工人纠察队300人协助维护治安。5日，武汉临时联席会议组织英租界临时管理委员会，负责英租界内公安市政事宜。鲍罗廷提出：应由外交部通告外侨，现在租界秩序平安，外侨应安心照常营业。当对英委员会代表提出英政府不能圆满答复条件，应由民众自动总罢工，鲍罗廷当即表示："对于总罢工一事，暂时不宜实行。如租界能到我们手里，则罢工无异反对自己，如不能，届时再讨论。""我们要表示租界接收以后，秩序比以前更好，明日应恢复原状，工商照常做工营业。"②

2月19日，英国驻华公使代表、参赞阿马利与中国政府代表、外交部部长陈友仁在汉口外交部签署了《收回汉口英租界之协定》，次日，签订《收回九江英租界之协定》。收回汉口、九江英租界是国民革命史上重大的外交胜利，是民族主义的胜利，也是工人阶级反帝斗争的胜利。鲍罗廷审时度势，及时提出应对方略，既坚持外交斗争，又避免武装冲突，是取得胜利的重要因素。应对收回英租界的斗争及其胜利，也成为武汉临时联席会议勉力坚持的重要条件。武汉，更因而提高了国际知名度。

---

① 《武汉临时联席会议第九次会议议事录》，1927年1月3日，湖北省社会科学院文史研究所。
② 《武汉临时联席会议第十次会议议事录》，1927年1月5日，湖北省社会科学院文史研究所。

2. 共产党人加入国民政府

酝酿国共合作之时，共产党人对国民革命前途的认知，基本倾向是届时资产阶级得到政权，工人阶级从中得到自身条件的改善。随着国民革命的发展，提出了无产阶级领导权问题，其意仍侧重于共产党在革命运动中发挥领导作用，推动国民革命取得最后胜利。1926 年 9 月下旬，谭平山在莫斯科向共产国际执委会东方书记处报告中国形势，提出中共中央不大明确但已感到十分重要的问题：一是共产党是否应当参与成立革命政府；二是工农是否应当参与地方自治；三是以什么方式武装工农。①关于参加政权问题，直到 12 月 5 日，中共中央仍然强调："我们的党还是一个在野党"，"我们的同志不能加入政府组织"。②对共产党是否应当参政的回答，与对中国革命前途的展望和定性有关，共产国际执委会直到第七次扩大会议才在斯大林的指导下给出明确答案。

1926 年 11 月 22 日—12 月 16 日，共产国际执委会第七次扩大会议在莫斯科召开。会议前一阶段，主要围绕布哈林关于中国问题的报告开展讨论。

斯大林起了决定性作用。11 月 30 日，他在中国委员会发表演说，提出了一系列长期深刻影响中共的新观点。斯大林阐述了中国革命的性质和特点，指出中国的这场资产阶级民主革命，是反帝民族革命，这使它与世界各国反帝革命相联系；中国大资产阶级软弱，革命的倡导者和领导者、中国农民的领袖，必不可免地要由无产阶级及其政党担任；其外部条件是苏联的存在和发展。他把武装斗争作为中国革命的特点和优点之一。至于中国未来政权，斯大林认为应是坚持反帝的无产阶级和农民民主专政的政权，这是走向非资本主义发展，更确切地说，是走向社会主义发展的过渡政权。当前，共

---

① 《联共（布）、共产国际与中国国民革命运动 1926—1927》（上），中共中央党史研究室第一研究部译，北京图书馆出版社 1998 年版，第 552 页。

② 中央档案馆：《中共中央政治报告选辑 1922—1926》，中共中央党校出版社 1981 年版，第 129 页。

产党人必须留在国民党内，参加这个政权，唤起农民参加革命。中国农民卷入革命愈迅速愈彻底，反帝战线就愈有力愈强大。[1]

布哈林在斯大林讲话后，专门就中国革命的前景问题讲话，断言中国革命的前途就是社会主义发展，其政权性质不是无产阶级专政而是无产阶级和农民的专政。他阐述了中国革命三阶段论：第一阶段，民族资产阶级、半资产阶级知识分子、大学生作为革命的极其重要的动力之一；第二阶段，无产阶级成为头等政治因素，与农民、城市小资产阶级和部分民族资产阶级相结合，即中国革命的广州阶段；第三阶段，将是无产阶级与农民、城市小资产阶级结成联盟，排除大资产阶级。当前正处在这个阶段临近的时刻，土地革命问题决定了向这个阶段的过渡。布哈林认为，共产党小心、巧妙、谨慎地按指令实施国民党的重新组合，即促使国民党发展成为真正的人民政党，并设法掌握军队和政权，把农民组织起来，就可以和平地实现土地改革。[2]

谭平山代表中共出席，提交报告并参加中国委员会，多次在全体大会和中国委员会发言。退出共产党的邵力子应邀代表国民党出席，也做了发言。12 月 16 日，全会通过了充分吸收了斯大林、布哈林讲话精神的《关于中国形势问题的决议》。

从根本上说，共产国际执委会的这项新决议，遵循了共产国际二大关于民族和殖民地问题决议精神。不过，它对中国革命的非资本主义前途和向社会主义过渡，规划了路线图和阶段表，则把一个预期性质的问题，变成革命中枢转移武汉以后国共合作和国民革命的现实选择。共产国际把非资本主义前途的实现，寄托于国民党和国民政府，指望共产党发挥领导作用，促进国民党和国民政府左倾，并通过这个政府解决农民土地问题，使之成为工农民主专政的基础。

---

[1] 参见《共产国际有关中国革命的文献资料 1919—1928》，中国社会科学院近代史研究所翻译室译，中国社会科学出版社 1981 年版，第 263—273 页。

[2] 参见《联共（布）、共产国际与中国国民革命运动 1926—1927》（下），中共中央党史研究室第一研究部译，北京图书馆出版社 1998 年版，第 17—23 页。

斯大林照搬俄国革命经验，以俄国模式规划中国革命，脱离了中国实际。

共产国际的这项决议迅速传到中国，^①中共中央政治局传达党内，认同国民革命和无产阶级革命是整个的中国革命，提出"必须抓住这两种革命的连锁，使之一气呵成，不能够机械的将他画为截然不相衔接的两个时期"。^②

作为中国革命现场指导者的鲍罗廷，现在拿的是共产国际和联共（布）共同写就的 1927 年以来国民革命新剧本，紧紧抓住国民党是老办法，争取非资本主义前途是新要求。虽然并不能断定他与中共中央同时收到了共产国际执委会的新决议，但联共（布）中央政治局的新指示则明确体现了此项决议的新内容。事实上，无论是鲍罗廷还是中共，此刻都无法达到，不仅从现实上争取非资本主义前途是极其超前的，而且促使其左倾的办法也抓不住国民党。鲍罗廷因国共合作而来中国，他所主要关注和要优先解决的，仍然是布哈林所说的国民党重新组合问题。迁都武汉之争，是与蒋介石所代表的政治集团争国民党的控制权、领导权。真正定都武汉，需要通过国民党二届三次全会来确立，并通过这次会议建立国民党的集体领导。

召集二届三次全会，本是庐山谈话会的共识。1 月 3 日，鲍罗廷在武汉临时联席会议上建议召集中央执行委员全体会议，可先行通知。他提出："联席会议拟在政治会议内提议，在政治会议未到前，由联席会议先通知，现今不在武汉各委员速来，以省正式召集之时间。"会议通过了鲍的提议。^③会后发布了通告。南昌方面亦于同日做出 3 月 1 日在南昌召开中央全会的决议。2 月 8 日，又决定中央全

---

① 《关于中国形势问题的决议》传到中国的时间当在 1926 年 12 月 18 日前后，不晚于 1 月 21 日。1926 年 12 月 18 日，福洛从上海发出的的信提到布哈林关于中国非资本主义发展的讲话和彼得罗夫为全会提交的中国问题提纲；1 月 21 日，维经斯基的信表达了对斯大林报告和全会决议的看法。

② 中央档案馆：《中共中央文件选集》第 3 册，中共中央党校出版社 1983 年版，第 14 页。据瞿秋白《中国革命中之争论问题》对此件有所引用推断，中共中央政治局的此项解释不晚于 1927 年 2 月底。

③ 《武汉临时联席会议第九次会议事录》，1927 年 1 月 3 日，湖北省社会科学院文史研究所。

会的召集俟东南战事告一段落另定日期。2月21日，顾孟余作党务报告，提出实现民主集权制，必须党有最高威权，武昌、南昌之争乃发自根本矛盾。孙科呼应这个观点，再次提出召开中央全会。吴玉章、于树德、徐谦、邓演达、陈其瑗、恽代英、詹大悲、毛泽东等人均表同意。邓演达说："开中央执行委员全体会议，本席以为如待东南军事解决后再开是很错的，必至许多问题不能解决，无异于自杀，无异于自行宣布灭亡。"陈其瑗说："数月来党内情形是专制，而非纪律，长此下去，不是国民革命是汤武革命了。目前各省党部处于混乱之中，非先将中央改组好不可。"毛泽东说："联席会议可以建议决定三月一日开会，由常务委员会发送通知，至于人数问题，本人以为够固很好，即不够亦须开会。这是革命的胜败关头，如不开将来在历史上要负重大罪咎的，故就令只有几个人亦应开会，凡事利于革命的要求即不妨做去。"因南昌已发暂缓开会的通知，经反复讨论，当日会议一致决定："中央执行委员于三月一日以前在武汉自行开全体会议。"①

　　南昌方面人员久久不到，会议延期至3月7日。谭延闿、何香凝等五人踩着点到武汉。3月7日下午5时，国民党二届三次全会在汉口南洋大楼举行。由于中山舰事件以来特别是迁都之争，国民党高层裂痕明显，不仅主张分歧，而且伤了和气。武汉方面公开抨击昏庸老朽个人独裁，蒋则指责武汉临时联席会议犹如西山会议非法。谭延闿要求推迟几天开会，以待蒋介石等人前来，会议发言人员大多不表同意，认为一等再等，就是集体迁就个人，助长个人独裁。遂决定本日会议算是预备会，10日正式开会。刚刚到汉的李烈钧当场退会并立即返赣，向蒋报告了情况。由第四军师长升任第十一军军长兼武汉卫戍司令陈铭枢，亦宣称因"个人情感"辞职出走。蒋介石深知预备会的这番局面与鲍罗廷有太大的关系，闻讯大发歇斯

---

① 《中国国民党中央执行委员国民政府委员扩大联席会议记录》，1927年2月21日，湖北省社会科学院文史研究所。

底里，痛诋"鲍氏之肉，尚足食乎"。①

国民党二届三次全会于 3 月 17 日闭幕。出席正式会议的有詹大悲、经亨颐、谭延闿、丁惟汾、孙科、周启刚、朱霁青、徐谦、宋庆龄、陈其瑗、王法勤、丁超五、宋子文、陈友仁、顾孟余、何香凝、陈公博、彭泽民、邓演达、王乐平，以及跨党的谢晋、恽代英、夏曦、于树德、毛泽东、吴玉章、林祖涵、董必武、邓懋修、江浩和许甦魂，李宗仁、柏文蔚、陈果夫仅出席一次，黄实代表朱培德部分出席。这个代表结构，成就了共产党人和国民党左派对此次全会的主导。

二届三次全会通过《统一党的领导机关决议案》、《中央执行委员会军事委员会组织大纲案》、《修正政治委员会及分会组织条例案》等文件，改变了二次全会后国民党的组织状态。决定中央常务委员会在两次中央全会之间执行对党务、政治、军事的最终议决权，设常务委员九名，由全会推选，常务委员互选三人组成秘书处，不设主席；由全体中央常委和全体会议在常委之外推选的六人，组成政治委员会，中央执行委员会在全部政治委员会委员中指定七人组成主席团，不设主席；中央执行委员会在最高级军官中选出九人至十三人，在非军职中央执行委员和候补执行委员中选出六人，组成军事委员会，并指定其中七人组成主席团，其中非军职委员须有三人，军委会全会以过半数委员出席为有效，军委会的一切会议与表决，均须得到出席委员过半数同意，军队总司令由中央执行委员会在军委会委员中指定。

全会选举汪精卫、谭延闿、顾孟余、徐谦、蒋介石、吴玉章、陈公博、孙科、谭平山为常务委员，此九人当然成为政治委员会委员；决定汪精卫为组织部部长、顾孟余为宣传部部长、邓演达为农民部部长、陈公博为工人部部长、陈其瑗为商民部部长、何香凝为妇女部部长、孙科为青年部部长、彭泽民为海外部部长；选举宋子文、宋庆龄、王法勤、林祖涵、陈友仁、邓演达为政治委员会委员，

① 《事略稿本》第 1 册，台北"国史馆"2003 年，第 117 页。

选举汪精卫、谭延闿、孙科、顾孟余、徐谦、谭平山、宋子文组成政治委员会主席团；选举蒋介石、冯玉祥、唐生智、程潜、李宗仁、何应钦、李济深、朱培德、张发奎、汪精卫、孙科、徐谦、邓演达、顾孟余、宋子文为军事委员会委员，选举汪精卫、徐谦、谭延闿、蒋介石、邓演达、唐生智、程潜组成军委会主席团；选举汪精卫、谭延闿、于右任、程潜、孙科、李宗仁、黄绍竑、徐谦、蒋介石、宋子文、朱培德、李济深、唐生智、冯玉祥、陈友仁、顾孟余、谭平山、孔庚、杨树庄、柏文蔚、钮永建、何应钦、彭泽民、经亨颐、宋庆龄、王法勤、吴玉章、陈调元为国民政府委员，汪精卫、谭延闿、孙科、徐谦、宋子文为国民政府常务委员。国民政府增设劳工部、农政部、教育部、实业部、卫生部；改中央军校即黄埔军校校长制为委员制，禁止校内成立同学会。

全会期间，鲍罗廷收到布哈林受共产国际委托签署的电报，该电并转国民党中央成员，抄送中共中央，电文提出五条：

（1）我们认为在中国南方建立两个中心、两个国民党、两个政府和因此建立两支军队的做法是危险的和不能容许的。（2）我们认为绝对有必要在武昌召开统一的国民党中央全会，蒋介石务必参加，国民党全体中央委员必须无条件服从国民党中央的一切决议。（3）我们认为国民党和中国共产党绝对需要密切合作，因为我们坚信，如果没有这种合作，中国就不可能摆脱帝国主义的压迫，联合成一个统一的国民革命的中国。（4）我们认为不久前蒋介石显然为讨好国民党右派所作的答记者问，是对国民党和中国革命的一个不能容许的分裂主义的打击。（5）我们认为国民党中央在武昌提出的同蒋介石合作的条件是正确的并能保证国民党的统一。[①]

---

① 《联共（布）、共产国际与中国国民革命运动 1926—1927》（下），中共中央党史研究室第一研究部译，北京图书馆出版社 1998 年版，第 149、150 页。

显然，共产国际、联共（布）肯定了迁都武汉的行动，肯定了在武汉召开三次全会加强国民党集体领导的极端重要性，肯定了同蒋介石的斗争并表示了斗而不破的态度，肯定了新形势下国共密切合作的绝对必要性。

二届三次全会的决定和选举，体现了这个电文的要求。通过调整机构设置，加强集体领导。选举的结果，充实了国民党左派，一些右派人物落选，蒋介石因机构设置变化自然失去国民党中央常务委员会主席、政治委员会主席和军事委员会主席三项重要职务，仍被选任中央常务委员、军委会委员、军委会主席团委员和国民政府委员。汪精卫在各项被提名的选举中，均以全票当选，被寄予无限希望。共产党和国民党左派协同的"汪蒋合作"，现在通过"抑蒋"、"限蒋"，实现了汪精卫作为党政领袖、蒋介石作为军事领袖的分工。其实，在战争时期，党权与军权协调，就是党指挥枪；不能协调，必然出现枪指挥党。蒋介石保留了最重要的职位——国民革命军总司令，使他有力量挑战三次全会的合法性，凭借军事实力最终改变政治格局。三次全会试图通过保持军委会中文职人员的数量和制定会议规则，对军事力量加以约束，不会有什么效果。

二届三次全会加强了国共合作。会前，徐谦在提高党权运动的集会中，就公开表示："集中革命的力量，使共产党同志参加我们的中央。"① 全会通过了《统一革命势力案》，决定立即召开国共两党联席会议，讨论一般的合作办法，派定组织、宣传、工人、农民、青年五部部长作为国民党方面代表，重点研究"共同指导"民众运动，特别是农民和工人运动；国内少数民族问题；"共同担负"政治责任，共产党派负责同志参加国民政府和省政府；共产国际及国共两党的宣传机关对事关两党的批评，不与合作精神相违背。还决定派三名代表应邀参加共产国际会议。共产党人被选入国民党中央和国民政府机构，吴玉章、谭平山被选为国民党中央常务委员，林祖涵被选

---

① 《武阳夏党员大会庆祝示威大会热烈》，《汉口民国日报》1927 年 2 月 26 日。

为政治委员会委员，谭平山以常务委员身份兼政治委员会委员并被选为政治委员会主席团委员，又被选为国民政府委员，吴玉章以常务委员身份兼政治委员会委员并被选为国民政府委员。3月20日，新一届国民政府委员在武昌宣誓就职。新政府中，谭平山担任农政部部长，苏兆征担任劳工部部长。谭氏担任国民政府农政部部长，是他还在莫斯科期间，联共（布）就决定下来的。联共（布）认为，这项任命将使中共有可能在实际工作中与广大农民群众取得联系，有助于制定解决中国革命中十分重要的土地问题的具体方案。

二届三次全会给解决农民和土地问题以特别关注。共产国际认为国民党应当代表中国农民阶级。鲍罗廷与此相同，他一再强调必须发动农民解决土地问题，除了这本身是民主革命的基本任务以外，就是为国民党增强支持力量。过去，国民革命主要发生在城市，现在，城市资产阶级分化了，知识分子队伍也分化了，迫切需要把广大农村地区的农民发动起来，才能做实国民革命的动力组合。全会通过了《农民问题决议案》，发表了《对农民宣言》，宣布建立区乡自治机关，管理区乡一切行政、经济、财政、文化事宜，以农民协会为组织和指导自治机关的中心；在区自治机关设立土地委员会，必要时乡自治机关也可设立，筹备土地改良和政府所规定的土地整理与使用的具体办法；本年内即应实现减租25%；区乡公地及庙产应交由自治机关管理，宗族公有的祠堂、地产，禁止族长和少数豪强把持；依法没收贪官污吏、土豪劣绅及一切反革命者的土地财产，属于区乡者应视为人民所共有。会议同意湖北省党部颁布惩治土豪劣绅条例。全会表示："本党始终站在农民利益方面，代表农民而奋斗；本党始终拥护农民一切合理的斗争，务使一切剥削阶级失去其凭藉，减轻其剥削，使每个受压迫的农民都得到切实的解放。这是本党历史的使命，本党当毫不犹疑的执行之。"①

国民党二届三次全会把国共合作推到新高度，甚至可以说是推

---

① 中国第二历史档案馆：《中国国民党第一、二次全国代表大会会议史料》（下），江苏古籍出版社1986年版，第787页。

到了顶点。国民党与共产党不再是单纯的党内合作，共产党加入政府不再处于在野地位，并将通过两党联席会议，实现"共同指导"民众运动和"共同担负"政治责任。国共合作的形式，开始由党内合作向政党联盟演变。虽然事实证明这个胜利为时短暂，但鲍罗廷毕竟实现了在武汉召开三次全会的初衷，一时壮大了共产党和左派联手制衡蒋介石的力量。

第六章

战略退却难挽国共破裂狂澜

　　帝国主义对中国革命的干涉与蒋介石的反共合流，使国民革命陷入空前危机。鲍罗廷选择战略退却之道，以期挽救危局。衔共产国际之命来华指导中国共产党的罗易，在一系列重大问题上，与鲍罗廷发生严重分歧，共产党在严重的危机面前，不能作出强有力的正确抉择。来自莫斯科的指令，充满矛盾，鲍罗廷跳不出党内合作的框架，又无法抓住精神上与南京集团趋同的武汉国民党中央，国共两党的第一次合作走到尽头。作为第一次国共合作和国民革命的参与者、推动者，鲍罗廷不得不黯然归去，留下无奈身影和无尽话题。

帝国主义对中国革命的干涉与蒋介石的反共合流，使国民革命陷入空前危机。鲍罗廷选择战略退却之道，以期挽救危局。衔共产国际之命来华指导中国共产党的罗易，在一系列重大问题上，与鲍罗廷发生严重分歧，共产党在严重的危机面前，不能作出强有力的正确抉择。来自莫斯科的指令，充满矛盾，鲍罗廷跳不出党内合作的框架，又无法抓住精神上与南京集团趋同的武汉国民党中央，国共两党的第一次合作走到尽头。作为第一次国共合作和国民革命的参与者、推动者，鲍罗廷不得不黯然归去，留下无奈身影和无尽话题。

一 进入紧急关头的战略选择

1. 革命根据地危机四伏

国民党二届三次全会后，武汉地区继续笼罩在激昂、亢奋的革命气氛之中。3月22日，国民党中央宣传部主办的《中央日报》增辟《中央副刊》。借其一角，可见其情形之炙热于一二。

3月31日，该刊发表斯大林于共产国际执委会第七次扩大会议期间所作的讲话，题为《中国革命之预测》，系由日文转译；3月24日到4月2日，连载托洛茨基的《文学与革命》。"革命"几乎是《中央副刊》每期必谈的话题，有如《革命的理论》（陈启修）、《学术与革命的关系》（顾孟余）、《何谓革命文化》（邓演达）、《革命文化是什么？》（张崧年）、《建设革命的文艺》（涂克超）、《中国民族解放运动与青年学生的责任》（李季）、《革命与革命党的左右派》（唐嵩）、《革命的政治学》（陈启修）、《打倒封建思想》（向培良）等等。

农民运动和农村调查的文章占去不少篇幅，如《不要怀疑农运！》（孤愤）、《到农民中去！》（吴纯）、《怎样解决农民生活问题》（方绍原）、《农村社会之新观察》（周谷城）等等。这类文章影响最大的莫过于《湖南农民运动考察报告》。毛泽东强调了农民问题的严重性，指出"国民革命需要一个大的农村变动"，组织起来的农民具有急风暴雨般摧毁旧秩序的力量，一切革命同志都要拥护这个变动，"否则他就是反革命"。他驳斥了农民运动是"痞子运动"、"惰农运动"的观点，高度评价贫农的革命性，认为"没有贫农便没有革命"，他们是"革命先锋或革命元勋"，其革命大方向始终没有错。所谓"过分"问题，实乃具有必然性和阶段性，"不过正不能矫枉"。① 3月5日，该文由中共湖南区委主办的《战士》首先连载。12日，《向导》周报发表。28日，《中央副刊》以首篇位置再次刊发，其社会影响进一步扩大。

在国民党二届三次全会召开，国民政府第二届委员正式就职，两湖工农运动高潮迭起，革命舆论铺天盖地的形势下，3月21日，上海工人举行第三次武装起义，成立了上海市政府。

1926年10月、1927年2月，上海工人两次起义，都未成功。在准备第二次起义的过程中，共产国际执委会第七次扩大会议精神传来，中共上海区委随即提出"准备创造一个上海的巴黎公社"。远东局建议中共中央，在上海，"完全有可能和有必要按照苏维埃制度建立起称之为'人民代表会议'的政权"。②共产党开始"有争取领导权、夺取政权这样的意见"。③

这样的意见在第三次起义的准备中益发明确。瞿秋白拟具起义

---

① 毛泽东：《湖南农民运动考察报告》，《中央副刊》第7号，1927年3月28日。

② 《联共（布）、共产国际与中国国民革命运动1926—1927》（下），中共中央党史研究室第一研究部译，北京图书馆出版社1998年版，第139页。

③ 周恩来：《关于上海的武装起义》，《党的文献》1994年第1期，第76页。

计划，提出应以工人阶级为领袖，武装暴动响应北伐军，自动召集市民紧急代表会议，建立市民代表大会的政权。[①]陈独秀在特委会议上强调应赶紧做好市民代表选举工作，对外宣传市政府是民选市政府。上海区委研究市民代表会议等问题，赵世炎指出："市民代表会议是民主主义政治，在中国应有一个工农小资产阶级的民主独裁制。""我们要明了这个运动是工人领导的，而且是永久的，一直到纯粹的工人政权成功。"[②]罗亦农在党的活动分子大会作报告，也提出市民代表会议"必须是国民革命的苏维埃"，"必须以工人为主体"，共产党必须参加市民代表会议及将来的市政府，"为革命运动的保障与重心"。[③]

当着北伐军东路部队相继收复福建、浙江以及江苏的大部地区，进逼上海郊外，3月21日，上海工人英勇地第三次起义，22日，完全占领华界。当日，召开第二次临时市民代表会议，通过了临时市政府委员19人名单，罗亦农、汪寿华、林钧、侯绍裘等10名共产党员、青年团员名列其中。23日，上海临时市政府对外办公。上海市民代表会议和市政府，在阶级构成上，体现为工人阶级、小资产阶级和民族资产阶级的联合专政，工人阶级及其政党已经意识到并力图在其中发挥主导作用；在政权形式上，废弃了资产阶级三权分立体制，实行巴黎公社式的议行合一。这既是一个重要的尝试，也是一座历史的丰碑。[④]25日，国民党政治委员会收到上海方面电告后，决议承认上海市民大会选举结果，市政府委员由国民政府加以任命。

这时候，国民革命仍然如火如荼，但是，潜在的危机却同时正在步步加深。以武汉为中心的革命根据地，日渐为四起的乌云所包围。

3月24日，英、美两国炮舰借口进入南京的北伐军袭扰外国机构和侨民，悍然从长江江面炮击南京，造成中国军民重大伤亡和财

---

① 上海市档案馆：《上海工人三次武装起义》，上海人民出版社1983年版，第157页。

② 同上书，第296页。

③ 同上书，第326—328页。

④ 参见拙文《共产国际与上海起义指导方针的形成及其演变》，《江汉论坛》2002年第9期。

产损失。英、美驻汉总领事甚至倒打一耙，恶人先告状，向国民政府外交部提出抗议。陈友仁从不同渠道得到不尽相同的信息，但确信"英、美兵舰炮击南京也是真的"。列强摆出了联合干涉的架势，《字林西报》发表社论要求英政府立即停止与国民政府交涉，等到有他们所认为的中国政府产生后再议。英、日联手的消息，也从上海传到了武汉。①

南京事件的外交交涉未完，北方发生奉系军阀搜查苏联驻华大使馆，捕杀共产党人和革命志士事件，这个行动是得到驻华公使团允许的。张作霖在吴佩孚大败于两湖战场以后就任安国军总司令，实际控制了北京政府。4月6日，京师警察厅武装警察会同奉军宪兵，包围并搜查了苏联大使馆以及远东银行、中东铁路办公处等机构。据陈友仁报告："捕去三十五个中国人，五个俄国人，并搜出十五枝枪及少数的子弹。张作霖宣言李大钊被捕将受审判，不能赦免。"②4月28日，李大钊、范鸿劼、路友于、张挹兰等20人被绞杀。李大钊是中国共产党的创始人之一，共产国际闻讯致以哀悼，宣扬"他的英勇就义和其他在北京被杀害的共产党员的壮烈牺牲是在国际无产阶级的记忆中永远不可磨灭的"。③

与蒋介石指挥在赣州杀害总工会委员长、共产党人陈赞贤，尔后在九江、安庆走一路打一路相呼应，四川军阀刘湘在重庆制造了三三一惨案。当日，重庆工农商学兵反英大同盟发起的群众大会被军警镇压，四川省、重庆市两国民党党部，中山、中法等学校均遭捣毁。据报，"死三百人，伤六百人"。④4月6日，中共重庆地委书记、国民党四川省党部执行委员杨闇公被惨杀，同案牺牲的还有陈达三、漆南薰、冉钧等人。

① 中国第二历史档案馆：《中国国民党第一、二次全国代表大会会议史料》（下），江苏古籍出版社1986年版，第1004、1005页。

② 同上书，第1045页。

③ 《联共（布）、共产国际与中国国民革命运动1926—1927》（下），中共中央党史研究室第一研究部译，北京图书馆出版社1998年版，第259页。

④ 中国第二历史档案馆：《中国国民党第一、二次全国代表大会会议史料》（下），江苏古籍出版社1986年版，第1018页。

国民政府和中央党部北迁以后，广东完全处在李济深的控制之下，工农运动受到挤压，革命环境急剧恶化。邓演达在国民党中央常委会上指出，李济深的行为"已表现出完全系反革命"。孙科表示"这种纯粹封建头脑的军阀"，免职查办就了事了。①4月2日，国民党中央常委会决定停止李济深中央执行委员会委员职权，免去其政治委员会广州分会委员、军事委员会委员、省政府委员、国民革命军总司令部总参谋长及第四军军长本兼各职，由国民政府查办。然而，这一招无法阻止李济深，李制造四一五惨案，李启汉、刘尔嵩、萧楚女、邓培、熊雄等一批共产党人和革命志士被杀害。

蒋介石不理会二届三次全会，但不忽视合法保持军事领导地位的重要性。3月10日，他致电谭延闿，提出李烈钧、程潜、朱培德、柏文蔚均应入选军委会主席团，第十一军或第四军应按原计划东下，他向谭表示"虽不来，公有主张，无不遵行"。②另开生面的决计已定，上海工人第三次起义后，蒋便火速赶往上海，寻求帝国主义势力和江浙财团的支持。国民党中央很快发现了这个动向。4月1日，政治委员会讨论军事人员干预外交问题，鲍罗廷提出：应将三次全会决议"寄一份给蒋介石，如再有反动行为，即开除党籍"！主持会议的孙科，语气激愤地说："现在越闹越不象话，好像是他总司令的世界，为所欲为把党的威权弄得扫地。我们如果再不下决心，何必还革什么命？开什么会？关上大门岂不爽快！今天一定要下决议，谁反抗谁就是反革命。"会议决定通电蒋介石，告以统一外交、财政、交通的条例和总司令部修正条例，宣布如有违法行为即免职除名。③次日，召开国民党中央常委会，包括鲍罗廷在内，与会人员确认蒋介石在上海，已经形成一个反动中心，决定训令蒋立即离开。

蒋介石置之不理，他已经羽翼丰满，加紧部署清党、反共。国

---

① 中国第二历史档案馆：《中国国民党第一、二次全国代表大会会议史料》（下），江苏古籍出版社1986年版，第913页。

② "蒋中正总统"文物检索系统，00428/01－0504，台北"国史馆"。

③ 中国第二历史档案馆：《中国国民党第一、二次全国代表大会会议史料》（下），江苏古籍出版社1986年版，第1009页。

民党中央监察委员会充当了急先锋。4月2日，蔡元培在上海主持监察委员会开会，吴稚晖宣读了以他个人名义提出的惩办共产党人呈文，内中指控共产党决定铲除国民党，在国民党的共产党人"同预逆谋"，"在内部即应当制止"；国民政府"已为俄煽动员鲍罗庭个人支配"，将来或为苏俄"变相之属国"；要求对所谓"叛逆有据之共产党委员及附逆委员，应予查办"，"应再召集中央执行委员会全体会议，或产生全国代表大会处分"。[①] 会中确定了将要看管的人员名单，鲍罗廷名列榜首。此时，汪精卫恰从海外归来，蒋介石、吴稚晖、蔡元培、李石曾等人与他会面，做争取拉拢的工作。蒋提出两件事：一要赶走鲍罗廷，二要分共。汪精卫认为可以将中央党部和国民政府迁到南京，并于4月15日左右在南京召开四次全会解决蒋所提出的问题。11日，武汉方面即有个人接到电报，内称定于12日在南京召集中央执监委员会议。

同时，蒋介石周密策划，调配驻防上海的军队，大肆网罗帮会分子，并以白崇禧为淞沪戒严司令，禁止集会、罢工、游行。4月11日晚，上海总工会委员长汪寿华被青帮头子杜月笙诱杀。12日，上海工人纠察队被军队缴械，总工会机关被破坏。13日，上海总工会毅然组织大规模群众游行，军警悍然武装镇压，其状惨不忍睹。目击宝山路大屠杀的知名人士，由胡愈之起草，联名给上海临时政治分会蔡元培等人写信。他们仗义执言，指出："革命可以不讲，主义可以不问，若屏正义人道而不顾，如此次闸北之屠杀惨剧，则凡一切三民主义、共产主义、无政府主义，甚或帝国主义之信徒，皆当为之痛心。"[②] 两个月内，上海工人近200人牺牲，500人受伤，1200余人被捕。[③]

汪精卫到武汉后，打中央牌，强调不得国民党中央许可不能召开执监会议。他也了解对方的真实情况，自知这种制止苍白无力，

① 《四·一二反革命政变资料选编》，人民出版社1987年版，第109、110页。

② 同上书，第188页。

③ 《上海革命历史文件汇集（上海各群众团体文件）》（1924—1927年），内部印行，第353页。

横竖只有破裂的结果。新到中国的罗易，按照原定方案致电蒋介石，指望蒋不冒分裂党和统一战线之大不韪，取消在南京召开中央执监会议的计划，回归武汉中央解决问题并服从全会决定，为蒋介石所断然拒绝。4月17日，南京的政治会议决定发表迁都、清共宣言。次日，蒋介石、吴稚晖、胡汉民、蔡元培等在南京就职。

由此，国共合作统一战线发生了巨大变动和分化，国民革命出现由高潮到失败的急剧转折和衰落。

2. 鲍罗廷提出战略退却

国民革命发生了这个并不意外的剧烈变动，鲍罗廷坦承革命进入了紧张时期。在他看来，造成这种紧张的原因是多方面的："同蒋介石的斗争、有关武装干涉的传闻、有关国民政府引进共产主义的传闻、失业、银元投机、将银元运往上海、长江沿岸港口之间经济关系的中断——这一切给武汉国民政府造成了严重的局面。"[①] 如何应对当前的危机？他使出了战略退却的招法。这一招，是在应对南京事件的对外交涉中提出，在应对蒋介石武力清共分裂革命的过程中确立下来的。在实践中，表现为先由反帝运动降温，继而发展到整个革命运动的收缩。

4月1日，国民党中央政治委员会讨论南京事件对策，鲍罗廷在陈友仁报告外交情形后，紧接着发言，一开始就说："现在的情势的确是很严重，英、美已准备干涉；日本的态度虽然不很清楚，但据北京来电，说是许久不造谣言的日本人最近在北方又大造其谣。"分化列强的联合，尤其是将英国孤立起来，一直是联共（布）的国际关系策略。在中国国民革命中，鲍罗廷也秉持了这种应对之道。就在这个会上，他提出："在危险的局面时，要有一定的政策，用那个政策，可以使英、日分离，可以使帝国主义者分化。"如何使日本不和英国绑在一起呢？他提出加强对日本民众宣传的办法，赞成陈

---

① 《联共（布）、共产国际与中国国民革命运动 1926—1927》（下），中共中央党史研究室第一研究部译，北京图书馆出版社 1998 年版，第 221、222 页。

友仁保护在华日人生命财产安全的提议。徐谦对宣传日本民众的有效性提出质疑，认为日本的传统政策不会改变，帝国主义者的大联合也一定不可避免，现在一方面要解决革命阵营自身分化问题，另一方面要联络苏俄，苏俄以扶助弱小民族自命，这时候要出来有所表示。鲍罗廷赞成徐谦的部分见解，但仍继续坚持以公开外交的方式宣传日本民众，并以苏俄早年通过"慢慢的对付"的办法"居然拉拢"了日本的事例做立论支持，确信"只要很公开的慢慢拉拢，花点时候去对付他们，一定可以使得他们阻碍他们的政府干涉中国的事情"。①

当日的会议在对日问题上，决定了两件事：一是指定顾孟余、陈友仁和陈公博起草分别对日本人民、英国人民、对国际工人代表团、对本国人民、对本国军队的五份宣言，以鲍罗廷为宣言起草顾问；二是保护日人生命财产安全，维护租界治安。

不料，4月3日，发生日本水兵制造的惨案。当天，一名人力车夫因向日本水兵讨要车资在汉口日租界被打成重伤，施救的工人更被日本水兵当场刺死。愤怒的市民将肇事的日本水兵扭送湖北省总工会，后转送武汉卫戍司令部。日本领事闻讯，调集500名陆战队员上岸追杀民众，当场打死七人，伤数十人，次日又死两人。惨案发生后，武汉民众驰赴肇事地点救援，"人山人海，激昂情形，几不能以言语形容"。②各团体会议决定由全国总工会、湖北省总工会、国民党中央党部等17个单位组成武汉人民对日委员会，向国民政府提出对日交涉七项条件。全国总工会召集武汉各工会代表召开紧急会议，通报并拥护对日交涉七条件，更提出"取消中日间一切不平等条约"的要求。连日来，武汉举行悼念活动，发生罢工、罢课和罢市。4月5日，国民党中央政治委员会决定成立陈友仁、顾孟余、徐谦、孙科、邓演达以及鲍罗廷参加的委员会，讨论对日政策，而

---

① 中国第二历史档案馆：《中国国民党第一、二次全国代表大会会议史料》（下），江苏古籍出版社1986年版，第1005—1007页。

② 《驻汉日水兵昨日登岸大屠杀》，《汉口民国日报》，1927年4月4日。

对肇事水兵的处置，则决定预审以后送交日本领事。

四三惨案没有改变鲍罗廷，在他看来，对日政策几天前已经做了决定。他说：从前各国联合起来反对国民政府，是英国当领袖，现在是美国，将来美国还要反对日本。"在这种状况之下，最适宜的莫过于中、日联合起来反对英美的联合。"鲍自然明白日本也是帝国主义者，实现中日谅解很困难，但仍认为日本目前徘徊歧路，有拉拢的空间。"从柏林到莫斯科，从莫斯科到日本，从日本到此地，这一条路有结合之可能，可以和英美对抗。"①鲍罗廷的这番见解，得到徐谦的赞同，徐也认为通过苏俄这个环节促成中日谅解有成功的希望。

在外交上拉拢日本的主张，反映了苏联政府的外交取向。鲍罗廷不只在政治委员会的小范围中这么讲，在各种人员出席的大局讨论会这种大范围中，他也是这么讲。为了贯彻战略退却，国民党中央政治委员会主席团决定每星期召开一次大局讨论会，国民党中央和省市党部人员、军队长官和政治部主要工作人员、武汉各民众团体代表出席，会上宣布国民党应付时局的各种策略，报告这些策略实施的状况，出席人员可以对这些策略进行讨论和研究。4月30日，鲍罗廷在汉口中央党部大礼堂给大局讨论会的听众做国际政治及其对中国的影响的演说，阐述美、英、日的国内政治分野和对外政策，及其彼此的矛盾冲突，他的结论还是："帝国主义者因为利害不一致的原故，对中国还不能有共同的行动"，"我们总要不断的努力，实行分离他们的政策。"②

帝国主义已经在中国革命阵营内部找到了蒋介石，明里暗里加以支持，蒋便有恃无恐在上海大开杀戒，在南京宣布定都。宁汉之间出现两个国民党中央、两个国民政府的对峙，力量对比发生重大变化。不仅如此，帝国主义更陈兵武汉，武力恫吓，伺机干预。据《汉

---

① 中国第二历史档案馆：《中国国民党第一、二次全国代表大会会议史料》（下），江苏古籍出版社1986年版，第1021—1022页。

② 《大局讨论会第一次会议记录》，1927年4月30日，台北中国国民党党史馆，会议2.4/43.1。

口民国日报》报道,麇集武汉江面的外国军舰一时间竟达 35 艘之多,其中,英、日各 10 艘,美国 11 艘,法、意各两艘。这种情形之下,鲍罗廷更坚定了实施战略退却的思想。4 月 20 日,他在政治委员会上说:

> 自从东南的反动气焰高涨,增加了帝国主义者向我们进攻的力量,而因为反动派同帝国主义互相勾结,更使我们不容易向他们进攻。但革命的工作是不进则退,不能在中途停止的。为应付这种恶劣的环境,只有暂时采取战略上退却的办法。我们都晓得,革命党在根本上是不能有什么退路,现在所谓退却只是战略上的退却,同根本理论并不发生妨害或者更可以促成革命的进步。①

鲍罗廷认为,现时帝国主义凭借武力而施加压迫的唯一理由,就是说在国民政府之下,外国侨民不能继续经商,民众对打倒帝国主义也有简单化的误解,以为打倒了一家洋行,或打倒了一家商店,就是整个的帝国主义授命之时。他说:

> 这种误解,不仅于打倒整个的帝国主义的运动没有利益,更可以说多少还有点妨碍。如果退却的策略,可以纠正湖南、湖北一部分民众的误解,是应该作的。如果退却的策略可以使帝国主义国家的人民在国民政府之下完全营业,也是应该做作的。所有现在所谓的退却,就是要使外侨在国民政府所管辖的各地有不受限制的去经商的权利。这个办法,不但于国民党及革命军的前途有莫大的利益,就是于工人自身也有相当的好处。②

为此,他提出五项办法:一是执行纪律。政府与工会合组一委

---

① 中国第二历史档案馆:《中国国民党第一、二次全国代表大会会议史料》(下),江苏古籍出版社 1986 年版,第 1074 页。
② 同上书,第 1075 页。

员会执行革命纪律，由工会组织裁判所审判并处罚违犯革命纪律的工人。二是恢复贸易。由政府与外国银行、商店协商，使其在湘、鄂、赣、皖、豫，至于四川万县等处，都可以公开贸易，并由政府、职工代表组织委员会执行政府与外国银行、商店所定之协商条款，该委员会有借用纠察队与武装势力之权。三是控制罢工。除第二条所规定之委员会问题外，外国银行、商店中工人不得自由罢工。四是控制物价。政府应尽可能迅速规定铜元及一切必需品的最高价格。五是救济失业。设立失业局与失业者饭堂。①

此外，要财政部拨发三万元铜元予总工会，使其可以按钞票停兑以前的办法兑换，缓解集中现金给工人生计所带来的困难。对于商人的恐慌，鲍罗廷提出指定专人做宣传工作，适时召开长江流域商民大会，争取商界支持。

本来，南京事件后，鲍罗廷一度采取进攻策略。3月28日，他以"近来革命空气太沉寂了"为由，在政治委员会提议由外交部通电各国，要求列强撤退在华驻军，以此"打破与帝国主义者妥协之倾向"。②当然，这个做法只不过是打宣传弹而已，固然会激起一番口水战，拉高反帝斗争的声势，却解决不了实际问题。现在他提出战略退却，在他看来，可收一箭三雕之效：一可堵住帝国主义干涉的借口；二可缓解外资企业工人失业的压力；三可增加国民政府的税收。

战略退却的主张得到国民党中央的赞同。汪精卫到汉后，国共两党落实了两党联席谈话会的安排，国民党方面由政治委员会主席团成员出席，共产党方面由陈独秀、张国焘、瞿秋白做代表，鲍罗廷和共产国际代表罗易时有参与。两党高层通过这个机制，进行方针、政策的沟通和协调。

4月25日，汪精卫向政治委员会报告近期两党谈话会的情况，说："几次商量的结果，都是关于应付现在时局的方法。"其主要内

---

① 中国第二历史档案馆：《中国国民党第一、二次全国代表大会会议史料》（下），江苏古籍出版社1986年版，第1075页。

② 同上书，第988页。

容：一是关于外交。商定实行暂时退却，保护在华外国人的生命财产，恢复他们的商业，由国民党中央派员到湖南、江西宣传对外方针，使帝国主义者无所藉口。二是关于商务和交通。不放弃集中现金政策，但由外交部、财政部会同财政专家组织清算委员会，研究合适的办法。由外交部接洽外国公司，交通部接洽中国公司，恢复长江航运，并由国民政府明令保护长江航业。三是关于工人失业问题。武汉地区失业工人已达30万人之多，一半是码头工人、建筑工人、香烟厂工人，工人部、劳工部要着力解决。当日会议通过了汪精卫所起草的决议条文，具体有：（一）关于外交的：（甲）保护外人的生命财产；（乙）保护外人的商业。（二）关于商场的：（甲）组织清算委员会；（乙）设立金融讨论会。（三）关于交通的：（甲）由交通部接洽太古、怡和公司；（乙）由交通部接洽招商、三北公司；（丙）由军事委员会通令各军放回所扣船只，并以后不得扣留；（丁）由国民政府明令保护长江航业。（四）关于工人的：（甲）解决失业工人；（乙）救济香烟厂工人。①

中共中央内部也通报了与国民党高层交流的情况。4月20日，陈独秀在中央局会议上介绍了与汪精卫、谭延闿的谈话。关于帝国主义武装干涉问题，汪精卫、谭延闿都表示会同帝国主义斗争。汪精卫转述鲍罗廷的看法，说："鲍罗廷不同意采取这种做法，因为他认为革命应当有自己的策略和自己的阶段。有时必须退却，以保存力量。他不赞成让事情发展到进行最后决战的这种策略。鲍罗廷说，同苏俄的关系体现在顾问身上。顾问们可以同军队一起北上。而鲍罗廷则可以去西北工作。"汪精卫同意鲍罗廷的观点，也认为面对帝国主义应当设法采用某种退却手段，一方面在军事行动中取得胜利，另一方面又在退却，帝国主义就有可能改变政策。汪宣称："也许，把'打倒帝国主义！'的口号声压低一些是合适的。"他认为帝国主义者最怕的是工农运动，"因此，工农运动也许不应当那么激进"。

---

① 中国第二历史档案馆：《中国国民党第一、二次全国代表大会会议史料》（下），江苏古籍出版社1986年版，第1079—1081页。

谭延闿与汪精卫看法一致，也认为"工农运动不应太激进，特别是在湖南和山西"。他说唐生智的军官反对分给士兵土地，"如果情况不改变，将很难管住军队。唐摇摆不定。这里左派很少，情况复杂"。汪、谭二人都抱怨国民党控制不了工农运动。①

陈独秀在同他们的交谈中，有针对性地做了一些说明，认为工农运动现在还不存在什么激进问题，工人运动处在争取较好待遇的改良主义阶段，并没有没收财产，农民也只是同豪绅作斗争。共产党与国民党合作，不占国民党的位置，不攻击政府，"共产党和国民党可以就任何问题作出一致的决定"，在工会问题上出现斗争就没有什么可怕，至于工人运动中的某些失范现象，或许有来自蒋介石方面的秘密社团的作用。双方还讨论了向工人纠察队发放武器的问题。②

以上国民党和共产党的两个会议所讨论和决定的问题，说明鲍罗廷战略退却的主张不仅得到国共两党高层的赞同，而且进一步在退却的内涵上确定了要点，即军事斗争以北上为方向，工农运动以加强管控为重点。

4月7日，国民党中央政治委员会举行紧急会议，决定将中央党部、国民政府迁往南京。此举有挟中央之威、先下手为强的意思，防止蒋另立山头。汪精卫到武汉后，蒋介石分裂的步伐明显加快，国民党中央试图运用集体领导体制，以中央执行委员的多数保持对蒋介石的优势。汪精卫在上海许诺促成在南京召开中央全会，蒋介石抓了这个把柄，不等武汉方面的人员如期到达，就另起炉灶，同时，把屠刀举向了一个战壕里向帝国主义势力和北洋军阀共同浴血奋战的共产党人。

4月13日，政治委员会获悉上海工人纠察队被缴械，发生人员伤亡。汪精卫称这样做法"已经是叛徒了"！"简直是反了"！会议决定以中央党部名义电令各军，查办此次事件的主动者和负责者。

---

① 《联共（布）、共产国际与中国国民革命运动1926—1927》（下），中共中央党史研究室第一研究部译，北京图书馆出版社1998年版，第206、207页。

② 同上书，第207、208页。

15 日，国民党中央常委会决定惩办蒋介石，其决议文指出："蒋中正戮杀民众，背叛党国，罪恶昭彰，着即开除党籍，并免去本兼各职，交全体将士各级党部及革命民众团体拿解中央依法惩治。"①鲍罗廷参加了当日会议，除提议组织战时经济委员会应付时局外，还提议通知国民党中央执行委员除有特别任务及已经开除党籍者外，一律须来武汉，其意旨在巩固武汉的中央地位。当日决议并未立时公布。4 月 22 日，在汉国民党中央执行委员和监察委员、候补执监委员、国民政府委员、军事委员会委员联名发出讨蒋通电。两天前，中国共产党为蒋介石屠杀革命民众发表宣言，宣布"蒋介石业已变为国民革命公开的敌人，业已变为帝国主义的工具，业已变为屠杀工农和革命群众的白色恐怖的罪魁"，是"封建资产阶级的反动的代表"。②

4 月 19 日，武汉国民政府在武昌南湖举行了第二期北伐誓师典礼，出师河南讨伐奉系军阀。出师河南是在鲍罗廷的坚持下实现的。据 4 月 18 日共产国际代表团的决议所称，两周前政治委员会决定占领南京，几天后转而决定占领北京。罗易的电文称这个北伐决定得到鲍罗廷和中共中央多数人的支持，当共产党人接受罗易的观点转变立场后，鲍罗廷强硬表示如果共产党反对立即北上，他就辞职，结果共产党人转而继续支持北伐。但就在当日早晨，政治委员会忽然又取消北上，改为东进。③但是，翌日举行的仍然是北伐誓师，并非东征。

如此朝令夕改，说明决策群体当时已在相当程度上陷入混乱。鲍罗廷的译员维什尼亚科娃-阿基莫娃也忆述了这个片段，她写道："政治委员会于 4 月 10 日晨举行会议，决定东征，也就是要去讨伐蒋介石。但晚间又召开紧急会议重新审议这个问题。第十二师从 4 月 9 日就已登船，准备调防去东线。4 月 13 日，通知师指挥部不再

① 中国第二历史档案馆：《中国国民党第一、二次全国代表大会会议史料》（下），江苏古籍出版社 1986 年版，第 930 页。

② 中央档案馆：《中共中央文件选集》第 3 册，中共中央党校出版社 1983 年版，第 32、36 页。

③ 《联共（布）、共产国际与中国国民革命运动 1926—1927》（下），中共中央党史研究室第一研究部译，北京图书馆出版社 1998 年版，第 198、202—204 页。

起航，因为行将向河南开拔。"①准确地说，所谓东征大概只不过短暂地发生在并不完整的策划中。上述决定占领南京，或许指的就是程潜指挥的第六军和第二军的军事行动，两军原本就是攻克南京的占领者，谈不上东征，后来在蒋介石的令下两支部队撤到江北浦口，继而奉命放弃浦口。鲍罗廷曾说，这一变动使武汉方面逮捕蒋介石的密令未能执行。至于第四军第十二师的调防行动，大概也是履行总司令部早先确定的东下计划，也或许与迁都南京的决定相关。总之，这时候的武汉，由于蒋介石揭橥反共旗帜，国民党和政府中汪精卫、谭延闿、孙科、陈公博、朱培德等都被南京方面视为"纯粹忠实于国民党"，虽如唐生智等少数人有东征意愿，但的确没有做好真刀真枪同蒋介石对决的准备。

鲍罗廷力主进军河南，讨伐奉系军阀，一方面是避免大军东下可能与帝国主义发生直接冲突，另一方面意在实现与冯玉祥国民军会合，解除北方现时存在的军事压力，加大与蒋介石较量的砝码，有其合理性。至于冯玉祥后来态度不变，使原定计划落空，的确超出了他的预期。从单纯军事角度衡量，北伐河南是成功的。奉系军阀在河南布防四个军八万余人。武汉国民政府以唐生智任第一集团军第四方面军总指挥，统率三个纵队。第一纵队由第四军、十一军、独立十五师组成，共22000余人，张发奎任司令官，负责右路作战。第二纵队由三十五军、三十六军、第八军一部分组成，共22000余人，刘兴任司令官，负责中路作战。第三纵队是新近收编的队伍，负责左路作战。5月中旬，北伐军取

鲍罗廷（左）与于右任在武汉合影，采自陈玉士《中国召唤我》

---

① ［苏］维什尼亚科娃-阿基莫娃：《中国大革命见闻 1925—1927》，王驰译，李玉贞校，中国社会科学出版社 1985 年版，第 266 页。

得西平、上蔡之胜，占领奉军南进的前沿阵地。当月下旬，又取得临颍战役胜利。6月1日，与冯玉祥国民军会师于郑州，二次北伐的第一期任务胜利完成。

鲍罗廷自从来到中国以后，就反复强调解决农民土地问题的重要性，从广州到武汉，更是走一路讲一路。随着武汉成为革命中心，两湖农民运动风起云涌，要求解决土地的呼声日益强烈。邓演达就任国民党中央农民部部长，对解决土地问题抱持积极态度。4月2日，他在国民党中央常委会上提议组织土地委员会，专题研究解决农民土地问题，确定分配土地的办法。邓的提议得到通过，徐谦、顾孟余、谭平山、毛泽东以及他本人被指定为土地委员会委员。

4月7日，土地委员会召开第一次会议。①第二次会议鉴于解决土地问题意义重大而且复杂，决定召开扩大会议，第三次扩大会议后又由土地委员会委员与相关人员作小范围审查讨论，5月6日结束。参加会议的除土地委员会委员外，还有国民党在汉中央执行委员、各省区在汉负责人、各省区农民运动在武汉负责人、军队负责人，少者有10数人，多则40余人。会议对于解决土地问题的意义较快统一了认识，但在具体解决方面分歧较大。是否以建立农民政权为分配土地的前提，是政治没收还是无条件没收，国民革命军官兵的利益如何得到保障等等，都无法取得一致。

4月26日下午，土地委员会举行第五次扩大会议，讨论《佃农保护法草案》和《解决土地问题决议草案》，鲍罗廷、陈独秀参加。陈独秀提出解决土地问题应坚持四条原则："（一）国民革命过程中，必须解决土地问题，即是没收小地主及革命军人以外之出租的土地分给农民。（二）公布佃农保护法。（三）无土地之革命兵士退伍时，必须给以土地。（四）解决土地之先决问题，必须给农民以武装及政权。"至于方法，他提出三条，一是由国民党政治委员会命令农政部

---

① 土地委员会第一次会议记录未注明日期。陈克文《土地委员会开会经过》称第一次会议4月2日举行，见《中央副刊》上册，第202页。1927年《农民运动》第X期载文称此次会议于4月7日召开。鉴于4月2日晚间国民党中央常委会才决定成立土地委员会，故取4月7日为第一次会议日期。

迅速执行二届三次全会关于农民运动决议案，尤其督促实现农村自治；二是由农政部订定土地改良法案；三是各省国民党省党部会同省农协，依据农政部法案，按照当地实际，议定解决土地问题实施条例，呈请中央党部批准，交由政府土地主管机关执行。①

鲍罗廷接着陈独秀发言。他认为在国民政府范围内和非国民政府范围内，解决土地问题应有不同办法。"在非国府内的，不必定很详细的办法，只有几个口号刺激农民，使他们起来巩固革命的基础，已经是够了。"但在国民政府范围，解决土地问题就不能如此做法，最重要的是建立农村自治组织。在新旧政治过渡期间，解决土地问题极为困难。他说：

> 目前首先要实现以前所议决的地方自治，马上要农政部赶快成立，规定农村自治条例。解决土地问题须要根本的解决是不错的，但怎样的解决，解决到甚么程度，恐不易有具体的方案出来，应设专门的机关研究这个方案，应该先在国民政府之下成立专门机关。②

他提出，农政部会同地方党部制定的解决土地问题方案，应提交省民会议决定，并认为没收大地主土地问题须得调查研究，大地主的界限很难确定，只能从各县的实际情形出发。讨论中，鲍罗廷对陈独秀的建议提出修订，认为应当正面涉及小地主和军人，强调政府对小地主及革命军人的土地加以保障。看来，鲍罗廷以前到处反复讲解决农民土地问题的重要性和必要性，很大程度上只是做宣传鼓动的工作，目的在于唤起民众，至于能否实施以及如何实施，恐怕很少考虑。

---

① 《土地委员会第五次扩大会议记录》，1927年4月26日，见《毛泽东在武汉》，中共武汉市委党史研究室编，武汉大学出版社1993年版，第189、190页。

② 《土地委员会第五次扩大会议记录》，1927年4月26日，见《毛泽东在武汉》，中共武汉市委党史研究室编，武汉大学出版社1993年版，第190—192页。

当日会议，决定吸收鲍罗廷和陈独秀的意见，重新起草《解决土地问题决议草案》。5月6日，土地委员会扩大会议举行最后的会议，通过了《解决土地问题决议草案》、《处分逆产条例草案》。5月9日，政治委员会讨论土地委员会提交的决议草案，决定通过《解决土地问题决议草案》，只秘密训令湖南省党部而不对外公布。5月12日，再次讨论，以避免造成"共产"口实为由，搁置了《解决土地问题决议案》。鲍罗廷指望通过武汉政府解决土地问题，活生生碰了壁。

论者往往把四一二政变后南京政府与帝国主义相勾结，对武汉实施经济封锁，致其陷入经济困境，作为武汉国民政府失败的主要原因之一。其实，这种困境是逐渐累积起来并日益严重的。从临时联席会议开始，武汉政府所面临的经济形势就十分严峻。庞大的军费支出，令财政无力负担，1927年初军费预算1600万元，而政府辖区粤、湘、鄂、赣、闽五省财政收入总共才750万元，加上国库券300万元，出现一个巨大缺口。多方索款，早就令财政部部长宋子文捉襟见肘。当然，帝国主义和南京政府实施对武汉的经济封锁，无疑更使这种困境雪上加霜。

然而，鲍罗廷所预言"危机即将结束"的局面，最终并没有出现，反而发生多米诺骨牌效应，一退不可收拾。正是这种陷入泥沼而不可自拔的综合性危机，加剧了武汉国民党领导集团的动摇，最终走上不归之路，国共合作的统一战线亦因之彻底解体。

二 中共战略方针的重大争论

1. 鲍罗廷与罗易的冲突与分歧

1927年1月18日、19日，共产国际执委会政治书记处决定派罗易、多里奥到中国，与在华的维经斯基组成共产国际代表团指导中共召开第五次全国代表大会，贯彻共产国际执委会第七次扩大会议精神。政治书记处指示罗易要与鲍罗廷多加协商。[①]由于较长一段时间中维经斯基与鲍罗廷政见分歧，并且远东局内部反对维经斯基的声音强烈，联共（布）中央政治局批准共产国际远东局成员新名单时，不再列入维经斯基，相反加入了鲍罗廷，罗易亦为其成员。至此，鲍罗廷在中国的身份，具有联共（布）和共产国际双重派出的性质。

4月2日，罗易等人抵达武汉。罗易是从广州入境，经由长沙到达武汉的，谭平山一路同行。8日，国民党中央常委会开会欢迎罗易。鲍罗廷向与会者称许罗易是印度革命领袖，自己认识罗易已经五年，罗易既为印度尽力，又能为世界无产阶级尽力。鲍罗廷说：我们现在到了很严重的时期，罗易"代表第三国际，恰在这个中国革命危险时期来，一定有许多贡献我们，因为中国革命运动成功或失败，是关系于世界革命甚大，第三国际是用全力来帮助我们"。[②]

鲍罗廷很快发现，如果说维经斯基过去与他政见不同，但远隔关山，对他影响有限，现在罗易近在咫尺，政见不同就难免擦出火花，束缚手脚。罗易也感到鲍罗廷就像横亘在共产国际代表团与国民党中央之间的关卡，无论如何也绕不过去。4月7日，罗易与多里奥、维经斯基联名致电共产国际执委会政治书记处，提出"完全有必要让共产国际驻中国共产党的代表兼任共产国际驻国民党的代表并参加国民党的一切领导机关"，"与国民党的领导机关不建立直接联系，就难以具体指导共产党和代表大会的活动"，为此，增补鲍罗廷为其成员。[③]9日，共产国际代表团再次讨论这个问题。罗易说：

> 我同鲍罗廷谈过。我认为在国民党与共产国际代表之间建立直接联系有某些困难。也许有必要就这个问题请示莫斯科。

---

① 《联共（布）、共产国际与中国国民革命运动1926—1927》（下），中共中央党史研究室第一研究部译，北京图书馆出版社1998年版，第90页。

② 《鲍罗廷在中国的有关资料》，中国社会科学出版社1983年版，第201、202页。

③ 《联共（布）、共产国际与中国国民革命运动1926—1927》（下），中共中央党史研究室第一研究部译，北京图书馆出版社1998年版，第176、177页。

但政治形势是这样：共产国际代表团不与领导取得联系是不行的，甚至党代表大会也与目前形势相关。甚至参加党代表大会的共产国际代表团也不能脱离总的政治形势。因此为了立即解决困难，鲍罗廷以顾问身份成了共产国际代表团成员。这不应大事宣扬。但这样一来他就得对代表团的一切行动负责。如果代表团由于没有得到情报和没有与国民党取得联系而采取了错误行动，那么鲍罗廷就要对此负责。①

对此，多里奥、维经斯基表示同意。罗易的主意是，把鲍罗廷纳入共产国际代表团，赋予他共产国际驻中国国民党代表的名义，一来鲍必须听命共产国际代表团的指挥，二来共产国际代表团可以合法地与国民党建立直接联系。

可是，鲍罗廷并不同意。他明确表示在这个紧要关头，不应邀请共产国际代表团参加国民党政治委员会的工作，否则，有损他在国民党中无可替代的地位。罗易转而提出由共产国际在国民党内设正式代表，对此，鲍罗廷虽无法拒绝，但提出附加条件。罗易认为这些附加条件之严苛，即使是他本人也干不了。鲍本人先是不同意共产国际代表团参加国民党政治委员会的工作，后来态度虽有改变，但反对向国民党派两名代表。他既不同意向国民党派驻两名共产国际代表，又拒绝亲自担任代表，适合出任这个职务的当然就只有罗易了。罗易只想用这个招数把鲍罗廷套进来，自己并不想担任这个代表，他明白任何参加国民党政治委员会的代表都免不了与鲍罗廷发生冲突，万一出现这种局面造成不良后果，无疑是要担政治责任的。

4月18日，罗易再次致电共产国际执委会并抄送斯大林，重申共产国际应向国民党派出代表，并再次建议任命鲍罗廷为共产国际驻国民党代表，尽管此前斯大林已经明确表示反对鲍罗廷担任此职。

① 《联共（布）、共产国际与中国国民革命运动1926—1927》（下），中共中央党史研究室第一研究部译，北京图书馆出版社1998年版，第178页。

罗易还要求共产国际执委会以根据该会第七次扩大会议关于中国问题的决议行事，或者改变这个决议为前置条件，任命鲍罗廷，同时解除他本人在中国的工作。对此，未见共产国际答复。①

鲍罗廷与罗易首先在是否应见蒋介石的问题上产生分歧。眼见宁汉分裂之势已成，罗易决定亲自去见蒋介石，在蒋服从国民党中央、所有武装部队服从军事委员会、实行统一财政和外交权的前提下，作最后的挽救。如果蒋介石拒绝，共产国际代表团就发表声明，证明蒋反对国民党的政权，号召群众团结在武汉周围。4 月 12 日，罗易致电蒋介石，劝蒋不要召开南京会议分裂国民党，否则将要承担分裂国民阵线的重大责任。具有讽刺意味的是，不待他动身，就在发出电报的当天，蒋介石在上海举起屠刀实行武力"清党"反共。蒋介石姗姗来迟的复信推卸一切责任，并指责罗易听信一面之词，不了解真实情况。

鲍罗廷不支持罗易见蒋介石，认为采取这种政策已为时太晚。罗易坚持认为至少应当使国民党政治委员会了解共产国际代表团对当前局势的考虑和为挽救危机做出的努力，鲍罗廷仍认为无此必要，说："国民党人不会理解我们的动机，而会以为共产国际想同蒋介石和解。"鲍罗廷并阻止罗易与国民党正式接触，坚持任何这样的企图都意味着使他威信扫地，并强调"在这种危急关头这样做是绝对不能容许的"。②终于，鲍罗廷这种垄断话语权的方式，在东征还是北伐的争论中，引爆罗易的强烈不满。罗易以共产国际代表团的名义，对鲍罗廷每次作出重大决定都不同中共中央和共产国际代表团商量"不能容忍"，"表示强烈的抗议"。③

蒋介石公开反共以后，武汉政府如何巩固革命根据地，的确不是单一军事问题那么简单，实在具有牵一发而动全身的综合性。

---

① 《联共（布）、共产国际与中国国民革命运动 1926—1927》（下），中共中央党史研究室第一研究部译，北京图书馆出版社 1998 年版，第 203、204 页。

② 同上书，第 201 页。

③ 同上书，第 198 页。

东征的要求是中共上海特委提出来的。4月16日，周恩来在特委会议上指出：“武汉方面对老蒋无积极对付的方策，而主张先北伐，并怕老蒋军事力量太大，完全自己站于弱点，是很不好的。”“现在我们应打一电报给武汉提出抗议，要求赶快决定打东南的方策，马上派得力人员来东南准备军事活动。”① 周所说的武汉方面，指的是中共中央。会议经过讨论，决定由周恩来起草致中央电文，要求迅速出师讨伐蒋介石。

直接北伐是鲍罗廷与中共中央取得一致的主张。鲍罗廷回国后，曾说到他原先主张先消灭南京再北上，但后来屈从了加伦的方案。这或许根本就是鲍罗廷文过饰非，东下南京与他战略退却的主张正相矛盾，他不可能提出这种方案。罗易反对立即北伐，建议巩固长江以南的革命民主政权，北上会导致蒋介石巩固其在南方的影响，从后面进攻革命。他的具体建议是：在北方采取防御措施，帮助冯玉祥向东推进，加强湖北、湖南、江西、福建、广东和广西的政权，改组并集结革命军队，然后再向北推进。他认为，巩固左派政权需要有革命的土地政策，“采取立即北上的政策是小资产阶级左翼想回避进行土地革命的必要性。”② 罗易的主张，即所谓东南论，与上海特委东征讨蒋的主张也有所不同。

5月上旬，鲍罗廷作关于中国局势的报告，比较详细地阐述了包括北伐问题在内，他与罗易的分歧。鲍罗廷首先表明自己“是坚决主张同蒋介石作坚决彻底斗争的”，这也多少有些撇清关系的意思。他把关于蒋介石政变后革命出击方向的争论归纳为西北论和东南论，说：

> 我们应当扩大国民政府的势力范围，通过国民革命军向西北挺进摆脱外国巡洋舰对我们形成的包围圈。因此，我们应该

---

① 上海市档案馆：《上海工人三次武装起义》，上海人民出版社1983年版，第458页。

② 《联共（布）、共产国际与中国国民革命运动1926—1927》（下），中共中央党史研究室第一研究部译，北京图书馆出版社1998年版，第202页。

通过实行一定的内外政策，争取在国民政府势力范围内有一个稳定的局面。

　　我过去认为，现在仍然认为，国民军向东南挺进，也就是去占领上海是个错误的步骤，因为目前本着革命的精神去占领上海有很大的困难，因为上海是帝国主义的主要据点，帝国主义在那里集结了大量的武装力量，其明确目标是无论如何要保住上海不受革命的攻击。①

他认为不能占领上海的另一原因是上海的资产阶级已是自为的阶级，领导不了他们。国民政府势力范围内的资产阶级目前还可以领导。因此，"我们应当去西北地区，国民政府的势力范围应当向西北扩展，否则我们将始终处于主要集中在东南地区的帝国主义势力的打击之下。革命势力扩展到西北地区以后，我们应当沿津浦铁路向南京挺进，以便占领南京，最终消灭蒋介石的势力。"②他乐观地认为打败张作霖，就会比较容易消灭蒋介石。为此，鲍罗廷批评罗易的东南论，说：

　　有人说应当去南方，去广东，在那里建立革命的主要基地。我认为，这种计划经不起批评，因为如果我们现在就去南方，那就会给北方军阀和蒋介石提供机会，使他们在帝国主义者的帮助下长时期稳定下来。③

由于国民政府把二次北伐分为两期，第一期以会师郑州为目标，然后沿津浦路东进，罗易认为这是防御性措施，与其主张有一致性，不再坚持反对。但是，仍然认为鲍罗廷主张北伐，存在回避两湖地

---

①《联共（布）、共产国际与中国国民革命运动1926—1927》（下），中共中央党史研究室第一研究部译，北京图书馆出版社1998年版，第224、226页。

　　②同上书，第227页。

　　③同上书，第228页。

区深入开展土地革命的动机。他说："鲍罗廷同志指出，为了巩固南方的革命基地，就必须支持农民进行彻底土地革命的要求。这样，共产党人就必须要转而反对国民政府，这将不可避免地导致武装起义，而那样是非常危险的。"罗易从中引申出"共产党人不应该支持农民彻底解决土地问题的要求"的结论，认为鲍罗廷回避加深革命的必要性，把扩大地盘作为加深革命的前提。①

鲍罗廷本人倒没有如此表达，他说："革命应当集约和粗放式地发展。"所谓粗放式发展，就是打开通往外部世界的出口，扩大革命地盘；所谓集约发展，就是在国民政府辖区实行就地改革。就地改革的核心是解决农民土地问题，这就是加深革命。解决土地问题，应在国民政府体制内有序进行，先从建立乡村自治政权做起。鲍为武汉政府的政策做了辩护，说：

> 许多同志认为，国民政府即国民党左派反对彻底解决土地问题。这种论断是没有任何根据的，是完全错误的。……国民政府反对在土地问题上立即采取激进措施，并不是从实质上反对，而是出于策略上的考虑。需要保持指挥人员和国民革命军的战斗力。应当在实施这些措施时不触及国民革命军指挥人员的利益。国民政府不会反对农民争取土地的运动。②

事实证明，鲍罗廷对武汉政府当权派在解决农民土地问题上的判断过于乐观了，但也与这一阶段联共（布）和共产国际对武汉国民党和国民政府的期待相符。

罗易认为，鲍罗廷之所以否定巩固南方革命基地的必要性和紧迫性，是他认定"一个革命民主政权只有以无情的恐怖和无产阶级

---

① ［美］罗伯特·诺思 津尼亚·尤丁：《罗易赴华使命：一九二七年的国共分裂》，王淇 杨云若 朱菊卿译，中国人民大学出版社 1981 年版，第 173 页；《联共（布）、共产国际与中国国民革命运动 1926—1927》（下），中共中央党史研究室第一研究部译，北京图书馆出版社 1998 年版，第 202 页。

② 《联共（布）、共产国际与中国国民革命运动 1926—1927》（下），中共中央党史研究室第一研究部译，北京图书馆出版社 1998 年版，第 225、228 页。

专政才能建立起来"，而在目前"无产阶级的专政是不可能建立的"。罗易认为，这不仅低估无产阶级和轻视群众力量，而且与共产国际关于中国革命任务和前途的论断相抵触。无产阶级、农民和城市小资产阶级建立民主专政，是中国革命胜利的唯一保证，中国共产党能够采取这些步骤的时机已经到来。现时共产党如果宣布反对北伐，小资产阶级左翼就不敢冒险，无产阶级就能实现在民族斗争中的领导权。①罗易是照着共产国际执委会第七次扩大会议关于中国革命问题的决议说话的，鲍罗廷则认为共产国际决议"指出了长远前景"，但是，"我们应当同现在的国民党一起行动，并期待在几年内出现真正的小资产阶级领导。那时便可以提出民主专政问题。"他坦率地指出莫斯科并不了解中国的形势，争论也没有好处，"需要有一个能作出最后决定的人，而大家都服从他的决定"。②在他看来，他就是这个不可或缺的人。

鲍罗廷与罗易的冲突与分歧，本质上是他们控制对于国民党、共产党和关于中国革命话语权、指导权的矛盾，这源于联共（布）、共产国际关于中国革命的战略和策略，与共产国际执委会关于中国非资本主义前途的决议、与斯大林的中国革命理论、与以党内合作的形式发展起来的国共合作模式都有关系。联共（布）和共产国际对国民党和中国国民革命做了公式化的分析，鲍罗廷抓住国共合作，罗易抓住非资本主义前途，对联共（布）、共产国际所推崇的"革命联盟"、"民主专政"各取所需，形成自己的立场，所以不免矛盾对立。③

2.中共五大未能克服当前危机

鲍罗廷与罗易的矛盾对立，直接影响中国共产党，既是中共战略方针重大争论的组成部分，也是中共五大未能克服当前危机的重

---

① ［美］罗伯特·诺思 津尼亚·尤丁:《罗易赴华使命：一九二七年的国共分裂》，王淇 杨云若 朱菊卿译，中国人民大学出版社 1981 年版，第 162、174 页。

② 《联共（布）、共产国际与中国国民革命运动 1926—1927》（下），中共中央党史研究室第一研究部译，中共中央党史研究室第一研究部，北京图书馆出版社 1998 年版，第 289 页。

③ 参见拙文《鲍罗廷与中共五大》，见《江汉论坛》2008 年第 4 期。

要因素。在罗易看来，鲍罗廷不仅与他没完没了地发生冲突，而且"对共产党影响最大，因为他是莫斯科的代表，对同莫斯科的联系手段拥有垄断权"，虽然共产党人经常在正式会议上驳斥鲍的观点，但"最终他总是能把他们置于自己的控制之下，不管他们对局势评价如何"。①

中共五大的召开，是根据共产国际执委会的决定和安排进行的。起初拟于 3 月 15 日开幕，地点在汉口或长沙待定。共产国际执委会第七次扩大会议关于中国问题的决议是这次大会的指导思想，中共中央指出这项决议的执行，影响党的政治生命非常之大，需要全党同志都懂得决议的全部意义。"与其由盲目一致而到实际不一致，不如由意见不一致而得到实际一致"。②这说明，党内高层对这项决议的认识并未真正达成一致。罗易发现中共中央多数委员，"特别是陈独秀不同意这个提纲"；远东局工作人员阿尔布列赫特也发现主管宣传工作的彭述之公开说"他不同意"这项决议，而瞿秋白则"无条件接受"。③

瞿秋白"无条件接受"有其思想基础，他原本就依据共产国际二大关于中国革命性质的论断，形成了"一次革命"的思想。2 月间，瞿秋白写下《中国革命中之争论问题》的小册子，发挥共产国际执委会第七次扩大会议决议的激进观点，认定现时的中国革命"既是资产阶级的，又不是资产阶级的；既不是社会主义的，又的确是社会主义的"，"自然应当从国民革命生长而成社会革命——就是'一次革命'直达社会主义，'从民权主义到社会主义'。"对照这些观点，他尖锐批评"我们的党是有病"，存在着中国托洛茨基式的机会主义，

---

① 《联共（布）、共产国际与中国国民革命运动 1926—1927》（下），中共中央党史研究室第一研究部译，北京图书馆出版社 1998 年版，第 292 页。

② 中央档案馆：《中共中央文件选集》第 3 册，中共中央党校出版社 1983 年版，第 15 页。

③ 《联共（布）、共产国际与中国国民革命运动 1926—1927》（下），中共中央党史研究室第一研究部译，北京图书馆出版社 1998 年版，第 131、209 页。

并冠以彭述之主义。①不过,当时了解这个小册子的人很少。②多年以后,王若飞回忆这段历史,仍说瞿的小册子在五大上"并未起什么作用",因为"争论只是在几个同志的脑子中,没有开展"。③

当陈独秀尚未来到武汉,4月4日,瞿秋白就主持召开中共中央委员、湖北区委委员与共产国际代表团联席会议,决定驻汉口的中共中央临时委员会在10天内取消,成立联席会议的常务委员会,选举瞿秋白、张国焘、谭平山为常务委员;确定了中共五大日程和大会决议草案的起草等事项;定于4月20日召开中央全会,4月25日召开代表大会。7日,瞿秋白主持联席会议,再次讨论有关五大的筹备问题。由于共产国际代表团准备前往上海,会议讨论了五大是否应该延期,最后决定开会日期不变。根据罗易的提议,成立由瞿秋白、毛泽东负责的农业委员会,李立三负责的工会委员会,张国焘负责的组织委员会,分别为大会准备相关材料。④26日,确定了代表大会各委员会、大会秘书处组成人员名单,分配了各代表团名额。

4月27日,中国共产党第五次全国代表大会在武昌湖北省立第一小学开幕。82名代表出席,代表党员57967人。正式会议移至汉口黄陂会馆,5月9日闭幕。会议自始至终都有共产国际代表团罗易、多里奥、维经斯基的直接参与。国民党人谭延闿、孙科、徐谦应邀出席了开幕式。期间,汪精卫受邀到会听取罗易一场报告并即席讲话。4月30日,陈独秀代表第四届中央委员会作政治报告,内容涉及四大以来的形势与党的策略、中国各阶级、土地、无产阶级领导权、军事、国共关系、政权、财经政策等11个问题以及党的组织、农运和青年工作。陈独秀承认党在推进国共合作的过程中发生策略错误,

① 瞿秋白:《中国革命中之争论问题》,见《六大以前——党的历史资料》,中共中央书记处编,人民出版社1980年版,第695、717、718页。

② 《联共(布)、共产国际与中国国民革命运动1926—1927》(下),中共中央党史研究室第一研究部译,北京图书馆出版社1998年版,第271页。

③ 王若飞:《关于大革命时期的中国共产党》,见《中共党史革命史论集》,中国社会科学院近代史研究所编,中共中央党校出版社1982年版,第119页。

④ 中共武汉市委党史研究室 中共五大会址纪念馆:《中国共产党第五次全国代表大会》,中共党史出版社2007年版,第21—25页。

并承担了责任。大会通过了《中国共产党接受共产国际第七次大会关于中国问题决议案之决议》、《政治形势与党的任务议决案》、《土地问题议决案》、《职工运动议决案》、《组织问题议决案》、《对于共产主义青年团决议案》，发表了宣言。会议期间，为庆祝五一节，以大会名义发表了《告世界无产阶级书》和《告中国民众书》。大会选举了中央委员会，并第一次选举产生中央监察委员会。中央委员会选举了中央政治局及其常委会，陈独秀、张国焘、蔡和森当选为政治局常务委员，陈独秀继续担任总书记。

鲍罗廷没有出席中共五大。他只能以共产国际代表团成员的身份，而不便以其他身份正式参加。而他一旦参加，就意味着加入了共产国际代表团，增加了共产国际驻国民党代表的身份。那样，双重代表资格将不仅让他负双重责任，而且可能使他因此陷入不同路线、方向和实务的冲突，自相矛盾，无法自拔。显然，鲍罗廷见及于此，尽管中共五大是重要的，但他宁愿不现身。

鲍罗廷虽然没有现身中共五大会场，但他的影响却无处不在。大会一切重大问题的讨论和决定，都在一定程度上带有他的鲜明印记。王若飞说，对中共五大起决定影响的就是鲍罗廷和罗易。张国焘也说：

> 真正紧急的问题仍在经常假座鲍公馆举行的中央政治局会议里争论不休，大会似反成了无关重要的装饰品。人们多觉得这样一些带机密性的紧急问题是不宜在人多口杂的大会中讨论的，也有人觉得在这紧急关头，一切应该当机立断，才能应付非常，这时举行大会从容讨论，在时机上根本就不适宜。所以向重现实的鲍罗廷就从不参加大会，也不予以重视。①

从中共五大进入实质筹备阶段，鲍罗廷就通过参加筹备工作，

---

① 张国焘：《我的回忆》第 2 册，现代史料编刊社 1980 年版，第 233、234 页。

通过党内关于战略方针的争论发生影响。张国焘回忆这时中共最高决策机构的状态说：

> 它变成了一个谈话会，不能名副其实肩起决策的任务，担任主席的陈独秀先生，显得更"民主化"了，对于预拟决议案的事，固不愿做，就是议事程序，也常不愿事先确定，会议开始时，往往是由鲁易大发一番议论，接着便是鲍罗庭起而反驳；于是陈独秀、瞿秋白、威金斯基等也卷入了这个争辩的漩涡，互相辩难，喋喋不休。而众多的具体问题，反是在为理论争辩了几个钟头之后，出席的人们也已听得倦态毕露之时，才草草的作出决定。[①]

鲍罗廷的意见，常常就是在这个时候起了作用。正因此，中共五大虽由罗易主导完成预定议程，通过一系列决议，但分歧尤存。大会闭幕当天，罗易就致电斯大林说：

> 局势是危险的。没有发出真实消息的渠道。在革命的根本问题（即土地问题、工人运动问题、军事行动方向问题、西北方针问题、共产党与国民党的关系问题、共产国际代表机构问题）上同鲍有分歧。[②]

接受共产国际执委会第七次扩大会议关于中国问题的决议，中共五大确认现阶段中国革命的特质，"是需要建立一个工农小资产阶级的民权独裁制"，无产阶级领导这个政权，"引导革命向非资本主义之发展方面进行"。革命的现实发展，已经进入无产阶级、农民与城市小资产阶级的革命联盟成为社会基础的新阶段。蒋介石反共，

---

① 张国焘：《我的回忆》第 2 册，现代史料编刊社 1980 年版，第 232 页。
② 《联共（布）、共产国际与中国国民革命运动 1926—1927》（下），中共中央党史研究室第一研究部译，北京图书馆出版社 1998 年版，第 178—180 页。

是封建分子、资产阶级的叛离，不足以削弱革命。"现在的时期不是革命低落的时期，而是紧张剧烈的革命斗争时期。在这时期里无产阶级成为斗争的原动力，应该以土地革命及民主政权之政纲去号召农民和小资产阶级。"①这是中共五大制定的关于形势和任务的总纲，其他决议由此而产生。

中共五大研究了帝国主义干涉中国革命的威胁。陈独秀的报告认为，这种威胁现在比以前有所减轻，但今后还可能遭到各帝国主义者的进攻。罗易认为之所以会发出帝国主义要立即干涉的警报，只不过是小资产阶级害怕革命而制造的恐慌，其目的是要使工人阶级同意实施战略退却的政策。

鲍罗廷认为，帝国主义的武装干涉问题，已经在国民政府中引起了很大的恐慌。他具体分析了当前的国际形势，特别是美国、英国和日本的国内形势与外交政策和策略，指出："帝国主义者因为利害不一致的原故，对中国还不能有共同的行动；但是我们也不要太抱乐观，以为帝国主义者是终于不会联合的。我们总要不断的努力，实行分离他们的政策。"②他提出"应当扩大国民政府的势力范围"，通过向西北挺进摆脱外国巡洋舰所形成的包围圈，"通过实行一定的内外政策，争取在国民政府势力范围内有一个稳定的局面。"③

中共五大决议承认帝国主义干涉之危险的存在，并且是小资产阶级发生恐慌的外部原因之一，这与鲍罗廷的见解相近。对帝国主义干涉所产生的影响及其对策的分析，则体现了罗易的观点，指出：小资产阶级发生恐惧失败情绪，想要转移革命根据地到别的地方去。共产党要领导工农群众从坚决的斗争中，保护革命，反对帝国主义的侵略。要巩固革命于中部和南部，反对以扩大革命地域为借口，实际上抛弃或削弱现时革命根据地的倾向。④

① 中央档案馆：《中共中央文件选集》第 3 册，中共中央党校出版社 1983 年版，第 38—42 页。
② 《大局讨论会第一次会议记录》，1927 年 4 月 30 日，台北中国国民党党史馆，会议 2.4/43.1。
③ 《联共（布）、共产国际与中国国民革命运动 1926—1927》（下），中共中央党史研究室第一研究部译，北京图书馆出版社 1998 年版，第 224 页。
④ 中央档案馆：《中共中央文件选集》第 3 册，中共中央党校出版社 1983 年版，第 42、43 页。

陈独秀提出代表大会应当讨论革命的出击方向问题，决定是否应当向西北发展。陈的讲话大纲由罗易确定，批评鲍罗廷"西北理论"，其实是罗易的意思。罗易本人也在大会上抨击了"到西北去"的方针，指出："只有那些不相信群众的人才会提出这样的计划：认为必须远离可能遭到帝国主义进攻的地方，搬到西北的某些地区，并在联合各军阀队伍的基础上开展运动。显然，共产党不能接受这样的计划。"①

　　鲍罗廷坚持认为，由于帝国主义势力的强大，上海不适宜作为革命的基地，革命力量到达那里不是同帝国主义冲突，就得向他们妥协。陈独秀倾向于不完全否定鲍罗廷的观点，罗易则明确表示反对，认为上海是帝国主义的基地，也是革命力量的中心，固然不能把上海变为直接进攻帝国主义的基地，但也不能说谁去上海就是准备与帝国主义妥协。中共五大期间，北伐河南已经出师，北伐问题成为过去式。但是，罗易坚持认为，这个北伐与原定目标任务是不同的，现在只是把冯玉祥从陕西接到河南，原定以北京为目标的北伐已经不存在。之所以有人还讨论这个问题，是借口北伐而逃避土地改革。"革命必须既在地域意义上也在社会意义上得到发展。革命既须扩大，又须深入。"②鲍罗廷在出师河南以后，鉴于会合冯玉祥的目的正在接近，对革命发展取向的口径持集约发展和粗放发展相结合的说法，与罗易既须扩大、又须深入的主张几无差别。

　　或许鲍罗廷当时并不知道，斯大林为北伐河南做过有力的背书。5 月 13 日，斯大林同中山大学学生谈话，十分明确地说：当奉军和直系残余向武汉推进，国民革命军进攻上海，就便利了奉军南下，无限期地推迟了与冯玉祥的会师，而在东部又一无所得。首先和冯玉祥会师，在军事方面充分地巩固起来，以全力开展土地革命，加紧瓦解蒋介石的后方和前线，然后将上海问题全部提出，这样做才

---

　　① ［美］罗伯特·诺斯 津尼亚·尤丁：《罗易赴华使命》，王淇、杨云若、朱菊卿译，中国人民大学出版社 1981 年版，第 198 页。

　　② 同上书，第 211 页。

是比较适当的。①鲍罗廷的方案，基本就是如此。

对"西北理论"或"西北学说"的批评，在代表中留下深刻印象。五大决议以"应当竭力执行深入革命的职任，以巩固革命的根据地"的文字，否定"西北理论"，主张巩固中部和南部现有的革命根据地，以为这些地方有久经战斗的无产阶级、群众的农民组织，以及高度发展的国民党、共产党组织，"共产党不能想出一个更天然可靠的基础，如上海无产阶级，广州工人阶级，广东、江西、湖南、湖北的革命农民。"在阐述这个主张时，决议虽有"革命基础之地域，需要很快的扩张，但是同时在这地域之中要把革命的社会基础使之深入"的表述②，但将扩大革命范围与深入革命对立起来的倾向十分明显，为强调深入革命而反对北伐。

中共要执行深入革命的职任，就意味着必须在革命的中心区及时开展土地革命。五大决议指出："现在阶段之中，革命的主要任务，是土地问题的急进的解决。这土地问题的急进的解决（土地革命），是巩固工农小资产阶级革命联盟所必需的。"③怎样行动呢？陈独秀在报告中指出：过去在土地问题上的策略太右了，"但是，目前就没收一切地主的土地，毕竟是太激进了。"他认为待到革命扩大以后再来加深，才能巩固革命基础。④这个问题集中在大会设立的土地委员会中进行了讨论，李立三后来说，湖南代表团主张没收土地，瞿秋白支持，陈独秀反对。罗易也认为这种倾向走得太远，出手予以制止。维经斯基也指出，只没收大地主的土地是一个政策界限，同农村所有其他阶级进行阶级斗争，可能对革命联盟有害。因此，毛泽东起草的更为激进的农民运动决议案在中央内部没有通过，中共五大也没有采纳。

中共五大所谓土地问题的急进解决，乃分两个步骤，在目标上

① 《斯大林全集》第9卷，人民出版社1954年版，第230页。
② 中央档案馆：《中共中央文件选集》第3册，中共中央党校出版社1983年版，第42、43页。
③ 同上书，第44页。
④ 《陈独秀在中国共产党第五次全国代表大会上的报告》，《中共党史资料》第3辑，第43页。

即稍远的时期，确立土地国有和平均享用地权的原则下，彻底重新分配土地；而在现时，则实行没收大地主及反革命派的土地，由土地委员会分配，小地主和革命军人现有的土地可不没收，革命军士兵中无土地者，革命战争完结后可领到土地耕种。这就是政治没收或有限没收。即如这样的政策主张，国民党和武汉政府仍不满意，反对以政府的名义发布有关土地问题的激进措施。鲍罗廷为武汉政府辩护，认为只是出于保持军队战斗力而不触及指挥人员利益的策略考虑，武汉政府才做出如此决断，本质上不会反对农民争取土地的运动。他认为如果说武汉政府暂时做不到，省一级会议则可以通过关于土地问题最激进的决议，不过，同样地无论如何不能无视军队，必须规定军队战后能获得土地。在地方政权问题上，他认为，在一些地方，农会是新政权的萌芽，但因带有地方主义的色彩有时起反动作用，"如有合适的领导，农会基本上可以在地方上起到新政权的作用"。[1]归纳起来，这时候，鲍罗廷关于解决农民土地问题的主张，一是要建立秩序，二是要照顾同盟者的利益。这两点，《土地问题议决案》都有吸收。

罗易在中共中央会议上评价五大制定的《土地问题议决案》，"否定了可能伤害与小资产阶级的革命联盟的过分激进的政策，明确宣布在革命的现阶段必须实行部分没收土地的方针（亦即除小地主和革命军官的土地不没收外，其他土地都没收），共产党员将在这个基本原则指导下发展农民运动"，[2]是正确的方针。其实，这个政治没收、有限度没收的主张，陈独秀、罗易、维经斯基与鲍罗廷是相同的，他们都反对没收一切土地。在深入革命方面，鲍罗廷主张在国民政府体制下进行，以建立乡村自治机关为先，罗易则看到了国民党反对把土地和政权交给农民的现实，反复强调支持农民的土地要

---

① 《联共（布）、共产国际与中国国民革命运动 1926—1927》（下），中共中央党史研究室第一研究部译，北京图书馆出版社 1998 年版，第 225、226 页。

② ［美］罗伯特·诺斯 津尼亚·尤丁：《罗易赴华使命》，王淇、杨云若、朱菊卿译，中国人民大学出版社 1981 年版，第 267 页。

求，然而却提不出满足农民要求的具体方法。

中共五大强调现时革命阶段的主要特质，就是无产阶级应当在斗争中取得领导权。与之相联系，要求工人阶级在政治上、经济上向资产阶级"勇猛的进攻"，直到"国有的实现"，国有产业"向非资本主义的路线发展"，实行高度的劳工政策。①这个方针根本脱离了当前工人运动的实际，既无法照章付诸实践，又鼓励了工人运动"左"的自发倾向。

无产阶级领导权问题与同国民党的关系紧密联系。陈独秀在大会上说，国民党现在是无产阶级、农民和小资产阶级共有的党，武汉政府是无产阶级同国民党左派的联盟，是走向工农和小资产阶级民主专政的途径。他所说的，其实只是共产国际决议中的话。维经斯基回顾了与国民党关系的错误，指出中共过去没有保持政治上的独立，现时不能退出国民党，也不能在国民党内没有组织和政治的独立。根据罗易的转述，鲍罗廷认为，现时"谈论中国无产阶级领导权问题，这是幻想"，应当同现在的国民党一起行动。②罗易本人对与国民党的关系充满信心。他说："有的同志担心我们与国民党的关系会由于土地革命和其他方面的革命政策而受到损害。这次大会解除了这个疑问，并说明革命的土地政策和保卫无产阶级的利益不会削弱我们与国民党的关系。相反，只有实行这样的政策才能建立起无产阶级、农民和小资产阶级的革命联盟。"③可见，各人的角度虽有不同，但对国民党和武汉政府的举措实质上是相通的。

武汉的国民党中央被视作小资产阶级代表，中共五大决议强调应与国民党共同担负责任，共同担负政权，共产党不能做国民党的旁观者或反对者。鲍罗廷对武汉小资产阶级的动向表示忧虑，提出必须对小资产阶级做出让步，改善同国民党左派的关系。"出路只有

---

① 中央档案馆：《中共中央文件选集》第3册，中共中央党校出版社1983年版，第57、58页。

② 《联共（布）、共产国际与中国国民革命运动1926—1927》（下），中共中央党史研究室第一研究部译，北京图书馆出版社1998年版，第288、289页。

③ ［美］罗伯特·诺斯 津尼亚·尤丁：《罗易赴华使命》，王淇、杨云若、朱菊卿译，中国人民大学出版社1981年版，第267页。

一条：或者同国民党决裂，或者一起作出决定，一起执行。"① "一起作出决定，一起执行"的观点，与五大"共同担负责任，共同担负政权"的决定也是相吻合的。

10年之后，毛泽东向美国记者斯诺描述当年鲍罗廷、罗易和陈独秀的政治倾向，认为鲍罗廷是站在陈独秀右边一点点，罗易则站在陈独秀、鲍罗廷左边一点点，但也只是站着而已。② 罗易唱高调子，指导中共五大制定的总方针和总任务脱离实际，无助于挽救革命危机。鲍罗廷搁置争取非资本主义前途的超前任务，直面现实，主张先把冯玉祥接出来，减轻奉系军阀对湘鄂赣革命根据地的压力，同时，在革命中心区建立乡村自治，再行开展土地革命。这在联共（布）和共产国际坚持国共合作的战略之下，具有务实的意义。只是由于阶级斗争和社会冲突的加剧，国民党和共产党抢夺革命航船的舵把子，中共五大所提出的革命方略即使对国民党让步的部分也不被采纳，鲍罗廷的务实选择自然同样没有条件付诸实施。这个事实，证明联共（布）和共产国际既过高估计了国民党的革命性，也过高估计了共产党和顾问们左右国民党的能力。③

三 挽救失败的最后努力

1.莫斯科出手：从蒋介石到汪精卫

中山舰事件之前，蒋介石在通往国民党权力之巅的道路上，频频得到鲍罗廷的青睐和扶持。之后，经过整理国民党党务和准备北伐，蒋介石得以集各种权力于一身，鲍罗廷对蒋介石的政治前景转

---

① 《联共（布）、共产国际与中国国民革命运动1926—1927》（下），中共中央党史研究室第一研究部译，北京图书馆出版社1998年版，第250页。

② ［美］埃德加·斯诺：《西行漫记》，董乐山译，三联书店1979年版，第138、139页。

③ 参见拙文《鲍罗廷与中共五大》，《江汉论坛》2008年第4期。

持否定态度，但仍期望蒋能左转。迁都之争，鲍罗廷在国民党左派、反蒋派的组合中发挥了核心作用，蒋介石与之彻底翻脸。

联共(布)中央政治局支持迁都之争中鲍罗廷和武汉方面的方针，2月17日，电令鲍罗廷同蒋介石斗而不破，要求"不要把事态发展到与蒋介石决裂的地步，以蒋介石完全服从国民政府为限"。同时，电令其外交人员设法敦促汪精卫尽快来到莫斯科，共同讨论有关中国事务问题，并要求鲍罗廷和加伦提请国民政府和蒋介石注意向冯玉祥提供巨大物质支援的必要性。[①]这样安排，明显有设法制衡蒋介石之意。国民党召开二届三次全会，联共（布）中央政治局指示鲍罗廷，仍应使蒋介石参加，确认武汉方面与之合作的条件。上海第三次起义后，3月24日，联共（布）中央政治局又决定给国民党政治委员会和鲍罗廷发电报，提出共产国际代表团有必要会见蒋介石。[②]

中共上海区委在准备第二次起义中就对蒋介石的动向有所警觉，估计蒋到上海，即有可能反对革命，屈服于帝国主义，遂在内部布置宣传反蒋。国民党二届三次全会后，上海区委一度判断蒋介石"已到倒台地步"，将会采取"暂时隐忍"策略。而蒋从江西一路杀向上海，又使上海区委看出蒋"将集中势力与 C.P. 算帐，以出其在武汉方面之失败"。[③]共产国际在上海的工作人员，把蒋介石的动向反馈到莫斯科。2月25日，阿尔布列赫特给皮亚特尼茨基写信，称蒋介石现在正在失去影响，其活动令人难以捉摸，一方面似乎在与国民政府接近，另一方面，竭力与国民党右派和买办结成联盟，甚至公开同日本人司令部谈判，派戴季陶去日本联络。[④]所谓蒋"正在失去影响"的看法，与上海区委"暂时隐忍"的观察相当，这些判断对联共（布）坚持争取蒋介石到最后或有一定作用。

---

① 《联共（布）、共产国际与中国国民革命运动 1926—1927》（下），中共中央党史研究室第一研究部译，北京图书馆出版社 1998 年版，第 118、119 页。

② 同上书，第 156 页。

③ 上海市档案馆：《上海工人三次武装起义》，上海人民出版社 1983 年版，第 322、407 页。

④ 《联共（布）、共产国际与中国国民革命运动 1926—1927》（下），中共中央党史研究室第一研究部译，北京：北京图书馆出版社 1998 年版，第 125 页。

3月30日，布哈林在共产国际执委会主席团作报告，说："蒋介石，尽管他有反对革命的倾向，尽管他是变得越来越反对革命的资产阶级的代表，但客观上他还是在进行解放战争。""蒋介石属于具有反革命倾向的派别。这是对的。但如果我们只看到这一点，那么这个论断就是肤浅的。我们还看到，他领导反帝斗争，起的是进步作用。"布哈林说，国民党二届三次全会争取蒋介石很重要，可以赢得时间，巩固自己的阵地，采用部分公开手段完成自己的工作。"现在我们获悉蒋介石的声望下降了"，但如果三周前采取反对他的行动，就会被他击败。[①]

第二天，联共（布）中央政治局举行秘密会议，由于收到中共中央署名报告，说蒋介石已在上海发动政变，命令上海市民政府自行解散，并打算进一步采取行动，决定致电鲍罗廷了解这方面的情况，设想"对蒋介石作出某些让步以保持统一和不让他完全倒向帝国主义者一边"，并以此征询鲍罗廷的意见。同日，联共（布）中央政治局致电中共中央，要求在群众中开展反对政变的运动；暂不进行公开作战；不要交出武器，万不得已将武器藏起来；揭露右派的政策，团结群众；在军队中进行拥护国民政府和上海政府、反对个人独裁和与帝国主义者结盟的宣传。[②]4月7日，联共（布）中央政治局仍决定征询国民党政治委员会意见，拟派维经斯基去上海与蒋介石联系并防止他采取极端行动。有此一连串安排，所以，罗易到汉后，继续完成此前联共（布）中央政治局的决定，做出蒋介石武力清共当日致电规劝的糗事。

汪精卫正是经过莫斯科回国的，同联共（布）、共产国际领导人会面得到支持，自在意料之中。国民党改组以来，汪精卫的政治履历是相当正面的，因中山舰事件去国，在国民党左派中赢得同情而更提高了声誉，随着北伐胜利和蒋介石独揽大权，要求他销假复职

---

① 《联共（布）、共产国际与中国国民革命运动 1926—1927》（下），中共中央党史研究室第一研究部译，北京图书馆出版社 1998 年版，第 163—165 页。

② 同上书，第 167 页。

的呼声日渐高涨。汪精卫复职担负政治责任,蒋介石专门负责军事,早就成为鲍罗廷化解矛盾、维护统一战线的方案,也是国共两党高层的共识,并得到维经斯基的认同。伴随蒋介石与武汉方面的矛盾越来越尖锐,迎汪复职的愿望越来越迫切,汪精卫被视为化解危机的一剂良药。

4月1日,汪精卫到达上海。鲍罗廷获悉,即向政治委员会建议,要设法使汪精卫不被蒋介石利用。蒋介石的确要利用汪精卫一把。4月3日,他通电各军事将领,宣称经他送电请求,汪今翩然再出,"汪主席在党为最忠贞之同志,亦为中正生平最敬爱之师友","对于党国大计,业已恳切晤谈,中正深信汪主席既出,必能贯彻其意旨,巩固党基,集中党权,以底国民革命之全功",允诺"自汪主席归来以后,所有军政、民政、财政、外交诸端,皆须在汪主席指挥之下,完全统一于中央"。[①]蒋介石把控制高点,造成蒋汪协同的印象,企图以还政于汪封住汪精卫的嘴巴。汪吃过中山舰事件的亏,自然明了蒋把他拢在身边的本意,不会轻易就范。在与吴稚晖、李石曾、李宗仁、古应芬、黄绍竑等人讨论时局中,汪精卫与他们意见相左,坚持1924年以来改组国民党的精神与政策决不可牺牲,国民党的纪律不可不守,主张在南京召开第四次中央全会,以解决一切问题。[②]《汪精卫陈独秀联合宣言》发表,吴稚晖即以其道不相同而对汪破口大骂。

汪精卫的来归,使共产党人耽于乐观之中。共产国际在上海的工作人员反映,中共中央和上海区委的领导同志也"是如此钟情于汪精卫,以致认为他一回来就可以避免发生许多灾难,因此他们没有做任何其他事情"。[③]所谓"没有做任何其他事情",是指立即发动反蒋军事斗争。4月5日,由陈独秀起草并与汪精卫共同署名的联

---

① 《事略稿本》第1册,台北"国史馆"2007年,第173、174页。

② 汪精卫:《寄李石曾书》,1927年4月6日,见《中共党史参考资料》第4册,中国人民解放军政治学院党史教研室编,第314、315页。

③ 《联共(布)、共产国际与中国国民革命运动1926—1927》(下),中共中央党史研究室第一研究部译,北京图书馆出版社1998年版,第265、266页。

合宣言发表，曾被视作正确而有效的行动。上海的共产党领导人认为，"汪精卫的态度非常之好，政治观念很稳定，与C.P.可以合作下去，甚至于到建设社会主义制度，他绝对赞同第三国际给我们的指令。"①在这种状况和认知中，共产国际在上海的工作人员向莫斯科传递的消息是，汪精卫"在群众中的威信很高；他没有与蒋介石进行任何交易"，虽然他"曾幻想他能使武汉与蒋介石和解"，但在武汉公开表示了反对蒋介石，这"无疑在团结革命力量方面具有重大意义"。②

　　到达武汉的汪精卫，以响当当的左派面目示人。4月18日，他在第四军、十一军欢迎大会上讲话，公开反对蒋介石，坚持国共合作。他说：

　　　　亲爱的铁军，忠勇的铁军，我们不止要天天电报上反蒋，要用机关枪向他瞄准。无论那一党，只要是革命的，我们愿与他们同生共死，没有看见有到为革命战死的同志尸堆中，为革命被惨杀的先烈中，去分那一个是共产党，那一个是国民党。无论什么人，无论与我们有何密切关系，只要他违总理的政策，是总理的叛徒，我们就要将他一刀两断，看到底是那家胜利。③

　　看上去立场何其分明，态度何其坚决。5月4日，他应邀出席中共五大会议，听罗易报告后即席讲话。当日下午，他在政治委员会介绍了罗易报告的要点和他本人的看法，说：

　　　　开会之初，由鲁依同志解释第三国际第七次扩大会议对于中国革命之观察的决议案。大意是说，中国革命的性质应当往非资本主义那一条路上走。否则受帝国主义之支配，在国际财

<hr>

① 上海市档案馆：《上海工人三次武装起义》，上海人民出版社1983年版，第447页。
② 《联共（布）、共产国际与中国国民革命运动1926—1927》（下），中共中央党史研究室第一研究部译，北京图书馆出版社1998年版，第270页。
③ 《第四军十一军欢迎汪精卫委员暨国际工人代表团盛况》，《汉口民国日报》，1927年4月22日。

政势力之下，永没有自由独立的希望。至于革命的成分，可分为三种：（一）工人；（二）农民；（三）城市的小资产阶级。这三种人都是被压迫者，在事实上有联合的可能，也有联合的必要。关于小资产阶级，应该承认他们的私有财产，承认私人商业主义，这不但无妨于国民革命的政策，而且还必须如此。所以无产阶级应当尊重农民及小资产阶级的私有财产。照这个决议案的大意看来，中国国民党是可以采用的。总理在三民主义中所讲的节制资本以及大工业收归国有的政纲，都是要防止大资产阶级的发生。论到小资产阶级，总理在建国方略中曾说过要保护，并且说，有一些事业由私人经营比国家经营还要好的，仍是由私人去经营。因此，本席觉得第三国际的决议案，同国民党政纲可以互相帮助，并无冲突。据他们所说，中国革命和俄国革命不同，俄国是农工革命，中国是农工商革命，自然所谓商里面，并不包括买办阶级的大资本家。从这一点看来，国共两党是可以携手合作的。①

对比共产国际决议精神和孙中山三民主义，汪精卫得出肯定性的结论。这些言论的确足以眩人。所以，即使确知武汉国民党已经十分动摇，联共（布）仍然幻想通过汪精卫挽转国民党。6月23日，以共产国际的名义致电汪精卫，说："恳请您运用您的全部威望对国民党的其他中央委员施加影响。国民党的整个命运和在很大程度上中国革命的命运，都取决于国民党的立场。我们认为，通过国民党民主化、更多地联系群众、停止领导层内的动摇是可以挽救事业的。国民党左派与共产党人的合作有坚实的客观基础。我们希望借助于您的威望，国民党中央内的动摇是会减少的。"②

---

① 中国第二历史档案馆：《中国国民党第一、二次全国代表大会会议史料》（下），江苏古籍出版社1986年版，第1115、1116页。

② 《联共（布）、共产国际与中国国民革命运动1926—1927》（下），中共中央党史研究室第一研究部译，北京图书馆出版社1998年版，第346页。

汪精卫在联共（布）那里不只是一个自然人，而是武汉国民党和国民政府的化身，他们几乎以汪精卫的言行定义武汉国民党和国民政府的全部性质。武汉国民党远非单一的领导集团，政治面貌的复杂性和目的的多样性，使它难以形成持久的合力。邓演达、宋庆龄等人始终坚持孙中山三民主义革命立场，反对蒋介石专制，反对清党反共，也不满汪精卫与南京合流，但居于少数，不能掌握大局。顾孟余、陈其瑗等主要站在拥汪的立场。唐生智、何键等军事将领与蒋介石敌对，更多具有个人权力膨胀的原因，何键较早表明反共立场。谭延闿从蒋介石手中获益，与蒋关系千丝万缕，也看不惯工农运动。徐谦、孙科的激进，与同蒋介石的矛盾占有较大分量，而非出于对革命的执着。冯玉祥倒戈参加国民革命，也具有较大的投机性。这样的政治集团，指望它与共产党携手，坚持国民革命到底，是不现实的。可是，联共（布）和斯大林都不这么看。

　　斯大林形成了中国革命理论，对中国共产党夺取新民主革命胜利，发挥了指导作用。但在国民革命时期，他的中国革命阶段论教条地比附俄国革命，照搬俄国革命经验，产生严重负面影响，是不能化解革命危机的重要因素。斯大林认为，国民党改组后，蒋介石屠杀工人实行政变之前，是中国革命的全民族联合战线革命阶段。蒋介石政变表示民族资产阶级退出，革命转入工农群众革命的土地革命阶段，武汉国民党和政府将逐渐转变为无产阶级和农民的革命民主专政机关。在这个阶段，国家全部政权要集中于革命的国民党，即国民党左派和共产党人联盟的国民党。这种合作反映出国民党外渐渐形成了工农联盟，革命的国民党的力量主要来自进一步展开的工农革命运动。在这个阶段，共产党更应当保持自己的独立性。[1]

　　5月13日，斯大林在莫斯科同中山大学学生谈话，以反驳党内反对派拉狄克观点的方式阐述了十个重大问题。其中说到："国民党所应当依靠的工人和小资产阶级（农民）的联盟，这个联盟是从国

---

[1]　参见《斯大林全集》第9卷，人民出版社1954年版，第201—204页。

民党分裂和民族资产阶级退出以后已在武汉开始形成"，他特地把小资产阶级与农民等同起来，认为"如果以全力开展土地革命，武汉政府就一定会成为民主专政"。斯大林认为，蒋介石的政变不是中国革命的低落，而是进入更高阶段即土地革命阶段，湖南、湖北的农民已经起来没收土地，各地农民都要去实现没收土地的口号。斯大林甚至还看好，在武汉政府领导下，把某些怠工企业收归国有。①正是从武汉国民党是工人和小资产阶级（农民）联盟的概念出发，理所当然地把土地革命作为武汉政府的任务，并认定会得到它的支持。或许基于此，徐谦径直把国民党说成是"农民党"。

斯大林坚持中国革命三阶段论，不仅是建构理论的需要，还有党内路线斗争的需要。蒋介石清党反共以后，托洛茨基、季诺维也夫向各地散发包括关于中国问题在内的文章、书信、声明和提纲。依斯大林的观点，"这些文件直接攻击联共中央的路线和决定，间接攻击共产国际的路线和决定。"托洛茨基、季诺维也夫要求共产党人退出国民党，斯大林坚决反对，强调这样做就是放弃领导权，"拱手让出中国革命阵地，迎合取消派，不再让中国无产阶级成为资产阶级民主革命的领袖。"②

就在同中山大学学生畅谈的同一天，斯大林决定由联共（布）中央政治局致电鲍罗廷、罗易和陈独秀，以"建议"的名义下达三条指令：

（1）现在在国民党的国内政策中最主要的一点是：在各省，特别是在广东省有步骤地开展土地革命，口号是"一切权力归农会和村委会"。这是革命和国民党成功的基础。这是在中国建立反对帝国主义及其走狗的广泛而强大的政治军事大军的基础。实际上，没收土地的口号对于被强大的土地运动席卷的省份，

---

① 参见《斯大林全集》第 9 卷，人民出版社 1954 年版，第 217—241 页。

② 《联共（布）、共产国际与中国国民革命运动 1926—1927》（下），中共中央党史研究室第一研究部译，北京图书馆出版社 1998 年版，第 254—256 页。

如湖南、广东等省是非常及时的。舍此便不可能开展土地革命。过一个月或更晚些时候，国民党可能批准没收土地。现在重要的是，在共产党的积极参与下由农民实际没收土地。关于保护指挥人员财产和分给士兵土地的法令是必要的。

（2）现在就应开始组建八个或十个由革命的农民和工人组成的、拥有绝对可靠的指挥人员的师团。这些师团将是武汉在前线和后方用来解除不可靠部队武装的近卫军。此事不得拖延。

（3）应当加强在蒋介石后方的工作和对蒋介石部队的瓦解工作，并给广东农民起义者以帮助，那里的地主政权特别不能容忍。①

5月20日，共产国际第八次全会把斯大林的理论观点转化为集体决议，致电中国共产党，宣布中国革命进入最高阶段；中国反对封建主义和帝国主义的资产阶级革命，现在只能在同已经成为反革命阶级的中国资产阶级的斗争中来完成；要加强工农联盟，确立无产阶级在民族解放革命中的领导权，千方百计开展土地革命。"这就是摆在光荣的、经过战斗考验的中国共产党面前的伟大任务"。②

如果说汪精卫周围的武汉国民党真是联共（布）和斯大林所阐述的国民党，那么，完成上述伟大任务的政治条件大体具备。然而，事实并非如此。武汉国民党既不是小资产阶级的代表，更不代表农民利益，根本是害怕土地革命、反对土地革命的。只要不突破党内合作框架，共产党开展土地革命和组建工农武装的任务，就不可能完成。反过来，共产党不顾武汉国民党的态度，开展土地革命，组建工农武装，国共合作也必然不能坚持。

罗易这时算是把武汉国民党的面目看清楚了。5月28日，他向共产国际执委会政治书记处和斯大林报告，称："实际上，在两个民

---

① 《联共（布）、共产国际与中国国民革命运动 1926—1927》（下），中共中央党史研究室第一研究部译，北京图书馆出版社 1998 年版，第 252、253 页。

② 同上书，第 259 页。

族主义中心（武汉和南京）之间没有多大差别。武汉的右倾带有表面性，因为在那里居统治地位的是军阀分子，就其社会出身而言，这些军阀与蒋介石及其一伙没有什么区别。武汉军阀分子的权力在不断增大，与蒋介石和解的倾向表现得十分明显。"但是，他把汪精卫一个人分离出来，以"汪是中央委员会内唯一的左派"，[①]紧抓不放，一下子把希望都寄托在汪精卫的身上。

就在这样的条件下和环境中，鲍罗廷坚持战略退却选择，既教条主义又有选择地执行联共（布）和斯大林的中国革命武汉阶段方案，不惜在工农运动等方面满足汪精卫等人的要求。

2. 鲍罗廷坚持以退求存

蒋介石既加强对武汉的军事、经济封锁，又着力政治分化。5月16日，蒋密电上海孔祥熙，嘱其转告宋子文，劝宋"能明别是非顾全公私"。21日，又电孔祥熙，拉拢宋庆龄，以杨森、夏斗寅各部逼近武汉，"务请孙夫人速回，公私皆得便宜。"[②]他通过李宗仁对朱培德施加影响，5月12日，朱从江西驻地亲笔致信，消除蒋对自己或"为共党之分化政策所动或受共党之包围"的担心，表示"虽至愚绝不出此"。[③]不出一个月，朱就"礼送"共产党人出江西。蒋的心腹黄郛派员到武汉与顾孟余会面，顾"托介绍某领以备缓急"。该员并搜集到武汉守备不足，"无力东下"，"军中反共以刘佐龙为中心、何键暗附之"，宜昌夏斗寅、万县杨森、贵州周西城"均反共酝酿"等情报。[④]

与此同时，战略退却政策的实施，效果很不理想，未对外国商人和机构恢复商业、畅通金融起到复苏作用。此乃形势所然。持续的武装干涉传闻造成了资产阶级的恐慌情绪，武汉市面"拉着裸体

---

① 《联共（布）、共产国际与中国国民革命运动 1926—1927》（下），中共中央党史研究室第一研究部译，北京图书馆出版社 1998 年版，第 276、277 页。

② "蒋中正总统"文物检索系统，00574/01—0681、00596/01—0705，台北"国史馆"。

③ 《宁汉分裂与清党》，台北"国史馆"，2002 年，第 38 页。

④ 同上书，第 33 页。

女人满街跑"，立即实行社会主义，消灭私有制等等传言不胫而走，反蒋斗争被理解为国民政府试图引进共产主义，富商大贾放弃生意卷款出走。民众运动中种种言行过激、举止失范的现象，也因失业和劳动者队伍中的缺乏纪律而变得积重难返。帝国主义将武汉政府画上赤的符号，日本驻汉总领事当面对外交部部长陈友仁表示日本政府对于中国共产党很不放心，加强经济封锁使其失能失效是必然的事。表面红火的武汉，其实困于缺米、缺煤、缺现金、缺就业机会的窘境。当权人物坐困愁城，昧了心智，乱了阵脚。汪精卫称："反帝国主义的运动太自由了，适足以逼得他们形成一条联合战线。"孙科也说："中央以前是太放任了，什么决议案只公布了就算完事。我们要联合小资产阶级，但他们确确实实的被逼迫得离开我们走了。"①

5月12日，中共中央政治局与共产国际代表举行联席会议，研究与国民党在同小资产阶级和农民的关系的基础上建立相互关系的问题。鲍罗廷出席了会议。陈独秀首先通报了与汪精卫谈话的要点，汪精卫提出四三惨案后占领日本租界不是根据国民党的指示，而是在共产党人宣传鼓动的影响下进行的；何时提出"打倒蒋介石！"的口号，国民党一无所知，共产党人未向国民党通报；苏联号召中国人民同帝国主义作不惜牺牲的斗争，自己却不积极参与这种斗争。他谈的核心问题是领导权，汪明确指出："存在两个党组织是不合适的。如果领导权属于国民党左派，共产党跟随他们，那就不需要共产党。如果是另一种情况，领导权在共产党人手里，那就不需要国民党。"汪进一步逼问："现在的主要问题是，谁领导群众？群众跟谁走？跟国民党走还是跟共产党走？"他开始向共产党追责，说什么"国际关系和军队状况的恶化无论过去还是现在都是共产党人的过错"②。

① 中国第二历史档案馆：《中国国民党第一、二次全国代表大会会议史料》（下），江苏古籍出版社1986年版，第1053、1165页。

② 《联共（布）、共产国际与中国国民革命运动1926—1927》（下），中共中央党史研究室第一研究部译，北京图书馆出版社1998年版，第248、249页。

汪精卫触及国共合作的核心问题，甚至否定共产党存在的必要性。从保持共产党的独立性出发，应当加以坚决抵制。但是，一旦刚性抵制，势必同汪精卫们摊牌，冒国共合作彻底破裂的风险。鲍罗廷选择改善关系的策略，提出三点意见："（1）两党密切合作，共同解决所有问题；（2）制定对小资产阶级的总的政策，没有这种政策，灾难就不可避免；（3）制定对农民的总的政策。若这三点不能得到令人满意的解决，那么国际形势就会变得毫无希望。"①

讨论中，张国焘拒绝鲍罗廷提出的所谓共产党对小资产阶级的错误政策的指责，要求派遣工人和农民到军队中去，并把他们武装起来。维经斯基说：坐而论道的时候已经过去，现在要解决实际问题，国民党左派会在一定的方面摇摆不定。对于农民问题，可以通过局部没收土地的办法来解决，国民党左派也赞成，但湖南的农民运动使他们感到害怕。维经斯基认为共产党可以对国民党提出的问题作两种回答："（1）要求国民政府对土地运动有明确的态度，协调而不是反对这一运动，或者（2）完全支持土地运动（？）"他说："我们对小资产阶级的态度是明确的：国民政府应当帮助小资产阶级反对大资产阶级，它自己也要同大资产阶级作斗争，并且支持这种斗争。另一方面，我们应当帮助小资产阶级劳动群众为改善他们的生存条件而斗争，但这种斗争应当通过工会加以协调。国民党内的派别问题也很重要。"②陈独秀对与国民党形成共同方针的成效抱有怀疑，认为在土地问题上与国民党左派的态度近乎一致，但是没收大地主土地的决定并没有公布。鲍罗廷很坚决地表示了让步的态度，说：

小资产阶级处境不妙有两个主要原因。一个原因是看不见的，这就是帝国主义者的金融封锁和其他封锁，另一个原因是看得见的，也是小资产阶级明显感觉到的，就是在手工业部门

---

①《联共（布）、共产国际与中国国民革命运动 1926—1927》（下），中共中央党史研究室第一研究部译，北京图书馆出版社 1998 年版，第 249 页。

② 同上书，第 249、250 页。

做工的工人争取自身经济需要的斗争。小资产阶级的注意力自然集中在第二个原因上。试图向小资产阶级说明真实情况，但只指出第一个原因，并用它来偷换第二个原因，这是没有用的。唯一的出路是向小资产阶级做出让步。但主要问题是，共产党能否控制工人群众和自己的省级组织。在游行示威中和在其他重大事情上，共产党没有充分显示出自己领导群众运动的能力。共产党能控制武汉无产阶级和湖南农民吗？可以商定一定的方针，但条件是共产党能够执行这个方针。我本人对此表示怀疑。如果共产党自己不能做到这一点，也许它同国民党一起能够做到。这就是我为什么讲共同解决的原因。国民党相信，你们能领导群众，但实际上却不能。出路只有一条：或者同国民党决裂，或者一起做出决定，一起执行。[1]

最后，陈独秀提出六条意见供讨论：（1）小地主和革命军官的土地不没收。（2）成立解决小资产阶级与工人之间纠纷的仲裁委员会。（3）商人有权参加各种自治机构，反革命分子除外。（4）不禁止、不妨碍帝国主义的贸易。（5）邀请国民党积极参加工农组织。（6）支持国民党政府增加和征收捐税，条件是不剥夺贫困居民阶层。[2]

5月13日，中共中央政治局通过《关于小资产阶级问题共产党与国民党的关系》的决议，强调了共产党在国共合作中的领导权，又指出党的策略一定要兼顾到非无产阶级成份的利益，特别制定五条，内容包括设立仲裁机构，颁布劳动法，保证店员不干预营业，对帝国主义的商业不禁止、不阻扰，商民除有反革命活动和反革命嫌疑外，享有政治和公民的权利。

中共中央政治局的决议，体现了鲍罗廷的让步主张。这个主张的实质是规范群众运动高涨中的商民运动，抑制店员在运动中的左

---

① 《联共（布）、共产国际与中国国民革命运动 1926—1927》（下），中共中央党史研究室第一研究部译，北京图书馆出版社 1998 年版，第 250 页。

② 同上书，第 250、251 页。

倾过激行为，使得店东、店员各安其位，以利恢复市场信心，守护市场秩序，维护社会稳定。

5月16日，国民党政治委员会研究汉阳县几家工厂被没收、商会会长周文轩等人被捕问题。汪精卫说，这件地方上的事政治委员会主席团本可不予过问，"因为处分逆产条例刚刚公布，马上让他们去没收，条例就等于一张废纸。"顾孟余亦认为此事影响很大，办得不当，贻人口实，"汉阳县党部竟敢不遵。以后政府的命令如何能发生效力？"讨论许久，听过各有关方面证言，鲍罗廷当场提出警告或解散汉阳县党部的建议。他说：

> 汉阳县党部违背了处分逆产条例是一个事实，应将他们所作的行为一概取消，由中央令公安局对于所封的财产，将所捕的人交司法部处置。至于他们违法的行为，应予以警告或解散。在本席个人的主张，要将汉阳县党部解散，因为革命最注重的是纪律。汉阳县党部近在咫尺，竟敢违背中央保护小资产阶级的政策，则离中央较远的地方，更要不服从中央的命令。①

会上，董必武提出汉阳此事也是商民协会、农民协会等许多民众团体的公意，要求把这些因素综合考虑进来。鲍罗廷当即回应说："民众团体可随时提出要求，但汉阳县党部应该明瞭中央的态度，不然，如何还配领导民众。"汪精卫、孙科、顾孟余也都抓住领导权问题不放。孙科说："这事非为汉阳而发，乃是要厉行联合小资产阶级的政策，作出来让一般人看看。"汪精卫说："国民政府令不出门，还要国民政府作什么？关上大门，岂不大家清净。"顾孟余说："下层阶级的勇气很大，本来是好的现象。但同时要明白，到了一定的时期，如果领导机关不能制止，可以促成一般人为反革命。"②最后，决定由湖北省党部给予汉阳县党部严重警告，武汉公安局发还被查

---

① 中国第二历史档案馆：《中国国民党第一、二次全国代表大会会议史料》（下），江苏古籍出版社1986年版，第1165页。

② 同上书，第1159—1166页。

封财产，释放周文轩、周仲暄二人，全案由司法部重新审查办理。

当日，政治委员会还讨论了颁布店员条例问题。经过与鲍罗廷、陈独秀事前协商，提出的条文草案内容与前述 5 月 13 日中共中央政治局通过的决议基本相同，决定交付审查再议。18 日，再次研究，将原案范围由商界扩大到工商两界，甚至讳言"小资产阶级"，将其改为"工商业者"，对群众运动中各种自发行为明令禁止，汪精卫说"戴高帽子游街也不行"。

5 月 16 日、22 日，湖北省总工会与汉口市商民协会连续举行联席会议，形成《工商联席会议决议案》，并征得武昌商民协会和汉阳县商民协会的同意，进一步对改良店员待遇、店员工作时间、工商界限、劳动童子团、用人问题、营业收歇问题、营业管理问题、工商谈判问题、工人对店东算总账问题、码头工人运货问题、救济失业工人问题、停工参加大会问题、抑平物价问题、工商联合问题以及其他问题，一一做出明确规定。联席会议还以各种具体办法解决了以前的纠纷，并组织工商俱乐部，由总工会和商民协会各派两人长川办事。

指望工商联席会议的一纸决议能够全部解决工商纠纷，是绝无可能的。在恶化的环境中，工商纠纷不管多大总能触动国民党的神经。6 月 22 日，政治委员会旧事重提。谭延闿说工商冲突最大的原因就是店员工会，他赞赏蒋介石不许店员组织工会、许克祥取消店员工会的办法。与会者都认为店员工会是重要问题，最后甚至要决定店员工会是否继续存在。稍后，商民部代理部长经亨颐向国民党中央报告审查结论，认为"武汉商业凋敝，其原因不尽在店员与店东之纠纷，最大原因为帝国主义与蒋逆介石之经济封锁，纵然店员行动不免错误，宜予以纠正，似不宜根本涉及工人运动"。[1]

6 月 26 日，汉口商民会议召开执委紧急会议，讨论五小时之久，也认为"店员务必有团体之组织……至店员工会或有组织上之瑕疵，

---

① 《经亨颐致国民党中央执行委员会》，1927 年 6 月 27 日，台北中国国民党党史馆，类号 282/251。

店员亦有幼稚之行动，则或为局部问题，或为过去事实，均不能影响店员工会之存在"。①对于这些肯定店员工会的意见，政治委员会却不愿采纳，还要交付审查，其意图自然是非常明确的。

接踵而来的军队叛乱加剧了武汉国民党的动摇。5月4日，北伐期间归顺国民政府的四川军阀杨森，发出反共通电，7日，其先遣部队抵达宜昌。驻防宜昌的独立十四师师长夏斗寅顺江而退荆、沙，实际上与杨森进行军事配合。13日，夏斗寅发出反共通电，由鄂南直取武汉，其前锋部队很快进抵距离武昌城区仅几十公里的纸坊。国民党中央和国民政府毫无准备，市面一度混乱，人心浮动。留守武汉的铁军名将叶挺指挥所部二十四师，与侯连瀛为师长、恽代英为党代表的中央独立师合力平叛，击败夏斗寅叛军的进攻，保卫了武汉安全。为害鄂中的杨森，后为西征军所败，退出鄂境。

更大打击发生在武汉政府倚为柱石的唐生智部属中，何键三十五军的团长许克祥公然在长沙制造了"马日事变"。

北伐军占领湖南以后，湖南革命运动如火如荼。5月2日，林祖涵向政治委员会报告湖南贯彻国民党中央最近策略的情况。在涉外方面，英、美、日侨民奉各该国领事命令全体离湘，所属公司、行栈、教堂、学校等，暂由湖南交涉员设法保护。除德商营业外，美孚、亚细亚等洋行一律封闭，各团体发起组织煤油公卖委员会，准备自行处置。现在，政策允许外商经营，但抵制英、日货空气仍旧浓厚。林祖涵说："湖南的土地问题，是一切困难事件的根本原因。"国民党已经规定的办法，但不能适应湖南需要，现实情况是，"农民多半自己起来解决了"。"他们所行最普遍的方式，就是分田或分谷。分谷是每人八石，有妻室的加倍，有子女的加半。在宝庆那个地方，农民收了两千多张田契，都用火烧了。闹到后来，不但农民要求分田，就是地主们也自愿将田拿出来让大家分。"②

① 《店员工会应否存在》，《汉口民国日报》，1927年6月30日。
② 中国第二历史档案馆：《中国国民党第一、二次全国代表大会会议史料》（下），江苏古籍出版社1986年版，第1102—1104页。

5 月 12 日，湖南省党部熊亨瀚专程向政治委员会报告政情，也讲到农民运动进步非常之快，有组织的农民已达 500 余万之多，土豪劣绅结合一部分农民，势力也很厉害，"所以打倒土豪劣绅的运动，是很激烈。至于农民的程度幼稚无可讳言，不过在党部同农协的指导之下，颇有把握。"过去一个时期打倒土豪劣绅势头很猛，经过执行法令、规定，"最近的民众运动，已经完全接受党的意旨，服从党的指挥。"土地问题的解决，目前只是政治没收，"至于革命军人的家属同财产，绝对的保护，丝毫不侵犯，谁侵犯谁就是反革命。没有土地的革命军人，由没收的土地之中拨给他们。"①

农民动了军官们的奶酪。4 月底，何键就开始密谋反共。何派幕僚回湘策划，第三十五军三十三团团长许克祥、教导团团长王东原、军留守主任陶柳等人一拍即合，并得到湖南省政府代主席、军事厅长张翼鹏的默许。5 月 19 日晚，该军留守处部队将工人纠察队缴械，挑起事端。20 日，中共湖南省委、国民党湖南省党部会同总工会等团体，召开紧急会议提出应对措施。21 日晚，在许克祥的统一指挥下，不法军队分兵向长沙市区各革命机关发动突然袭击。据不完全统计，当晚共产党员和群众 100 余人被杀，40 余人被捕。暴乱行径持续到 5 月 26 日，并迅速向湖南各地蔓延，至 6 月上旬，全省被屠杀者，当在一万人以上。②

5 月 24 日，汪精卫、谭延闿通过唐生智的来电才得悉发生"马日事变"，湖南省政府代主席张翼鹏给唐生智去电，称工农纠察队抢军队枪械，揭出打倒三十五军红旗，军队为自卫起见，才将纠察队解散。后来，他向政治委员会情况报告，仍称"农工运动发生错误，乃酿成马夜之事"。这充分说明，事变的根本原因是不法军队对湖南革命势力，尤其是对农民运动的疯狂反扑。正在河南前线的唐生智，

---

① 中国第二历史档案馆：《中国国民党第一、二次全国代表大会会议史料》（下），江苏古籍出版社 1986 年版，第 1142、1144 页。

② 《湖南工人运动史》编著组：《湖南工人运动史》，中国工人出版社 1994 年版，第 283 页；湖南省总工会、湖南省社科院历史所、湖南省档案馆：《湖南工运史料选编》第 2 册，1984 年 12 月内部印行，第 526 页。

采取临时措施，令长沙驻军暂统归张翼鹏指挥，并召集军官会议讨论办法。武汉政府尊重唐生智的意见，连夜去电湖南，提出两项处理原则：军队应维持治安；农工纠察队应严守秩序不得报复。25日早晨，政治委员会主席团临时开会，决定成立特别委员会，由谭平山、陈公博、彭泽湘、周鳌山、邓绍汾组成，驰往湖南查办。汪精卫提出特派员的任务，"不止是要解决一时的纠纷，并要切实执行中央屡次的训令同决议案，谋一个根本的解决，对于民众既要的利益要加以保障，过度的行为须加以制裁。"①

对于彭泽湘、周鳌山提出政府要有办法和力量制止军队的自由行动，汪精卫没有回应，可见他处理的重点只是"查办"工农运动，压根就没有想到查办不法军队。

鲍罗廷主动提出亲自到湖南走一趟。罗易不知道鲍罗廷会去，不同意谭平山率队赴湘，认为共产党的部长不应率队讨伐农民运动，"由于鲍罗廷坚持，共产党中央委员会同意了谭的引起麻烦的使命。"罗易在一封电报中说，鲍罗廷"要求共产党支持国民党的退让政策，他认为共产党人的良好行为是改变局势的唯一手段"，罗易批评鲍"为达到此目的提出的计划将意味着实际取消共产党"。在另一书面报告中，罗易写道：鲍罗廷得知发生事变大发雷霆，对罗易说，"湖南的局势已变得无法容忍，他本人将前往那里，逮捕李维汉（共产党省委领导人、政治局委员），把共产党人通通逐出该省，解除所有纠察队的武装。"②如此说来，鲍罗廷片面地归咎于共产党和工农武装，那是有失公正完全错误的。

鲍罗廷、谭平山等人行至岳州，受阻于当地驻军，他们放话说长沙已成立清共委员会。陈公博建议鲍罗廷、谭平山不再前行，免生不测。鲍罗廷同意与谭平山原车返回，陈公博也未去长沙③，查办

---

　　① 中国第二历史档案馆：《中国国民党第一、二次全国代表大会会议史料》（下），江苏古籍出版社1986年版，第1203页。

　　② 《联共（布）、共产国际与中国国民革命运动1926—1927》（下），中共中央党史研究室第一研究部译，北京图书馆出版社1998年版，第272、274、283页。

　　③ 陈公博：《苦笑录》，现代史料编刊社1981年版，第83、84页；陈丕士：《中国召唤我》，郭济祖译，商务印书馆1983年版，第98、99页。

之事遂不了了之。

5 月 25 日，中共中央常委会听取彭泽湘报告，以政治局名义确立了对于湖南工农运动的态度。决定城市工运，迅速执行业已决定的关于小资产阶级问题决议案和工人政治行动决议案；乡村农运，切实矫正一切非本党政策所规定的幼稚行动；关于土地问题，不放弃五大政纲，先行解决乡村政权问题，着手建立乡村自治政权及县政权。① 27 日，中共中央常委会再作研究。陈独秀认为，军事上可打，政治上不好。何键有独立倾向，湖南三个军对付农民的态度一致，唐生智很困难，所以采用唐的办法，采取和缓解决。陈独秀表示应公开发表中共的意见："有事应由政府解决，不得自由行动。"鉴于汪精卫提出民众运动问题，陈独秀提出国民党应加入工农运动，在全国农协、全国总工会中加入确为左派、不反工农者，其人选再作商量。②

鲍罗廷出演"单刀会"铩羽而归，国民党内，"大家都垂头丧气，都发牢骚，怪老鲍要去"，③鲍的威信从此彻底动摇。"马日事变"的发生及其处理，暴露了鲍罗廷退让政策的病根。工农运动在其蓬勃发展时期，由于其群众性、自发性、地域性等因素，出现所谓"过火"行为难以避免。加以纠正，旨在促进其健康发展，而不是跟着国民党否定它、取消它。鲍罗廷也好，共产党也好，退而求存只能是阶段性、策略性、有限度的，如果一味退让，失却根本，势必有退无存，沦为国民党的附庸。

在此国民革命紧急时期，鲍罗廷如此作为，既出于对现状的实用主义考虑，也有一定的思想准备。罗易概括鲍罗廷的论点 11 条，④我们不妨重新整理如下：第一，中国革命 10 年内不可能取得成功。基于这个判断，鲍罗廷搁置共产国际关于中国革命非资本主义前途。

①　中央档案馆：《中共中央文件选集》第 3 册，中共中央党校出版社 1983 年版，第 105 页。

②　中央档案馆：《中央常务委员会第十二次》，1927 年 5 月 27 日。

③　中央档案馆：《中央常务委员会第十二次》，1927 年 5 月 29 日。

④　《联共（布）、共产国际与中国国民革命运动 1926—1927》（下），中共中央党史研究室第一研究部译，北京图书馆出版社 1998 年版，第 288 页。

第六章　战略退却难挽国共破裂狂澜

他的正确之处在于，如果把远景作为现实目标来争取，势必会犯超越历史阶段的"左"的错误，当时已有此类事实。第二，中国工人阶级没有力量，不可能成为革命基础，中共不可能成为独立政党，它是国民党的小资产阶级左翼。共产党不可能成为独立的政治因素并留在国民党内，谈论中国无产阶级领导权问题是幻想。这是鲍罗廷在国共合作中高度重视国民党的理论基点，重视到否认共产党独立性的可能，必然在实践中以国民党为主、以国民党为尚，最后以致物极必反。第三，中国革命只有在西北建立军事基地、组建革命军队的情况下才能取得成功，国民党在占优势的武装力量面前会退却，共产党人应当支持国民党的政策，借助宣传和武力控制工农运动，解除工农纠察队的武装。这是鲍罗廷对现状的分析，并根据对国共两党地位的估量，提出退却政策，一退到底。第四，不建立无产阶级专政和实行无情的恐怖，就不能巩固革命的社会基础。共产国际的提纲指出了长远前景，现在的任务则是同国民党一起行动，当真正的小资产阶级领导出现，便可提出民主专政问题。鲍罗廷在这里同样照搬了俄国革命模式和经验。第五，莫斯科不了解中国形势。革命提纲容易写，鼓动演讲容易做，实际政策的决定则要在这里做出。这里，鲍罗廷讲了一部分事实和基本正确的道理。历史经验证明，一切从中国的实际出发，理论联系实际，实事求是，这才是唯一正确的选择。

鲍罗廷的思考正误交织，我们不能简单地否定或肯定，只有认真辨别，才能分清是非。

3. 第一次国共合作曲终人散

在国共合作和国民革命处于关键时期，5 月 30 日，联共（布）中央政治局给鲍罗廷、罗易和驻汉领事普利切下达五条指令，习称"五月紧急指示"。这五条指令脱胎于斯大林 5 月 13 日的三条建议，但更全面、更具体、更严厉。

一是以实际占领土地的方式开展土地革命。"不进行土地革命，就不可能取得胜利。不进行土地革命，国民党中央就会变成不可靠将领手中的可怜的玩物。必须同火行为作斗争，但不能动用军队，而要通过农会。"二是实行政治没收。"只应没收大、中地主的土地，不要触及军官和士兵的土地。如果形势需要，暂时可以不没收中地主的土地。"三是改组国民党中央。"应该改变国民党目前的构成。务必要更新国民党上层人士，充实在土地革命中脱颖而出的新领导人，而地方机关应当依靠工农组织中的数百万人加以扩大。"四是组建新军。"要动员两万共产党员，再加上来自湖南、湖北的五万革命工农，组建几个新军。要利用军校学员做指挥人员，要组建自己可靠的军队。"五是成立以著名国民党人和非共产党人为首的革命军事法庭，惩办和蒋介石保持联系或唆使士兵迫害人民、迫害工农的军官。"到采取行动的时候了。要惩治坏蛋。如果国民党人不学会做革命的雅各宾派，他们就要为人民、为革命去捐躯。"[①]

联共（布）责成共产党人与武汉国民党和国民政府共同执行这五条指令，尽管不只从罗易那里得到武汉近乎分崩离析的消息，但对汪精卫的信任和寄托始终不渝。6月23日，决定再给武汉政府200万卢布援助，并允诺讨论1500万元新贷款的请求，同时，提出以组建可靠军队为追加汇款的附加条件。同日，决定致电汪精卫，电文称：

> 我们认为，国民党必须支持土地革命和农民。以为反对农民或置身于农民运动之外可以推动革命，那是目光短浅的。恳请您运用您的全部威望对国民党的其他中央委员施加影响。国民党的整个命运和在很大程度上中国革命的命运，都取决于国民党的立场。我们认为，通过国民党民主化、更多地联系群众、停止领导层内的动摇是可以挽救事业的。国民党左派与共产党人的合作有坚实的客观基础。我们希望借助于您的威望，国民

---

① 《联共（布）、共产国际与中国国民革命运动 1926—1927》（下），中共中央党史研究室第一研究部译，北京图书馆出版社 1998 年版，第 298、299 页。

党中央内的动摇是会减少的。我们建议从下面农民运动首领中找人来帮助工作。①

直到 6 月 27 日，莫斯科仍在通过驻汉领事致电国民党政治委员会主席团，表达与给汪精卫电报相同的观点，"确信""有支持土地革命的坚定方针，在同共产党合作的情况下，你们一定能够建立起这样一支坚强的军队和克服各种政治上和军事上的困难"。同日，斯大林给莫洛托夫和布哈林写信，提出只要有可能，就"需要千方百计坚持不让武汉屈从于南京"，莫斯科的钱不会白花。如果丧失武汉，就"丧失公开组织无产阶级和革命的可能"。②为此，他们不惜以鲍罗廷被解职作为交换，宣称武汉如果想要解除鲍罗廷的职务，也不值得同他们争论。

"五月紧急指示"及其后一系列电文，既是斯大林中国革命理论的政策转化，也与其对来源复杂的信息进行偏好选择有关。罗易的电报除了抨击鲍罗廷和陈独秀以外，就没少自相矛盾地报告国民党的情况。5 月 25 日，他向莫斯科报告国民党中央代表资产阶级和封建主的利益，除汪精卫和邓演达外，都是右倾的，国民党和国民政府完全处于反动军阀的控制之下。28 日，他又报告说共产党与国民党的关系基本是好的，同国民党关系破裂的直接危险并不存在。③或许这样的消息，更坚定斯大林以激进手段挽救国民党和武汉政府的决策。当然，斯大林没有明白讲出来，挽救国民党和武汉政府的战略意义，还在于证明其路线一贯正确，有理由压倒党内托洛茨基反对派。

莫斯科的决定，企图以激进政策的实施，达到挽救武汉国民党及其政府的存在，延续国共合作，坚持国民革命。然而，中国革命

---

①　《联共（布）、共产国际与中国国民革命运动 1926—1927》（下），中共中央党史研究室第一研究部译，北京图书馆出版社 1998 年版，第 346 页。

②　同上书，第 365、366 页。

③　同上书，第 273、290、291 页。

的现实以"马日事变"为标志，迫切需要突破国共合作框架，共产党解除束缚，放开手脚。遗憾的是，这没有被提上日程。鲍罗廷从莫斯科的指令中看到的是对汪精卫的期待、主张退出国民政府的被警告。正在中国指导召开第四次劳动大会的赤色职工国际领导人洛佐夫斯基，就得到这样的结果。所以，他冒了抗命的风险，坚持以继续退让的策略维持国共合作，拒绝立即实施莫斯科的激进政策。

鲍罗廷的做法一再遭到莫斯科批评。6月3日，联共（布）中央政治局给鲍罗廷、罗易和中共中央发电报，指出对于"马日事变"的处理，任何阻止土地革命的行为都是犯罪。6月6日，重申这一论断。6月20日，致电鲍罗廷、加伦、罗易和陈独秀，明确表示莫斯科没有任何新方针，共产国际的决定首先是关于土地革命、武装工农、建立可靠的武装部队和使国民党结构民主化的决定，武汉的作为实际上是不执行这些决定。6月23日，批准布哈林以共产国际执委会名义致电鲍罗廷、加伦和罗易，强调鲍罗廷有责任执行指示，而不要阻碍执行，莫斯科充分肯定原先的指示，并要求坚决执行这些指示。①

陈独秀和中共中央在上海期间，对鲍罗廷屡有批评，毫不客气。到达武汉以后，陈的思想似乎为鲍罗廷的主张所溶解，在所有重大问题上都与鲍保持一致。对于莫斯科关于处置"马日事变"开展土地革命、改造国民党和组建革命法庭的指示，陈独秀认为现时都不可行，"莫斯科不了解中国的实际情况"。谭平山也认为，这只是"想让我们振作精神"，"不应过高估计莫斯科的电报"。②

几乎整个6月，鲍罗廷都是在同陈独秀和中共中央这样反复讨论又无从下手的状态中度过的。6月26日，中共中央政治局又一次讨论"五月紧急指示"。当陈独秀认为当前左、中、右的道路都不能走或走不通，也许应该寻找第四条道路时，鲍罗廷说："先应同莫

---

① 《联共（布）、共产国际与中国国民革命运动1926—1927》（下），中共中央党史研究室第一研究部译，北京图书馆出版社1998年版，第306、307、346、349页。

② 同上书，第308、309页。

斯科取得一致。我们在 6 周内已经收到一些本着一定的精神起草的电报。我们不同意这些电报的方针，因此给莫斯科发了电报。莫斯科非常明确地回答说，它坚持自己的指示。任务是寻求新的、与莫斯科一致的行动纲领。"①他宣读了 6 月 23 日莫斯科给汪精卫的电报，如果根据莫斯科所希望的进行土地革命、使国民党民主化、建立革命军、不退出国民政府这四点去做，党的独立自主问题就自行解决了，共产党就成为领袖。但是，鲍罗廷并不认同，他详谈了自己对这四条的理解。档案记录如下：

1. **土地革命** 莫斯科提出进行土地革命的要求，而不是没收土地，这不是偶然的。这里可以找到接触点。没收土地，这不是土地革命的开端，而是它的终结。应当从其他步骤开始。我们应当对莫斯科说，我们所理解的土地革命是什么。我们应当弄清楚，莫斯科对此是有同样的理解，还是要求立即没收土地。我认为，先应该采取另外五个步骤（1）自治问题。这是一个重大步骤，是个杠杆，借助它可以开展阶级斗争。国民党希望排除农民的领导，但这无关紧要。我同湖北农民委员会谈过这个问题，他们很好地领会了这一点。（2）孙逸仙曾实行过的国民党的传统政策：减租。（3）我们对无地农民的事管得太少我们只是在湖南省有无地农民的专政。陈独秀：这根本不是农民，只不过是'平民百姓'。鲍罗廷：我们应该通过各种途径，如农民协会、城市失业者和军队同这些无地农民进行更密切的接触。我们如何接近这些农民的问题我还要专门谈。我们应该找到打入盗匪盛行地区的机会，以便把无地农民组织起来。（4）武装农民。这是最重要的步骤之一。如何把农民武装起来呢？通过自治，通过盗匪盛行地区，也还有其他的可能性。如果我们现在讨伐南京和广东，那就不能重犯过去的错误，应当把农

---

① 《联共（布）、共产国际与中国国民革命运动 1926—1927》（下），中共中央党史研究室第一研究部译，北京图书馆出版社 1998 年版，第 357 页。

民武装起来。这不是原则问题，而是技术问题。不利用一切机会来武装农民，这是犯罪行为。经费可以找到，莫斯科会提供经费。陈独秀在一份电报中支持向国民党提供贷款。莫斯科明白，他本人需要用钱来实现革命的目的，便同意了。（5）培训我们的同志做农村工作。这是很重要的一点。我们应该在很大程度上是共产党做好做农村工作的准备。如果尽最大可能做好准备工作，这也是土地革命。我们应当开办学校，等等。我们能否实现这五个步骤呢？前两个我们可以和国民党一起实施。其余三个我们可以自己来实施。我们可以把我们的这种立场通报给共产国际。若是共产国际正是这样理解土地革命的，那就找到了共同的立场。这是第一个问题，土地革命。

2. **国民党民主化** 这里有两种办法。第一种办法是吸收工人和农民，在各省举行代表会议。提出自下而上更新国民党的要求。第二种办法是劝国民党从群众中选新的领袖参加领导。我们应当明确地告诉共产国际，第一种办法是可行的，第二种办法是不可行的。第二种办法必然导致同国民党的决裂。在下次国民党代表大会上，我们应当为争取多数而斗争。将重新组建中央委员会。

3. **武装工农** 我们当然衷心欢迎这样做。但局势是这样，我们不能在武汉再呆上两个月。我们该怎么办呢？或者我们去南京，但那时冯有可能进攻我们。于是我们可能不得不去广东。无论如何我们得交出武汉。或者我们不得不同国民党左派一起转入地下。由于这个原因，现在武装工农实际上是不可能的。汉阳兵工厂每天生产 200 只枪，都被军阀拿走了。如果我们提出武装工农的问题，军阀会感到担心，会猜出我们的计划。因此，讨伐南京或广东就不可能了。因此，现在武装工农的口号没有实际意义，它实际上是不可能的。因为只能在广东和南京解决这个问题。

4. **退出政府** 莫斯科称这是冒险。但我们，即这里的一些同志，甚至比莫斯科更激进，希望退出。不过我认为，这里可以取得一致，没有多大困难。退出的时间还没有到来。我们应该留在政府内。这并不是说，每个部长都必须机械地坐在办公室里工作。他可以让副手、秘书呆在那里，而自己去国外住上6个月，如果他希望的话。这是个技术问题。但作为政治行为，我们应该留在政府内，可以说是象征性的。值此机会我想提请同志们注意一点。我们的所有谈判和对国民党的让步一般说来都是对军事因素的让步。另一些人士、政治家只不过是军阀手下的秘书。为什么我们不直接去长官那里，而去秘书那里呢？因为秘书是民主人士，如果他拥有权力，则会反对军阀。因此我们不应直接去找军阀。我们不能再搞迎接将军们的游行。要知道，如果我们这样做，民主人士也会转向军阀，他们会认为军阀专政要比"流氓无赖"专政好。我们应当吸引民主人士，加强他们的力量并同他们一起进行斗争。我们应当帮助这些民主人士组织对南京的讨伐。我们应当利用一切。对这一点，我很想更详细地谈一谈。因此，我现在不再多谈，稍后再回过头来谈这个问题。当我们同莫斯科没有共同立场时，我们连一步也不能前进。因此我提出了自己行动纲领。①

对于鲍罗廷这番高谈阔论，与会者意见不一致。陈独秀称对莫斯科的指示弄不明白不能同意，莫斯科根本不了解这里发生的事情。鲍罗廷所说的土地革命不没收土地，不是莫斯科所希望的。莫斯科要求没收土地，但我们不能这样做。因此，鲍罗廷的整个提纲是无稽之谈。张国焘认为莫斯科的指示不能接受，应当加以拒绝并通知莫斯科。周恩来提出莫斯科经常改变自己的指示，应当先弄清楚它到底想怎样办。张太雷表示罗易到来以后，经常出现分歧，这种情况不能容忍，还是应该取得一致。瞿秋白则回避明确提出问题，只

---

① 《联共（布）、共产国际与中国国民革命运动 1926—1927》（下），中共中央党史研究室第一研究部译，北京图书馆出版社 1998 年版，第 358—362 页。

谈自治的可能性。谭平山认为应当接受鲍罗廷关于土地问题的五点意见，主张我们中国人首先应该找到自己的立场，然后再通报莫斯科。任弼时则完全不同意鲍罗廷的意见，认为鲍罗廷要把我们引上歧途，应当完全彻底地接受莫斯科的指示。陈独秀表示完全持反对意见的只有任弼时一个人，他的意见不值得考虑。①

问题集中到土地问题。陈独秀表示他现在完全同意鲍罗廷的五点纲领，可是，这并不是莫斯科所希望的。会议期间，共产国际工作人员希塔罗夫同鲍罗廷有一段交谈。希塔罗夫认为鲍罗廷在土地问题上不是从莫斯科的立场出发。鲍罗廷则回答说：您自己去试试为此做宣传吧！您现在怎么去没收呢？他又向任弼时发问：在哪里和怎样才能没收土地？任弼时说：在湖北、湖南、江西，借助于农民队伍。②鲍罗廷认为与会者对他的发言产生了误解，要求再次发言。

陈独秀把讨论转向控制群众运动和政权问题。他说："罗易、维经斯基和青年代表（即任弼时——引者）都主张党的政治独立。他们认为，党在政治上应当是独立的。但我们认为，这是不可能的，因为我们在国民党内供职。我们应当服从。群众运动也应当服从国民党。"鲍罗廷长时间地谈论如何解决这个问题，说：国民党想控制群众运动。如果我们认为有必要采取什么行动，那就向国民党递交请愿书，100次、1000次。国民党看到这些坚决要求的请愿书，无法拒绝，就不得不采取行动。因此，国民党对群众运动的监督没有实际意义。希塔罗夫认为也许至少对革命党来说，应该认为游行、示威或罢工的形式比请愿这种和平形式要好。就这个问题，又进行了长时间的辩论。任弼时说："若国民党不顾请愿仍拒绝采取行动呢？"鲍罗廷回答："那我们就聚集在这里并决定该怎么办。"陈独秀表示不能同意这种看法，"如果我们想取得政治独立，那我们就应

① 《联共（布）、共产国际与中国国民革命运动 1926—1927》（下），中共中央党史研究室第一研究部译，北京图书馆出版社 1998 年版，第 361、362 页。
② 同上书，第 362、363 页。

退出国民党。"①从这番讨论可以看出，鲍罗廷占到主导地位，陈独秀与他观念偶有区别，但不特别坚持。

鲍罗廷的意志没有改变，"五月紧急指示"自然也没有落实。6月4日，共产党就当前政局发表致中国国民党的公开信，说了国民党和国民革命军不少好话，要求政府以切实行动"削平湖南的反革命"，宣布工农组织及共产党在湖南得享完全自由，武装农民，如此则"全国各地的工农，定要遥瞻国民革命的旗帜，认识国民党的党徽，为他们自由之标志。他们必定自己起来向国民政府之敌作战！"②6月6日，中共中央发出农字第七号通告，纠正农民无组织行动。6月13日，以全国农协名义发表训令，要求各地农协一致请求明令保护，肃清反动势力。6月15日，国民党的公开信则简单开列两条原则：对武人越轨行动必须制裁；对农协幼稚行动必须纠正。

武汉国民党自身越来越难以为继。6月10日至12日，汪精卫以武汉党政强大阵容，北上郑州同冯玉祥会谈，决定成立由冯玉祥、于右任、徐谦等人组成的政治委员会开封分会，指导河南、陕西、甘肃三省党务、政务，冯玉祥兼任河南省政府主席，指望以党、政、军权力和地盘换取冯玉祥的支持。但是，事与愿违，冯玉祥要两面派，转身就倒向蒋介石一边。

6月20、21日，冯玉祥与蒋介石在徐州举行特别会议，双方达成一致，"对于共产党之办法，议决先由冯同志发电警告武汉"，"武汉政府问题，议决先在冯同志警告武汉电内促伪政府注意"。③冯玉祥对孔庚说得直白："共产党太闹凶了，也怪不得蒋介石"；已致电武汉，"请鲍顾问回国，免除对人的意见，将南京、武汉合而为一"，并下令政治工作人员中的共产党人退出国民党。山西阎锡山则以借话传话的方式，向孔庚表明与武汉不合作的态度，说："据一般人的

---

① 《联共（布）、共产国际与中国国民革命运动1926—1927》（下），中共中央党史研究室第一研究部译，北京图书馆出版社1998年版，第363页。

② 中央档案馆：《中共中央文件选集》第3册，中共中央党校出版社1983年版，第141页。

③ 《政治会议第108次会议纪录》，1927年6月22日，见《中央政治会议第73—111次会议纪录》，台北中国国民党党史馆，会议00.1/33。

说法武汉是共产党的政府；南京才是真正国民党政府"；"武汉有一个鲍罗廷，是第三国际派来的，武汉政府完全是为他所把持，一切事务非得他的许可，不能有所作为。"①

至于江西，如前所述，朱培德"礼送"共产党人出境，已经破坏了江西的国共合作。武汉政府把"马日事变"善后交由唐生智全权处理，唐借此机会巩固在湘势力，照样压制共产党和工农运动。持美国护照旅行的女记者斯特朗，亲眼所见长沙"曾以农民革命'最红'的据点而闻名，现在则是最血腥的反革命中心"。②

汪精卫只有到武汉才有地位。他不像蒋介石那样有嫡系势力，现在武汉的情形朝不保夕，不得不考虑自己的出路。罗易一直认为汪是最后的左派，幻想把他争取到手，推动"五月紧急指示"的落实，也好与鲍罗廷分出高低。为此，他不惜将绝密的"五月紧急指示"私下给汪精卫看过。可是，这个行动不仅没有增加汪的信任，反倒促使他下定"分共"的决心。汪精卫"一面集合中央党部非共产党的同志，商量和共产党分离的方法；一面集合非共产党的武装同志，将那决议案宣布，请他们在军队中留心防范，听候中央议决，努力奉行"。③

6 月 27 日，罗易在返回莫斯科之前，同汪精卫交谈。汪称：我们面前有两条路：一是为了同右派和一切反革命分子作斗争，共产党与国民党密切合作。这可能激起反动派立即武装叛乱；二是共产党人退出国民党，国民党左派将维护出版、言论自由和共产党合法存在的自由。如果采取这样的步骤，那么，反动派就没有组织武装叛乱的直接借口。汪称已同陈独秀和谭平山谈过，陈、谭他们赞成第二条道路，而他个人认为应赞成第一条道路，又说，如果能集中

① 中国第二历史档案馆：《中国国民党第一、二次全国代表大会会议史料》（下），江苏古籍出版社 1986 年版，第 1290、1292 页。

② 《斯特朗在中国》，三联书店 1985 年版，第 65 页。

③ 汪精卫：《武汉分共之经过》，见《中共党史参考资料》第 4 册，中国人民解放军政治学院党史教研室编，第 476 页。

所有武装部队进攻南京，那么第二条道路会是理想的。①这等于也向罗易透露了决定走"分共"的路，离开武汉，南下广东。

6月28日，莫斯科拟致电鲍罗廷、加伦和陈独秀，强调"尽管出现背叛行径，武汉不应退却或者在道路选择上发生动摇"，"在国民党面前有两条路：或者它将逐步地清除自己的取消派，不怕破裂，面向群众运动和土地革命；或者让半背叛者和蒋介石的秘密追随者来领导自己。必须为争取国民党的第一条发展道路而斗争"。要求中国共产党"别放慢速度"，依靠群众，开展土地革命，组建自己的武装力量，"尽管有背叛行为和暂时的、甚至是惨重的失败，最终都必然取得胜利。"②

大约于6月25日，中共中央政治局在鲍罗廷寓所召开紧急会议。鲍罗廷初居武昌湖上园，稍后即移居汉口西门子公司大楼。周恩来、张太雷在会上报告何键即将起事的消息。张提出纠察队、童子团问题今日一定要解决，周报告中央军部与省委军部已决定于今日下午将省总工会纠察队调过武昌编入张发奎部队。为避免耳目计，过江时不着队服，不带武器。蔡和森说："这实际上是解散纠察队了，何不率性公开宣布，以消灭何键暴动之借口？"会议遂决定公开宣布解散纠察队。"不意省委及总工会处理纠察队之事，手忙脚乱，未向负责同志说明，以致一时大形混乱，纠察军及办事人弃枪弃职，逃走一空。"③向忠发代表湖北省总工会向国民党中央报告了交枪情形，称从第四军借得的583支步枪现已全数缴还，并将纠察队自7月1日起改编为一大队，将工友遣散。④6月28日，发布了公告。

6月30日，联共（布）中央政治局举行秘密会议研究中国问题，决定告知武汉，"应自己决定退却方向的问题"，同时，"再次强调指

① 《联共（布）、共产国际与中国国民革命运动1926—1927》（下），中共中央党史研究室第一研究部译，北京图书馆出版社1998年版，第367—370页。

② 同上书，第376、377页。

③ 蔡和森：《党的机会主义史》，见《中共党史报告选编》，中央档案馆，中共中央党校出版社1982年版，第134、135页。

④ 《湖北省总工会上中执会呈》，台北中国国民党党史馆，汉0868。

出，可以通过开展群众运动和土地革命、武装工农和使国民党民主化来挽救革命。"⑤至此，联共（布）仍然坚守其采取激进政策的立场，同时，留出一条退却的缝隙。这个决定，可使莫斯科决策者进退自如，却为执行者的鲍罗廷和中共中央埋下担负失败责任的伏笔。

7月3日，中共中央召开扩大会议，在汉中央委员、党的活动分子、共产国际和青年共产国际的代表参加。陈独秀分析当前形势，指出脱离国民党、执行独立政策的路"不正确"，执行自己的政策，但留在国民党内"行不通"，只有"实行退却，以便留在国民党内"是唯一出路。会议认为：实行土地革命，首先应当有一支革命军队，现时工人、农民还没有足够觉悟，没有军事力量，因而"不可能取得成功"；目前工农对于行使领导权没有准备，为了避免孤立，必须以左派为革命中心，因此，"共产党人要利用一切力量来加强国民党左派，同他们结成坚强的战斗集体"。为达到这个目的，共产党"需要实行相对退却"。⑥会议通过了对国民党关系方面退却纲领11条，承认共产党参加政府是以国民党的名义，两党联席会议只是协商决定共同负责，不是执行机关，参加政府和共同协商不含有联合政权的意义，为减少冲突，共产党的部长可以暂时离开政府；工农群众组织必须接受国民党的领导，工农纠察队必须置于国民政府的监督之下，为减少冲突，武汉现有纠察队可以减少或编入军队；等等。据瞿秋白后来所著《中国革命与共产党》中的语气来推测，这11条纲领也是鲍罗廷起草的。

蔡和森回忆说，鲍罗廷在会上精神饱满地做了很长的演讲，其大意是：第一，共产国际认为中国党有改良主义，其实这个问题并不存在，他所提出的政策每一项都比罗易十倍以上革命；第二，中国现状客观有利于我们，只是主观力量没有成熟，所以不能取得领

　　① 《联共（布）、共产国际与中国国民革命运动1926—1927》（下），中共中央党史研究室第一研究部译，北京图书馆出版社1998年版，第375页。

　　② 《中共中央扩大会议记录》，1927年7月3日，转引自《任弼时传》，中共中央文献研究室编著，中央文献出版社1994年版，第104—105页。

导权；第三，斯大林主张土地革命是对的，但季诺维也夫及其在中国的代表只教我们帮助资产阶级，未教我们武装工农，准备与资产阶级决裂，所以，斯大林的政策现在难于实行。后来，蔡和森认为鲍罗廷这番说辞，是机会主义的，本次扩大会也是机会主义的最后破产。①

国共合作危在旦夕，鲍罗廷和陈独秀主导下的中共中央处于"散乱的状态"，②进退失据，左右为难，拿不出突破困局的有效招数。毛泽东也有心情苍凉之感，不过，他倒是从革命被逼到死角中，形成了与中央完全不同的思路。6月中旬，他同李立三、郭亮召集湖南来汉向国民政府请愿惩办许克祥的共产党员和骨干分子开会，提出大家回到原来的工作岗位，长沙站不住，城市站不住，就到农村去，下乡组织农民。要发动群众，恢复工作，山区的人上山，滨湖的人上船，拿起枪杆子进行斗争，武装保卫革命。③同月下旬，毛泽东根据中央政治局常委会决定，作为湖南省委书记回到湖南恢复工作。了解了"马日事变"以来的局势后，他明确提出要用武力对付反动军队，以枪杆子对付枪杆子，不要再徘徊观望。④7月4月，中央政治局常委会召开第34次会议，讨论到关于湖南省农协的策略问题时，毛泽东提出两条：一是改成安抚军合法存在，但这实难办到；二是另有两条路可选，或是上山，或是投入军队中去。他指出：上山可造成军事势力的基础，不保存武力则将来一到事变我们即无办法。⑤独立搞武装，城市不能立足就上山、下湖、进农村，这是新的革命道路的思想萌芽。

7月8日，联共（布）中央政治局召开紧急会议，通过送交共产国际批准的指示："共产党人必须示威性地退出国民政府"，"退出

---

① 蔡和森：《党的机会主义史》，见《中共党史报告选编》，中央档案馆编，中共中央党校出版社1982年版，第134、136、137页。

② 瞿秋白：《中国革命与共产党》，见《党史资料》1952年第4辑，中共中央宣传部党史资料室编，第60页。

③ 中共中央文献研究室：《毛泽东年谱1893—1949》上卷，人民出版社中央文献出版社1993年版，第203、204页。

④ 同上书，第204页。

⑤ 同上书，第205页。

国民政府并不意味着退出国民党。共产党人必须留在国民党内，并在国民党的一切组织中和在拥护它的群众中，为改变国民党的政策和改组其领导机关人员进行坚决的斗争。"①7 月 14 日，苏联《真理报》发表《共产国际执委会关于中国革命目前形势的决定》，将上述内容公之于众。联共（布）、共产国际批准共产党人退出国民政府，标志着指导中国革命的路线发生重大转折。

7 月 13 日，中共中央发表《中国共产党中央委员会对政局宣言》，宣布：鉴于国民党中央和国民政府多数领袖公开准备政变，"实足以使国民革命陷于渐灭。这种政策使武汉同化于南京，变成新式军阀的结合与纷争"，决定撤回参加国民政府的共产党员。同时，表示"共产党员决无理由可以退出国民党，或者甚至于与国民党合作的政策"②。同时，谭平山、苏兆征宣布"决然退出政府"。根据共产国际指示，鲍罗廷提议由张国焘、张太雷、李维汉、李立三、周恩来组成临时中央常务委员会。陈独秀被排斥在中央领导集体之外。7 月 14 日晚，国民党政治委员会主席团召开秘密会议，无视宋庆龄、邓演达等左派的坚决反对，接受了汪精卫的"分共"主张。次日，国民党中央常委会通过决定，制裁一切违反国民党主义、政策的言论行动，实际上就是制裁共产党，随后发出"分共"训令，第一次国共合作完全破裂。

中共中央常委会改组以后，鲍罗廷与瞿秋白去了江西庐山，7 月 21 日返回武汉。7 月 8 日，联共（布）中央政治局致电鲍罗廷和加伦，宣布撤回鲍罗廷，指示鲍以"最合适的方式和理由"离开中国。14 日，批准鲍罗廷立即动身回莫斯科。

7 月 27 日，鲍罗廷"彬彬有礼地告别汉口"。斯特朗见证了场面，送别礼仪还是隆重的，武汉政府的重要人物亲临车站话别。大家拥进餐车，一起喝茶和苏打水，互相致意。汪精卫、宋子文和鲍罗廷

---

① 《联共（布）、共产国际与中国国民革命运动 1926—1927》（下），中共中央党史研究室第一研究部译，北京图书馆出版社 1998 年版，第 378、399 页。

② 《中国共产党中央委员会对政局宣言》，1927 年 7 月 13 日，见《中共党史参考资料》第 4 册，中国人民解放军政治学院党史教研室编，第 454—458 页。

鲍罗廷（左一）在回国途中，右一为美国记者斯特朗，采自陈丕士《中国召唤我》

坐在一起。看上去他们对鲍罗廷的离开并没有什么不高兴。直到最后一分钟，他们还提出要讨伐蒋介石，试图引起鲍的兴趣。然而，鲍拒绝表态。①

鲍罗廷看穿了汪精卫们，现在说什么都于事无补。况且，他面临尴尬的处境。在中国四年，参与和推动国民党改组，实现国共合作，工、农、青、妇、商、学、兵各界群众得到空前的发动和组织，国民革命取得了重大胜利。可是，国共合作现在彻底破裂，国民革命之花凋零，革命陷入空前危机。1927 年 4 月以来，他所一以贯之亦属选择性执行的政策，与联共（布）和共产国际有重大偏离，一旦追究失败责任，他必首当其冲，斯大林已经指示"把鲍罗廷、罗易，以及在中国妨碍工作的所有反对派分子清除出中国"。②所以，鲍罗廷必然心情沉重。事实也正是这样，返国以后，鲍罗廷的后半生为他的中国革命顾问生涯屡受牵连，甚至最后付出了生命的代价。然而，鲍罗廷毕竟是久经考验、经验丰富的革命者，他深知引发中国革命的原因乃出自中国内部，这片神奇土地上的社会结构和主要矛盾不改变，革命就不会完结。③

鲍罗廷离开武汉不过几天工夫，8 月 1 日，南昌暴动就爆发了。历史翻开新的一页。年轻的中国共产党人不畏挫折，勇于探索，继续在崎岖曲折的道路上奋力前行。

---

① 《斯特朗在中国》，三联书店 1985 年版，第 78 页。

② 《联共（布）、共产国际与中国国民革命运动 1926—1927》（下），中共中央党史研究室第一研究部译，北京图书馆出版社 1998 年版，第 408 页。

③ 《斯特朗在中国》，三联书店 1985 年版，第 86 页。

结 语

在中国，参与建立和坚持国共合作，推进国民革命蓬勃发展的四年，是鲍罗廷毕生最富影响力、最有成就感的四年。历史地看，国共两党第一次合作推进的国民革命，是 20 世纪中国继辛亥革命之后涌起的又一次革命大潮，深刻地影响了近现代中国的发展走向。作为苏联使者、联共（布）派到中国的最重要的顾问，鲍罗廷不愧为英勇出彩的弄潮人。

鲍罗廷经历了第一次国共合作的全过程。他的到来和卓越工作，促进国民党改组的完成，使第一次国共合作得以实现，国民革命的领导力量得以重建，共产党开展新民主主义革命亦因之获得实践平台。改组后的国民党，由于共产党人和青年团员的加入，工农群众运动的开展，在构成上呈现各革命阶级联盟的特性，增强了革命性，但继续保持了资产阶级政党的基本色彩。鲍罗廷深知国民党的复杂性，一开始就有加强左派、警惕右派进而战胜右派的思想准备。他以坚持联俄、反帝、开展国民革命为最大公约数，在变动的格局中，团结和发展左派势力，稳定和拉拢中间势力，排斥和打击右派势力。孙中山在世时，孙的威望是国共合作的重要条件，鲍罗廷注意不深化国民党内的派别分歧，努力化右为左，抵制退出国民党的躁动。孙中山逝世后，他及时把国民党内共产派划出左派范围，加紧壮大左派，形成新的领导核心，努力维护国共合作和国民革命的大政方针。在中山舰事件发生的复杂形势下，他冷静稳住阵脚，在北伐战争高潮中实现国民党左派势力的重振。蒋介石清党反共以后，他主张战略退却，继续设法维持国共合作局面，另觅生机。

归国途中的鲍罗廷（持枪者），采自［美］丹·雅各布斯《鲍罗廷：斯大林派到中国的人》

　　以共产党员个人参加国民党的方式实现的国共合作，是联共（布）、共产国际的理论和战略与当时中国实际相结合的产物。共产国际和列宁认为当前的中国革命是资产阶级革命，无产阶级及其先锋队中国共产党应该参加这个革命，并在其中发挥领导作用。民主革命的性质、共产党力量较小的现状，决定了以党内合作的方式与国民党建立革命统一战线是必要的、可行的。孙中山的态度，也决定了共产党不得不同意这种方式，否则，它就只能在革命运动中继续孤军奋战。但是，联共（布）、共产国际在酝酿国共合作的阶段，就有高看国民党的毛病，同时过低估计中国工人阶级和共产党。国共合作实现后，共产国际五大有视国民党为"工农党"的看法，共产国际执委会并把国民党作为同情党看待，甚至准备与国民党建立代表互派关系。联共（布）、共产国际也有担心中国共产党被国民党溶化的一面，注意防止和纠正中共的右倾错误。这两种主张经常平行或交替出现在中国革命现实中，影响共产党发生激进或保守的变化。鲍罗廷始终恪守国共合作，维护统一战线不动摇，既反对来自国民党内要求共产党人退出国民党的主张，也反对共产党内要求退出国民党的主张。

应该看到，党内合作方式本身具有天然的局限性。特别是在推翻军阀统治的目标将近实现，共产党的力量在革命运动中迅速壮大的情势下，随着共产国际战略激进化，要求在国共合作的条件下，实质推进土地革命和建立工农革命武装，重新改造国民党上层机构，促进中国革命向非资本主义前途发展。这当然不可能为国民党当权派所接受，其矛盾自然越来越深，斗争日益激烈，党内合作的框架越来越不适应发展了的形势。联共（布）、共产国际要求在继续保有国共合作的局面下，以进攻应对蒋介石的清党反共。这种两全齐美的设计，以高估武汉国民党的革命性和共产党人驾驭国民党的能力为基础，具有不可实践性。事实说明，革命形势已经深刻转变，国共合作格局必须相应转变，及时突破国共党内合作框架，这样，开展土地革命、组建革命军队，才能放开手脚，共产党独立性才能实现。鲍罗廷选择了维持与武汉国民党继续合作，放弃实行激进政策。由于党内合作气数已尽，毫无延续空间，鲍罗廷此招也不过仅仅使进入紧急阶段的国共合作徒有其表，不能解决实际问题。

鲍罗廷帮助国民党确立以党治军的理念，以苏联红军模式建立国民革命军。他参与筹建黄埔军校的谋划，参与平定广州商团叛乱。他在国民革命军北伐的问题上，做促进派，主张以北伐与农民问题的解决相结合，彻底摆脱封建地主土地所有制的束缚。

回国后的鲍罗廷，采自［美］丹·雅各布斯《鲍罗廷：斯大林派到中国的人》

他积极主张武汉政府进行二次北伐，解除奉系军阀对武汉的威胁，并汇合冯玉祥国民军的力量，加强同蒋介石斗争的实力。北伐取得了对奉作战的胜利，会师冯玉祥、壮大反蒋实力的目的，则由于冯的失信而未达到，且加速了武汉国民党的分化。这个时期，联共（布）和斯大林重视帮助中国革命阵营建立武装力量，斯大林认为这是中国革命的特点和优势。他们把发展武装的着重点，放在国民党和国民政府，共产党人主要发挥的是政治工作者的作用。在国民革命最后阶段，斯大林给鲍罗廷下达了武装工农的指令，鲍罗廷认为没有条件实施。

鲍罗廷参与国民党的政权建设，实践了"以党治国"。国民党中央政治委员会一成立，他在国民党中的顾问事务就转换到这个新平台。政治委员会讨论和决定政治问题，是通往党、政执行机构的中枢。国民政府建立后，政治委员会正式成为国民党指导政府的决策机构。鲍罗廷参与国民党政权从大元帅个人决断制到委员合议制的改造，参加政治委员会为成立国民政府的议事决策，还亲自起草、审查一系列关于政权、政务的规章、文电，并为政府人事安排提出重要建议。鲍罗廷通过苏联国家机关和共产国际机构渠道，掌握国际动态，及时为国民政府提供外交政策建议。迁都之争和国民政府在武汉办公，国民党二届三次全会以后国民政府机构的充实和共产党人参加政府，在在都有鲍罗廷的运筹帷幄之功。共产党人参加政府，国共两党联席会的召开，使国共合作增加了政党联盟的因素。由于最后彻底向国民党退让，共产党主动放弃这个因素，倒退为单纯维持党内合作。

鲍罗廷从中国历史和现状中把握实行土地革命的重要性，反复强调中国革命的最后胜利，有赖于农民土地问题的完全解决。这是具有远见的。他的主张，有以共产国际革命理论和俄国革命经验认识中国土地问题的一面。一开始谈土地问题，就主张实行土地国有制，这是超越中国国情的。伴随农民运动的深入发展，农民自发起来解决土地问题，他转而面对现实，主张经过农民自己的乡村自治，实现基层政权的转移，作为土地革命的保障，在没收和分配上，主张照顾到同盟者的利益。比起无条件没收和无规则分配的大众狂欢式的土地革命，鲍罗廷的方案显得保守，但却具有切实可行性。农民的土地革命，如果没有政权和军队的保障，没有制度规范，是不能健康开展的。中国共产党后来的斗争，充分证明了这一点。

革命是千百万人民的事业。人民群众投身革命运动，以其对革命的自觉认识为条件。启蒙，先觉觉后觉，建立广大的人民群众的革命认同，乃是革命事业朝气蓬勃的法宝。来华前，鲍罗廷关于中国的知识近乎空白。在一个陌生的国度，他加强对中国历史、特别是近代以来中国人民的反帝反封建斗争历史的了解，加强对中国国情与文化的熟悉。他始终把唤醒民众，作为最重要的工作之一，不知疲倦地到处演讲宣传。把十月革命的历史和经验、列宁的光辉业绩、帝国主义的侵略历史、三民主义的革命内涵、国共合作的必要性，不懈地送到工农大众中、武装兵士中、青年学生中、党员群众中。他的演讲，深入浅出，生动活泼，给人留下至深的印象。

联共（布）和苏联政府的强大背景，使鲍罗廷的权威和影响力更加张大。但是，顾问的身份和工作性质，决定了他总要与国共两党重要成员细心打交道。他要贯彻莫斯科的决策和意图，要结合中国的实际，要克服运作中的各种困难。鲍罗廷注意与中国领导人建立广泛而密切的个人关系，他很快得到孙中山的信任，得以迅速进入到国民党决策层。他使出浑身解数，合纵连横，利用矛盾，分化瓦解，甚至于必要时玩弄一点权术，采取独断办法。他常常通过个别间的说服和疏通，取得成功，这也是他的风格和艺术。鲍罗廷受命于联共（布），后者乃共产国际的领导核心，中国共产党是共产国际的中国支部，大概出于此，鲍罗廷与中共中央有沟通和商量，但在意见不一致时，往往坚持自己的观点，也有做出重大决策时绕过中共中央的现象。

身处异国他乡，鲍罗廷要克服常人难以想象的包括语言、生活在内的诸多困难。中国南方的暑热气候，让他染上难以治愈的疟疾。在武汉期间，疟疾的间歇性发作与手臂骨折的伤痛并作，交织着对

革命形势剧变的忧虑，特别是他的夫人鲍罗廷娜在途经南京的苏联轮船"列宁纪念"号上被军阀张宗昌捕获而身陷囹圄，更加重他的思念和精神负担。但是，所有这些都没有吓倒鲍罗廷，他有为革命理想献身的准备。艰困时期，鲍罗廷向斯特朗留下豪言壮语：中国革命的任务比俄国革命大好几倍，为完成这场革命而牺牲的将绝不止一个鲍罗廷。可以这样看，作为一个革命志愿者，鲍罗廷是无私的。

第一次国共合作的失败，乃多重原因所决定，不以人的意志为转移，也绝非一个"右倾机会主义"可以简单了断。整个1923年至1927年间，联共（布）和共产国际提供了理论、战略、方法的指导，苏俄政府提供了巨大的人力、财力和物力支持，由于脱离中国国情和革命实际，加以客观上力量对比的过于悬殊，最后并不能按照他们所设计的方案去实现。从这个角度说，鲍罗廷所担负的是无法完成的使命。除了对难以打包执行的"五月紧急指示"有所延宕以外，鲍罗廷总体上忠实执行了莫斯科的指示。所以，当维经斯基、季山嘉、罗易分别在不同阶段建议莫斯科撤换鲍罗廷，均未被采纳，相反，莫斯科授予他红旗勋章以资鼓励。在革命面临失败之际，斯大林寻找替罪羔羊，鲍罗廷与中国共产党都在其中，其后铺天盖地的右倾机会主义批判开始酝酿。联共（布）企图完全诿过于人，显然有悖历史，是毫无道理的。国民革命应该以实现各革命阶级的联合专政为最佳选项，但其结局是大地主大资产阶级的专政，所以说革命遭到了失败。这个失败，抛开联共（布）、共产国际的指导不谈，在主观上，归根到底是共产党的理论准备和实践经验双重不足，没有找到符合国情的中国特色革命道路。

参考文献

一 档案史料

中国国民党临时中央执行委员会会议记录（广州），台北中国国民党党史馆

中国国民党第一次全国代表大会记录（广州），台北中国国民党党史馆

中国国民党一届一中全会记录（广州），台北中国国民党党史馆

中国国民党一届二中全会记录（广州），台北中国国民党党史馆

中国国民党一届三中全会记录（广州），台北中国国民党党史馆

中国国民党中央常务委员会会议记录（广州），台北中国国民党党史馆

中国国民党中央政治委员会会议记录（广州），台北中国国民党党史馆

中国国民党第二次全国代表大会记录（广州），台北中国国民党党史馆

中国国民党第二次全国代表大会各省区党务报告（广州），台北中国国民党党史馆

中国国民党二届一中全会记录（广州），台北中国国民党党史馆

中国国民党二届二中全会记录（广州），台北中国国民党党史馆

中国国民党二届三中全会记录（武汉），台北中国国民党党史馆

中国国民党中央执行委员国民政府委员临时联席会议记录（武汉），台北中国国民党党史馆

中国国民党二届中央常务委员会会议记录（广州），台北中国国

民党党史馆

中国国民党二届中央常务委员会会议记录（南昌），台北中国国民党党史馆

中国国民党二届中央常务委员会会议记录（武汉），台北中国国民党党史馆

中国国民党二届中央政治委员会会议记录（广州）台北中国国民党党史馆

中国国民党二届中央政治委员会会议记录（武汉），台北中国国民党党史馆

中国国民党土地委员会会议记录（武汉），中央档案馆

中国国民党二届中央常务委员会会议记录（南京），台北中国国民党党史馆

中国国民党二届中央政治委员会会议记录（南京），台北中国国民党党史馆

中国国民党二届二中全会记录（上海），台北中国国民党党史馆

中国国民党汉档 E1（6832—10132），台北中国国民党党史馆

"蒋中正总统"文物 01（0001—0726）：台北"国史馆"

二　专题史料

中央档案馆：《中共中央文件选集》第 1—3 册，中共中央党校出版社 1982 年版

中央档案馆、广东省档案馆：《广东革命历史文件汇编》，内部印行

中央档案馆、湖北省档案馆：《湖北革命历史文件汇编》，内部印行

中共中央党史研究室第一研究部编译：《共产国际、联共（布）与中国革命档案资料丛书》第 1—6 卷，北京图书馆出版社 1997 年版

中国社会科学院近代史研究所翻译室：《共产国际有关中国革命的文献资料 1919—1928》，中国社会科学出版社 1981 年版

《鲍罗廷在中国的有关资料》，中国社会科学出版社 1981 年版

《维经斯基在中国的有关资料》，中国社会科学出版社 1982 年版

《马林在中国的有关资料》，人民出版社 1980 年版

《孙中山全集》第 9—11 卷，中华书局 1986 年版

陈旭麓等主编：《孙中山集外集》，上海人民出版社 1990 年版

《毛泽东文集》第 1 卷，人民出版社 1993 年版

任建树等：《陈独秀著作选》第 1—3 卷，上海人民出版社 1993
年版

《谭平山文集》，人民出版社 1986 年版

《瞿秋白文集》政治理论篇，第 1—3 卷，人民出版社 1997 年版

中央档案馆：《中共党史报告选编》，中共中央党校出版社 1982
年版

中国社会科学院近代史研究所：《中共党史革命史论集》，中共
中央党校出版社 1982 年版

《苏联阴谋文证汇编》，京师警察厅 1928 年

《事略稿本》第 1 册，台北"国史馆" 2003 年版

武汉市地方志编纂委员会办公室：《武汉国民政府史料》，武汉
出版社 2005 年版

中央档案馆：《北伐战争（资料选辑）》，中共中央党校出版社
1981 年版

《北伐史料》，台北"国史馆" 2002 年版

《宁汉分裂与清党》，台北"国史馆" 2002 年版

《四·一二反革命政变资料选编》，人民出版社 1987 年版

程道德等：《中华民国外交史资料选编（1919—1931）》北京大
学出版社 1985 年版

中国社会科学院近代史研究所近代史资料编辑组主编：《陆海军
大元帅大本营公报选编（1923 年 2 月—1924 年 4 月）》，中国社会
科学出版社 1981 年版

中国第二历史档案馆：《中华民国史档案资料汇编》第 4 辑，江
苏古籍出版社 1986 年版

中国第二历史档案馆：《中国国民党第一、第二次全国代表大会会议史料》，江苏古籍出版社 1986 年版

中国第二历史档案馆：《蒋介石年谱初编》，档案出版社 1992 年版

罗家伦主编：《革命文献》第 8、9 辑，台北中国国民党中央委员会党史史料编纂委员会 1955 年版

萧继宗主编：《革命文献》第 69 辑，台北中国国民党党史委员会 1976 年版

秦孝仪主编：《革命文献》第 76、79 辑，台北中国国民党党史委员会 1979 年版

安徽大学苏联问题研究所等编译：《1919—1927 苏联〈真理报〉有关中国革命的文献资料选辑》第 1 辑，四川省社会科学院出版社 1985 年版

《斯特朗在中国》，三联书店 1985 年版

〔苏〕米夫：《中国革命》，苏联外国工人出版社 1933 年版

〔苏〕米夫：《英勇奋斗的十五年》，北方文化出版社 1938 年版

〔苏〕A.卡尔图诺娃：《加伦在中国 1924—1927》，中国社会科学院近代史研究所翻译室译，中国社会科学出版社 1983 年版

〔美〕罗伯特·诺思等：《罗易赴华使命》，王淇等译，中国人民大学出版社 1981 年版

〔美〕埃德加·斯诺：《西行漫记》，董乐山译，三联书店 1979 年版

C.Martin Wilber and Julie Lien-ying How. *Missionaries of Revolution:Soviet Advisers and Nationalist China* 1920—1927.Harvard University Press1989

三 回忆录

宋美龄：《与鲍罗廷谈话的回忆》，《传记文学》第 32 卷第 5、6 期

张国焘：《我的回忆》，现代史料编刊社 1980 年版

杨子烈：《张国焘夫人回忆录》，香港自联出版社 1970 年版

李维汉：《回忆与研究》上，中共党史资料出版社 1986 年版

陈碧兰：《早期中共与托派：我的革命生涯回忆》，香港天地图书有限公司 2010 年版

邹鲁：《回顾录》，岳麓书社 2000 年版

陈公博：《苦笑录》，现代史料编刊社 1981 年版

李宗仁口述　唐德刚撰写：《李宗仁回忆录》，广西人民出版社 1980 年版

《包惠僧回忆录》，人民出版社 1983 年版

陈丕士：《中国召唤我——我参加中国革命的历程》，郭济祖译，商务印书馆 1983 年版

［苏］亚·伊·切列潘诺夫：《中国国民革命军的北伐——一个驻华军事顾问的札记》，中国社会科学院近代史研究所翻译室译，中国社会科学出版社 1981 年版

［苏］A. B. 勃拉戈达托夫：《中国革命纪事 1925—1927 年》，李辉译，三联书店 1982 年版

［苏］A. B. 巴库林：《中国大革命武汉时期见闻录——1925—1927 年中国大革命札记》，郑厚安等译，中国社会科学出版社 1985 年版

［苏］C. A. 达林：《中国回忆录 1921—1927》，侯均初等译，李玉贞校，中国社会科学出版社 1981 年版

［苏］B. B. 维什尼亚科娃－阿基莫娃：《中国大革命见闻 1925—1927》，王驰译，中国社会科学出版社 1985 年版

［苏］维·马·普里马科夫：《冯玉祥与国民军》，曾宪权译，中国社会科学出版社 1982 年版

《在中国土地上　苏联顾问回忆录 1925—1945 年》，何智涛等译，中国社会科学出版社 1981 年版

《苏联顾问在中国 1923—1927》，中国社会科学院近代史研究所翻译室译，中国社会科学出版社 1980 年版

四 报刊资料

《广州民国日报》1923—1927 年

《民国日报》1923—1927 年

《汉口民国日报》1927 年

《革命军日报》1927 年

《大公报》（长沙）1924—1927

《申报》1924—1927

《晨报》1924—1927

《工人之路》1925 年

《中国农民》1926—1927 年

《政治周报》1926 年

《中央副刊》1927 年

《湖北农民》1926—1927 年

《湖北农民运动》1927 年

《群众》1926—1927 年

五 学术著作

蒋永敬：《鲍罗廷与武汉政权》，台北传记文学出版社 1963 年版

丁言模：《鲍罗廷与中国大革命》，宁夏人民出版社 1993 年版

崔书琴：《孙中山与共产主义》，台北传记文学出版社 1984 年版

李玉贞：《孙中山与共产国际》，台北"中央研究院"近代史研究所 1996 年版

刘曼容：《孙中山与中国国民革命》，广东人民出版社 1996 年版

张玉法：《民国初年的政党》，台北"中央研究院"近代史研究所 2002 年版

张玉法：《中国现代史论集》第 10 辑，台北联经出版公司 1982 年版

邹谠：《中国革命再阐释》，牛津大学出版社 2002 年版

吕芳上：《革命之再起——中国国民党改组前对新思潮的回应

（1914—1924）》，台北"中央研究院"近代史研究所 1999 年版

李云汉：《从容共到清党》，台北"中国学术著作奖助委员会"1973 年版

《北伐战史》，台北中华大典编印会 1967 年版

姚金果 苏杭 杨云若：《共产国际、联共（布）与中国大革命》，福建人民出版社 2002 年版

黄修荣：《共产国际与中国革命关系史》（上），中共中央党校出版社 1989 年版

黄修荣：《第一次国共合作》，上海人民出版社 1986 年版

黄修荣：《国民革命史》，重庆出版社 1992 年版

向青：《共产国际和中国革命关系的历史概述》，广东人民出版社 1983 年版

李剑农：《中国近百年政治史 1840—1926 年》，复旦大学出版社 2002 年版

邱钱牧主编：《中国政党史》，山西人民出版社 1991 年版

沙健孙主编：《中国共产党史稿 1921—1949》第 2 卷，中央文献出版社 2006 年版

陈永发：《中国共产革命七十年》，台北联经出版事业股份有限公司 2001 年版

李新等总主编、杨天石主编：《中华民国史》第 5 卷，中华书局 1996 年版

萧超然主编：《中国新民主革命通史》第 2 卷，上海人民出版社 2001 年版

张静如主编：《中国新民主革命通史》第 3 卷，上海人民出版社 2001 年版

张宪文主编：《中华民国史纲》，河南人民出版社 1985 年版

华岗：《中国大革命史 1925—1927》，文史资料出版社 1982 年版

曾宪林等：《中国大革命史论》，中共党史出版社 1991 年版

曾宪林等：《北伐战争史》，四川人民出版社 1991 年版

参考文献

曾庆榴:《广州国民政府》,广东人民出版社 1996 年版

刘继增 毛磊 袁继成:《武汉国民政府史》,湖北人民出版社 1986 年版

杨奎松:《国民党"联共"与"反共"》,社会科学文献出版社 2008 年版

中国史学会:《中国国民党"一大"六十周年纪念论文集》,中国社会科学出版社 1984 年版

"从五四运动到人民共和国成立"课题组:《胡绳论"从五四运动到人民共和国成立"》,社会科学文献出版社 2001 年版

周利生:《吴廷康与中国大革命关系研究》,中国社会科学出版社 2004 年版

张秋实:《瞿秋白与共产国际》,中共党史出版社 2004 年版

谢幼田:《联俄容共与西山会议》,香港集成图书有限公司 2001 年版

田子渝等主编:《八十年来中共党史研究》,湖北人民出版社 2001 年版

中共中央党史研究室:《中国共产党历史》第 1 卷,中共党史出版社 2002 年版

中共中央党史研究室第一研究部主编:《俄共秘档与中国革命史研究》,黑龙江教育出版社 1998 年版

中共中央党史研究室第一研究部:《苏联、共产国际与中国革命关系新探》,中共党史出版社 1995 年版

中共中央党校中共党史教研部:《十一届三中全会以来中共党史研究的新进展》,中共党史出版社 2004 年版

中共中央党史研究室科研局编译处:《国外中共党史中国革命史研究论点摘编》,中共党史资料出版社 1990 年版

中共中央党史研究室科研局编译处:《国外中共党史中国革命史研究译文集》第 1 集,中共党史出版社 1991 年版

中共中央党史研究室第三研究部编译处:《国外中共党史中国革

命史研究译文集》第 2 集，中共党史出版社 1999 年版

郭德宏主编：《共产国际、苏联与中国革命关系研究述评》，中共党史出版社 1996 年版

梁怡等主编：《国外中共党史研究述评》，中共党史出版社 2005 年版

杨念群等主编：《新史学》，中国人民大学出版社 2003 年版

〔美〕L. 霍罗布尼奇：《鲍罗廷与中国革命 1923—1925》，美国哥伦比亚大学 1979 年版

〔美〕丹·雅各布斯：《鲍罗廷：斯大林派到中国的人》，殷罡译，世界知识出版社 1989 年版

〔苏〕M. C. 贾比才等：《中国革命与苏联顾问 1920—1935 年》，张静译，中国社会科学出版社 1981 年版

〔美〕史扶邻：《孙中山与中国革命的起源》，丘权政等译，中国社会科学出版社 1981 年版

〔英〕杰弗里·巴勒克拉夫：《当代史学主要趋势》，杨豫译，上海译文出版社 1987 年版

〔美〕费正清：《剑桥中华民国史 1912—1949 年》，杨品泉等译，中国社会科学出版社 1993 年版

〔美〕安东尼·M. 奥勒姆：《政治社会学导论——对政治实体的社会剖析》，董云虎等译，浙江人民出版社 1989 年版

〔美〕阿里夫·德里克：《中国革命中的无政府主义》，孙宜学译，广西师范大学出版社 2006 年版

〔美〕费约翰：《唤醒中国：国民革命中的政治、文化与阶级》，李霞等译，三联书店 2004 年版

〔美〕康拉德·布兰特：《斯大林对中国革命的影响 1924—1927》，群力译，哈佛大学出版社 1958 年版

〔德〕郭恒钰：《共产国际与中国革命　1924—1927 年中国共产党和国民党统一战线》，李逵六译，三联书店 1985 年版

〔西班牙〕奥尔加特加塞特：《大众的反叛》，刘训练 佟德志译，

吉林人民出版社 2004 年版

Harold R. Isaacs. *The Tragedy of the Chinese Revolution.* Stanford University Press，Stanfold：Califonia

Jonathan D.Spence. *To Change China:Western Advisers in China* 1620—1960.Penguin Books

六　学术论文

蒋永敬：《鲍罗廷与中国国民党之改组》,《中国国民党第一次全国代表大会史料专辑》，台北近代中国出版社

元邦建：《鲍罗廷在广东的几个问题》,《近代史研究》1984 年第 4 期

元邦建：《孙中山与鲍罗廷》,《孙中山研究》第 1 辑，广东人民出版社 1986 年版

林家有：《鲍罗廷与孙中山政治理念的歧异与磨合》,《孙中山与近代中国的觉醒》，中山大学出版社 2000 年版

姚金果：《陈独秀与鲍罗廷初期的合作与分歧》,《上海党史研究》2000 年第 1 期

段治文：《试论大革命时期鲍罗廷对蒋介石策略的双向发展》,《广东社会科学》1989 年第 3 期

郭盈宏：《鲍罗廷与蒋介石在广东的崛起》,《安徽史学》1996 年第 1 期

张留见：《鲍罗廷与整理党务案》,《党史研究与教学》2007 年第 6 期

周利生：《重评 1925 年上海谈判——兼论吴廷康、鲍罗廷的主张》,《江西师范大学学报》2004 年第 4 期

吴灿：《鲍罗廷和罗易在中共"五大"前后的争论》,《开封教育学院学报》1990 年第 1 期

苗体君：《鲍罗廷与北伐战争》,《周口师范学院学报》1998 年第 3 期

孙泽学：《北伐战争中迁都之议研究的几个问题》，《史学月刊》2008 年第 8 期

李付安：《论大革命后期鲍罗廷指导武汉国民政府战略退却的积极意义》，《甘肃社会科学》2003 年第 5 期

刘亨让：《试论鲍罗廷和大革命时期的土地革命》，《湖南城市学院学报》1987 年第 2 期

吴美珍：《论鲍罗廷帮助武汉政府摆脱困境的策略》，《上海师范大学学报》2005 年第 6 期

杨奎松：《关于共产国际与中共的关系史研究的进展问题》，《福建论坛》（人文社会科学版）2002 年第 3 期

王奇生：《"革命"与"反革命"：一九二〇年代中国三大政党的党际互动》，《历史研究》2004 年第 5 期

王奇生：《从"容共"到"容国"——一九二四—一九二七年国共党际关系的再考察》，《近代史研究》2001 年第 4 期

吴明刚：《鲍罗廷在中国大革命中的历史功过评析》，《党史研究与教学》2004 年第 1 期

张留见：《鲍罗廷与中国大革命的失败》，《燕山大学学报》2000 年第 3 期

姚洪亮：《鲍罗廷在中国革命活动述评》，《首都师范大学学报》1991 年第 3、4 期

马贵凡：《俄罗斯学者对共产国际与中国革命关系研究的新进展》，《中共党史研究》2003 年第 5 期

章开沅：《参与的史学与史学的参与论纲》，《江汉论坛》2001 年第 1 期

章开沅：《走自己的路——中国史学的前途》，《暨南学报》2005 年第 3 期

章开沅：《尊重历史，超越历史》，《学习月刊》2005 年第 9 期

［俄］A. 格里戈里也夫：《联共（布）和共产国际内在中国 1926—1927 年政治问题上的斗争》，董仲其译，《毛泽东思想研究》1996 年第 3、4 期

后 记

　　1986年，我的《鲍罗廷与第一次国共合作的建立》一文，由江苏《中学历史》刊登出来，没想到中国人民大学《中国现代史》全文转载了它。顾名思义，《中学历史》面向中学历史教学，学术界了解它的人或许并不那么多，而我则长怀心中。想当年，我在华中师范学院上大学，青涩之作《陈天华为何投海》，也是由它发表的，对于我终于走上史学之路，难说没有一点影响。鲍罗廷一文，激发我围绕传主继续研究下去的兴趣。由于资料收集的不易，专题研究做做停停，现在总算做出这个结局，完成一部专书，多少感到一些欣慰！

　　本书以博士论文修改而成，题目另拟。重返桂子山，问学华中师范大学中国近代史研究所，接受章开沅老师参与史学理论和治学方法的熏陶，不知不觉间，研究思路、表达方法都在浸润中有所改变，努力减少了一些先入为主。严昌洪老师花费不少心血，不仅有耳提面命的一再督促，而且大到全文的格局，小到注释的排列，都提了明确具体的要求。在预答辩环节和以何晓明教授为主席，罗福惠教授、何卓恩教授、田彤教授、许小青教授组成答辩委员会的正式答辩会上，老师们提出了中肯深刻的意见。现在的文本，尽量消化吸收了包括匿名评审教授提出的意见和建议，以臻完善。章老师说：历史是已经画上句号的过去，史学是永无止境的远航。做个远行人，就不要停留某个驿站。本书虽然杀青，总还要负笈前行才好呢。

　　在申报2006年国家社会科学基金立项的过程中，得到了通信评审人和学科组评委的大力支持。

　　还值得记述的是，承蒙台湾"中央研究院"近代史研究所所长陈永发院士邀请，我得以于2007年赴台短期学术访问。此行有机会较长时间近距离见识台湾，特别是得到近代史研究所图书馆、中国国民党党史馆热情服务，查阅了重要的档案史料，加厚加密了本文的史料基础。研究和写作中，从诸多学术前辈和同行的研究成果受到启发。本书的出版也得到了本院多位同仁的帮助和关心。对于所有以不同方式给我以关心和帮助的人们，我谨在此一并致以由衷感谢！

曾成贵

2014年4月8日